岡出　美則　編・解説

戦後体育学習指導資料集

第1巻　師範体育、体育のカリキュラム

クレス出版

『戦後体育学習指導資料集』出版に際して

岡出美則

東京オリンピック・パラリンピック二〇二〇を前に、学習指導要領の改訂作業が始まろうとしている。約半世紀を経て開催されるオリンピックであるが、一九六四年のオリンピックの遺産は、現在も数多く継承されている。学校体育もその一つである。

例えば、今日、プールや運動場、体育館といったスポーツ施設が学校に整備されていることに違和感を感じる人は少ない。しかし、ひとたび海外に足を運べば、日本では体育の授業を行うために必要な環境条件がきわめて整備されていることを実感することになる。学習指導要領上の時間数確保、施設条件、教員の資格並びに研修システム等である。

しかし、このような状況は短期に生み出されたものではない。常に歴史的に構成され続けてきた。それはまた、歴史的にみて消滅していったものも多々あることを示している。そのため、体育スポーツ担当等大臣会議が核になり体育の授業の質保証に向けた取り組みが一九九〇年第末以降積極的に推進されてきた。国連のミレニアム目標（二〇〇〇年）を経て、ユネスコのベルリン宣言（二〇一三）へと至る過程である。この過程では、特に小学校の体育授業の質保証が求められ、その実質的な保証に必要な評価指標の開発が進められてきた。他方で、スポーツ・フォー・トゥモローにみるように、日本の学校体育のシステムは発展途上国に提供できる一つのモデルとして位置づけられるようになってきた。しかし、その歩みは一筋縄ではなかった。

例えば、第二次大戦が終わった際、体育の授業で号令をかけることや笛を吹くことが止められたことがある。軍事的な方法という理由である。では、第二次大戦前の指導内容や指導方法の修正が求められた際、日本という国は何を手がかりに、どのような方法で体育の授業の質保証を可能にするシステムを構築していたのであろうか。

長いようで短い戦後七〇年。本企画は、このような問題意識のもとで、(1)第二次大戦後、法的拘束力をもつ学習指導要領が生み出される前に先人がどのような試みをなしたのか、また、(2)学習指導要領が法的拘束力をもった時期にどのような試みが登場してくることになるのか、という二つの関心から資料集を収集することを試みた。

読者が、これらの資料を目にすることで、現在の体育の学習指導の財産や問題点を再認識し、実践の改善につながるアイデアを持っていただければ望外である。

(筑波大学)

師範体育

師範學校体育連盟編著

東京

株式會社 體育日本社

緒言

一、本書は、人間陶冶の基盤として、文部省から公布された體育指導要綱に基いて、師範學校體育研究會員が、全國師範學校、青年師範學校、その他の教員養成所生、文檢受驗者、中、小學校教員の參考書として、編纂したものである。

二、本書の使命は、師範學校體育科の授業時間が少ないために、實技の要領と理論とを悉く指導し難いので、その學習の一部を補い且つ教職に就いた時の參考になるように編纂したのである。

三、本書の内容は、要綱に基いて、總論、教材論、指導論の三篇に分ち、總論に於ては體育の目的を論じ、教材論に於ては師範學校、小學校の教材を解說し、指導論に於てその目的達成のために教材を如何に體驗さすべきかを述べたのである。

これだけの内容を、この少ない紙數に纏めたので、その意を盡さない部分もあるが、幸いに讀者の御賢察によつて斯道の參考になればこの上も無い喜びである。

昭和廿三年八月三日

編著者誌

目次

第一篇 總論

第二篇　教材編

第二章　衞　生

第三篇 指導論

第一篇　總論

第一章　體育の目的と目標

體育は運動と衞生の實踐を通して人間性の發展を企圖する教育である。それは健全で有能な身體を育成し、人生における身體活動の價値を認識させ、社會生活における各自の責任を自覺させることを目的とする。

（文部省體育指導要綱）

目的

人間生活において、個人の求める價値はそれぞれの條件に應じて相違こそあれ、その目的達成の基盤ともなる活力の源泉が健康なる身體にある以上、誰しも健康なる身體を求めることには異論はない。健康なる身體は、一面積極的なる身體運動を通して得られるが、同時に必要なる衞生知識の活用、實踐が相補的にその目的を達成させる。しかし身體運動が體育の目的達成のために選ばれるのは、單に身體の健康のみを目的とするのではなく、身體運動を通じて同時に人間性の開發をはかることに重要なる意味が存するのである。

この目的が最も明確に企圖せられるのは學校體育であつて、そこでは社會的經驗の乏しい青少年に對して、具體的な身體運動を含む社會的場面を通じて、健全なる精神生活、並びに社會的特性を自覺せしめようとするのである。それらは反復意識され、體驗を重ねるにしたがつて、明確に人格構造の中に織り込まれるからである。

かゝる目的に應じて選ばれる身體運動は、既に多くの社會的關係をその中に含んでゐるから、自他の行動の相互に影響し合う經驗を通して、種々の精神的特性の涵養をはかることが出來る。みづからの力によつて價値を見出し得る年頃になれば、おのづから自己の人間性開發に關して努力するであらう。

かくして體育は健全なる活力を得ると共に、人間としての必要なる精神的諸特性の涵養をはからねばならない。

われわれが人生を有意義に活用するための基盤となる身體の健康は、身體諸器管の缺損の豫防、矯正とそれらの機能の向上にある。機能の向上は、身體發達に適應せる身體運動を通して得られるが、とくに身體の發育過程にある青少年においては、體育運動によつて體格を擴大强壯にし、身體諸機能・體力の强大をはからなければならない。それは社會生活への準備期たるこの時期をおいて他に求められないからである。

尙、われわれは生活領域の擴大に應じて、いくたの社會的存在たる課題を解決しなければならない。身體的條件を擴げることは、生活領域の擴張を意味する。運動能力の量的・質的機能の向上は、能率上に全體的に活き活きした生命力として、生活場面全體に表現せられるであろう。

目　標

一、正常な發育と發達
二、循環、呼吸、消化、排泄、榮養等の諸機能の向上
三、機敏、器用、速度、正確、リズム
四、力及び持久性
五、神經系の活力と支配力
六、仕事にも健康にもよい姿勢と動作
七、自己の健康生活に必要な知識
八、疾病その他の身體的缺陷の除去

（文部省體育指導要綱）

身體的動作は、精神作用の表現であるから、運動における練習過程や、競技や試合の場面などにおける行動は最も素直な心の表現である。その意味から、體育運動は、人間生活において重要な位

置を占めて來た。特にスポーツが人間の精神生活を昂揚させ、同時に社會的性格の育成の點から教育的見地から多くの關心をもたれて來た。そして、その中に含まれる價値的なものは、人間生活における精神的な理想として、多くの人々に容認されている。例えば、スポーツにおける勝敗にはあいまいさを絕對に許さない。たとえ一秒の十分の一でも、一ミリでも規定に從つて嚴格に處理されるものであるから、正、不正に對する態度は寸刻を入れずに行動にうつされねばならない。

體育運動の價値を認識し、健全なる生活環境を作ることは、生活の充實であり、更に體育運動において經驗される諸特性は人間生活の精神面を一層豐かに活氣づけるものであろう。

尙、チームの利益の爲の自制動作や協力などが要求されて、更にそれが自分の判斷の中に生きて來る人間生活に必要なる社會的性格は、體育運動を通して最も素直に表現されると云つて過言ではない。われわれは體育運動を敎育材として活用する際に、次の精神的特性並びに社會的特性を目標として、その實踐をはからなければならない。

一、精神の健全な發達

一、體育運動に對する廣い健全な興味と熟練

二、勝敗に對する正しい態度、レクリエイションとしてのスポーツの正しい認識

三、健康活動の廣い知識

四、身體動作を支配する意志力

五、狀況を分析して要點を發見する力
六、適切な判斷と敢行力
七、指　導　力
八、油斷のない活ぱつな心のはたらき

三、社會的性格の育成

一、明　朗
二、同情——他人の權利の尊重
三、禮　儀
四、誠　實
五、正義感——フェアー・プレイ
六、團體の福祉及び公衆衞生に對する協力
七、性に對する正しい理解
八、克己と自制心
九、法及び正しい權威に對する服從
一〇、社會的責任を果す能力
一一、情況に應じてよい指導者となり、よい協力者となる能力

（文部省體育指導要綱）

第二章　體育の必要性

第一節　健　康

誰でも人に逢つた時、或いは手紙で久濶を敍する時、まず相手方の健康を尋ねるのが、いづれの國を通じても禮儀となつている。健康を重要視する精神は、すべての人の胸裡にあるのであつて、その健康獲得の手段を體得することは、人々の熱望する所である。個人の幸福という點から見ても、健全な社會生活の構成員としての資格という點からいつても、極めて重要な條件の一つである。

又、すべての事業はしつかりした基礎の上に立たなければ成就することは困難である。人間生活を全うするためには、何と言つても健康が基礎となる。健康が何れの方面から考えてもその前提となるものである。

米國においても教育目標の第一に「健康」があげられて居り、又米國教育使節團の報告書の中にも「健康が個人および社會道德の大部分の出發點である」と強調し、かつ「初等學校では、健康教育がおそろしく缺けているようである」とわが國の初等教育の缺陷を指摘しているのである。

そもそも健康獲得の第一要件である衛生が、餘りにも日常的で、寸刻の豫裕も許されない病患の治療といふやうなものとは異つているから、從來の保健衛生の知識の不確實と相俟つて、衛生の健康に及ぼす決定的な價値に對する認識を缺き、したがつて、永い間保健衛生教育が輕視されて來た。その結果は個人の健康狀態の著しい低下をまねいている。かような狀態では、人間性の十分な發展が望めないばかりでなく、社會的には健全な構成員としての責務が果たせないわけである。

新憲法に「すべて國民は健康で文化的な最底限度の生活を營む權利を有する。云々」という當然の規定にも副うことができないのである。學校體育指導要綱には「身體の健全な發達」が、體育の目標の最初に掲げられている。

健康はかように重要なものであるが、健康の價値は、あたかも日光や空氣の人間生活に對してもつ意味と同じく、直接的、根源的、必須的なものであるから、普通明確に意識されがたいのである。しかし一旦病氣になつて見ると、はじめて健康の價値が痛切に意識されて來る。その苦痛と憂患と莫大な時間的、經濟的損失とによつて失つた健康の價値の大きさが測り知られるのである。もし不幸にして生命をも失う場合ともなれば、健康の價値が生命の價値であることをさとらざるを得ないのである。

全く避け難い天災は別として、病氣の大部分は豫防出來るものであることは、近代醫學の立證するところである。そして豫防は、治療が多く醫師の力に頼らなければならないのと異なり、各人が平素からその方法を考究し實行することによつて、その效果を擧げ得るものである。

正しい豫防醫學の知識が普及し、健康尊重の自覺が國民に徹底し、その保健衞生の思想が振興され、さらに健康增進の社會施設が完備され、保健衞生の作用が各人に日常生活化されれば、ここに初めて眞の文化生活が顯現されるのである。

しかるに文化の進步が社會生活を複雜化し、日常生活の外的環境がかえつて健康保持の條件をみたし得なくなる場合も考えなくてはならない。この場合、例えば健康增進の機會が、生活の利便化のために奪れたり顧みられなかつたりすることが多いのである。文化生活の進展にともなつて發生する反健康的な事情はつとめてこれを除去し、健康文化を中心に目標とする生活機構を確立しなければならない。

かくて健康度の高い身體が活力源となつて、更に有效な働きを發揮し、社會的文化的に能率を高めてゆくということでなければならない。

從つて今後の文化的平和國家建設のためには、その基礎としての身體の尊重、體力の增進が一層必要である。此の際宜しく自巳の保健生活に再檢討を加え、個人並に社會の幸福と繁榮のために、各人の健康生活の確立に向つて、積極的な關心と實踐が要望されなければならない。

第二節　スポーツマンシップ

スポーツは Sport の語意から見られるように、元來樂しむものとして生れたものである。そしてその語の含む範圍は、廣く狩獵・魚釣りの類から、今日の野球、ラグビーのような多人數を含む組織化された近代競技に至るものまでを云うが、それらを一貫する中核的性格には、自らが喜びをもつて、自由に選擇する行動を擧げることが出來る。それは强いられるものでなく、自分の力の及ぶ範圍で、自分が滿足し得るものを、多くの中から自由に選擇するのである。

スポーツはその發生を遊びに見出すのであるが、自然的な子供遊びにおいて見られるような小さな集りから仲間が次第に增加し、又生長發達につれて力の增大や、技術の進步に伴つて、漸次その複雜性を增して來るのである。それらをより秩序立てる爲めに、おのづから規則が生れ、更に規約の充實が必要となつて來て、ますます高度なものに發展してきた。樂しみは、力・技術並びに、それらを綜合する頭腦的なはたらきを競うことになるが、その尺度として時間・距離・得點などが利用された。それゆえに、スポーツにおける競技の對象となるものは、力・技術などであつて、個人や團體そのものではない。優れた能力をもつものは、競爭する相手はなくとも、自分自身の中に相手を見出すことが出來るのである。世界記錄を樹立した者が、更に自己の記錄を破ろうと精進し、釣・狩獵などにおいては更に難かしい獲物を探求するなどの場合に、其處にわれわれは喜びをもつて選擇の契機とする性格を見出すのである。みづからが選擇した行動自體の中に喜びを見出す故に、競爭の相手は他者であると同時に自己である。選擇の自由が自己に課せられている以上、その行動に責任を持たねばならない。これがスポーツの持つ本質的性格である。從つて、競技中の不正行爲は、自己自身に對する不正行爲を意味するのである。それゆえに、自分自身に對して誠實であることは、同時に競技場面を含む一切の規約に誠實であることを意味する。ルールに正しく服從することは、おのれ自身に誠實なのである。スポーツにおいてフエアー・プレイがその信條となるのはこのゆえである。

かゝる純粋な動機から成り立つスポーツは古代より祭典に選ばれ、外國においては中世より上流社會の社交遊ぎなどとして選ばれて來たが、スポーツが多くの人々の關心を集めるに及んで、今日ではそれが商業的に利用される機會が多くなつて來た。しかし、それはスポーツ本來の進み方と異つたものである。營利的目的への行動契機はスポーツの本質から逸脱する。その行動は營利を目的とする方便であるゆえに、行動は打算的に選擇せられ、勝敗にのみとらわれる。

今日のプロフエッショナルに對して用いられるアマチユアなる語は、ラテン語の a lover《アラベー》 の意味である。眞にスポーツを愛するものは、所謂職業選手と區別される。眞のスポーツ愛好者こそは、スポーツの本質に生きるものでなければならない。行動において、正・不正の判斷に峻嚴であり、自分自身に責任を擔う人こそ、社會的存在としての人間として最も望まれる人である。一般の社會がそのような人を求め、その典型的なタイプをスポーツマンに得て、此處にスポーツマンシップとの抽象語が生れ、又それを誰れでもが容認した。スポーツを行うものこそ、その責任において一層おのれみづからに誠實であると共に、かゝる社會的性格を錬磨育成しなければならない。

第三節　餘暇の利用

われわれの生活はわれわれの生活目的に規定される。一般の生活の三分の一を睡眠に、他の三分の一を勤勞にさくとして、殘りの三分の一から生活に不可避の時間を除けば、その殘りの時間が、所謂餘暇である。子供の生活には、遊びと仕事の區別はないから餘暇はないと云えるし、學生生活は社會生活への準備期であつて、學業中心の生活が區別されるけれども、全體が人間性開發の準備期とすれば、餘暇存在の意味が薄らいでくる。しからば、此處に云う餘暇とは如何なる意味であろうか。勞働その他の生活目的遂行の爲めに、明瞭に組織化された仕事は一定のきまりを持つているから、その仕事が終れば、殘りの時間は自由なものとして一應區別して考えられる。通常これを餘暇と稱する。此處に、この自由にまかされた時間の利用が問題となつてくるのである。

われわれの生活は生活維持か、價値追求の爲にか、いづれにせよ人間として何らかの仕事をするように運命づけられている。仕事は肉體的、又は精神的の一種の緊張狀態である。その緊張狀態は必然的に弛緩を要求する。覺醒に對する睡眠の如く、精神活動においても、休養の狀態を必要とする。精神活動においては安靜による休養の外に、氣分の轉換などによつて恢復をはかることが出來る。此處に餘暇利用の第一の意義がありレクリエーシヨンの問題が起つてくるのである。

リクレイトの語義には、身體の感覺、器官の疲れを元の正常にして、良好なる狀態にもどす意味がある。それは新鮮な身體的、精神的活力を新たに附け加える意味をもち、從つて、神經や身體器官を樂しい對象、印象によつて元にもどすことである。それゆえに、レクレイトには旣に、愉快なる氣分、心を鼓舞するとの意味が存するのである。re-create 再創造すると云う語意にも、創造する喜びとして、自由な選擇的な喜びの契機が含まれているので、此處にはスポーツにおける本質的な動機と相通ずるものがある。レクリエーションと言う名詞となつて、緊張、疲勞を解きほごす爲の身體運動、および愉快な行動、なぐさめによる元氣回復の活動を持つことになるのである。能率上から、又は勤勞生活の上から、レクリエーション運動が要求せられたのはこの意味からで、身體運動では興味の要素を多分に含んでいるスポーツが選ばれてくる。精神の緊張を、氣分の轉換によつて更により良き活力たらしめんとするところに、餘暇利用の第二の目的がある。

しかし、われわれは單に仕事にのみ規定されるとは考えられない。人生を豊かに充實させるための時間を、仕事以外の時間に求めなければならぬ場合も多い。學生生活には學業中心の目的ばかりではなく、人生を豊かに、生活領域を擴張する目的が含まれているのであるから、その目的を達成するためには、限られた學校生活、就中、學業生活以外の時間・空間を利用して、多面的にその機會を求めなければならない。それゆえに仕事に附隨されるレクリエーションの中には、單に緊張、疲勞を解消させる以上に、人間生活の充實と豊かさを計ることが忘れられてはならない。

學校體育は、敎育としての體育目的達成のために行われるものであるから、學校體育におけるスポーツの取り扱いと、レクリエーションのためのスポーツとは、おのづから立場が異つているのであるが、學校における敎育が、社會生活の準備であるから、社會生活におけるレクリエーションの要素としてスポーツが取り上げられるのである。これはスポーツを行うことによつて得られる個人的特性ならびに社會的特性を、人間性開發のための敎育材として用いる意味のほかに、スポーツの廣い知識と理解とが健全な社會生活のために必要であるからである。肉體的・精神的に最も旺盛な活力の充實している學生生活においては、學業生活を淸純にするためにも、能率的にする爲にもスポーツの適用が望ましい所以である。

第三章　體育の種類

第一節　家庭體育

家庭體育は、家族を中心としてその健康を目的とする體育である。家庭は生活の根據であり、家族の健康は一家の幸福の基盤である。富も地位も名譽も權力もあらゆる榮華も、健康の價値に比べれば物の數ではない。

家庭體育における積極面は、家族の健康增進を意圖して行われる鍛錬である。卽ち家庭的に又は個人として行う各種の體操・ダンス・スポーツ・ハイキング等があり、且つ意圖されないで行われるが、結果から見て健康的な作業等もこの内に含まれるのである。

　家庭體育における消極面は、家族の休息・衞生・保健・榮養等に關する面であつて、家庭の特質から考慮すれば、家庭體育の中心は寧ろこゝにあると考えねばならない。家庭は家族にとつて最も樂しい休息所である。適度の休養は健康の源泉であつて、それは大人にとつても子供にとつても同樣に大切である。

　家庭の保健については、一家の主婦を中心に細心の注意を拂い、病氣の根絶に力めねばならない。ことに母親は幼兒の病氣に關しては特別の留意をなし、懷姙より子供の生命を護らねばならない。又機會を作つては家族そろつて溫泉行・花見・潮干狩・摘草・紅葉狩・栗拾い等行うことが望ましい。又異常・疾病等の治療矯正豫防の目的に行われる各種の醫療・矯正の體操や乳兒幼兒の體操も、大切な保健の實踐事項である。

　何と言つても家族は家庭にある時間が最も長いので、家族の健康には家庭體育の効果が絶大である。家庭體育はその特質上樂しく明るく行われ、且つ正しい躾けの面が强調されねばならない。特に發育期の子供の躾けは、家庭にその責任の大半があるのであつて、健康については鍛錬と養護を適度に行い、躾けに關しては性格の段階に應じて熱意ある指導と愛情が必要である。

　最後に子供の遊びは、即ち子供の生活であり又體育であつて、之が善導は立派な健康教育であり又躾け訓練である。從つて家庭には子供の遊びの爲に、ブランコ・滑り臺・低鐵棒・平均臺等の設備も望ましく、遊びを通して健康にし、且觀察し工夫し創造する力を自然に導いてゆくことが大切である。

第二節　學校體育

學校體育は、青少年學徒を對象とし、之を教育することを目的とする體育であつて、全體育領域の中で最も有効にして且基礎的なものである。

學校體育の沿革に關しては、古くギリシャの教育において「體操と音樂」の問題が採り上げられたのであつたが、近くは十三世紀頃イタリヤに文藝復興曙光きざすや、多くの文學者によつて身體又は體育の問題が論議され、更に十六世紀の宗教改革、十七世紀の自由・自我の意識の發見は愈々之を推進し、更に十八世紀に至り、自然主義の發生・自由平等思想の發展・人類進化論の擡頭等は、直接に教育の理想と方法の確立に影響して、多くの教育家體育家を輩出し、學校體育の形態は一應成育せられたのであつた。我國においても、古來體育は武道を中心に教育の中に觀せられて來たが、殊に學制が公布せられたる明治以降は、度々改正を見た學校體操教授要目の指針と、學校體操指導者養成機關の整備と、更に斯道先輩多數の辛苦實踐の惠澤に浴して、學校體育は今日の隆盛を見るに至つたのである。

學校體育の指導目標は、學徒の

(一)身體の健全な發達

(二)精神の健全な發達

(三)社會的性格の育成

の三點に要約される。しかして學徒は身心共に最も旺盛な發育の年齢期にある爲めに、學校體育に、常にこの實情に卽して行われなければならない。卽ち學徒の年齢的に見た身體的特徴は、生理學・衞生學・解剖學等の見地より、又精神的特徴は心理學的見地より考察し、尙地方の特殊事情を考慮して、敎材の採擇と指導の方法に遺憾なきを期さねばならない。

學校體育に於ては、その實施內容の特殊性に鑑み、その指導は組織的發展的なるを要し、特に正課では廣く基礎的なものについて徹底的に指導し、課外體育及び他敎科との連絡を密にせなければならない。指導に至つては、敎師は學徒の健康の增進とスポーツマンシップの養成並びに餘暇の活用に力め、特に各個人に均等の機會を與えて、自主的に運動を愛好する習慣性にまで導かなければならない。學校體育においては、敎師の創意工夫と熱意はその成否を分つ重大岐點をなすにつき、敎師は常に卓絕せる技術と該博なる理論と高邁なる識見を持ち、進んで學徒と行動を共にするの覇氣が望ましい。又學校體育の企畫運營に當つては、稠密なる組織と徹底した管理を行い、健全な運動の普及と運動精神の向上に力めなければならない。

第三節　社會體育

嚴密に言うと、學校も家庭も一種の社會を構成しているが、しかし之等は何れもその他の一般社會に比し、特別の使命と特殊の成立をなしているので之を除き、こゝではそれらを除く他の社會に見られる體育を總稱して社會體育と言つているのである。

社會體育の內容は、之を發生的に考慮すると、一は自然發生的に社會の內部に釀成されたものであり、他は社會の共同の目的のために、外部から政策的に助長したものであつて、從つてその目的とする所も廣汎且複雜であるが、要約すると、

(一)社會を構成する成員の健康の增進を圖る。健康こそ個人にとつては生存を意義づけ、社會生活においては、之を愉悅たらしめる最大且根本の要件である。

(二)社會生活の意義を理解し、餘暇の善用ができる。人間は元來社會性をもつているのであるが、吾々は社會體育を通し愉快且つ明朗の中に相互の友愛と理解を深め、自己の社會的意義を自覺することができる。しかも興味に基く習慣性は、自發的に餘暇を善用して體育を樂しみ、自己を訓練し、同時に社會の進步に貢献することができる。

(三)勤勞精神と勤勞能力を養う。體育によつて育成せられた規律・忍耐・協同・奉仕の精神は、自己の社會的使命を遂行しようとする勤勞意欲を强固にし、且つ體育によつて養成せられた强

靱不屈の身體は、そのまゝ之を實踐する逞しい勤勞能力に培うことができる。

(四)國民體位・國民體質・平均生命・出産率・死亡率・人口增加率等の强化增進は、社會體育の振興を通してのみ期待することができる。社會體育の實施方策として、その內容をなすものの內、自然發生的に社會の內部に釀成され發展したものとしては、

(1)人間の本能や趣味から發生した各種スポーツ。

(2)社會生活に織り込まれた祭事・儀式、娛樂等に關連して發達した神樂・相撲・力較べ・舞踊等。

(3)人間生活の中に自然に生れた健康法で、生活的體育とでも言うべき步行・水泳・水浴・日光浴・適度の作業等。

を擧げることができる。又その効果を認識して、意圖的に採擇したものとしては、

(4)個人及び社會の進步向上の方便として、人間的に工夫計畫せられた各種體操。並びに醫療矯正法等。

(5)一般社會人の保健と衞生を保護增進するの見地より設置せられたる各種保健施設・醫療機關・體育設備の活用と、同じ目的により制定されたる各種組合法及び健康保險制度等。

(6)觀賞體育：競技會を參觀したり、實況放送を聽くことであつて、やはり廣義の體育に數えられるであろう。健全なる體育の理解と普及には絕大の効果があり、將來の社會體育の一面と

して却重要なるものである。

健全なる社會體育こそ、社會に希望と活力を與え、之に明るい秩序と融和を將來するものである。

第四章 體 育 史

第一節 體育思想史

第一項 原始時代の體育

原始人の生活は、生物學的に觀察すれば、生命保存の闘いであるということが出來る。食を求めて山野を走り、野獸を追つて谷を渡り、或は外敵を避けて樹木を攀ぢ、或は石塊を以て之を防がなければならなかつた。したがつてこの様な身體的能力即ち生活の實際的必要性から要求せられる體力や機敏性は、先人の模倣と自らの生活體驗によつて獲得する他はないであらう。この様な身體支配能力の獲得が、この時代の體育的なものということが出來る。

原始時代は次第に農耕時代へと移行すると共に、ようやく文化が發展するのである。そうして生活と密接な關係を持つていた身體運動は、體育的要素をおびるに到るのである。

第二項　古代ギリシヤの體育

古代ギリシヤの文化は、驚くべき進歩を遂げた。多くの哲學者達によつて進展せしめられた內的方面の成果と、アテネ及びスパルタ等の如き都市國家の社會的要求と相まつて、敎育においても一つの特色を持つに到つた。。

一、アテネの體育　アテネの敎育は、立派な國民の育成の爲に個性を重んじ自由を認め、心身共に完全圓滿な人格の陶冶を目的とした。したがつて身體と精神の調和を圖るために、體育は音樂と共に重視されている。

二、スパルタの體育　スパルタの敎育は、國家的色彩が極めて强く、强健な軍人を作ることに指向されている。したがつて體育はその目的のために行われた。

第三項　古代ローマの體育

古代ローマ人は、實際的現實的で、而も意志の强固な實用的人物を重んじた。したがつて體育も事ある時に役立つものという觀念が强く、ローマ帝國統一後國民は平和に馴れて、社會風潮は頽廢し、體育運動も興味追求の手段として行われる樣になり、敎育的價値は全く失われ、遂には職業選手を生ずるに到つた。

第四項　中世の體育

中世は殆んどキリスト教の影響下に置かれ、其の理想である禁欲主義は、人間の自然性を沒却せしめて、肉體は汚れたものとして輕んぜられた。したがつて體育思潮として見るべきものがない。わづかに騎士の制度により、形式的な教育の一部として、體育の命脉を保つに過ぎなかつた。

第五項　近世に於ける體育

一、文藝復興時代

(1)人文主義の影響　この時代は、古代ギリシャの理想を復活しようとする氣運が起り、教育においても個性を尊重し、自發性を促し、心身の調和的企圖が發達した。體育においては、中世の騎士制度の遺風と、ギリシャの美の考え方に基礎を置いて行われた。

(2)宗教改革時代の體育　宗教改革は、キリスト教會の弊風を打破するために起つたのであるが、其の指導者は、キリスト教の眞の信仰をたかめるためには、家庭及び學校に於ける教育の重要なることを主張し、特に道德教育において體育の價値あることを認めた。

(3)一六・一七世紀頃の體育　自然科學の進步は、著しく教育思想に影響を及ぼし、實證主義的研究が企てられ、體育も愈々複雜性を持つに到つた。中世における精神主義に對する批判は、精神に對する身體の重要性を强調し、知力と共に感官を練り、品性と宗教心の向上を圖るべきであるとし、心身依存の關係を積極的に認め、身體によつて助けられない精神は、勞作に耐えないだらうと考えられるに到つた。

(4) 一八・一九世紀の體育

a、自然主義の體育　本來人間の内在する性質を伸長せしめる事が教育の最高原理で、自然の環境において自然の狀態を存續させることが最も望ましいと考えられたために、體育においては、野外に出て自然運動を行うことに重點が置かれた。

b、體育の國家主義的傾向　此の時代は、歐洲の諸國間に於ける經濟的不安に伴い、軍事的にも、外交的にも複雜多難な時代であつた。したがつて體育運動が民族精神を鼓舞し、民族の統一に依つて國家を護り、他國の侵略を斥けるために重要視されるに到つた。

c、瑞典體操と獨逸體操　ルソー・バセドウ等に依つて續けられた自然主義的體育運動は、グーツ・ムーツ・ヤーン等によつて益々隆盛になる一方、リング及びその後繼者による醫學的見地から、徹底的に系統づけられた瑞典體操の發展を見る事が出來る。現在までに行われた體操の殆んどが、この何れかの系統を持つているといつてよい。

d、スポーツの發達　歐洲大陸で獨逸・瑞典體操が發展しつゝある間にスポーツは、英國において、確實な基礎を固めていた。スポーツは元來自然發生的なもので、何れの國においても、遊戯として其の發生を見ることが出來るが、英國において確實に成長し發展したという事は、英國民の民族性たる生活第一主義と、競爭的・冒險的な點を擧げることが出來る。近代に到つて、ギリシャのオリムピツクが復活されるに及んで、今日の流盛を見るに到つた。

e、新體操の胎動　ヤーン・リング等によつて成長せる獨逸體操と、瑞典體操は、社會の變遷に伴い、ようやく系統化されたが、その精神は失われて形式化される様になつた。此處に改めて美と律動と表現を重視する新しい體操が、多くの藝術家の手によつて展開された。

(5)最近の體育　體育が、ただ單に肉體的修練と考えられる時代は過ぎた。過去幾世紀かにわたつて、體育が民族統一の手段とされたり、身體の發達にのみ專心し、あるいは技術の巧拙にのみ終始した時代は去つた。體育は改めて人間教育の重要なる部分を擔當するものと考えられるに到つた。即ち體育は、身體運動を通じて有機的全一體たる人間の成長發達を目的とする。之が爲には今日迄行われたあらゆる體育運動に對して、科學的・實證的理論によつて批判し、人間の教育に最も良き影響を與える所の材料を選擇しなければならない。そしてすべての者に均しく體育のもたらす効果を、合理的に享受せしめるべきであるという機運が發展しつゝある。

第一節　オリンピツク史

第一項　古代オリンピツク史

オリンピック・ゲームは、ギリシャのオリンピアの祭典に初めて行われたものである。當時ギリシャ内で行われていた同種類の「ゲーム」と區別するために、時に「ゲーム・オブ・オリムピア」と云い馴らされていた。そして、この祭典は夏至から數えて最初の滿月の頃を中心に四年目ごとに行われたもので、當時の時間尺度の規準となつていたものである。一八九六年佛國のクーベルタン伯によつて復活せられた近代オリンピックが、第三回以後四年目ごとに行われたのはこの例によるものである。

古代オリンピックは、歴史家の研究によつて紀元前一四五三年までさかのぼる。當時のギリシャ人には死者の靈魂は生前住み馴れた土地を離れえずに、その附近にとどまつているものと信じられていた。それで、親族、友人達の故人の生前に愛した演劇・詩歌・音樂などを靈前に演じて、故人の靈を慰めたのである。

紀元前一四五三年頃はギリシャは Hellas と呼ばれていた。當時はまだ統一國家としての形態をとらず、各種族は都市を中心に分離し、その間のあつれきは絶え間がなかつた。政治家達の中でもこの分離した都市の統一を企圖するものもあつた。それらの中で Delpic 及び Jadeau Neracles がその統一手段として、オリムピック・ゲーム提唱したと傳えられている。この提案は各都市の贊同を得て、當時盛んであつた競走・巾跳び・圓盤投げ・レスリング等の選手を、ゼウスの神をまつる聖域オリンピアに送ることになつたのである。

當時のギリシャには、オリンピアの祭典の外になお二つの大きな祭典があつたが、ギリシャ全土を風靡するものとしてオリンピアにおけるものが殘されたのである。

第一回オリンピツク・ゲームは、紀元前七七六年に行われた。この行事は各都市が選手達を神の前に送るという意味から、それまでの對立感情を緩和し、ギリシャ各都市統合の氣運をもたらしたのである。

競技種目としては、既に盛んに行はれていた徒競走・圓盤投であつたが、後にレスリングと巾跳び及び五種競技が加えられた。徒競走は競技場一周であつたが、第十五回目から競技場の一端から他への折り返えし競走が加えられた。更に後には競技場十二周回競走が加えられている。五種競技は十八回から、戰車競技は第二十五回（紀元前六五二年）に現われた。

參加選手には次第に青年が多くを占めるようになつた。これらの運動は旺盛な活動力をもつ青年に適しているからである。そして彼等の生活は練習のために秩序づけられ、健全な青年道德は昂揚された。特に優れた力を持つ者は特別許可の下に一年前から猛烈な練習を行い、一ケ月前には豫選が行われ、標準に達しないもの、不品行なものは參加を許されなかつた。當時の迷信からこの競技會は女子は汚れたものとして、參加はおろか見物することすら禁じられていた。若しこの禁を犯して發見されると木に吊されたり、はなはだしきは死刑に處せられることもあつた。しかしこの競技祭典が次第に盛んになるにつれて近親者の熱意、特に母親の息子の參加に對する應援と愛情は人々の心を動かし、この禁令は解消され、女子の觀戰が許されるに到つたのである。しかし女子が參加した記錄は見當らない。

競技に先だち、選手達はゼウスの神前に集り、審判の規約に嚴正に從うこと、公正にしかも自己の全力を擧げて競技することを誓つた。

試合の終了を告げるラッパの合圖につれて、審判官は勝利者の名前を嚴肅に發表した。勝者は觀衆の歡呼の中に、神域に育つた橄欖の葉で編まれた名譽の冠をさづけられた。かくしてゼウスの神前に感謝のための演劇、詩歌、音樂等の華々しい饗宴がもうけられるのである。

勝者を迎える都市においては、わざわざ城壁を打ち壞して彼を歡迎した。かゝる勇者をもつ都市には外敵を防ぐための城壁はもう必要でないといふ氣持からである。

オリンピック・ゲームは、一四六年ギリシヤがローマ帝國に征服された後にも特に限られた形式において繼續せられた。ローマの青年達もこの競技を愛し、次第にその參加も多くなつて來たので計らずもギリシヤ對ローマの形となつて來た。遠征のローマ人の中には屢々職業運動家が見られ、又競技に對する不品行、不規律はギリシヤの青年の憎むところとなり、漸次兩國民の間に對立感情が發生した。そして終には感情の爆發となりローマ人の手によつて競技場及び附屬建築物は灰燼に歸せられた。かくしてローマ帝王によつて三九二年オリンピック・ゲームの禁止が命ぜられたのである。

第二項 近代オリンピック史

一八八一年考古學者の獨乙人エルンスト・クルテイウス Ernst Curtius がオリンピックの遺跡を發掘した。佛人クーベルタン伯は學究生活を英國に送つたが、英國人の社會秩序や道義が、健全なスポーツの經驗に由來することに氣づき、歸國後自國青年の頽廢的享樂的な狀態は古代オリンピック・ゲームの復活によつて救われることを確信して全世界に呼びかけた。この世界的祭典は各國の賛同を得て、第一回近代オリンピック大會として一八九六年アテネにおいて開催されたのである。

近代オリムピック史表

回	紀元	競技種目	開催地	
1	一八九六	陸上競技 (Track and field)	Atene	(冬期)
		……重量擧げ (Wight Lifting)		
		……レスリング (Wrethling)		
2		……	Paris	
3	一九〇〇	……拳鬪 (Boxing)	St. Lauis	
	一九〇四	……フェンシング (Fencing)		
		……體操 (Gymnastics)		
		……漕艇 (Pouring)		
		……自轉車 (Cycling),		

		……射撃 (Shooting)		
		……蹴球 (Soccer)		
4	一九〇八	……ヨット (Yachting)	Landon	
5	一九一二	……五種競技 (Pentathlon)	Stock Holm	
6	一九一六	……	第一次大戦 Berlin	
7	一九二〇	……ホッケー (Hockey)	Ant Werp	
8	一九二四	……ボート (Boat sledding)	Paris	
9	一九二八	……スキー (Ski)		Chawoniz
		……スケート (Skate)	Amsterdam	
		……ボッブスレー (BoBsleigh)		
10	一九三二	……	Los-angeles	St. Marity
11	一九三六	……カヌー (Canou)	Berlin	Lokepracid
		……ハンドボール (Hand ball)		
		……ポロ (Polo)		
12	一九四〇	……	(東京) 第二次大戦	

第三節　日本體育明治以前史表

西紀年代	主な出來事	時代
	舞踊の始め　天の岩戸の舞(神話)	

七九三	上古（奈良朝まで）	武術の始め（劍術、柔術、相撲） 遊獵 馬術 滑艇	大國主命と御子事代主神（神話） 武甕槌命、經津主命（神話） 雄略天皇——圓野、天智天皇——蒲生野 持統天皇の長皇子——獵路池、聖武天皇——高圓野 馬並め 舟競い	素朴的體育の時代
七九四 一一九一	中古（平安朝）	球技の始め 屋內遊戲	中大兄皇子と中臣鎌足（蹴鞠） 歌合、詩合、貝合、香合、繪合、菖蒲の根合、謎合、扇合。	娛樂的體育の時代
一一九二 一六〇二	中世（鎌倉、南北朝、室町、戰國）	武士の體育 弓の學問所を設ける 武道と宗教 劍術、相撲、射術、水泳、狩獵	射、馭、劍、槍（笠懸、流鏑馬、犬追物、放鷹、草鹿、圓物）。 鎌倉 武道と禪宗が密接な關係をもつ。 鎌倉幕府は特にこれ等を奬勵した。	武道的體育の時代
一六〇三 一八六六	近世（江戸）	武術の流派 武技の生活化	特に劍術、弓術、馬術等の流派が派出す。 武士の體育は身體修練、武士道の養成、實用を目的として行われた。 遠馬、遠足、山行等盛んに行われた。 修行として狩獵と娛樂として遊獵	生活的體育の時代

	とが區別して行われる。
養生訓	貝原益軒
技擊錄	南部白民

第四節　日本學校體育史

紀元	年號	主な出來事	時代
一八七一	明治四	近衛鎭台に和蘭流洋式體操を課す。	歐米體育輸入時代
一八七二	五	體術として小學校の教科に入る。陸軍士官及下士學生を戸山學校に集めて戰術、射擊、體操、劍術を練修さす。	
一八七三	六	體操圖が發刊されて、「體操」の語を使う。	
一八七四	七	體操教師佛國ジュクローを陸軍戸山學校に招聘す。伊澤修二氏	
〃	〃	により唱歌遊戲が傳えられる。石橋好一氏「體操書」發刊す。	
一八七七	一〇	小學校に嬉戲として遊戲を課す。	
一八七八	一一	米人リーランドを招聘して體操傳習所を設置す。	
一八八一	一四	中學校に體操が教科として入る。	
一八八二	一五	坪井玄道、田中盛業氏「新制體操法」「新選體操法」を公刊す。（リーランド原著）	
一八八三	一六	柔術調査係を傳習所に置く。	
一八八四	一七	中學校における體操が正課となる。	

〃	〃	倉山大尉が學校に兵式體操を採用するか否かの調査をする。	
一八八六	一九	各校に兵式教練を課す。	
〃	〃	體操傳習所を廢し東京高師に體操專修科を加設す。	
一八八七	二〇	坪井玄道氏「普通體操法」を發刊す。	
一八八九	二二	陸軍體操教範を制定す。	
一八九一	二四	小學校體操科の要旨明示さる。	
一八九三	二六	日本體育會體操學校設置、同會附屬模範運動場を東京に設置す。	
一八九九	三二	井口あぐり女史體操研究のために米國に留學す。	
一九〇〇	三三	白井規矩郎氏「音樂應用の女子體操及表情體操」を公刊す。	
〃	〃	學校衛生課を設置す。	
一九〇一	三四	小學校高等科女子に特別な體操を課す。	
一九〇二	三五	川瀨元九郎「瑞典體操法」を發刊す。	
〃	〃	坪井玄道氏歐米より歸朝す。	
一九〇三	三六	井口あぐり女史歸朝し、女高師に國語體操專修科を新設す。	
一九〇四	三七	體操遊戲調査會設置。	要目準備時代
〃	〃	櫻井恒次郎博士「合理的體操」を唱道し、且つ發刊す。	
一九〇五	三八	體操遊戲調査會が文部省への報告書をもつて公布し大體スエーデン式體操を採用することとなる。	
〃	〃	永井道明氏歐米留學す。	
一九一一	四四	擊劍及柔道を體操科の正課とする。	
一九一三	大正二	體操教授要目發布（文部省）	

一九二一	一〇	土川五郎、荒木直範氏等、學校ダンス、童謡遊戯を始める。	第一次目要時代
一九二四	一三	體育研究所設置（文部省）	
〃	〃	柳田享氏に依りデンマーク體操紹介さる。	
一九二五	一五	學校體操教授要目改正。	第二次要目時代
一九二八	昭和三	ラジオ體操創始。	
一九三一	六	ニールスブック來朝。	
一九三六	一一	學校體操教授要目制定。	第三次要目時代
一九三七	一二	青年學校體操教授要目制定。	
一九三八	一三	厚生省新設　大日本國民體操の制定。	
一九三六	一四	體力章検定青少年に實施。	
一九四〇	一五	國民體力法公布（厚生省）	
一九四一	一六	體育研究所を廢止し東京高等體育專門學校設置。	
一九四二	一七	國民學校體錬科教授要項及實施細目制定。	第四次要目時代
一九四三	一八	綜合基本力増強運動實施（厚生省）	
〃	〃	國民鍛錬行事要項發表。	
一九四四	一九	女子體力章検定實施（厚生省）	
〃	〃	行政簡易化に伴い、文部省體育局は訓練、學校衛生、保健の三課となる。	
一九四五	二〇	文部省學徒動員課は特技訓練課となる。	
〃	二〇	文部省體育局を廢止して學徒動員局となる。	

〃	〃	文部省體育局復活、體育、勤勞、保健の三課設置。	
〃	〃	厚生省社會體育に關する事務を文部省體育局に移設し振興課を加える。	
一九四六	二一	學校體育調査委員會設置、マツクロイ博士、メシー女史來朝。	
一九四七	二二	體育指導要綱公布（文部省）	第五次要目時代
一九四七	二二	學校體育研究委員會設置。	
一九四八	二三	體育指導要領公布	

第五節　西洋舞踊史表

紀元	前一五〇〇	
時代	原始時代	
	狩りよう時代	農業時代
特色	大體の踊を武器舞踊と狩りよう舞踊にわけられるが宗教的であり、模倣的であり、性の舞踊でもあつてその分類はむづかしい。	唯情熱的に跳びはねているだけでなく、演劇的となり、形式も進み宗教的色彩が濃くなつた。
主な舞踊	狩りよう舞踊 戰爭〃 宗教〃 トウテズムの舞踊	
代表的人物		
備考	北ドイツの「劍の舞」は一種の武器舞踊である。	宗教的舞踊の變形として 醫療舞踊 斷とう舞踊 のろいの舞踊 } アメリカンインデアンにある

前八〇〇	三〇〇	一四〇〇	一八〇〇
古代文明國時代	中世	ルネッサンス以後	近代
意識的に舞踊を神聖視した 舞踊家の社會的地位が高かつた 教育的であつた	初期はギリシャと同じに教育的であつたが、次第に享樂的見せ物的になつた。形式的には進歩したが舞踊の價値は低くなつた。キリスト教の舞踊彈壓とともに暗黑時代に入る。	Stigeciauce が復活した Ballets の復興 婦女子の教養に舞踊を使つた	肉體文化の運動がおこつた。 新舞踊の成立 Ballets の革命。
天文の舞踊太陽美の踊り、星の踊、月の踊、物まね舞踊 ギリシャ悲劇 體育的舞踊 Pyrric Gymnopdies	宗教儀式舞踊 默劇舞踊 stage-dance Folk-dance	Character-dance Spanisii-dance Turan tere Hungarian-dance Ballets 社交ダンス(宮庭舞踊) Gavatte minuet Pavane 等	ロシヤ Ballets 新舞踊 ユウリズミツクス 舞踊コーラス創作舞踊 無音樂舞踊 立體的 Ballets
僧神職が舞踊家をかねた會長、王様が舞踊のリーダになつていた。 ギリシャの青少年が全部舞踊した。	舞踊僧 主として農民が家庭で踊つた。	ルイ十四世 舞踊教師や專門家 上流家庭の子女	Tahn Guts Muths Michel Forkin Waslov Mjinsky Anna Parlova Isadora Dancan Tacques Dalcraze Rudolf van Laban Mary Wignan
第一回オリンピック競技會 アテネ市民の教育に使つた。 S'crates Arithto-teles 舞踊を學んだ	オリンピック競技會の終り caroe 各國舞踊の交流があつた。	トルトナクの大舞踏會 宮庭 Baillets から劇場へ ミラノ・パリーに舞踊學校が出來た	Ballets Russes の誕生 舞踊譜 Bauhaus 踊譜で創舞案。

第二篇　教材論

第一章　運　動

第一節　體　操

體操は身體を均齊圓滿に調和的に發達させる目的を以て、自然科學を基礎として人爲的に工夫考案されたものである。他の遊戯やスポーツと違つて、運動することそれ自體に主目的があり、身體を調和的に發達させる上に最も合理的な運動であるということが出來る。體操には徒手で行う徒手體操と、器械器具を使用して行うところの器械體操とがある。

第一項　徒　手　體　操

一、徒手體操の特質

徒手體操は、身體を調和的に發達させる目的をもつ合理的なものであるが、凡ゆる角度から見てすべてが完全であるということは出來ない。徒手體操には他の追隨をゆるさぬ長所を持つていると同時に、多少の缺點も持つているので、その長短を十分心得て行うことが大切である。

1、動く範圍が大きい。徒手體操では人間が本來具有する可動性に基き、身體各部を極限から極限まで動かすことが要求されるから、その運動領域が最も大きく柔軟性を養うことが出來る。

2、體力の基礎をつくる。徒手體操は、身體の强靱さ・柔軟さ・器用さを增し、內臟諸器官の機能を促進し、體力の基礎をつくるのに極めて有效である。

3、全身運動である。徒手體操では、身體各部の運動を次から次へと變化させて行くものであるから、一方に偏することのない全身運動である。

4、矯正的效果がある。人間の姿勢と健康とは密接な關係を持つもので、徒手體操は全身運動であり、且つ多くの伸展運動を持つているから、不正發育の矯正が出來る。

5、疲勞回復に役立つ。徒手體操も運動である以上疲勞を伴ふのは當然であるが、動きの運用如何によつては疲勞回復を圖ることも出來る。卽ち輕快な律動的體操により、血液の循環を昂め、蓄積されている疲勞物質を解消し、筋肉の凝固を除いて、疲勞の回復を容易にすることが出來る。

6、實施に便利である。徒手體操は狹い場所で多數の人が短時間に多くの運動量を得ることが出來、しかも老若男女を問わず夫々に應じ簡單に實施されるので、現下の國狀から見て極めてよい體育法であるということが出來る。

このように徒手體操には、幾多の長所があるが多少の缺點も持つている。即ち人工的で自然性を缺き、興味が少く自發活動に乏しいことである。又動作に自由活動を缺き、鍛錬と臨機應變の動作を爲し得る性能と、道義精神を養うことは、スポーツなどに比較して容易でない。

二、運動の解說

徒手體操の内容は極めて多いが、ここでは代表的な教材について述べる。

一、上下肢の運動　上肢の運動には、屈伸、擧振、廻旋の運動があり、下肢には、上肢の運動の種類以外に重心移動の屈曲運動と、徒手の跳躍運動を加えて上下肢運動としたのである。その目的とするところは、上下肢の發達と血液循環の促進である。

1、腕の屈伸　腕前（側）（上）屈伸（一）兩腕を肩に屈げる。（二）腕を前（側）（上）方へ伸ばす。（三）腕を再び肩に屈げる。（四）腕を下に伸ばす。

2、腕の擧振　腕前擧側開上振（一）掌を對向させて腕を平に擧げる。（二）擧げた腕を平に側に開く、（三）開いた腕を第一動まで戻す。（四）腕を下ろす。（五）腕を前から上に振上げる。（六）腕を下ろす。

3、腕の廻旋　腕前後廻旋（一）腕を輕く後に振つて彈みをつけ前方から後方へ廻旋する。（二呼間）（二）餘勢で前に振れた腕を後方から前方に廻旋する。（二呼間）

4、脚の屈伸　腕側斜上振擧踵屈膝（一）腕を側に振りながら踵をあげる。（二）腕を下ろしながら膝を屈げる。(三) 腕を斜上に振上げながら膝を伸ばす。(四) 腕と踵を下ろす。

5、脚の擧振　腕脚側擧振 (一) 腕を側に振りながら左脚を左方に振り擧げる。(二) 腕と脚を下ろす。(腕は體前で交叉する) 同樣の動作を右側に行う。

6、跳躍　腕側(上)振脚側開閉跳 (一) 輕く跳んで脚を側に開きながら腕を側(上)に振る。

(二) 着地してすぐ輕く跳んで足を元に復しながら腕を體側に下ろす。

その運動を繼續する。

二、頸の運動　頸の運動は、運動する部分が頸であり、且つその目的が頸の筋肉骨骼の修練でもあるからかゝる名稱を用いているが、頭の位置の變移と頭の血液循環を促進し、三半規管の働きをよくするので、運動種目の名は、頭を用いているのである。その種類は、屈、轉、廻旋の三つである。

1、頭の前後(側)屈　(一) 頭を前(左側)に屈げる。(二) 頭を起し更に後(右側)に屈げる。

2、頭の側轉 (一) 頭を左方に轉わす。(二) 頭を正面に復し更に(右方)に轉わす。

3、頭の廻旋　(一) 頭を前屈し左方から左屈・後屈・右屈の經過を通つて一廻旋す。(四呼間)

(二) 右方から同樣に一廻旋して頭を起す。

三、胸の運動　胸の運動は、後に屈げるより伸ばす氣もちで行う方が、胸廓を擴張し脊柱を伸展させて、その目的に適うので胸の伸展としたのである。その種類は、側屈も前屈もあるのだが、獨立して實施することは困難なので、後ろに伸展するのみが擧げられているのである。

1、胸の伸展　腕斜上擧胸伸展、開脚（一）腕を側から斜上に擧げながら胸を伸展する。（二呼間）（二）腕を下ろしながら體前に交叉し胸を輕く前に屈げる。（二呼間）

四、背腹の運動　背腹の運動は、背と腹との結合運動で、その目的は背柱の可動性を增し、腹背諸筋の發達と內臟諸機能を促進するためで、單獨に實施することが寧ろ不合理な位密接不離な運動である。その種類は、いづれも屈と側とあつて、それを結合して行うのである。

1、體の前後屈　腕前後廻旋體前後屈（一）腕を上より振下ろしながら體を前下に屈げる。（一呼間）（二）腕を前廻旋させながら體を起し、一廻旋して腕を前に擧げながら體を後に屈げる。（二呼間）（三）前に擧げた腕の振戻りを利用して後廻旋させながら體を起す。（一呼間）

2、體の前後倒　體前倒腕前上振　開脚（一）腕を前に振り（二）腕を下ろしながら體を前倒し、（三）腕を上に振り（回數は適宜）（四）最後に腕を上に振りながら體を起し（五）腕を下ろす。

　體後倒腕前側上振　（一）腕を前に振り（二）腕を下ろして側に振りながら左足を後に出す。（三）腕を下ろし前より上に振上げながら左膝を屈げ體を後に倒す。（四）腕を下ろして側に振りながら體を起す。（五）第三動に同じ。（六）腕を下ろしながら體を起し足を引いて直立となる。

五、體側の運動　體側の運動は、背柱の可動性を增し、不正彎曲を矯正し、側腹筋並びに腹背諸筋を發達させ、胸腹腔內の諸機能を促す運動で、屈倒の二種類である。

1、體の側屈　片腕上擧體側屈　開脚（一）右腕を側から上に擧げ體を左に屈げる。（二）腕を下ろし體を起す。同樣の動作を右側に行う。

2、體の側倒　腕側振上擧脚屈伸體側倒　開脚（一）左膝を屈伸ながら兩腕を左に振り體を輕く左に倒す。（二）膝を伸ばし右膝を屈げながら兩腕を右に振り體を輕く右に倒す。（三）第一動に同じなるも腕を上擧し體を十分倒す。（二呼間）同樣の動作を右側に行う。

六、胴體の運動　胴體の運動は、要目發布以來第五次にして始めて擧げられた綜合運動で、その目的とするところは、脊柱の可動性を增し、且つ强靱にして姿勢を正し、胸腹背諸筋の發達を圖り、胸腹腔內の諸臟器に刺戟を與えて、その機能を促進する運動で、側轉と廻旋の二つがある。

1、體の側轉　臂前擧片腕側開體側轉　開脚（一）臂を前に擧げる。（二）左臂を側に開きながら體を左に轉わす。この際右臂は前擧のまゝ伸ばして置くか輕く屈げる。（三）臂と體とを前に戻す。（四）臂を下ろす。同樣の動作を右側に行う。

2、體の廻旋　上體廻旋　開脚（一）體を前に屈げながら臂を右に輕く振り、臂と體とを左より一回廻す。最後は餘勢で幾分左方へ振れる。同樣の動作を右側に行う。

三　實施上の注意

1、身體の凡ゆる關節及び筋群に對する運動が總て包含されていること。

2、動きの形式を理解し、一方に偏しないようにすること。

3、男女の性別、年令別、職業別等各種の實施者により、運動の發展性を考慮して行うこと。

4、基底面の大小、重心點の位置及び移動、抵抗を與えること等により、運動の强度を考慮すること。

5、複合、結合、綜合、連續等により、運動の難度を考慮すること。

6、運動の排列は、合理的であること。

7、心臟より遠い部分の運動から始めること。

8、身體の上下、左右前後の關係を考慮して行うこと。

9、運動の强弱、性質を考慮して行うこと。

10、始めと終りに輕易な運動を、中央に努力的な運動を行うこと。

11、自然の解緊狀態で行い、律動的であること。

第二項 器械體操

器械體操は、元來原始人の障碍物に對する自然運動から、體育的に効果のあるものを、教育的に體系立てたところのものである。しかし轉回運動の如く、喜びの表現としての運動から成立したものも、その中に含まれている。

一、器械體操の特質　器械體操は、器械に身體をもたせかけて行われる運動であつて、徒手體操が基礎的、普遍的な身體修練を行うに比べると、一段と強く筋骨を發達させ、巧緻性を高め、動作を輕快敏捷にし、推理決斷等の精神力を發達させ、愼重で勇敢な性格を養うことが出來る。

二、器械體操の種類　器械體操は、運動の目的によつて、懸垂、跳躍、轉回運動に分けられている。體操として使用される器械には、鐵棒、立棒、跳箱、バック、マット、肋木、横木、平行棒、鞍馬、吊環、スプリングボールド、平均臺、吊棒、吊繩、吊梯子、窓梯子、シーソー、ブランコ、圓木等あつて、それぞれの特徴を持つているが、我が國では、體育的價値と設備等の關係から鐵棒、立棒、跳箱、マット等の最小限度の運動が擧げて、他は指導者の技倆・生徒の熟達・設備等を考慮して、採擇出來るようにしたのである。

指導要綱に擧げられた教材は、次の通りで、小學校から大學まで一貫した體系で、内容的に發展しているのである。

種類＼區分	小學校 一・二年	小學校 三・四年	小學校 五・六年	中學校（男）	高等學校（男）	大學（男）
跳躍	遊戯	跳び上がり下り 跳び越し	跳び上がり下り 跳び越し	跳び上がり下り 腕立て跳び越	跳び上がり下り 腕立て跳び越し	跳び上り下り 腕立て跳び越し
轉回		前轉	前轉 腕立て轉回	前轉 倒立 腕立て轉回	前轉 倒立 腕立て轉回	前轉 後轉 倒立 腕立て轉回

懸垂	として行う	棒登り 脚懸け上り 脚懸け回轉 逆上がり	棒登り △脚懸け上り △脚懸け回轉 逆上がり △け上がり	脚懸け上り 脚懸け回轉 逆上がり け上がり 腕立回轉	脚懸け回轉 逆上がり け上がり 腕立回轉	逆上がり け上がり 腕立回轉

註　△印は男子のみの教材とす

尙、女子の器械體操は、中等學校以上に於て擧げられていないのは、その時期に於ける特性や指導力等によるものであるから、それ等の情況に應じて、平均臺、平行棒、跳箱、低鐵棒等の運動を實施してもよいのである。

次に器械體操の內容及發展系統を述べることにする。

一　跳躍轉回運動

跳躍轉回の運動內容及發展系統は、概ね次の通りである。

- 跳躍
  - 脚のみにて行う跳躍
    - 跨ぎ越し―跳越し―ハードル跳越
    - 跳び上がり跳び下り
    - 踏み越し―跳び上がり下り
    - 距り―能力
    - 高さ―フォーム（屈膝、伸膝、脚屈伸、前後開脚）
  - 臂のみで行う跳躍―鐵棒より振跳

- 脚と腕を用いて行う跳躍
  - 斜助走膝立上—斜助走下向跳—腕立側跳越。
  - 腕立跳乗、腕立膝上、腕立跳上下、
    - 蛙跳—腕立跳越
    - 斜助走仰向跳—仰向跳（第一圖）—仰向跳より前轉。腕立轉回。
  - 開脚斜跳—閉脚伸膝跳。（第三圖）
    - 開・閉脚垂直跳
    - 開閉脚水平跳—水平伸膝跳。（第二圖）

- 轉回
  - 屈身して回轉するもの
    - 前轉
      - 助走せずに行うもの
        - 連續前轉—跳上前轉
        - 伸膝開閉脚前轉
        - 二人以上にて組んで行うもの
          - 單輪前轉
          - 複輪前轉
      - 助走して行うもの
        - 距り—水平跳前轉（跳越前轉）
        - 高さ—
          - アーチ型前轉（跳越前轉）
          - 臺上前轉—前方宙返
    - 後轉
      - 連續後轉
      - 屈膝前轉—伸膝、開、閉前轉—後轉倒立
  - 體の屈伸にて轉回するもの
    - 頸背支持蹴立て前方轉回（跳箱、マット）
    - 支頭前方轉回（跳箱、マット）
    - 腕と體の屈伸による前方轉回（マット）
  - 體を反らして行う轉回
    - 腕立側轉（マット、跳箱）……前轉、後轉、倒立等と結合。左右兩方向に側轉の連續。
    - 背支持腕立前方轉回—腕立前方轉回（マット、跳箱）……側轉と轉回、轉回と前轉等の結合。
    - 背支持腕立轉回—腕立後方轉回……倒立後轉、側轉より結合。後方轉回の連續。

- 腕立回轉
  - 後方回轉（屈膝—伸膝—浮腕立）、片脚懸け後方回轉、逆上がりより發展する。
  - 前方回轉（屈膝—伸膝）、前回下より發展する。

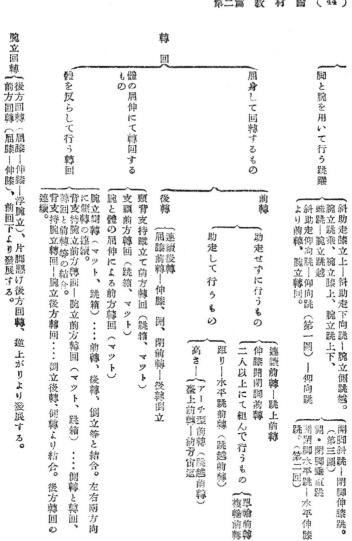

倒立
- 支頭倒立
- 背支持倒立（第五圖）
- 腕立擧脚—脚
- 支持倒立—倒立
- 前腰支持倒立
倒立への踏切
  - 片脚（正面、側方から）
  - 兩脚（正面）
  - 自然（屈腕、伸腕）
倒立の運動
- 靜止—前轉、轉回、側下、正面下。
- 歩行（前、後、側方。
- 轉向。）

二、懸垂運動（鐵棒）

鐵棒の懸垂運動の內容及發達系統は、概ね次の通りである。

脚懸けの運動
- 片膝懸け振り上がり
  - 片膝懸け上がり—片腿懸け上がり—浮片腿懸け上がり。
  - 片膝懸前方回轉—片腿懸け前方回轉及側方回轉—浮片腿懸け前方回轉。
  - 片膝懸け後方回轉—片腿懸け後方回轉—浮片腿懸け後方回轉。
- 兩膝懸け振り上がり
  - 兩膝懸け上がり—兩腿懸け上がり—浮兩腿懸け上がり—中拔下。
  - 兩膝懸け前方回轉—兩腿中懸前方回轉—浮兩腿中懸け前方回轉—浮兩腿中懸け前方回轉中拔下。
  - 兩膝懸げ後方回轉—兩腿懸け後方回轉—浮兩腿懸け後方回轉。

低鐵棒
- 片脚振り上げ逆上がり。
- 跳上がり逆上がり—腕立後方回轉—巴下。
- 屈腕懸垂して逆上がり。

- 逆上がり
  - 正面逆上がり
    - 高鉄棒
      - 一節逆上がり―三節逆上がり―巴下。
      - 前後振よりあふり上げて逆上がり―巴下―車輪。
  - 背面逆上がり
  - 捻轉逆上がり
- 蹴上がり
  - 踏み込みけ上がり（低）
  - 跳び上がりけ上がり（低）―短振げ上がり（高）
  - 反動け上がり―け上がり（高）
  - 背面け上がり、（低）（高）
- け上がりからの運動
  - 下り方
  - 腕立回　―巴
  - 短振及長振け上がり
  - 前方へ振出して後振上がり
  - 倒立
- 振上がり
  - 屈腕振り上がり
  - 伸腕振り上がり
    - 正手
    - 片逆手
    - 逆手―逆手車輪
- 各懸垂姿勢からの下り方
  - 懸垂振動―前方振跳び、後方振り跳び
  - 正面腕立て懸垂―後下、前回下、側跳越下、振跳び、轉回下、倒立（後下側下轉回下、正面下）
  - 片脚懸け姿勢―踏越下、跨ぎ越下
  - 背面腕立懸垂―前下、膝懸け下、膝掛後方轉回下

三、運動の解説

一、跳び上がり下り。

この運動は、腰掛・跳箱等で、脚のみで踏切つて行う運動で、普通膝位の高さの跳箱を置き、助走して片脚で踏切り、前方え高く遠く正しく跳ぶのである。

注　意

イ、兩脚踏切りの方法もあるが、一般には片脚踏切りで行う。

ロ、この運動はその強さから女子向によい。

ハ、スプリング・ボールドを使用すれば、運動も大きくなつてよい。

ニ、跳力の大きさから、空間姿勢を整えるようにする。

二、腕立て跳び越し。

この運動は、腰掛、平均臺、横木、跳箱、バック等を、兩腕で支えて跳越す運動の總稱で、蛙跳から跳立て跳越し、水平跳又は斜跳、垂直跳に發展する體系で實施されている跳躍である。

注　意

各種の跳び方には各々特徴があるから、一方に偏しないようにする。又要領も各助走、踏切等異なつているから研究的に行うこと。

三、轉廻　轉廻には前轉と後轉とある。前轉は、體を出來るだけ小さく丸めて圓滑に轉がる。後轉の時は手を頭より先に地床について轉がる。

注　意

（第一圖）（第二圖）（第三圖）

三人組單輪前回

（第四圖）

直立からの前轉にて基礎練習を十分行い、漸次程度を高めて、圖の如き複輪前轉を行うようにする。（第四圖）

四、倒立　前方轉回　練習段階として背支持轉回を行い、要領を總合的に會得することが大切である。又補助運動として、膝立仰臥等よりクラブポジョンをつくる練習。回轉をつけるための脚の振り上げ練習として、壁などへ速度のある脚支持倒立を行うことは有效である。（第六圖）

五、倒立　倒立の基本練習にはいろいろあるが、單獨練習として脚支持倒立による練習法は、次の如くである。先づ圖の要領の脚支持倒立をつくり出す。このフォームの要點は、掌は第二指を平行にして肩巾に地床につき、頭を起し、胸・體を十分に反らず。腕は垂直にして、體重は手首におとし、足尖はなるべく輕く壁に觸れる。このフォームになるためには、一旦脚支持倒立になってからの反り、肩の位置、足尖の壁に對する掛り方、掌の位置等を修正して體重が手首に殆んど

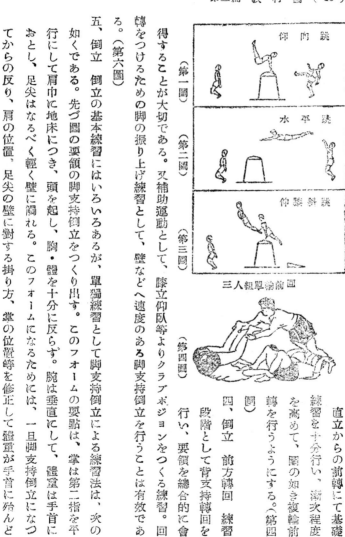

のり、足尖を壁に輕く付けるのである。この脚支持倒立が出來れば、その姿勢でなるべく長く靜止する。次に倒立のスタート姿勢になる樣に脚を下ろす。このようにして掌の位置がきまればその位置から倒立へ過不足のない脚の振り上げ方を、愼重な反復練習によつて會得するのである。

六、け上がり　鐵棒に懸垂し脚を鐵棒に近付けた屈身姿勢から、體を伸ばした彈みで上る運動である。練習段階として、脚懸け上がり、マット上の體屈伸、懸垂跳上がり等を行うと效果的である。

背支持轉回

（第五圖）

脚支持倒立

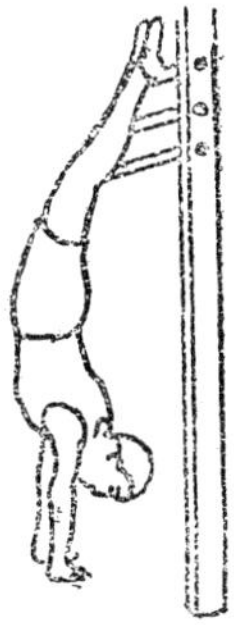

（第六圖）

肩支持倒立より轉回

（第七圖）

四、實施上の注意

1、危險防止に特に留意すること。

イ、準備運動を勵行し、運動の練習段階を研究し、無理のない練習を實施すること。

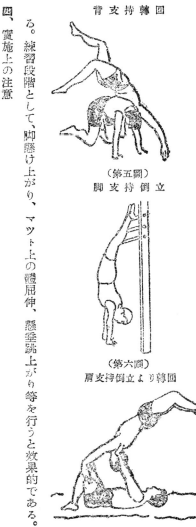

ロ、器械の配置點檢に心掛けると共に、跳躍懸垂に於ては着地に留意すること。
ハ、豫め實施目標を定め、運動の量・時間等を適切にして、過勞を避けること。
2、運動はやりこなすことを第一歩とし、漸次安全輕快なフォームを整えるように努めること。
3、準備・補助・整理運動を重視して、身體的・技術的效果を擧げるよう心掛けること。
4、運動種目は發展的・系統的に組織を立てて研究的に行い、しかも愼重に根氣よく練習すること。
5、常に器械・器具を整備し、その取扱えを丁寧にすること。

第二節　陸　上　競　技

陸上競技は、スポーツの中で最も古くから行われていたもので、遠く人類の生活が始まると共に、その自然的生活樣式が競技化されて、走る、跳ぶ、投げる等の基本的な競技が行われて來たと云われている。

古代ギリシャの競技の盛んであつた頃は、五種競技（Penrathlon）と云つて、角力（Pale）を含めて古代オリンピック競技の中心をなしたものである。

陸上競技は、廣い意味でアスレティック、狹い意味でトラック・アンド・フィールドの譯で、學校體育指導要綱では、廣い意味の方を採つたのである。

陸上技は、主として個人的の競技であり、他のスポーツに較べると、次の特徴を見出すことが出來るのである。

一、誰れでも容易に實行出來ると共に、自己の力を剩すところなく發揮出來る。

二、成績を計ることが出來て、自己の運動能力を知り得ると共に、他のものと比較することが出來る。

三、走跳投の基礎的運動で、他の運動の基本的能力を養成することが出來る。

四、練習に科學性を持たせ易い。

五、個性の發達と、性格の陶冶をはかることが容易である。

次に要綱に揭げられた小學校より大學に至る間の教材の發展過程を示せば次の通りである。

區分		種類 走
小學校	一・二年	鬼ごっこ かけっこ リレー
	三・四年	鬼ごっこ かけっこ リレー 置換競爭 障害競爭 巾跳び
	五・六年	鬼ごっこ 競走 リレー 置換競爭 障害競爭 巾跳び
中學校		短距離走 △中距離走 △長距離走 各種走（女） 繼走 障碍走 巾跳び
高等學校		同上 巾跳び
文學		同上 巾跳び

陸上競技		
跳	投	すもう
けん遊び		おしくら遊び
高跳び なわとび	球投げ	おしあい ひきあい
高跳び なわとび	球投げ	おしあい ひきあい △すもう
高跳び なわ跳び 跳び越し(女)	△砲丸投	△すもう
高跳び 三段跳び	△砲丸投 △圓盤投	同上
高跳び 三段跳び ×棒高跳び	△砲丸投 △圓盤投 ×槍投	同上

備考
一、小學校では主として遊戯として行い、中學校に以上於てスポーツ的取扱をなす。
二、△印は男子のみ。×印は設備其の他の狀況に依り實施してよい教材。

第一項　走

走ることは、最も基本的運動能力を養う自然運動の一つで、其の身體的・精神的價値は極めて大である。卽ち身體的には、全身の發育發達を促し、內臟諸機能を促進し、精神的には、注意・決斷・忍耐・勇氣・敏捷等の他、競技精神を養う。

一、短距離走　短距離走とは、全力疾走（sprinting）の走法で走ることの出來る距離範圍の競技のことで、普通四〇〇米迄を短距離競走と云つているが、心身の發達段階及個人差等に依つて、全力で走り得る走程は自ら異るわけである。

(一)出發法　短距離競走のスタートは、素早くしかも出來る丈け早く強い速力を得ることが要訣である。

その爲めに蹲踞法（Crouching Start）が一般に用いられている。

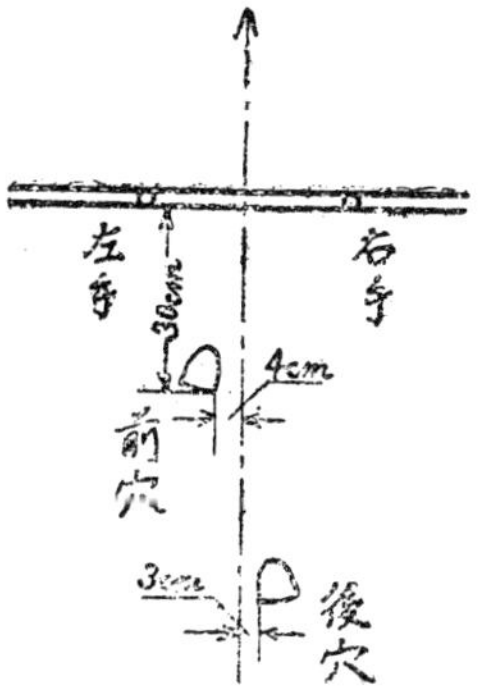

第八圖

第九圖

(い)孔の掘り方　孔の掘り方は、出發線に肩幅より稍廣く兩手を着いて、その長さを一邊とする正三角形の頂點に前孔を掘り、次に後孔は前足を穴に入れて腰を下し、膝頭が前足の位置位にあたる處に定めるのである。(第八圖)

そして孔の後壁角度は、前孔は四五度―五〇度位で、後孔は、垂直よりも稍鈍角に掘るのである。(第九圖)

孔の深さは、兩穴とも足の前部卽ちスパイクの六本全部が、餘裕をもつて入り得る程度に掘るのである。

(ろ)出發姿勢

(イ)「位置について」で、前穴に足を入れる。次に兩手を肩幅すりやゝ廣めに、指を宛もお椀をふせたように立て、出發線の手前に兩手を着き、後足を靜かに入れ、膝を地面に着けて、目は前方を見る。

(ロ)「用意」で、靜かに體重を前に傾けながら後脚の膝を地表から離し、腰を兩肩よりやゝ高く擧げる。

(ハ)後脚は、伸しきらない程度に力を拔く。

(ニ)目は、苦るしくない程度に前方を見る。

(ホ)體重の比重は、略前脚に六〇、兩手に四〇の割合である。

(は)出發

(イ)「ドン」で、左脚前の場合は、左腕を肘に力を入れて地表に突込む氣持で前に振り、同時に右腕は肘を曲げて强く後上方に振り上げる。

(ロ)前脚に力を入れて足先で踏張り、上體を前に投げ出す樣にし、後脚は下腿部を胸に引きつける樣にし、續いて上から後方に確實に踏みつける。

(に)スタート・ダッシュ

(イ)スタートしてから數步の間は、加速度を生み出す爲めに出來るだけ上體を前に傾ける。

(ロ)兩脚は一步一步力强く蹴り、腕は强く後ろに引く。

（ハ）速度の加いられるに從つて次第に上體を起し、全力疾走に移る。

（二） 走法

（い）全力疾走 （spriniting）

（イ）上體を少しく前傾げ、頭はいつも正しく保ち前方を見る。

（ロ）腕は、肘をほゞ直角に曲げ、腰を中心に前後に迅速に且つ圓滑に振る。この際特に肩及手に力を入れない樣に注意する。

（ハ）腰は、常に高く保ち、腰が後ろに殘らない樣にする。

（ニ）脚は、足先きで強く蹴つて、腰から屈げて股を前上方に引上げ、次に地表を叩く積りで足先きで踏みつけろ。踏みつけた途端に蹴り得る樣に膝に餘裕を持たせる。

（ホ） 兩足の運びは一直線になる樣にし、特に、歩幅と速度の調和をはかる。

（ろ）準全力疾走 （Lorgsprint）

この疾走は、四百米中間走法に主として用いられる方法で、客觀したのではスプリンティングと明白な區別はないが、走者は心持に幾分ゆとりを持ち、無理のない自然速力のある疾走である。

（イ） 腕の振り方は強さより、大きさと自然さを。

（ロ） 加速度に乘つたスムースな重心移動。

（ハ） 下腿部を意識的に振り伸し、歩幅をやゝ廣く。

(三)力の配合

(い)百米競走

全走程をスプリンテイングで通す。スタート・ダッシユにより、徐々に身體が起きて、加速度がついて全力疾走に移り、最後の七〇—八〇米にて、體・脚・腕に一段と意識してラスト・スパートに移り、瞬間的に上體を前傾する樣にして、胸でテープを切る。

(ろ)二百米競走

百米競走と、殆んど同じであるが、スピードに乘り、途中幾分樂くな走り方をする。殆んどスプリンテイングにて完走する走者と、ロング・スプリントを有效に用いる走者とがある。

(は)四百米競走

スタート・ダッシユよりスピードに乘るまでの三〇米—四〇米は百米競走と同じで、途中走法は、ロング・スプリートを用い、三四〇米—三五〇米附近にて、一段と體の前傾と腕及び腿の上げ方を意識し、最後の力走に移る。

四、中長距離走　これは中距離、長距離の走程を、それに適した走法で走るもので、一般に中距離は八百米・千五百米、長距離は三千米・五千米・一萬米を指し、他に斷郊走・マラソン等があり、是等の種目により競走が行われている。

(一)走法

中長距離走の走法には、準全力疾走、大股走、小股走等の走法があつて、走者の體格の大小によつて走法をえらぶのである。

(い)準全力疾走 (Long Sprint)

前述の通り。

(ろ)大股走 (Long Stride)

中距離競走に最も大切な走法で、ロング・スプリントよりやゝ速力が落ちる。腰からひねり出された彈力ある走法である。

(イ)脚は、上股を上げる氣持よりも、腰から捻り出して膝を突き出す様に前に持つて行く。

(ロ)腕は、輕く曲げて大きく自然に振り、腰の捻りを助ける。

(ハ)腰・膝・足首の各關節は柔軟に、着陸と同時に脚力の彈力を充分利用し、強き振り出しを以て餘裕のある廣い歩幅を保つ。

(は)小股走 (Trotting)

主に長距離競走に用いる。ピッチの早い歩幅の狭い走法なので、體格に依つては有效である。

(に)中距離走の要領　短距離走では、速度を最も大切な要素とするが、八百米・千五百米と距離がのびると、その結果速度の他に速度を持續させる耐久力が大切なる要素となつて來る。このため中距離を走るには、速度と耐久力とが最高度に調和され、力の配分が巧みに行われなければならない。そこでその代表的のものとして、八百米の走り方を示めすと次の様になる。即ち八百米に於ては、出發の合圖で發走するや否や、最初の五・六十米は準全力疾走により相當に頑張り、其れからの六百米は大股走を以て伸び伸びと脚の運びも緩るくしない様にして走り、後の百五十米位より徐々に速度を増す。

決勝地點の五・六十米附近に到ると共に、走法も準全力疾走に改め、姿勢を立て直して頑張るのである。時間の上からこれを見ると、二分〇秒で走らうとすれば、前半の四百米を五十八秒、後半の四百米を一分二秒の速度で走る様に、速度が配分されるのが理想的と思われる。千五百米の走り方に就ては、八百米と同様で、たゞ速度が八百米より緩るくなつてくるので、全距離を平均した速度で通すことが必要となつてくる。

(三)長距離走の要領　長距離走の要領は、中距離と大差なく、唯非常に長い距離を走るために疲勞が餘り早く出ない様に、自然的な走法を用いねばならない。歩幅・脚の運びに於ても少しの無駄がなく、呼吸は鼻と口を以て自然的に行うのが良い。

三、障害走　障害走とは、障害物を跳び越す運動と走との結合した競技であり、平均臺や、腰掛け、跳箱、適當の高さに張られた綱等を、跳び越しながら競走する遊戯的のものから發展して行くもので、技巧と輕快に跳び越すところに興味がある。

(一)踏切り及び跳び越しの動作

(い)高障害 (110m High Hurdle)

(イ)ハードルの手前七足長位の地點で、上體を前に投げ出す樣な氣持で、低く强ち踏み切り、兩腕は肩より、前に振り前脚は膝から引上げて十分跨を開き、前脚の踵を障害物の上部に向つて强く投げ出す樣にする。(第十圖)

(ロ)踏切りを終つた後脚は、力を抜き柔かく而かも股を胸に引きつける樣にして、膝を外側方に廻しながら、ハードルを越す。上體は腰より前に屈げ、身體の高く浮くのを防ぐ。(第十一圖)

(第十圖)

(第十一圖)

(第十二圖)

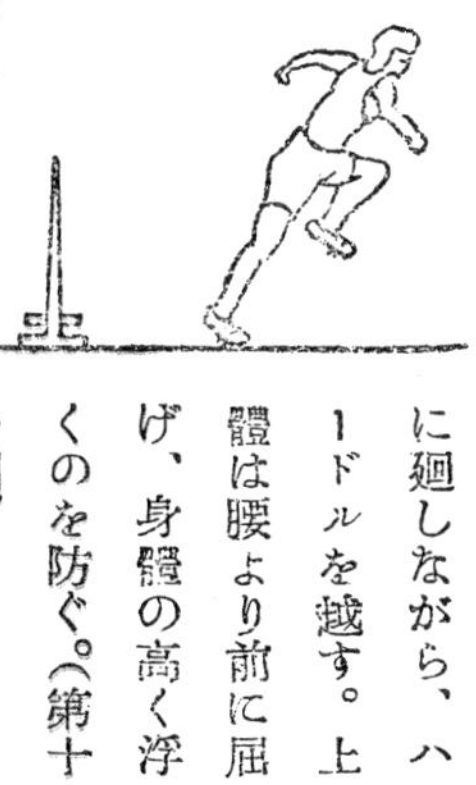

(第十三圖)

(ハ)上體が眞上に來た時、一方の腕を强く後方に振り、着陸後の疾走の爲前後の振りに戻る。後脚の股はハードル上部と水平となる。(第十二圖)

(ニ)着地はハードルの前方約四足長位で、次の脚は狹く踏むことなく股を擧げ、正しい步幅を保つ。(第十三圖)

(ろ)低障害 (200m Low Hurdle

高障害の樣に型に捉われず、兩腕の自然な强い振りと、蹴上げ脚の速かな動作で、上體を少し前傾し、重心の變化を起さない樣に、障碍物を跨いで行くのがよい。

(は)中障碍(400m Hurdle)

四百米ハードル競走は、ハードルの越し方よりも、寧ろ走力に依つて決まるものであり、障碍間の走法も又大きく影響するものである。

低障害よりも多く上體を前に屈げ、障害を跨ぐ樣に越すのがよい。但し、基本練習としては、高障害と同じ樣な技巧の練習が必要である。

(二)障碍間の步數及障碍の配置

要項 / 種類	高さ	個數	出發線より第一ハードル迄の步數(距離)	各ハードル間の步數(距離)	最後のハードルより決勝線迄の距離
一一〇m・H	一m一六七	一〇	七步—八步(一三m七二)	三步—五步(九m一四)	(一四m〇二)
二〇〇m・H	〇m七六二	一〇	一〇步—一一步(一八m二九)	七步—九步(一八m二九)	(一七m一〇)
八〇m・H(女)	〇m七六二	八	七步—六步(一二m〇〇)	三步—五步(八m〇〇)	(一二m〇〇)
四〇〇m・H	〇m九一四	一〇	二二步—二四步(四五m〇〇)	一五走—一七(三五m〇〇)	(四〇m〇〇)

障害間の步數は、初步者程步數が多いが、熟練してくると右表の樣になる。障害間の步數を決め

ておく事は、次の踏切りの爲めに是非必要のことである。步數と步幅及速度との連關を失わない樣にすることが必要である。

四、繼走　繼走は四人一組となつてそれぞれ一定の距離を分擔し、順次バトンを受けついで走る競走である。今日一般に行われているのは、四百米、八百米、一六百米及び千米、メドレー・リレー等である。

繼走は、各走者の走力に次いで、バトンの受渡しの巧拙が勝敗の分岐點となる。

短距離繼走に於けるバトンタッチの刹那
（第十四圖）

(一)バトン・タッチの要領

バトンは、通常その下半部を持つて走る。バトンを持つ手は一般に右手で受取つて、直ちに左手に持ちかえる。

(い)短距離繼走に於けるバトン・タッチの要領

(イ)走者は、バトンを左手に持ち、スプリントにて走り續け、次の走者に渡す直前に左腕を伸して、手頸をやゝ前下方に壓するようにして確實に相手の掌上にのせる。

(ロ)バトンを受取る走者は、後方の區域內に居り、スタンディングの姿勢にて、頭を後ろにして待つ。走者が約五米に近づいたならば、頭を前方にして相當のスピードを以て走り出す。而して走者が適當の距離に近づいたと直感した瞬間、腕を後方に肩より低い程度にあげる。この場合受け手は掌を上向となし、四指と拇指とを左右に開いて、バトンを載せ易くする。受取つたなら、バトンを直ちに持ちかえるのがよい。（第十四圖）

（ハ）バトン・タッチは、二十米のリレー・ゾーン内で行われるもので、味方がどの邊に來たらスタートを起し、どの邊で腕を出して受取るかは、平常の練習に依つて呼吸を合せる樣にする。バトンを渡す位置は、スタートしてから十米位に差しかゝつた邊が適當である。

（ろ）中距離繼走に於けるバトン・タッチの要領

（イ）各走者の距離が四百米以上になると、走者は非常に疲かれて速度も弱まるから、巧妙に渡すよりも確實に渡す事が大切である。

（ロ）走者は受渡し區域内に於て、兩足を立つたまゝ發走するように前方に向け、上體と頭を後ろに向けて待つのが普通である。走者が近づいたならば、右腕を後ろに擧げ、掌をかえすことなく拇指と四指とを左右に開いて待ち構え、走者が三四米に接するや、そのまゝ輕く走り出しながらバトンの上半部受取る。（第十五圖）

中距離繼走バトンタッチ
（第十五圖）

（ハ）走者は、次の走者に近づいたならば腕を伸し、バトンを出して走り乍ら確實に渡す。餘り早くからバトンを渡す準備をするのは避けねばならない。

(二)走者の配列　走者の配列は、相手により又味方の走力に依つて、必らずしも一樣でないが、次の如く配列するのが、普通行われている配列である。

第一走者……スタート の上手なもの……走力第二位者

第二走者……比較的弱いもの……走力第四位者

第三走者……走力第三位者

第四走者……走力第一位者

(三)其の他

(い)オープン・コースの場合は、走者が最後のコーナーを直過する順に依り、次走者の位置を順序に決定する。(コーナー・トップ)

(ろ)バトン・タッチは、二十米の自己に與えられたる區劃內で行わないと、除外される。

(は)バトンを落した場合は、其の落したものが拾つて、次走者に手渡しせねばならない。

五、各種走

各種走は、中等學校以上の女子に實施する走法として擧げたもので、短距離走、中距離走に用いられるスプリンティング・ロングスプリント・ロングストライト・障害走・繼走などを練習して、走の目的とする身體的・精神的效果を得るために實施するのである。

第二項　跳

跳技は、走と同樣に兒童生徒の自然生活運動で、その目的とするところは、全身の筋肉を刺戟して、血行を促進し、筋肉・骨骼・內臟諸機能の發達を促し、脚の彈力性を養い、機敏・輕快・支配力・決斷・果敢・勇氣その他、競技精神を涵養するのである。

一、走幅跳(Broad jump)走幅跳は、助走して片脚で踏切つて跳び、其の距離を競う競技である。

(一)要領

(い)助走　助走距離は、通常三〇—三五米を必要とする。助走の方法は、各人によつて多少の相異はあるが、次の二つの方法が一般によく用いられている。其の一は、最高速度に達した後の一・二歩は、心持緩めて踏切る法であり、其の二は、幾分餘裕をもつて踏切板に達する方法である。要は速度と踏切の調和がよくとれていることである。

次は正確に踏切ることである。この爲助走路に二—三の目標をとつて、確實に足を合わせて走ることである。

(ろ)踏切助走の最後の利足は、出來るだけ高く力強く足の裏全體で叩き、利足が踏切板上に乘つた瞬間、體重が此の足の上に乘ることが大切である。兩腕は踏切と同時に力強く肩から振上げ、身體の浮きを助ける。踏切つた時の上體の傾きは、最後の步幅の廣狹に關係する。

(は)空間の動作　空中姿勢には、數種あるが「そり跳」「鋏み跳」の二種が一般によく用いられている。前者は、第十六圖の如く踏切足は引上げられた反對足を追つて、空間で兩足を揃い腰を延ばし、弓型のそりを利用して、强く足を前に振出す跳方であり、後者は第十七圖の如く空間を歩行する如く脚部を前後に强く交互させる跳方である。

二、三段跳（Hop step and jump）

三段跳は、助走して（右脚）左脚で踏切つて跳んで、その で着地し（Hop）直にその右脚（左脚）で跳んで、左脚（右脚）で着地し、（step）次にその脚で跳んで、兩脚で着地し、（Jump）其の三つの跳躍距離の合計を比較して、距離を競う競技である。

要領

（い）ホップ　助走踏切の要領は、大體走幅跳の場合と同じである。

ホップは、先ず踏切ると同時に上體を前傾し、（四五度より低く）次に踏切つた足の膝を曲げて、速かに上體の下に持つて來て着地の準備をする。

（第十六圖）

（第十七圖）

反對足は後に殘され地面に近ずいた時、急に踏切足を延ばして足尖より着地し、（踵から着くと走力を殺ぐ）ステップに移る。上體は初歩の中は前傾のまゝ動かさない方が安全である。

(ろ)ステップ　ステップは、ホップの大きな動作の後行われる故一層困難である。これを廣く跳ぶにはホップした跳脚が地につく前に圓滑に反對脚を後方に振り戻し置き、ホップの跳脚が着地するや否や膝を胸に引付ける氣持で引上げる。

脚は、肩から大きく前後に振つて、體の推進を助ける。

(は)ジャンプ　ジャンプは殘された全部の力を使用して、走幅跳の動作を繰返せばよい。

以上三段に跳ぶ距離の割合は、各人によつて異にするが、一般にはホップ六、ステップ四、ジャンプ五位の割合が適當である。

三、走高跳 (High jump)

高走跳は、各自任意の助走をして、支柱にかけられたbarを越し、そのバーの高さによつて勝敗を決する競技であり、片脚踏切にして脚部よりバーを跳越す事を原則とする。

要領

(い)助走、跳切　跳躍の形によつて異るが、助走は大概一五米位あれば充分である。一歩一歩彈力的の走り方をして、最後の二三歩は體を起し、地面に踵をつけて走るようにする。

踏切點は人により異るが、成る可くバーに近い方がよい。踏切りは、最後の一歩を稍狹く踵部から踏み、足裏全部を使つて強く踏切る。一方體重が踏切足にのると、蹴足を強く前上方に蹴上げる。

(ろ)跳び方

1、 正面跳

正面から助走して、最後の踏切脚は、足尖を外方に凡そ四五度位に開いて踏み、踵部から地につけて強く踏みきると同時に、蹴上脚は横木に對して伸したるまゝ、高く蹴上げる。體がバーの上に浮揚すると共に、上體を踏切脚の方へ廻轉し、踏切脚は蹴脚の前方に胸に引きつける如く、力強く引上げる。

兩臂の動作は、脚部を蹴上げると同時に振り上げ、踏切足が胸に引きつけられたとき、踏切脚側の臂を前方より後下方に、反對臂は前上方に強く振り、その力で體が横木に面する樣になる。着地はバーに面して踏切脚から下りるが、その際臂・胸・あごがバーに觸れないように注意する。

2、 斜高跳

この跳び方は、バーに向つて斜の方向から助走して跳ぶ方法である。比較的容易であるから、兒童・女子・中學校の生徒等に適している。跳び方の要領は、正面跳の方法より自然的に行いばよい。

3、 横轉跳 (Rall over)

左脚踏切の者は、バーに向つて左方の約四五度の斜から助走して、內側の脚で踏切る。蹴脚は僅か外方に向けて振上げ、體が浮揚するや否や踏切脚は、蹴脚を追つて引上げ、バーの上で殆んど背をバーに向け、兩臂は體側に、蹴脚は伸され、踏切脚は膝を僅かに屈げて蹴脚に接する。バーを越した時、體を横轉して着陸する。

四、棒高跳 (Poul vault)

棒高跳は、適當の距離より助走して、pole の支持によりバーを跳越す跳躍競技である。

この運動は、最高の技巧と跳躍力、懸垂力が必要である。バーを跳び越した時の快味は、他のスポーツでは味えないものがある。

練習方法として、ポールの持ち方、助走、踏切り、突込み、跳越動作として、脚の振り上げと、力強き屈臂、横木上に於ける體と臂の動作、バーの突き放し方、着地の動作等が必要である。

補助運動として、短距離走の養成、懸垂力の養成、肩部、腕筋、腹筋を養成する體操等が必要である。

第三項　投

この運動は、走跳と同様に、基本的能力を養う自然的運動の一つで、兒童生徒の最も好む運動である。その體育的效果は、走跳と略同様であるが、特に肩帶、胸、腰部の發達を促す運動である。物を投げるのは手で投げるのでなく、足で投げ、體全體で投げ、頭で投げるのである。即ち身體の綜合力を集中して投げるのであるから、身體のリズム即ち弛緩、緊張を按配して投げることが、この競技の秘訣で、果斷・沈着・機敏等の精神と競技精神を養うことが出來る運動である。

一、砲丸投 (shot put)

砲丸投の規則は、直徑一、一三五米の圓内（サークル）から、片手で肩と同一の高さから投擲するので、肩の後方から投げてはいけない。圓内から足を踏み出したり、倒れて手を圓外につくと反則になり、又圓心で直角に交る扇形の直線内に砲丸を投げるので、線外に投げた場合は無效である。

要領

(い)砲丸の持ち方　砲丸の持ち方は、肘を體側に輕く接し、手を背屈し、親指・人差指・藥指を少し開いて砲丸を指の上に乘せ、他の二本の指で横から支えるのである。他の方法は、手を背屈し、五指を揃えて、砲丸の重心が中指の根本に落ちるやうに支えるのである。この際砲丸を鎖骨と耳の間に保つようにする。初歩のうちには、首に砲丸をつけ、熟練するに從つて離した方が良い。

(ろ)投げ方　先づ砲丸を持つたならば、圓の後端に投擲方向に直角に樂な氣持で立ち、反對の手は、斜前上方に輕く擧げて體のバランスをとり、次いで體重を右脚（右效きの場合）にかけ、その左脚は輕く地面につけておく。次に左脚を斜前に振出し、それを更に右脚の後方に下げ、その反動として左脚が斜前に振り出される反動を利用して、右脚の膝を少しく屈げて投擲方向にホップする。着地と同時に左脚は輕く伸し、右脚は膝を屈して腰を低くし、體を後に倒すと同時に、その反動で體は前に出ようとする。この反動を利用して機を失せず兩足をかゝえ込むようにして腰をひねり、全身の力を右腕に集中して約四十五度の角度に突き出す。最初の中は、no step で練習することが必要である。

二、圓盤投 (discus throw)

圓盤投の規則は、直徑二、五〇米のサークルから投げる外は、大體砲丸投と同樣である。

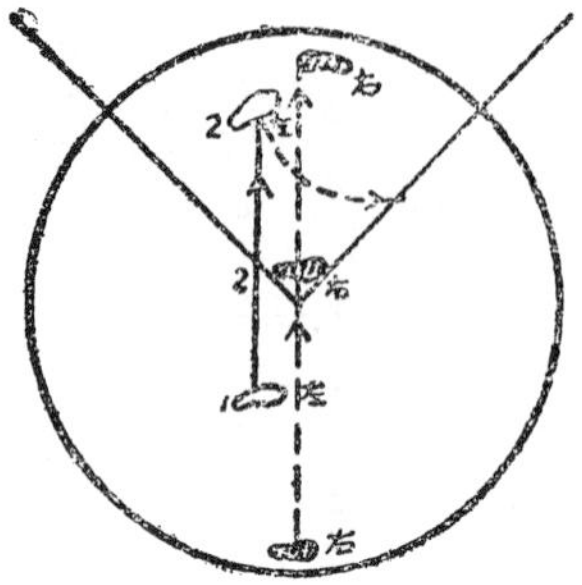

（第十八圖）

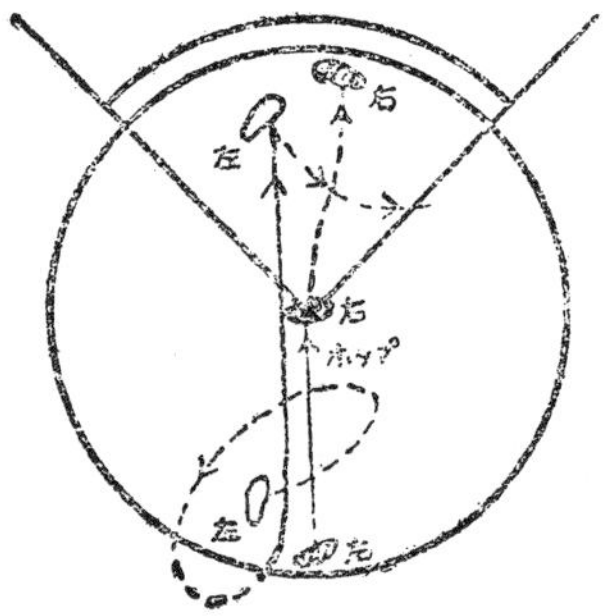

（第十九圖）

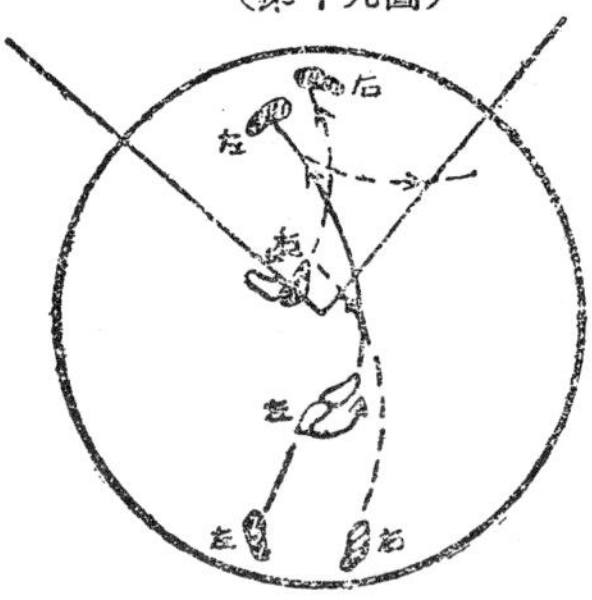

（第二十圖）

要領

（い）圓盤の持ち方

一般的なる方法は、右腕を自然に體側に垂れ、右手の掌を内側に向けて、圓盤を外から支え、五本の指を適當に開き、拇指は圓盤の外壁に添え、他の四指は其の末端の關節を屈げて圓盤の外縁に掛ける。この際中指と人差指の間隔は僅か廣目に開くと良い。

(ろ)投擲法　投擲の方向と直角に立ち、圓盤を持つた腕を極めて自然に左斜上と後下方に數回振り、調子がついたら腕を後にまわして、兩膝を少しく屈げ、腰をやゝ落して體重の大部を右脚にかける。この時上體はやゝ前傾して後向になる。次に反動を利用して左脚を軸として身體を左に回轉させると共に、右脚を伸して足先で強く踏張り、それに伴つて出てくる右腕が投擲方向に向つたとき、圓盤を兩脚の位置を入れ換える動作で振り出すのである。(第十八・九圖)更にこれに遠心力を與えるために、回轉動作(ターン)を加えるのである。(第二十圖)ターンの方法は、いろ／＼あるが要するにサークルの後端から左脚を軸として腰を中心に一回轉して、前述の投擲動作に移るのであるが、腕を良く殘すことが大切である。

三、槍投　(javelin throw)

要領

(い)持ち方　槍を拇指と人差指で握りの後端を握り、他の三本の指は輕く握つて槍を支える程度にする。

(ろ)助走　助走は、大體二五米―三〇米位にとり、踏切り板から大體槍三本の長さの所に第二目標を印し、更にそこから槍四本の所に第一目標を置く。これは助走の足を合せるためである。

(は)投擲法　第一目標の後方より走り出し、第一目標を左脚で踏んでから速力を加え、第二目標を左脚で次に右脚でホップ（右脚で二歩跳んで右脚で着地する）して投擲動作をなし、再び右脚で體をさゝえるのである。この際上體と右腕を後方に殘し、ホップした右脚は、投げる方向に直角に向け、左脚は投げる方向に足尖を内にして約四十五度の角度に保ち、左右の脚は間隔を約一米—一、五米位に開く。この際左脚は屈折しない。次いで肘を一五〇度位の角度に曲げ、

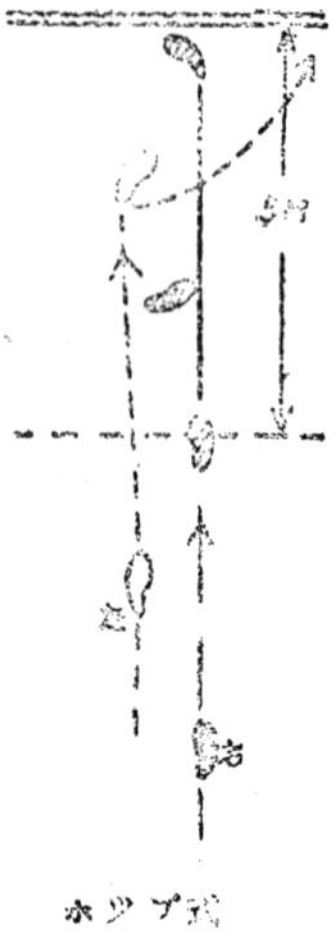
ホップ式
（第二十一圖）

クロス式
（第二十二圖）

北歐式
（第二十三圖）

（第二十四圖）

その腕を眞直肩の上から槍を高く上へ投げ上げる氣持で押出す。このとき腕を伸すと同時に上體も右脚で大地を蹴つた勢で思い切つて前へ伸すのである。これは「ホップ式」の投擲法で脚力を使ふ日本人には一番多い投げ方である。この外北歐型といふものがあるが、これは「ホッ

プレせずに兩腕を交互に踏んで強い脚を使つて投げるのである。

第四項 すもう

すもうは、陸上競技の中に入つているが、二人の競技者が角逐相搏つて勝敗を決す力技である。相手の變化に應じて、縱橫自在當意即妙の技術を發揮するためには、技術そのものの練習は勿論のこと、之を活用する心構えについての研鑽に奥深いものがある。然しすもうも近代スポーツとして明朗・濶達な氣分で、氣輕に樂しく實施されるようになりつゝある。

一、試合　元來すもうは、二人の個人が力を競うものであるが、最近では一チーム何人かを規定し、先鋒より順次組合せて、點取り法或は勝抜き法によつて團體試合が盛んに行われている。

二、試合場　土俵の上でやるのが正式であるが、餘りこれにこだわらないで、危險のない廣場に圓を描いて簡單にやることも考えられている。廣さは直徑一三尺（三・九四米）が適當である。

三、練習過程

（い）準備運動や補助運動をしつかりやる必要がある。それは傷害豫防の上から見ても有效であると同時に、技術の上達のためにも最も效果的である。準備運動として適當なものは擧げれば、次の如き動作である。

（一）四股（二）伸脚（三）構（四）運足（前進側進後進）（五）前捌き（六）腕と脚との協同動作

(ろ)攻め手を定めての練習が必要である。

1、押し合いすもう　構えの姿勢から押し出し合う

2、突き合いすもう　構えの姿勢から突き出し合う

3、寄り合いすもう　片腕を相手の腋下に差し込み互に押し合う

4、押し突合すもう　押しと突きとで交に攻め合う

5、押突寄合いすもう　押し突き寄りとで互に攻め合う

時々は攻める側と守る側とを定めて練習させることが必要である。引き立て稽古・懸り稽古・互格稽古の言葉がある通り、氣輕にやるといつても、進歩のために練習順序が大切である。

(は)「押さば押せ、引かば押せ、押して勝つのがすもうの極意」に徹底さすこと。

職業力士さえ投げ手は不用という位であるから、押しの本道に邁進させ、而も興味あるすもう練習であるための工夫が緊要である。

(に)禁手として、次の行爲は禁ぜられている。

筋を取りつめひしぐこと。拇指を顎へ突込むこと。前襲立帶を引くこと。拳突き。面打ち。指取り。胸廓頭突き。向蹴り。頭髪を摑むこと。張手。首抱え。外掛け。脊折り。頭を水月腋下以下に下げる。合掌。閂。

(ほ)其他の問題

1、立合えは待つたなしを原則とするがよい。
2、勝負の判定は、正副審判員がなし、他よりの抗議は認めないのがよい。正審判員は土俵上に上つて一切を判定し、二名の副審判員は、之を補佐することにする。

第三節　球　技

球技は、幾人かの同志が一つのチームとなり、且つ一つのボールを中心に、他のチームと攻防するゲームである。

チームの發展は、構成員たる各競技者が、チームとして纒らんとする意欲のある處のみに存在する。個々の集成からチームを構成し、一つのチームは、チーム・ワークを必要とし、チーム・ワークは、有機的統一體として、機能發揮へと進展する姿が、チーム・プレーである。

從つて球技は、全身運動として身體的價値の大なることは勿論だが、團體競技として社會的性格の育成に多大の特徴を持つのである。

球技の實施に當つては、正しく行われねばならぬとか、季節に合うものをとか種々あるが、それは學習指導篇で論説されるから、實際に球技を行う場合充分に活用されたい。

次に球技は、ボールを中心に、するチームプレーであるために、練習上特に考慮を拂うべき點は（い）部分練習と綜合練習（ろ）チーム・プレイの進歩と基礎技術、（は）攻防の原則（に）練習の分量（ほ）教材の進度過程である。

群別	小學校 一・二年	小學校 三年	小學校 四年
球入れ	紅白球入れ (1)かごに入れる (2)高さを増す ↓	高サ二米	(1)個人でやらせる (2)組でやらせる (3)目標の限界をせまくして行く
球送り	投球送り (1)自由隊形で離れて投げ渡して遊ぶ↓ (2)組に分かれて順に投げる (3)球を落さないためには兩手で (4)相手のとりよい樣に	ドッヂボール ↓	×
球送り	手渡球送り (1)自由隊形より二列↓四列 (2)自由に近くの者へ渡す (3)競爭的に早く		
球送り	けり球送り (1)自由隊形でけつてあそぶ (2)組に分かれてけつて遊ぶ↓	フットベースボール ↓	×
球送り	球つき送り (1)一定回數ついて渡す (2)ドリブル競爭をやらせる		
球送り	突上げ球送り (1)自由隊形で突いて遊ぶ (2)組に分かれて數をかぞえる (3)柔かいボールを落さうすにる	對列フットボール ↓	× ↓

群別	小學校 五・六年	中學校	高等學校	大學
しう球型	ポートボール ↓	バスケットボール ↓	× ↓	×
しう球型	ポートボール ↓	ハンドボール ↓	× ↓	×
野球型	ワンアウトボール ↓	×		
野球型		△軟式ベースボール ↓	△ ↓	△ベースボール
野球型	ソフトボール ↓	× ↓	× ↓	×
野球型		○フットベースボール ↓	○	
しう球型	フットボール ↓	△ドッヂフットボール ↓	△ ↓	△
しう球型	フットボール ↓	△ラグビー ↓	△ ↓	△
しう球型	フットボール ↓	△サッカー ↓	△ ↓	△
しう球型	フットボール ↓	スピードボール ↓	× ↓	×
庭球型		バレーボール ↓	× ↓	×
庭球型		テニス ↓	× ↓	×
庭球型			○ピンポン	

第一項　野　球　型

一、ベースボール

ベースボールは、一つのチームが他のチームに比して、多數の得點を得んと奮鬪するチーム・ゲームである。

米國で創案される近代スポーツの特徴は、知力的で合理的でスピーディーであるが、ベースボールもその例に洩れない競技である。卽ち兩チームが同じ回數に於て、同數のバッティングとフィルデングとをなし、そこにヘッドワークとスピード力と熟練と、之れに運不運などの諸要素が搦みあつて、種々の變化が演ぜられ、實際にやつても見ても面白いのがベースボールである。

一、競技場と競技者　一チームは九人で、增減を許されない。チームの力は、バッテング三〇%ピッチング三〇%フィールデング二〇%ベースランニング二〇%などといわれる樣に、チーム全體が一つになつて鎬を削るのであるが、各人が適材適所で、分業による能率という面が相當に濃いのである。

攻擊の中樞となるのは外野手で、之を援助するのが內野手と捕手である。守備は反對に內野手が中心であるが、何といつても投手が立役者である。そこで外野手は如何に守備の技術が良くても、打擊の惡いものはよい外野手ではなく、內野手はその反對に如何に打擊が良くても、守備の惡い者

▲走者1B2Bのときのumpire の位置

○右打者に對する守備側の位置

□左打者に對する同上

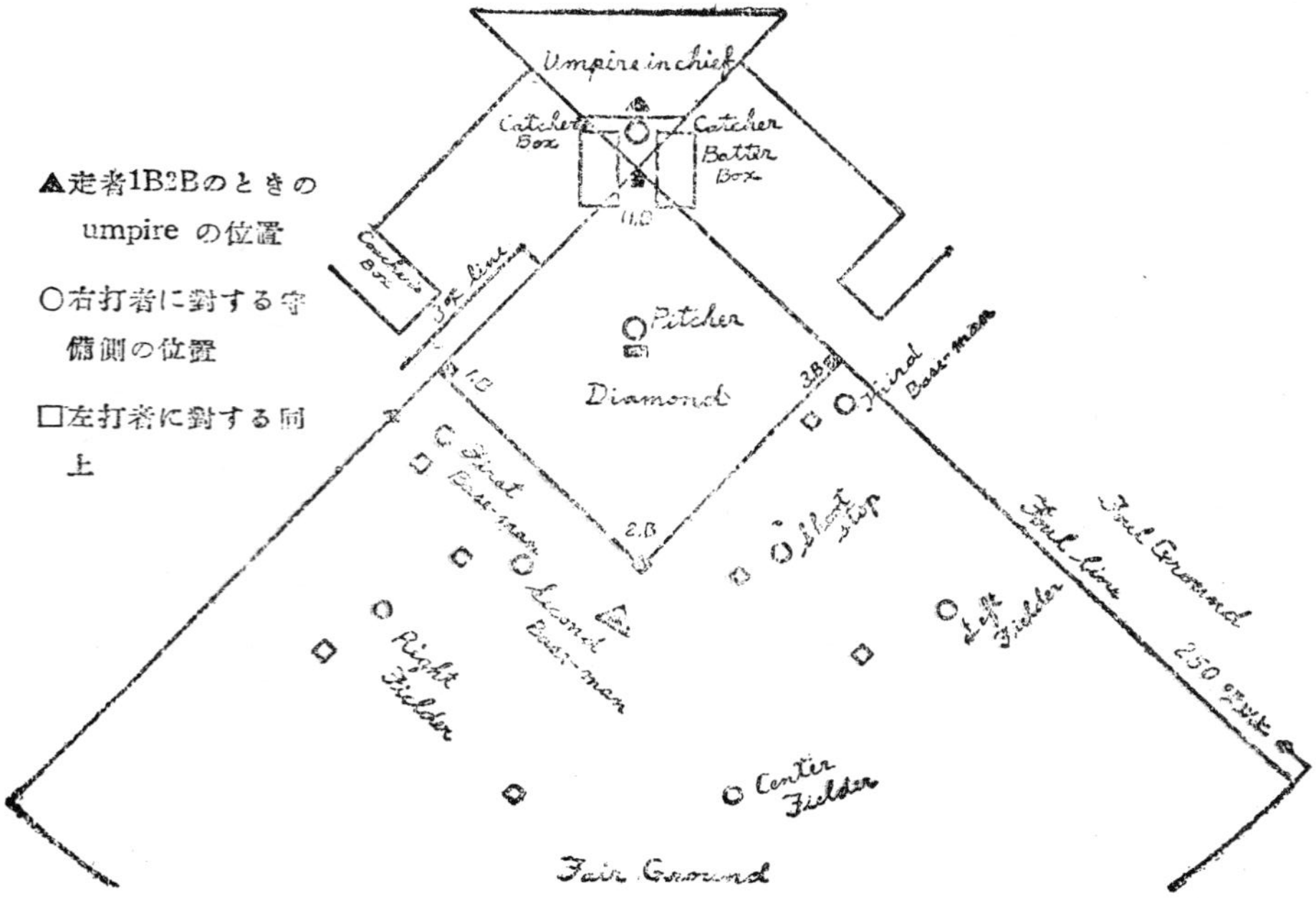

（第二十五圖）

は良い内野手ではない。

二、試合　トスで攻守を定め一方が守備につくと、攻撃側は一人宛バッターボックスに立ち、バットで投手からの球を打つのである。フィヤーボールを打つか、四球等を得ることによつて、進壘に恵まれ、順次攻撃して得點することに努める。そして三人がアウトされると守備側と交代する。双方が一回宛の攻撃と守備とを終ると第一回の終局を告げ、かくして九回まで試合を續け、得點の多い方に勝利が宣告される。

三、審判　總ての試合は、通常主審と壘審によつて進行される。審判はストライク或はボールを宣告する外、試合中に起るあらゆる裁斷をなすものである。この裁斷に對しては、如何なる競技者も異議の申立ては出來ない。然し規則違反に關する裁斷があつた場合は、キャプテンのみが之に對する抗議を申込むことが出來る。

四、攻撃

（一）打順（バッティング・オーダー）良いバッターになるべく數多く打たせ、且つ各自のもつバッテングの特長を活用して、最も多くのランを得ることが打順を作るねらいである。

（一）及び（二）は、堅實で選球眼のよい足の早い者で、自らが一壘に生きる可能性の多い競技者を配置し、（三）は最強打者、（四）から（八）は、よく打つ順にならべ、（九）は、投手の負擔を輕くするために、投手をこゝに置くのが上策である。

（二）打球　バッテングの原理は、ボールを遠く飛ばすために、強い力をボールに加えるということである。

（い）Rが大きい程よい。

（ろ）Sとボールの中心とが一致すること。

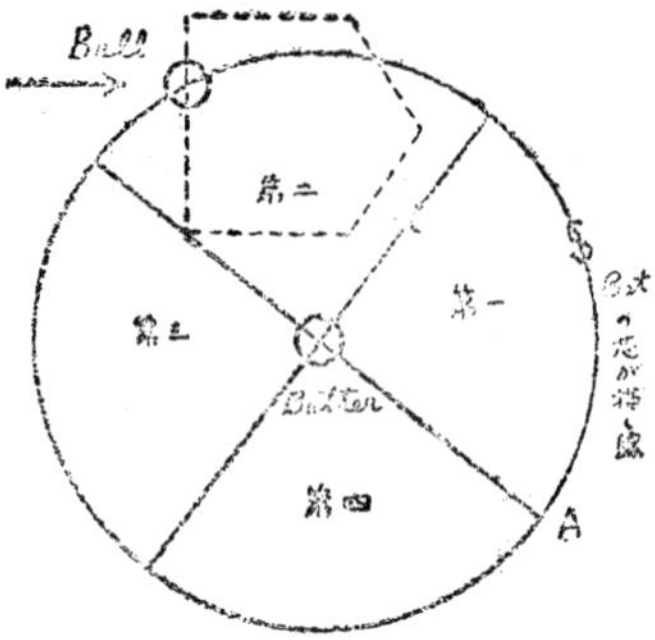

（第二十六圖）

（は）Aより振り始められ、ボールと當る時が最も鋭く、以後は餘力だけで動く。

そのためには、身體を軸として腕とバットとを一本の棒と見て、バットの先きで圓を畫く振り方をし乍ら、體の重心を後足から前足へ移動させて、ボールを打つのである。

（に）バットの握りは、バットのマークを上にしてしっかりと握る。

（ほ）バッターの立つ位置は、バッター・ボックスの後方、即ち捕手に近い位置に立つのが有利である。

（へ）最後までよくボールを見つめる。それには先ず首を回して投手に顔を正面させて、よく見分ける。

（と）體の捻りでスイングを生かせ、スイングは平らに加速度的に圓滑で鋭く行う。

(ち)足の踏み出しは、一尺五寸前後位で眞直ぐにする。それは腰から捻るために廣くない方がよい。

(り)ショート・スイングか、ロング・スイングか、バッテングのホームとしては、所謂ロング・スイング型がよく、ショート・スイングは、ある特定の場合にのみ用いられるものである。

(三)バント　バントは、自らはアウトとなつて、走者を進壘させる犧打である。バッテング練習の樣に興味がないので、粗略され勝ちである。然しベース・フレーヤーは誰れでもがよいバントが出來なければならないのであるから、丁寧に愼重に練習を積んで置く必要がある。バントを用いる時は、接戰で一點を爭ふ時、無死一壘走者の時に、走者を二壘に送るために用いられるのが原則である。然し時に二死前に於て三壘走者と打者とが示し合せて、選球なしにどんな球でもバントして本盜させることがある。

(四)走壘

(い)走力を攻撃に生かす心掛けが大切であると同時に、走者として走るべきか止まるべきかの判斷を、瞬間的に正しく把握する練習も大切である。

(ろ)走壘は、出發、途中疾走、滑り込みの三要素を含んでいる。

(は)盜壘を敢行するのは、接戰の時一死以後、一壘走者が二壘に向つてなすのが原則である。

(に)コーチ　一壘と三壘側へ出るコーチャーは、走者に種々の注意又は指示をなす任務があるから、チーム中の優れた判斷力を持つ人のみがなし得るものである。「走れ」「止まれ」「滑れ」の三つの信號合圖は、あらかじめ定めて置かねばならない。

五、守備　守備の重要な要素は、ボールを投げることであるが、その速力は、バッテングの原理と同じく、ボールを投げる時の腕に依つて畫がかれる圓の半徑に正比例する。從つて腕は成るべく延び延びとさせて、大きいモーションで投げることが必要である。

投げ方には（一）オーバー・スロウ（二）サイド・スロウ（三）アンダー・スロウがある。なおその外に（四）早い動作で近くへ投げる（五）ごく近くトスする（六）ワンバンドで投げる必要が出て來るのである。

（一）投手

（い）投手は直球・曲球を適當に使い分けること。

（ろ）コント・ロールは、投手の生命である。

（二）捕手

（い）投手を助ける女房役である。一、捕球が上手であること。（二）打者の狀態判斷が早く出來ること。（三）投手を勵ましいたわること。

（ろ）チームの守備の要めとしての責任者である。

（三）內野手　「落ち付いて正確に」それには（一）片手捕手をするな。（二）回轉して投球するな。(三) 外野手の本壘への投球中繼は、外野手の近くへ迎いに行け。(四) 飛球には突込め。

(四)外野手 「バック・アップを堅實に」それには(一)內野手のバック・アップは勿論、外野手相互のバック・アップを怠りなくやる(二)次のボールが何處へ來るか、そのボールの處理に對する心構えを充分に(三)飛球に對しては「捕える者」を指呼してやる方法がよい。

六、練習法 攻擊と守備とを統合して、常に能率的に且つ實戰に活かす合理的練習法を考案すると同時に、終了後の整理運動・矯正・マッサージ等を忘れてはならない。

四、ソフトボール

ソフトボールは、ベースボールを簡易化したものであるから、ベースボールの原理方則が、殆んどソフトボールの原理方則であるから、二つの球技の異なる點について概說する。

一、競技場と競技者 ダイヤモンドの壘間が、一一米—一八米、投手板と本壘との距離は、九米—一二米が適當である。

競技者は、右翼手、遊擊手が增えて一一人である。

二、ピッチング (一)兩足を投手板の上に置き、打者に面して立つ。(二)腕を身體と平行に振つて下手投をする。(三)その時捕手は必ずキャッチャー・ボックス內にいる。(四)投手はボールを持たないで投手板に上がり、投球準備のまねをしてはいけない。

三、盜壘 (一)投手が投手板上でボールを持つている間は、走者は壘を離れてはいけない。(二)

投手からボールが離れたら盜壘してよい。

四、打たれた球の正否　(一)打つた球は、最初に落ちた地點が、フェアー・グランド内であれば、フェアー・ボールであり、ファウル・グランドであれば、ファウル・ボールとする。(二)前述の方法から、漸次軟式ベース・ボールの方法に移行さすのがよい。

打つたボールが、ファウル・グランド外に一度それたらファウル・ボールとなる。

但し内野に最初落ちてからは。ファウル・ライン外に出たものでも、フェアー・ボールである。

五、中繼法やワン・バウンド投球法の適用　ボールが大きいので遠くへ投げるには、非常に不便であるから、野手は緊密な連繋により、中繼による投球を用いて、走者をアウトにする方法が必要である。

女子には、殊に腕力が弱いから、一層その必要性が大である。女子は中距離の投球にも、ワン・バウンドを用いることがよい。

第二項　ろう球型

一、バスケットボール

バスケットボールは、五人宛に分れて行われる。各組の目的は、ボールを各自のバスケットに投入して、成る可く多くの得點をなし、同時に相手方にボールを持たせたり、得點させたりすることを妨害する球技である。

バスケツトボールは、五十數年前一八九〇年米國で創始されたものである。冬季室内に於て恰も戸外競技の如く、活潑にして興味があり、運動量の大きなプレーをとのNaismith氏の考想が、此の競技の生れた所以である。之が日本に輸入されて今日の如く普及されたのは、一九一四年米國人

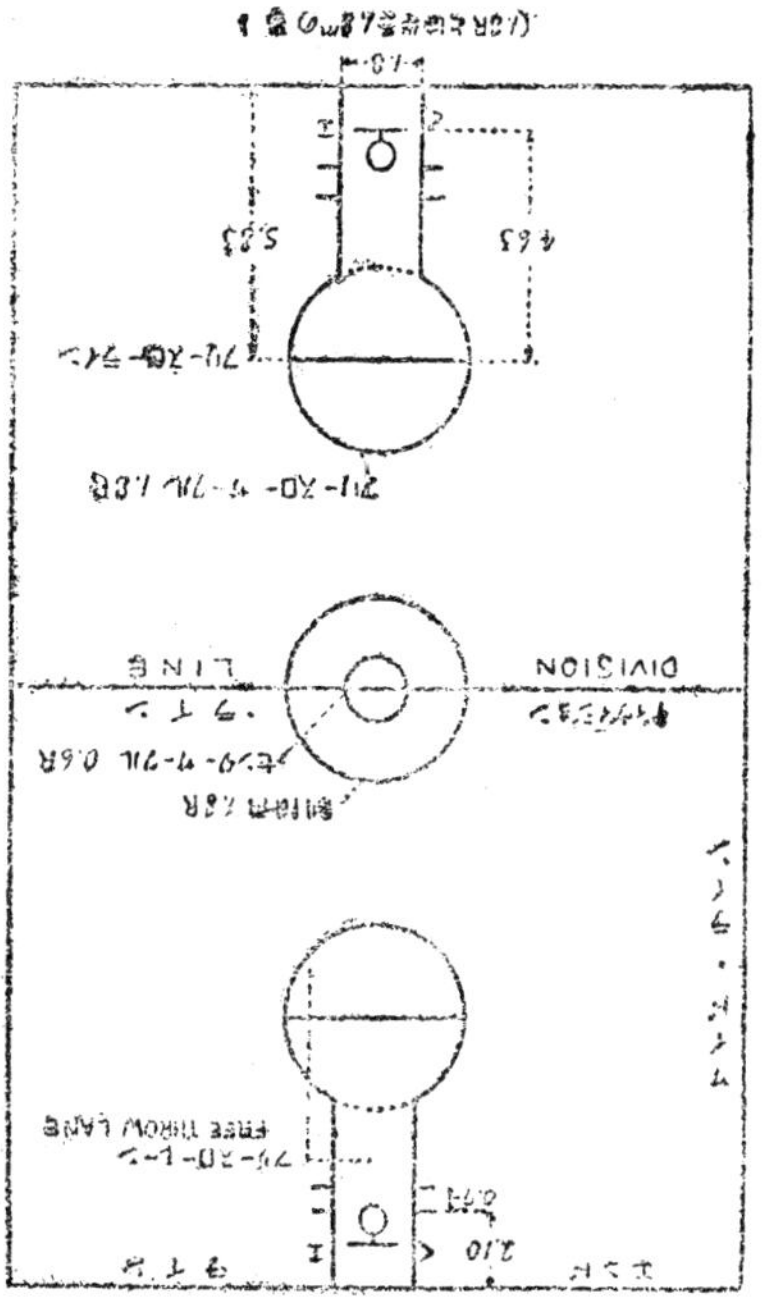

（第二十七圖）

FH. Crown氏が來朝して紹介され、之が指導に努めたことにその端を發している。

一、競技方法

本競技は、中央の圓内でセンター・ジヤプをすることから開始される。ボールを持つたチームは、パスかドリブルして敵の妨害を排して得點する。フイルド・ゴールは二點、反則によるフリー・スロウの得點は一點で、一定時間内に得點を競うのが此の競技である。

二、競技場と競技者の任務

（一）競技場

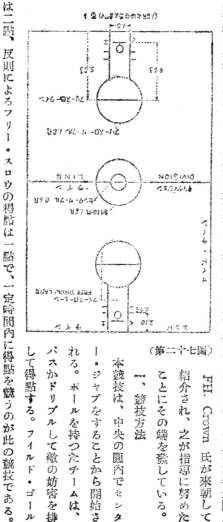

競技場は、圖の如く幅五糎を下らぬ區劃線で畫かれる。

(二)競技者の任務

一組五人は、二人のホワード(F)一人のセンター(C)二人のガード(G)によつて構成されている。その任務は、元來は(F)が攻撃(G)が防禦(C)はチームの要めとして、攻防兩面に活躍するものとされている。然るに今日では、技術の進歩著るしくゲームが非常に速くなつたので、五人のプレーヤーに對する攻防兩面からの要求は極度に大となり、五人で攻撃し又五人で防禦する方法へと移行しつゝある。

三、練習の考え方

練習は全體か部分かと言うことがあるが、本競技の練習では、卽ちゲーム(全體)と基礎技術(部分)と並行して練習を進めるべきである。特に初心者には、ゲームにより興味を與えつゝ、その時に於けるゲームのうまく行われない點を指摘して、その基礎技術の練習を進める方が、効果を高めるに有利である。

四、基礎技術

基礎技術の十分なる練習は、やがてゲームの上でより大きな興味を覺えると同時に、之が上達を期する條件である。

(一)捕球、兩手又は片手でも、キヤツチの範圍内では、如何なる方向からのパスも正確にキヤツチ出來るよう練習せねばならない。その爲には、先づ落さないこと。落せばタイムがおくれて、パスやシュートのチャンスを失い、ゲームでは決定的な損をして、味方の敗因を作ることになる。次にキャッチしたボールを奪われない様に、保持する力を充分養うべきである。又保持しているボールをパスするか、シュートするか、ドリブルで切り込むか等如何にさばくかを、相手に察知せしめない樣努力することが必要である。

(二)送球　パスには多くの種類、方法があるが、何時でも、如何なる方向へでも、遠近を問わず、自由の速さで、捕球に一番都合のよい所へパスが出來る樣にするには、大なる努力と相當の日時を要するのは當然である。パスをショートと同樣に、攻撃面の重要な要素である故十分な練習を必要とする、主なるパスの種類は次のものである。

1、チエスト・パス、パスの基本である。胸から身體と手で押し出す。
2、ショルターパス　肩から投げるパス。
3、アンダー・ハンド・パス　下から投げるパス。
4、バウンド・パス　一度バウンドさしてからのパス。
5、サイド・パス　側方よりのパス。
6、ジャンプパス。飛び上つてのパス。

尚ストップしている競技者へのパスと、走つている者へのパス、走つていて、走つている者へのパスの如く、身體位置の變化からもパスを考察することが出來る。

（三）シュート　シュートもパスと同じく多種多樣である。シュートはゲームの技術的方面の最後の目標であるから、ボールの描くアーチ、目標、方向、距離、後板の利用等の各方面から研究し練習することが必要である。尙シュートのタイムの變化、シュートは同時に自分へのパスである等の點も練習に忘れてはならない。

要するにシュートは如何なる位置からも、如何なる方法でも正確にシュートし得る樣に、多大の努力を平常に拂らべきである。シュートを大別すると、身體の位置移動から見れば、スタンデイング・ショットと、ランニング・シュートに分けられ、距離から見れば、近距離、中距離、遠距離からのシュートに大別出來る。又ドリブルからのシュート、ストツプしてのシュート等色々とあるが、之等は各方向から研究され練習されるべきである。之等の練習は、充分ゲーム化された練習を考えるべきで、練習が練習に終ることのない樣注意すべきである。

（四）ドリブル　ドリブルは、ボールを運ぶ一手段であつて、特に混戰中を切り拔けて危地を脫するには、ドリブル以外に手段の見出せぬ時が相當にあるから、十分練習する必要がある。然し濫用は充分誡めなければ弊害のみ大である。ドリブルはパスするより、ボールの進行がおそい事を留意しなければならない。先づドリブルの練習には姿勢を低くすること。目をボールのみに注がれてはならない。直線、曲線、左右へのドリブルの練習、身體の右左でする練習、又ドリブルからパス、シュート、ストップ、ストップと同時に如何にボールをさばくか等多くの練習すべき條件がある。

之等の十分なる練習以外に、ゲームの上で有意義な動作と運用は望めない。

尚他に練習を要する基礎技術として、クイック・スタート、ストップ、ピボット、ターン、フイント、ドッヂ等練習の分野が多々あつて、之等の總べてを習得することによつて競技を圓滑且つ敏速に運ぶことが出來ることを銘記すべきである。

五、防禦と攻撃

個人の防禦に於ては、常に敵とバスケットを結ぶ線上に位置し、重心を落し、間合（敵との距離）に注意すべきである。敵の中央への切り込みは充分警戒し、なるべくサイド・ラインの方へ敵を攻める事が、對個人の防禦の要諦である。個人の攻撃は、ボールを保持し、且つドリブルして相手を完全に抜き、ゴールに近づきシュートする様最大の努力を拂うべきである。團體による防禦も色々あるが、マブツーマン・デェフエンス（對人防禦法）とゾーン・デフエンス（地域防禦法）が多く行われている。兩者共に利害得失がある故、ティームとしての特質を考慮し、兩者を充分研究しておくことが大切である。

團體による攻撃を速度から見れば、速攻法と遲攻法がある。防禦法に對する攻撃から言いば、ゾーン・デエンスに對する攻撃法、マン・ツー・マン・デエンスに對するセント・オフエンス等が擧げられる。

六、競技用語

1、フロント・コート　自分のゴールに近いコートの半分。

2、バツク・コート　フロント・コートの殘りの半分。

3、ピボット（旋廻）ボールを保持せる者が、片足を任意の方向に踏み出すこと。

4、パーソナル・ファウル　相手を押したり、叩いたり、衝いたりする反則。

5、テクニカル・ファウル　パーソナル・ファウル以外の反則。

6、ヴアイオレーション　前の二つのファウル以外の反則。

二、ハンドボール

ハンドボールは、一九一五年頃門球という名稱で、獨逸に於て女子競技として發生し、其後改良が加えられて、第十一回オリンピツク・ベルリン大會に、正式競技種目として登場した新らしいゲームである。

我國には、大谷武一（東京體專校長）氏によつて紹介されて以來、その體育的價値の高いのが認識されて、急速に普及發達されている現狀である。

この競技は、五人のフオワード、三人のハーフ、二人のフルバツク、一人のゴール・キーパーの十一人よりなる二組が、對戰する競技であつて、その目的は、ボールを相手方のゴールに投入し、同時に相手方の攻撃に對し味方のゴールを守る球技である。球を使うには專ら手を用いゴール・キーパーのみは、特に足を以て防禦する事が許されている。

一、競技場と目的　第二十八圖の様な廣い競技場の中央で、スロー・オフをなすことによつて競技が開始され、パス、ドリブル又は手渡し等によつて、對手方ゴール・エリアに迫り、ゴール・エリア外からゴールに投入する運動であつて、走力、投力の練磨となり且持久協同犧牲の精神が養われる。

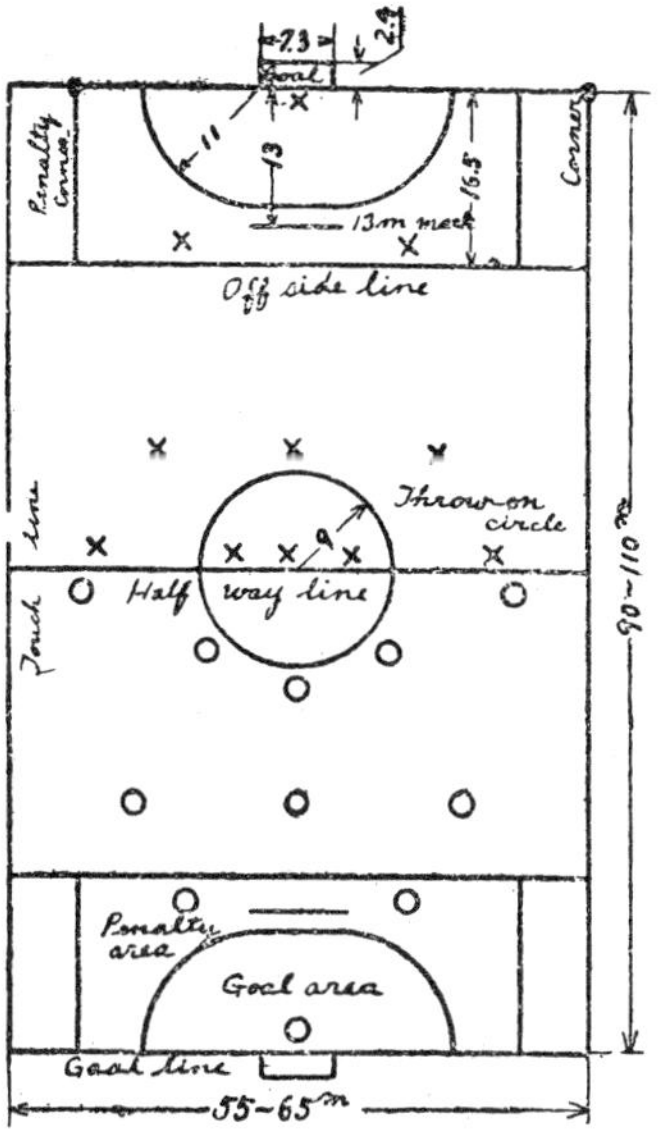

（第二十八圖）

二、基礎練習　パス、キヤッチ、ドリブル、シート等

(一)パスとキヤッチ

(い)二人でパス　距離（五米—一〇米）

(ろ)圓陣で側方へパス（左右同方）

(は)對陣パス（八米—一〇米）(第二十九圖)

(に)ランニング・パス（第三十圖）

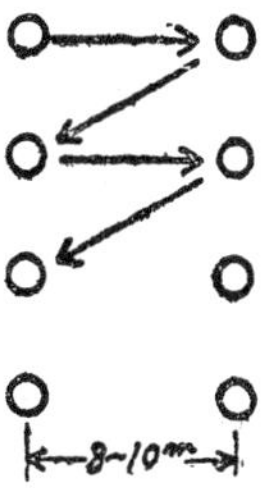

（第二十九圖）

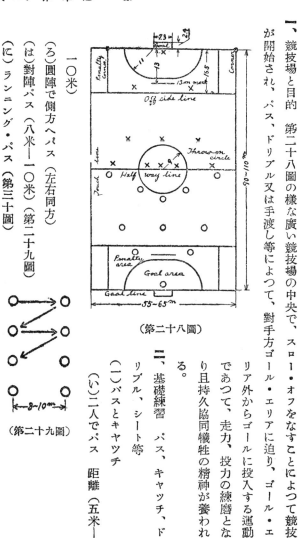

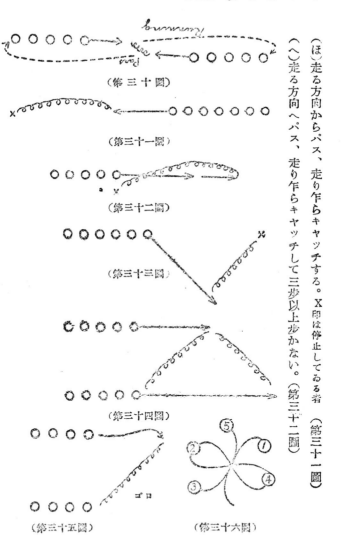

（ほ）走る方向からパス、走り乍らキャッチする。X印は停止してゐる者（第三十一圖）

（へ）走る方向へパス、走り乍らキャッチして三歩以上歩かない。（第三十二圖）

（第三十圖）

（第三十一圖）

（第三十二圖）

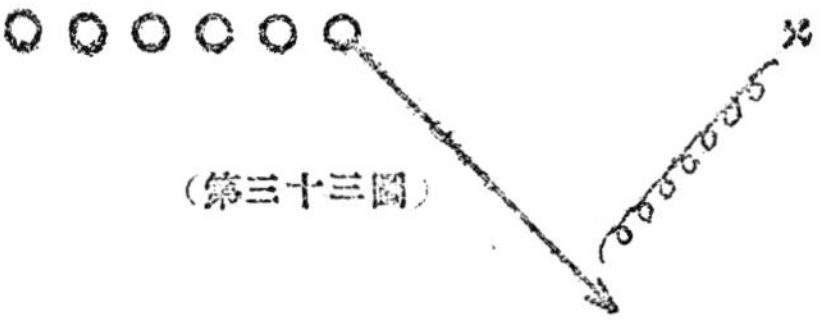

（第三十三圖）

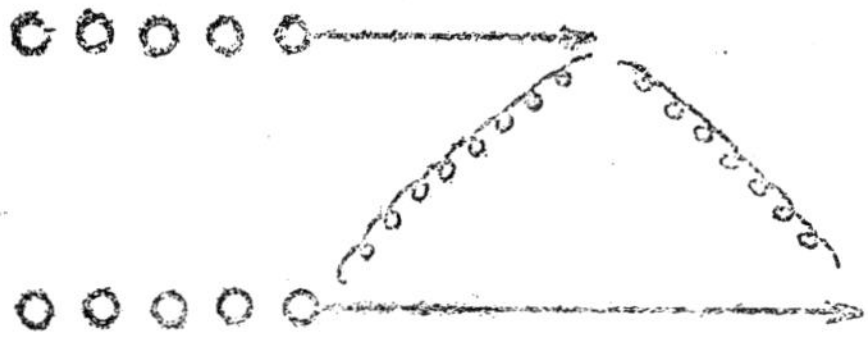

（第三十四圖）

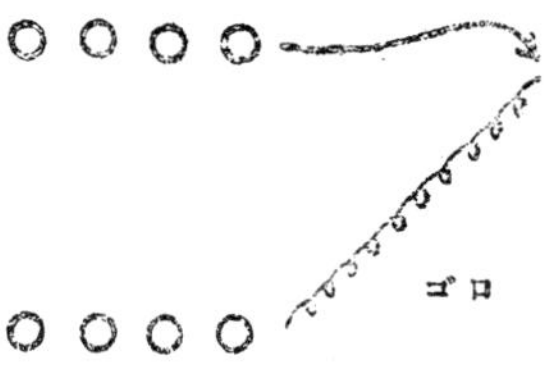

（第三十五圖）

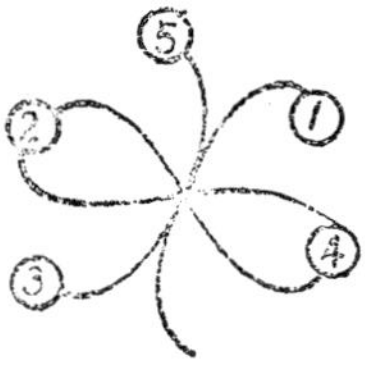

（第三十六圖）

（と）走る方向と直角の方向からパスされたキャッチ。（第三十三圖）

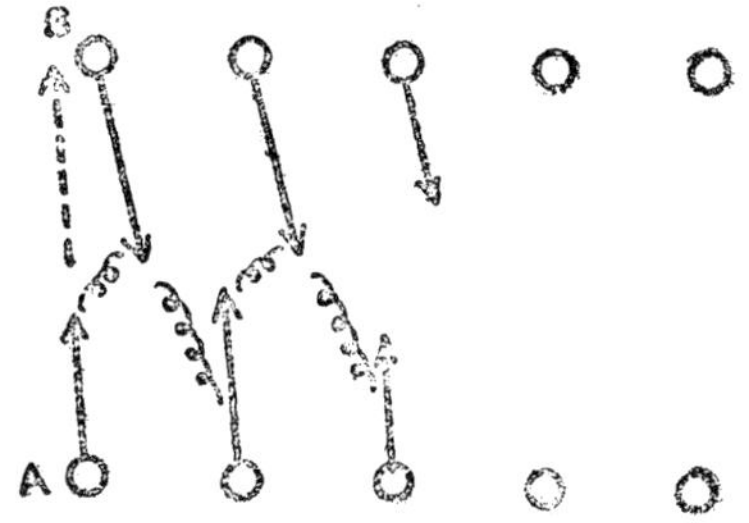

（第三十七圖）

（第三十八圖）

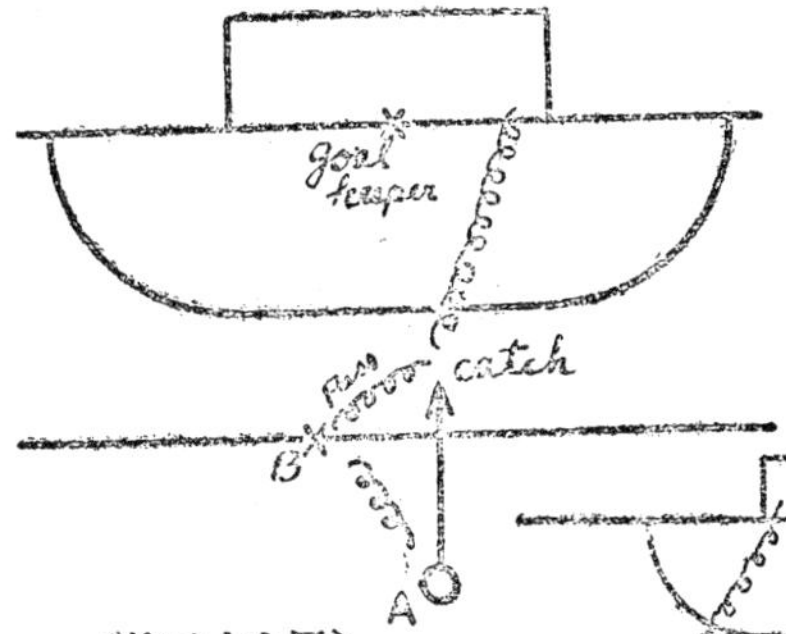

（第三十九圖）

ボールの進行

競技者の行動

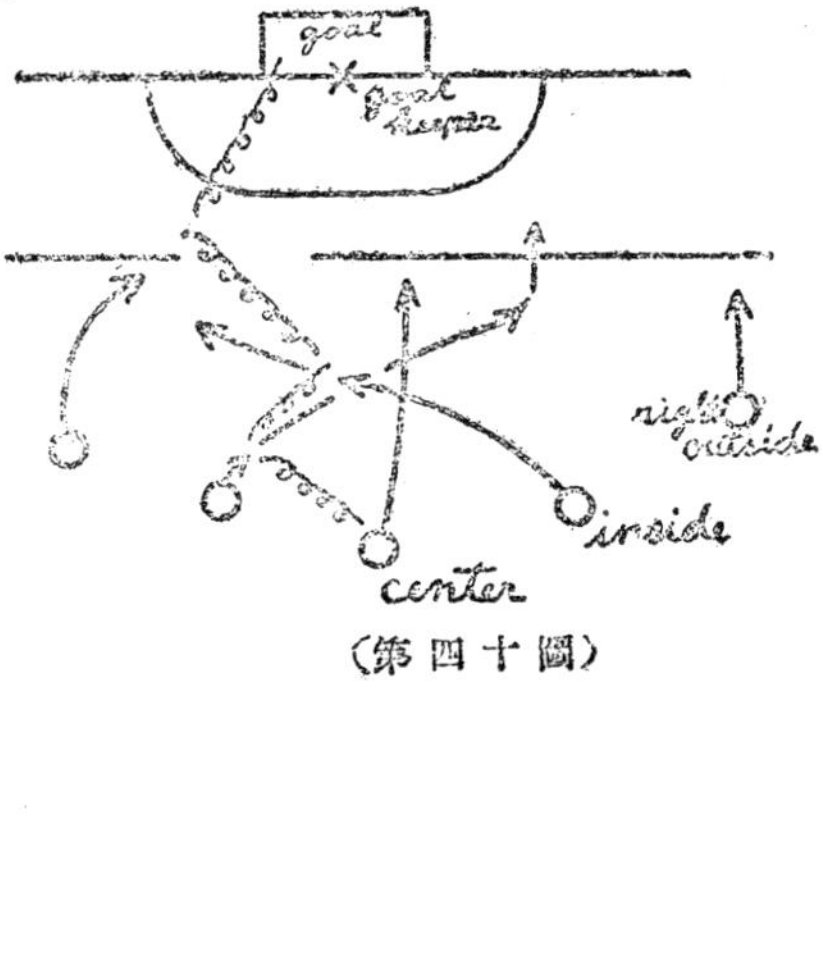

（第四十圖）

（ち）二人が同方向に走りながら走る前方にパス。（第三十四圖）

（り）ゴロのパス（第三十五圖）

（ぬ）フォワード同志が番號（一）（二）（三）（四）（五）と順序を定めて、縱横に走りながらパスする。（第三十六圖）

パスは主としてキヤッチしたボールを肩に持つて行き、手は肩の線より後に引かないようにして、捕者の稍々前方、胸よりも高くボールの取易い所へパスされることがよい。

キヤッチは指をひろげて、手首・肘・肩の力を拔いて、主として指のつけねと指先の方で、キヤッチされることがよい。キヤッチされたボールは、直ちにパス或はドリブルにうつれるようにする。

ランニング・パス（キヤッチにはスタート・ダッシユが肝要）。

（い）横隊に三人乃至五人並んで走り乍ら横へパスする。

（ろ）對陣していて、Aが走りながらキヤッチしている間に、Bは相當のスピードをもつて正反對の方向に走りながらAからのパスを受け、次にCにパスする。（第三十七圖）

ドリブルは、籠球に於けるダブル・ドリブルを繰返す樣な方法、即ち兩手を以て走り前方へ打ちつけそのはづみ上るボールをキヤッチして、三歩まで歩いてまたつきながらボールを進める。走りながら捕球した場合は、四拍子目の足が空間にある間に投球する。（第三十八圖）

（一）フォワードの練習

（い）ショートは、オフサイド・ラインでキャッチしたボールを、ゴールの四隅の中最もすきのある一隅にショート出來る様にする。

（ろ）オフサイド・ライン（先入線）の近くにいるに一度パスし、ラインを超えて再びパスを受けストップして投入する。ゴール・キーパーの逆を突く様な投入が効果的である。ワン・バウンドの投入も亦効果を納める。（第三十九圖）

（は）五人のフオワードが、相互に連繫を密にしながらパスして、最も投入効果の上る地點でキャッチした者が、ショートする練習が大切である。（第四十圖）
（三）ハーフとバックの練習。
（い）ゴロ・ボールの捕方
（ろ）ゴロ・ボールを横打ちして、味方へパスする。

（は）空間に投げられたボールをカットする。

（に）對手のフオワード間のパスをキャッチする。

（ほ）フオワードのフエントに乘ぜられないように、チームワークをとり徹底的に守るように練習する。
（四）ゴール・キーパーの練習。
（い）どんなボールでもキャッチする。

（ろ）キャッチ出來ないものは、打つか叩くか身體で止めるか足で止めて味方にパスする。機敏で跳躍力あり判斷が正確であることが必要である。

三、競技規則

1、スロー・オフ（初技）センター・フォワードがする。

2、オフ・サイド（先入）ボールより早くオフ・サイド・ラインを越すことは出來ない。

3、スロー・イン（投入）ボールがタッチ・ラインより出た場合。

4、フリースロー（自由投）三歩三秒のルールを犯した時。蹴つた時、ジャックルした場合。

5、コーナー・スロー（隅投）

6、ペナルテー・コーナー・スロー（罰隅投）（其の他）

四、綜合練習

フォワードの攻撃に對し、ハーフ・バック、ゴール・キーパーが一丸となつて防禦する。

五、試合

試合は、一人のレフリーと、二人のラインズ・マンと、二人のゴール・ジャッヂにより管理される。審判員は競技規則の遵守を監視する。競技者は如何なる場合でも、審判員の命令に服從せねばならない。

六、競技時間

男子一般　三〇分—(一〇)—三〇分
男子中等　二五分—(一〇)—二五分
女子一般　二〇分—(一〇)—二〇分

(日本蹴球協會「蹴球競技規則」による)

第三項　しゆう球型

一、スピード・ボール

スピードボールは、一九二一年ミシガン大學のミッチエル教授により考案せられた球技で、蹴球・籠球の要素が取入れられて、特別の練習を要する事なく、簡單なる服裝で、初めから樂しく競技する事が出來る、而かも蹴球と異なり、手を使用し得る爲、ゲームがスピーディに展開し、得點も容易に出來る點に特徴がある。人員や競技時間は蹴球に準じて行うのである。

競技場と競技規則

(一)ゲームは、競技場の中央に置かれたボールを蹴る事キツクオフにより開始せられる。此のとき相手側は、一〇碼以内に近づけない。

(二)ボールの扱い。蹴られて一度も地面に落ちずに空中にあるボールは、手で捕え打つの方法で競技し得る。捕えた後は、パス・パント、足によるドリブル等に移し得る。但し手によるドリフルと直接蹴る事は出來ない。

グランドボール　地面に轉がり又は靜止しバウンドしているボールを云う。斯様なボールは、手で處理し得ない。足で蹴るか頭乃至體で捌かねばならない。

キャリングボール　ボールを持つて三歩以上歩き又は走ることは出來ない。三秒以上球を持つている事も出來ない。

(三)ボールが競技場外に出た場合　サイドライン外の時は、球を出した相手側がその地點より投入する。(片手にても可) 投げ入れられたボールは手で競技し得られる。

エンドライン外の時は、ボールを出した反對側が、その地點よりバンド・ドロップキツク又はパスをなす。攻撃側がパスをする場合は、ボールが他の二人に觸れたあとでなければ、パスした競技者は球に觸れることは出來ない。

(四)ボールが競技場内にあり審判の笛のなる場合。

1、パーソナル・フアウル即ち相手を押したり蹴つたり捕えて攻撃し、引つかけて妨害する事並びに亂暴な行爲をした時。

2、キャリング・ザ・ボールの場合。

3、グランド・ボールに手をふれた場合、並にフライ・ボールを直接蹴つた場合。

以上の反則を侵すと相手方にフリー・キックをあたえ、又味方が自己のエンド・ゾーンの中で侵すと相手方にペナルティ・キックが與えられる（1）の反則の場合は二回とする。

（五）得點

1、フイルド・ゴール　グランド・ボールを手以外の身體各部で入れた場合で三點を得る。手により或は手にもつた球をパントし、ドロツプキツクしても得點とはならない。

2、タツチ・ダウン　ゴールライン外より投げた前方パスを、エンド・ゾーン內にいる味方が受けた場合で二點を得る。

3、ドロツプ・キツク　ゴールラインの後方よりドロツプ・キツクをなし、それが橫木の上を越した場合で一點を得る。

4、ペナルティ・キツク　此のキツクの行われる時は蹴る者とG・K以外はエンド・ゾーンの中に入れない。球がゴールを通過したならば一點を得る。

5、フリー・キツク　エンド・ゾーン外の反則の時に行われるパーソナル・ファウルの時は、直接得點し得る。此の時兩チームともにエンド・ゾーンに入つて差支ない。此の時の得點は一點である。

（六）備考

1、パンド・キツク　球を手からボールを離して地面に落ちない內に蹴る。

2、ドロツプ・キツク　球が地面に落ちた瞬間に蹴る。

3、プレース・キック　球を地面に据えて蹴るキックである。

4、G・K　一般の競技者と同じ規則で競技する。

5、女子に行う場合には、競技場、時間、人員を適當に増減すべきである。

6、競技場は、サッカーのコートを使用して差支ない。

二、サッカー

蹴球は、一名 Soccr 又は Association football と呼ばれ、全世界に廣く行われ、最も人氣のある競技であり、その組織や構成の上に勇猛果敢に烈しいファイテング・スピリットを發揚し、多様な變化と展開に富む技術は、團體競技としての持味を遺憾なく發揮しているものと云える。

蹴球の起源については詳かではないが、原始的な蹴球はすでに紀元前より歐州に於ては行われていた。一六世紀に至り、イタリヤにこれが或る程度近代的のルールを持つた競技として發展し、イタリヤ語でこれを Calcio と呼んだ。一七世紀に至つて英國にこれが移入せられて普及を見、一八世紀には近代的な組織と構成となり、一九世紀に現在行われているルールが制定せられたのである。

吾が國には古來より球蹴りの遊戯は盛んに行われていたが、中古に至つて衰微してしまつた。明治の初期サッカーの移入されるや漸次發展し、全國に普及せられるに至つたのである。

一、競技方法

本競技は一一名宛の二つのチームが、競技場の中央に置かれた球をキック・オフすることにより開始される。手を使用することなく足・身體・頭等を用い、team work を取りつゝ球を前に進め、相手側のゴールに之を蹴り込むことを競うのである。球を敵のゴールに入れると一點を與えられる。一定時間内の得點の多い組を勝とする。

二、競技場及競技者と任務

1、競技場は、圖の如く、區かく線幅五糎を下らぬよう鮮明に畫かれる。

2、競技者と任務

一一名の競技者は、第一線に五名のF・W、第二線に三名のH・B、第三線に二名の、F・Bが並び、第四線に唯一名手を使用し得るG・Kが居る。これ等の一一名の競技者得が點する爲には、圓滑に聯絡協同を保ちつゝ行動せねばならない。

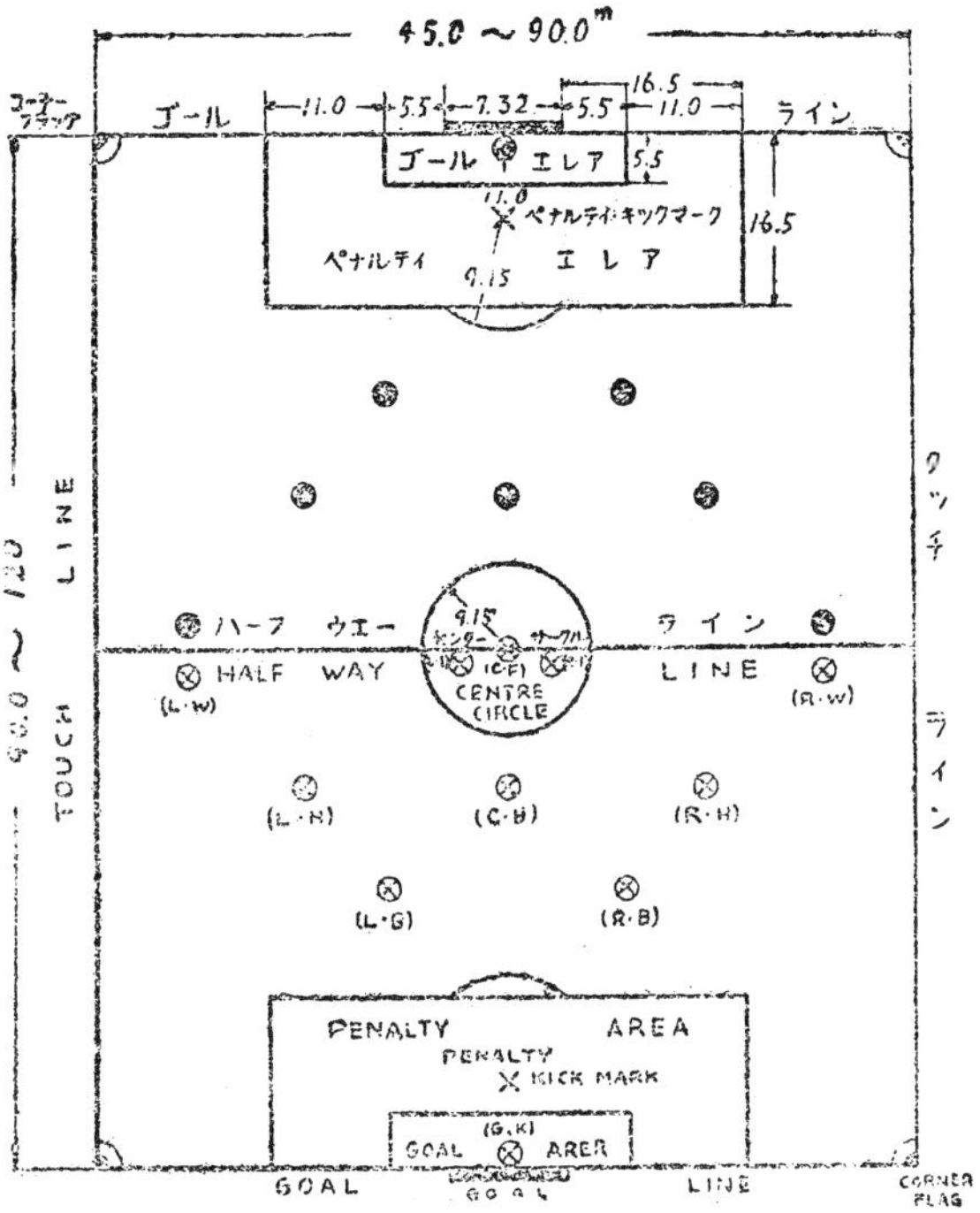

（第四十一圖）

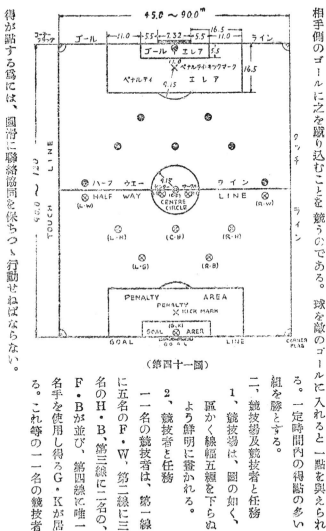

各々の位置に於ける任務は、主としてＦ・Ｗは攻撃に任じ、敵の守備を破り得點する事にある。Ｈ・Ｂに於ては、Ｆ・Ｗの攻撃を援護し且つ敵の攻撃を遮斷することにある。Ｆ・Ｂの任務は、主として防禦にあるが、守勢を攻勢に轉ぜしむることも亦大きな役目である。Ｇ・Ｋは、最後の固めであり敵の得點をはゞむ最後の人である。Ｇ・Ｋは、他の競技者と異なり、自己のペナルテー・エレア内に於ては手を使用し得るが、然し球を持つて五歩以上歩けない。

三、競技規則の解説

1、キツクオフ　このときは攻擊側はハーフ・ライン上に一線に展開し、防禦側は球の蹴られるまでサークルの中に入る事は出來ない。若し入れば再びやり直す。又キックオフをした者が續けてボールを蹴れば、相手方にフリー・キツクが與えられる。

2、ゴールキツク、球がゴール・ラインより出た場合最後に球に觸れた者が攻擊側である時、防禦側がゴール・エレア内に球を置いて蹴る。

3、コーナーキツク　球がゴール・ラインを越えた場合、最後に球に觸れた者が防禦側の者である時に、攻擊側に與えられるキツクである。コーナー・キックを行うには、球の出た側のコーナーに球を置いて、ゴール前に球を蹴る事である。從つて得點を爲す好機會である。

4、スローイン　球をタツチラインより出した場合、相手側がその地點より投入する。これを行うには球の出た地點に競技場に面して兩足で立ち、ライン上或は外より、兩手にて頭上を通して任意の方向に球を投げる動作である。

この時肩の上から投げたり、跳び上つたり、球を單に落下させてはならない。

5、フリー・キックの反則及方法　ハンドリング卽ち故意に手又は腕にて球を操作した場合、相手を蹴つたり、押したり、打つたり、轉ばしたり、相手の顏面に足を擧げたり等の危險なプレイをした場合は反則となり、相手側にフリー・キックを與える。又以上の反側を自己のペナルティエレア內で味方が侵した場合は、相手にペナルティ・キックを與える事になる。この時はキックをなす者と、G・K以外のものは、ペナルティエレア內に入る事は出來ない。

フリー・キックは、反則のなされた地點にボールを置いて、その反對側の競技者が相手に妨害されることなしに自由に蹴るキックである。この時反則側は球より九米以內に近づけない。

6、オフ・サイド　攻擊側のF・Wは、相手方陣に於ては自分より前方に二人以上の防禦者が居ない場合は、味方から來る球に對し働く事は出來ない。又防禦側のプレイの邪魔になつても反則である。斯樣な反則をなした時。オフ・サイドの反則と云う。

四、基礎技術

球が蹴れなくては、蹴球する事は出來ない。如何なる局面に於ても、球を意のまゝにこなし得る能力が先づ獲得されねばならない。今蹴球に對する基本的な技術を大別して考えると、キック、ドリブル、ストツプ、ヘツディング、パス等があげられる。

1、キック　蹴球に於て蹴る事は最も基本的な要素で、足及び脚の大部分で行い得るが、基本的な蹴り方は、三つに區分して考えられる。即ちイン・ステップ・キック、サイド・キック、トウ・キックである。

（い）イン・ステップ・キック　この蹴り方は、球を遠くに強く早く蹴る爲に足の甲を用いて蹴る方法で、直線的並に蹴り上げて遠くへ球を送る場合とがある。蹴り方には正面のものと側面からのものとある。この蹴り方に於ては、立ち脚に充分體重をかけ、蹴り足は甲を充分延ばし大きく振る事が肝要である。

（ろ）サイド・キック　この蹴り方は、パスやドリブルやゴール前のショットによく用いられ、球を早く正確に蹴るために用いられる。蹴る場所によりイン・サイド・キックとアウト・サイドのキックに分けられる。前者のキックに於ては、踵を成るべく前に出す事が肝要である。

（は）トウ・キック　足の尖を用いてのキックで、早く且遠くへ蹴ることが出來るが、確實性の點に難點がある。

キックの練習法としては、對列蹴球、圓陣のキック、ゴール・シュート等あり、圓型のキック練習に於てイン・ステップの場合、サイド・キック、アウト・サイド・キックとおのおの區分し、更に兩足の時と片足のみの場合等の如く工夫するとよい。

2、ドリブル、足を用いて球を運ぶ動作で、片足による場合と兩足を用いる場合とがある。ドリブルを行うには、球と身體が統一せられ、徒らに球のみにとらわれずに、周圍の狀況を見る事が肝要である。又一方ドリブルは、パスよりも球の進行のおそい事に注意すべきである。

3、ヘッディング　頭の前頭部で球を打ち、球に或る方向を與える動作を云う。ヘッディングは球を頭にあてるのではなく球に頭をあてるのである。

4、ストップ　足或は胸腹股等を利用して球の制動をなし、球に所要の方向を與へる動作で、代表的なものとして足のストップ、胸のストップ、股のストップ等があげられる。

5、パス　球を送る動作で　パスを行うのは攻擊し得點の機會を獲得し、或は攻擊を有利に展開させる等のために行うのであるから、パスを行うには、その時期や場所或はどの樣なパスを送るかを考慮せねばならない。

以上基礎技術につき少しく述べたのであるが、此等の綜合的な練習方法の一つにパス競爭がある。此の方法は、一組を五六名として、二組で球を爭奪せしめる方法である。此の方法に於ては長く味方が球を保持することがよい。この結果正確なパス、ドリブル、ストップ、キック等が自然と練習せられるのである。

五、備考

蹴球の指導には、ゲームより入る事である。それは單にゲームに興味があると云う許りであく、ゲームが生きた經驗を與えてくれる唯一のものである所に、重要な意義のある事を知らねばならない。

三、ラグビー・フツトボール

ラグビーの起源は、遠くギリシヤ、ローマの時代に行われたフツトボールに類似のゲームに發している。此のゲームはローマからイギリスに傳わり、一一七〇年頃、下流社會の間に街の大通りで盛に行われたが、一三一四年エドワード二世は、神の意に反する不詳事を惹起した故を以て之を禁止した。

其の後幾多の變遷を經て、一九世紀の初期に至り Dr Thomas Arnold が、ラグビー・スクールの校長となるや、競技法の混亂を統一する爲ルールを制定し、之を盛んに奬勵した。一八七三年以降各地にラグビー連盟が相次いで成立し、一八八一年インター・ナショナル・ボアードの創立されるに至り、始めて權威あるルールを完成した。

其の精神はあくまでもプロフエツショナルを排し、アマチュア主義で、フエヤプレーをモットーとした。

我が國には明治三十二年慶應義塾の教授英人クラーク Clarke 氏に依つて始めて紹介され、大正十五年漸やく全日本ラグビー蹴球協會が成立し、此處にラグビー統制機關としての連盟の制度が發足した。

一、概要

(一)競技場　左の圖に示す様な、平坦な地面に石灰で描いた矩形である。

（二）競技時間　ハーフ四〇分—四五分　ハーフタイム五分。

（三）競技人員

一チーム一五名、その名稱及配置は次の通りである。

八フォーメーションの場合

（四）審判員　レフリー一名　タッチ・ヂヤッヂ二名

（五）競技方法

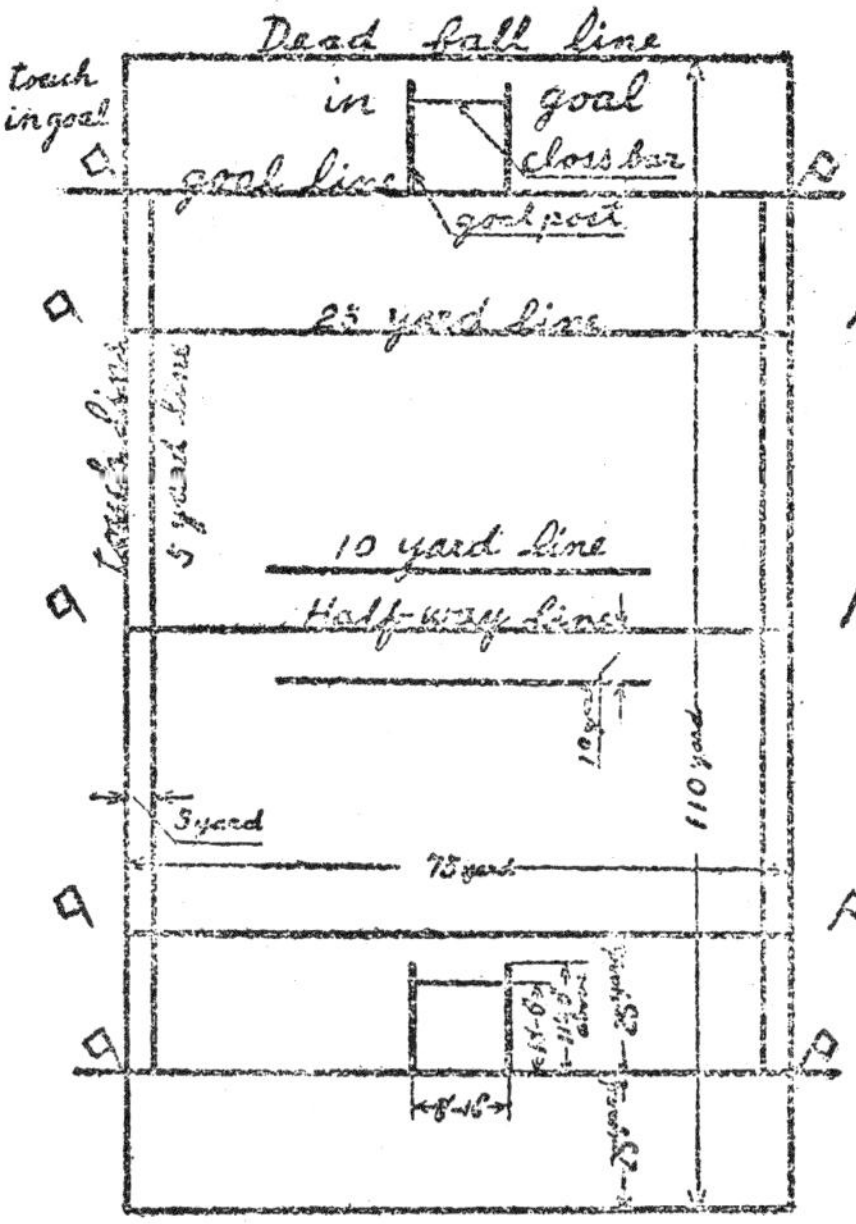

（第四十二圖）

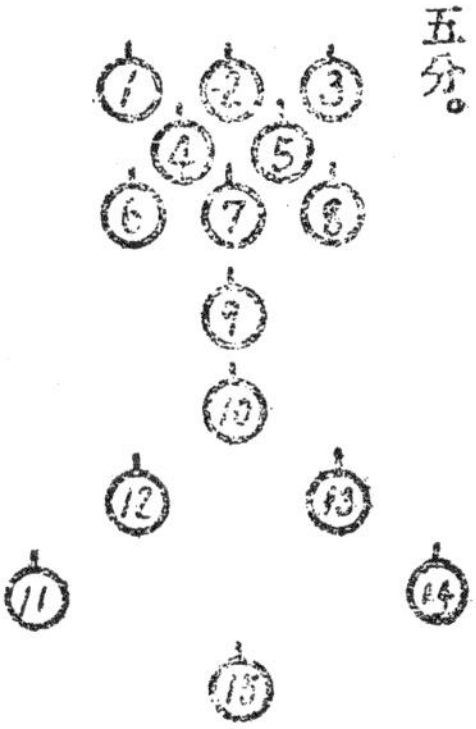

（第四十三圖）

Front row (hooker)
second row (lock)
third row (backrow) } Forward(F. W)

scrum half (inside half)
stand off halb (fly half) } Half Back (H. B)

12(13) left (reight) Center
11 (14) left (reight) wing } Threequarter Back (T. B)

full back　Full Back(F. B)

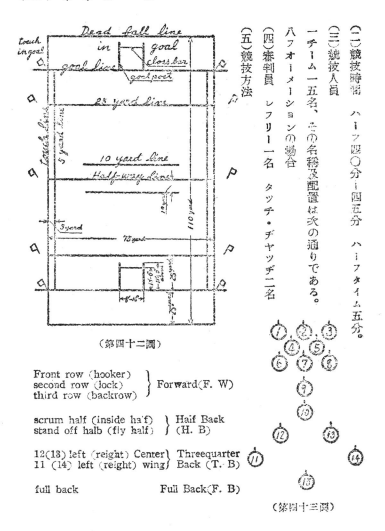

二のチームが一個の楕圓形の球を互に奪い合い、之を相手のイン・ゴールへ持ち込み、それを地上に着け（トライ）ゴールを試み、競技時間内の得點を競うのである。

二、競技用語

（一）キツク　キツクには、パント・キツク、ドロツプ・キツク、プレース・キツクの三種類がある。

說明省略　スピード・ボールの備考のキツクに同じ。

（二）スローイング・フオワード

球を自分より前方卽ち敵のゴール・ラインの方向に投げること。

（三）ノツク・オン

球が競技者の手又は腕に當り、相手のデツト・ボール・ラインの方向に進んだ時に起る。

（四）オフ・サイド

競技者が、競技に干與してはならない位置にあることで、球より前（敵のゴール・ラインの方向）に位置している競技者は、オフ・サイドにあると云う。

（五）キツク・オフ

a、競技開始、b、ハーフ・タイム後の競技の再開、c、ゴールの後の場合、ハーフ・ウエイ・ラインの中央に置いた球を審判の開始の笛で、先攻チームが相手側に蹴ることである。その際、先攻チームは、球の蹴られる迄蹴者の後方に位置し、防禦側は一〇ヤード・ラインの後方に位置しなくてはならない。尚球は一〇ヤード・ラインを越さなくてはならない。

(六)タックリング (タックル)

球を持つている相手を捕えて、プレーの出來ないようにすること。タックルされたら、速かに球を地上に落さなければならない。

(七)スクラメーヂ(スクラム)スクラムには、タイト・スクラムとルーズ・スクラムの二種類がある。

(い)タイト・スクラム　敵味方のF・Wが組合つている眞中へ、H・Bが球を入れたのを味方の有利になるように、足で後に出す(ヒール・アウト)こと。

(ろ)ルーズ・スクラム　地上の球を味方の球にしようとして、自然にスクラムを形成し、球を奪い合うこと。

(八)ピック・アップ　スクラムの中の球や、タックルされた後地上に落した球は、手でプレーしてはならない。

(九)ライン・アウト　球がタッチに出ることを云う。その時は、球がタッチ・ラインを過つた點に直角に、兩チームのF・Wが五ヤード・ラインを先頭として二列に竝ぶ。球を出した相手側のH・Bの一人が、その二列の上に球を投げるとF・Wは之を奪い合う。(ラインアップ)

(一〇)得點法　得點にはトライ・トライのゴール・ドロップ・ゴール・フリーキックのゴールの四種類がある。

1、トライ―三點

2、トライのゴール―五點　トライした地點を通り、タッチ・ラインに並行の線を假想し、其の線上任意の地點からゴールに向つてフリー・キックをなし、球が何れの競技者にも觸れず、相手側のクロス・バーを越した時、ゴールしたと云う。

3、ドロップゴール―四點　ゲーム中ドロップ・キックでゴールした場合。

4、フリー・キックのゴール―三點　(a)ゲーム中反則をすれば反對側にフリー・キックが與えられる。(b)ペナルティ・キック　相手側の蹴つた球、前方に投げた球を上手に捕え、同時に地面に踵で印をつけ、マークと呼んだ時、之を審判が認めれば、フリー・キックが與えられる。

(一一)タッチ・ダウン

防禦側の競技者が、味方のイン・ゴールに球を手で着けること。

(一二)ドロップ・アウト

(a)タッチ・ダウンした時(b)相手が球をデッド・ボールライン外や「タッチ・イン・ゴールに出した時、味方が二五ヤードライン内から、ドロップ・キックを行う。之をドロップ・アウトと云う。

三、基礎技術

(一)走法（Running）

1、電光型走。
2、緩急自在の速力及び方向變化。
3、停止からのダッシュ。
4、迂廻を全速力で、攻撃者を迂廻して避ける。餘り横に走り過ぎないこと。
5、ドッヂング 正面から來る攻撃者を右足を左に出し、或は左足を右に出して相手を迷はし、左又は右に進む。

(第四十四圖)

(第四十五圖)

6、カッテング 斜前から來る攻撃者をタックルの豫想される地點に近づいた時、不意に内側に方向を變える。(第四十四圖)
7、ハンド。オフ 接近した攻撃者の來る方向と反對側の片手で球を抱え他の手の掌を相手の胸か肩に當て、體を其の方向に傾け、脚部を相手より遠く離し、相手の手の觸れるのを避ける。
8、サイド。ステップ 近接した敵を足の出し方で逃れる(第四十五圖)
9、ダムムィ 球をパスする如く見せて、反對に行動をするフイント

(二)パス Pass

普通兩手で行う。球の側面を兩側から支え、右にパスする時は、左手を上に右手を下にして、體

の前を過つて横にスイングし、相手の腰の高さで、一—一・五米前方にパスする。手が曲ろとスイングが弱まり、球が山なりに飛ぶ。パス・キャッチは、各人の最高速度で行い、パスした瞬間にタツクルされるようにしなければならない。

（三）タツクリンク　Taclling

猛進して來る相手をタツクルするには、勇氣と犠牲的精神とタツクリンクの技術が緊要である。タツクルの瞬間にパスやキツクされるのを防ぐ爲に、肩は相手の腰と膝の間の股に打ちつけ、手はそれに續いて脚を抱くようにする。F・Bがゴール・ライン近くでするタツクルは高く、球と人を一緒に抱き止めなければトライされる。

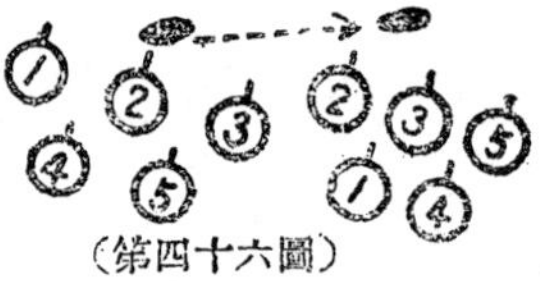

（第四十六圖）

（四）ドリブル　Dribble

球を少しづゝ蹴り乍ら地面を轉がして前進する。有效な攻撃技術の一つで、防禦の最も困難なものである。①足の內側で球を輕く叩き乍ら走る。②足尖で少しづゝ蹴つて進む二つの方法がある。①はコントロールが正確で、②はスピードがある。

1、クロース・ドリブル　數人が密集してドリブルする方法で、コントロールも確實の爲、頗る攻撃力に富んでいる。その一例を示せば（……→は球の移動を示す）（第四十六圖）

2、オープン・ドリブル　數人が間隔をおいて進み、敵の狀態に應じて右左へパスして突進する方法である。オフ・サイドの注意を要す。

四、各位置 Position に就て

ホワード Forward

常に第一線でプレーし、集團的に不斷の活動を要求されるので、全精根の限りを盡すポヂションである。近時頓に、スクテムのブリーク・アップや之に次ぐフォロー・アップが迅速になつたので、F・Wは、體重や持久力の上に駿足を重要な要素としている。

1、タイト・スクラムは一ゲーム中に數十回行われる。之で球を味方のものにするか否かが決定するので、F・Wは、之に相當重點を注いで練習の必要がある。之に八と七のフォメーションがある。ビーク・アップ・スクラムから球がヒール・アウトしたら、攻撃或は防禦に最も適當な位置へ、迅速に移動する爲めスクラムを解くこと。

ウイイルスクラムの際、味方の得た球をスクラムの中に保持し乍ら、スクラムを右又は左に廻し、ドリブルに移ること。

2、ルーズ・スクラム　各人の位置は不定だが到着順に、ファスト・セカンド・サードを形成せねばならない。

ハーフ・バック Half Back

H・BはF・WとT・Bとの連絡機關で、ティームの中軸である。S・Hがスクラムからヒール

アウトした球を如何に處理するか、S・Hから球を得たS・Oが自ら相手の防禦線を突破するか、或は續くT・Bに球を渡して攻撃せしめるかの何れかを、瞬時に判斷し、適切にプレーするのがH。Bの任務である。從つて、H・Bは明敏な頭腦と卓越した技能を持たねばならない。

スリー・クオター・バック Tree quarter Back

球は原則的にはF・W→H・B→T・Bと渡つてトライされる。從つてT・Bはスコアリング・マシンと云われる位に最も華かなポヂションである。攻撃の際センターT・Bは淺い守備の防禦線突破の時の短いキツク、或は相手のコーナー・フラッグ近くへの長いキック、或は横斜のクロス・キック、ウイングT・Bはタッチ・ラインを避け乍ら、他方攻撃者のタックルを避ける爲、迂廻やサイド・ステップやハンド・オフ等の技術に優れていることが必要であり、防禦の際は、攻撃の最も猛烈な個所に當るので、確實な攻撃者であること、ドリブルに對し確實な防止者でなければならない。從つて、頑丈でスピーディで勇敢なプレイヤーを必要とする。

フル・バック Fall Back

最後の守備に任じているので、重點を防備に置いている。他の位置は數人でカバーしつゝプレイ出來るがF・Bは一人なので沈着、機敏で餘程技術の優秀な人でなければ仲々任務を果せない。F・Bは第一に相手の蹴つた球を何時でも受取り易い場所に移動し確實に球を捕えることが肝要であり最後の鎖である爲、誰よりも確實な攻撃者であり、且又ドリブル・ラッシュを防止し得るプレイヤーでなければならない。終りにラグビーはあくまでも眞劍に勇敢にプレイすること、特に練習の際臆したり、不面目なプレーをすると不慮の事故を起す故注意せねばならない。

四、タッチ・フット・ボール

タッチ・フット・ボールは、アメリカン・フット・ボールを簡易化したものでタックルの代りに球を持つている相手に、タッチ（兩手で同時にふれる）する方法で用いられている。ボールをある一定の條件の下に持つて走つても良く、蹴つてもよいし、又ラトラル・パス或はホワード・パスを用いてもよく、敵陣迄の距離を段々少くして行つて、遂に敵陣へボールを持ち込む。即ちタッチ・ダウンすることによつてゲームの勝敗が決められる。

元來アメリカン・フット・ボールは、米國でラグビーにバスケット・ボールのスピーディで立體的なプレイを加味し、バスケットの作戰的なプレイを利用して創案されたもので新鮮性のあふれる頭腦的なプレイが要求されるのがその特徴である。從つてタッチ・フット・ボール・プレイヤーは逞ましい體力の洗練された技術と共に、チームとしての協同連繫、即ち機に臨み變に應じての敏速且つ正確な判斷と之に基く果敢な行動とが強く要求される。而もプレイヤーは適材適所各々の特徴を生かして、體力に惠まれないものでさえ、有力なチームのメンバーたり得る處に、興味しんしんたるものがある。

一、競技場

長さ三五〇呎巾一六〇呎縮少されたものでもよい。

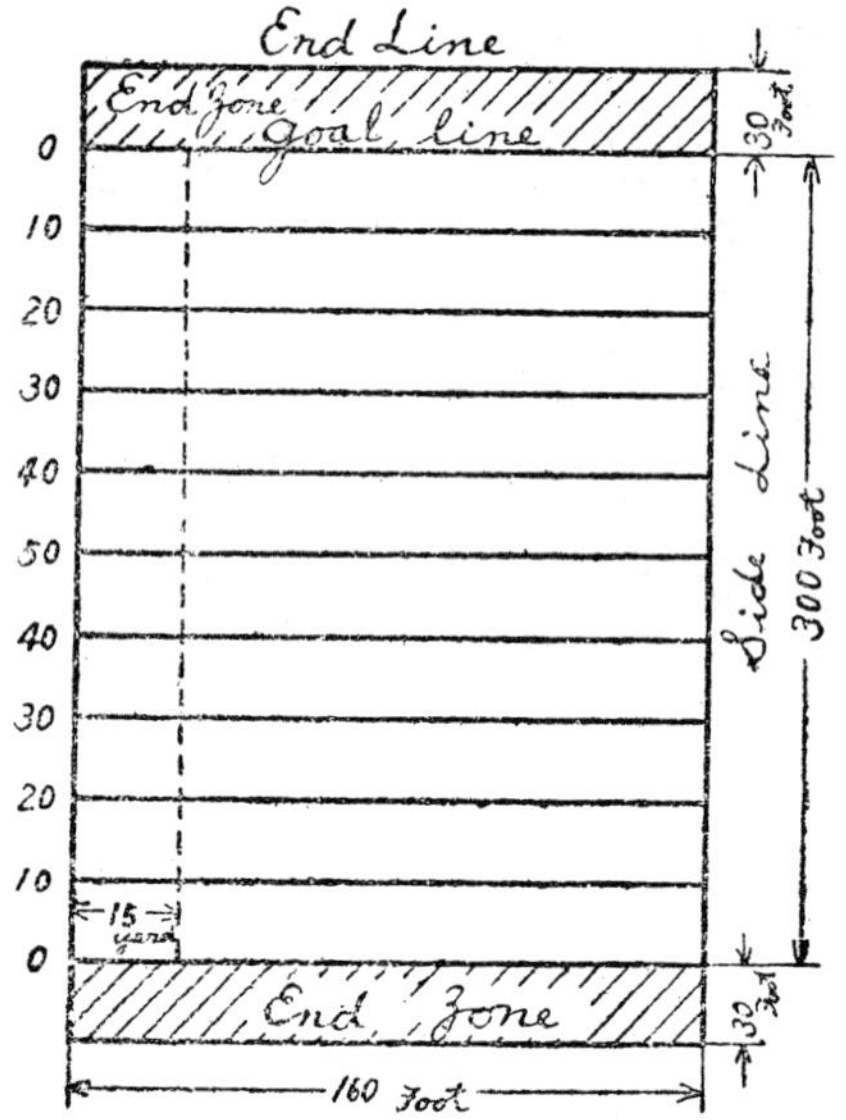

(第四十七圖)

二、ボール

アメリカン・フツト・ボールのものが、最適だがラグビー或はサツカー・ハンド・ボールのものでも差支えない。

三、競技者

ライン・メン 攻防の第一線で精力的で大きな人。コーター・バック ティーム中頭惱的な人。ライト・ハーフ 攻撃力に優れた器用な人。フル・バック 攻防共に第一の活躍者。

四、競技時間

一〇―(一)―一〇―(五)―一〇―(一)―一〇

五、審判

レフリー 唯一最終の判定者 Player はこれに絶對に服從する義務がある。之を補助する審判

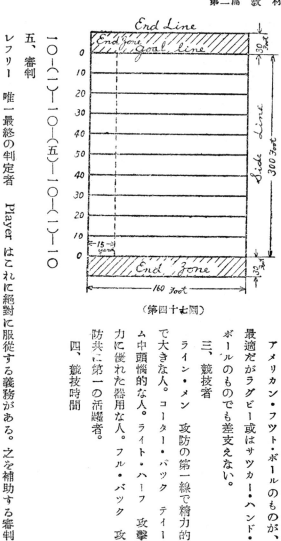

一名、線審一名と補助線審計六名である。

六、練習過程

（一）走 Running

1、ボールの保持法と走り方

ボールを胸と腕とでしつかりと抱えて、走りながら落さないことが絶對的に要求される。

2、ボールを持つてのスタート・ダッシュ

3、ボールを持つて緩急自在の走り方

4、迂廻走

（二）パス Pass

1 ボールの持ち方

2、パスとキャッチ

3、前方へ走つている者へのパス

4、ラトラル・パス（三人）

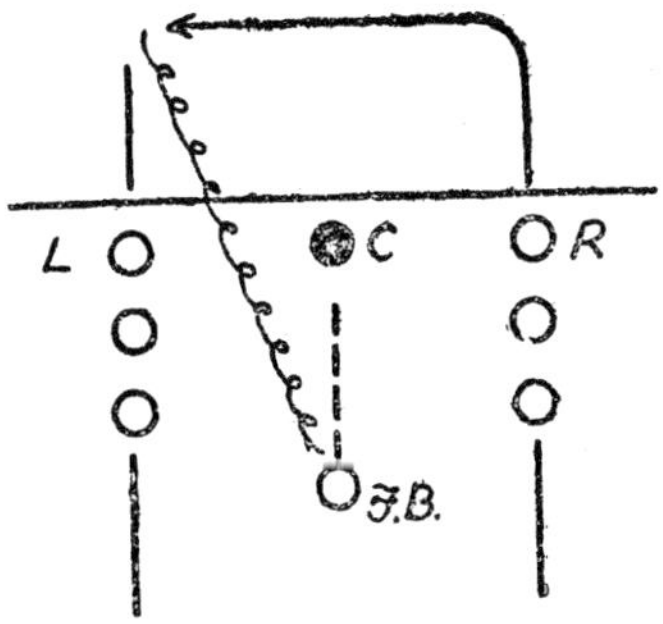

第四十八圖

ForWard passの 練習隊形

1. L, R交互に出る

2. 近・中・長の距離を

3. 交代で C. T. B をやる

5、フオワード・パス

6、ラトラル・パス（迂廻、速力變化を交える）

（三）タッチとブロッキング Touch Blocking

1、對列でブロッキングを練習する。

2、ブロッキングを避けてタッチに行く。

3、走り乍らのブロッキング。

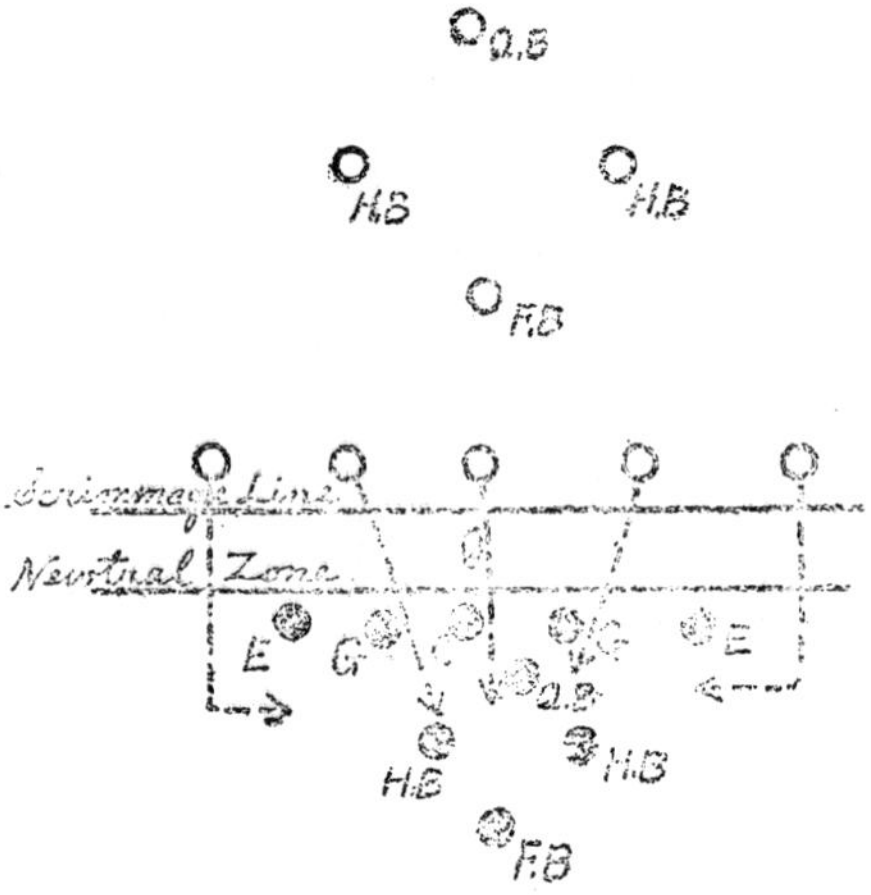

(第四十九圖)

(四)キック Kicking パント・キックが普通用いられる。キックすることはボールの所有權を放棄することになるから餘りしばしば使われない。

(五)スクラム Scrammage

各ダウンは必ずスクラムから攻撃が開始される。

1、位置と姿勢

イ、平均法

攻撃側(Aティーム)

守備側(Bティーム)

(a)....はライン・マンの防禦出足を示す。

(b)バック・フィルドは地域的對人防禦法による。

ロ、非平均法

攻撃側に對應して守備側は位置する。

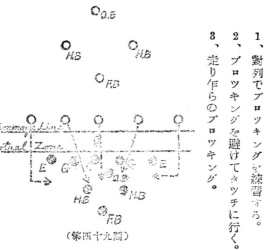

二、スナップバー・バック

各ダウンの始めに、攻撃側のセンターが、ボールを股の間からバック・フィイルドの一人にすくい投げにより渡すことで、攻撃の根本である。

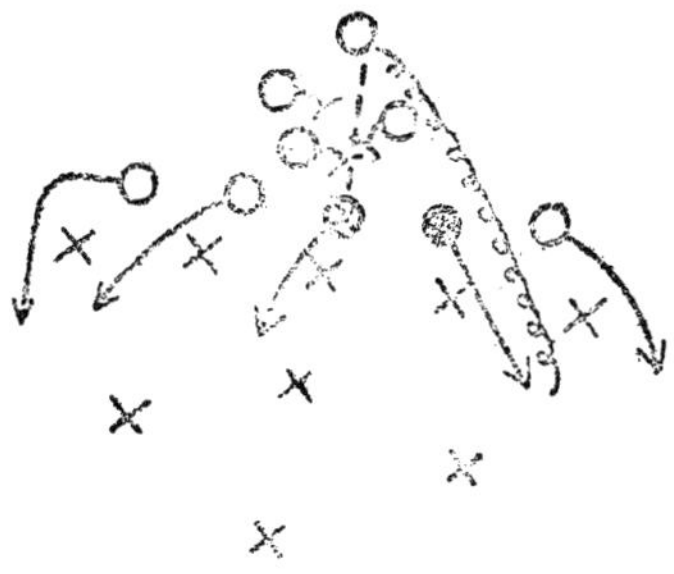

（第五十圖）

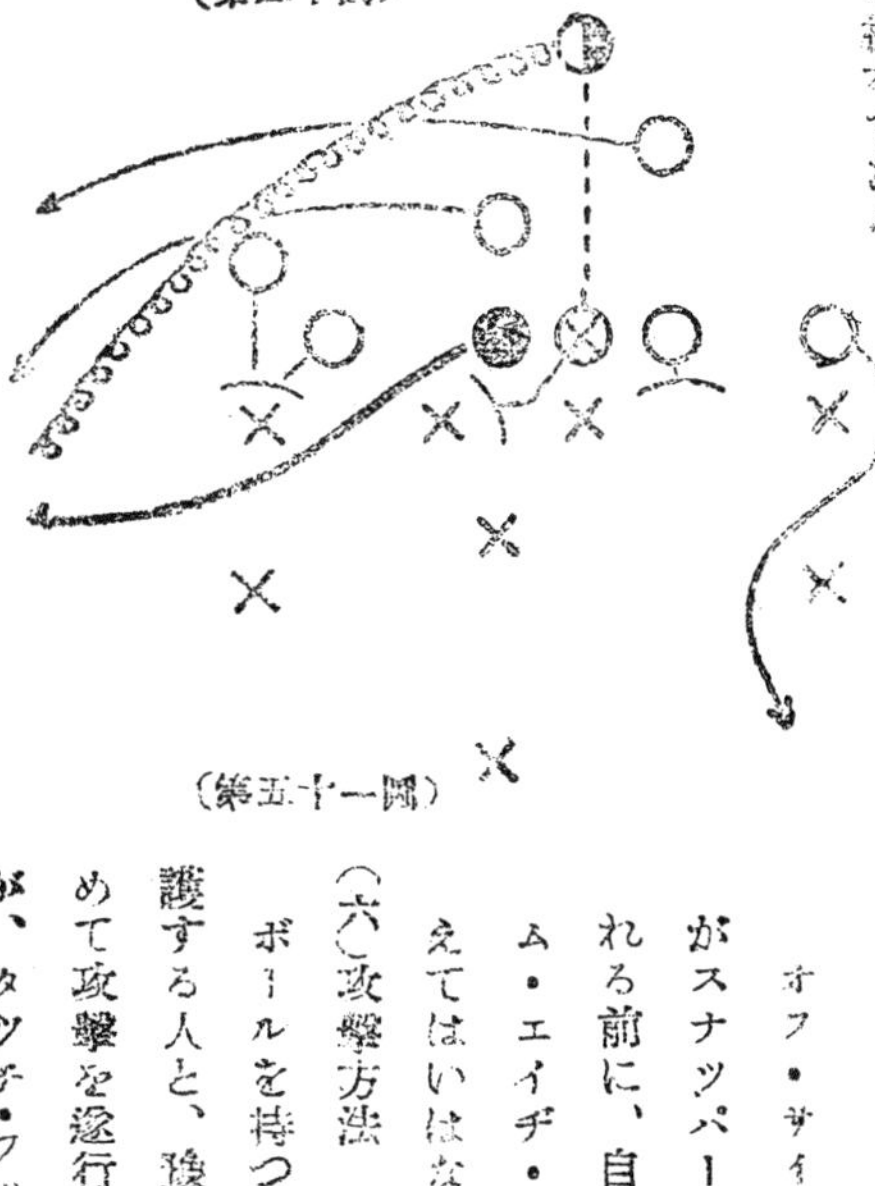

（第五十一圖）

オフ・サイド　ボールがスナップバー・バックされる前に、自己のスクラム・エイヂ・ラインを越えてはいけない。

（六）攻撃方法

ボールを持つ人と之を援護する人と、豫め分擔を定めて攻撃を遂行するのだが、タッチ・フット・ボールでは、中央突破は難かしく、フォワード・パスとエンドランが用いられる。攻撃方法は各チームで考案するものだが、参考に一例を擧げる。

1、フォワードパス（各ダウン一回のみ許される）

2。エンド・ラン

3、パス・ラテラル

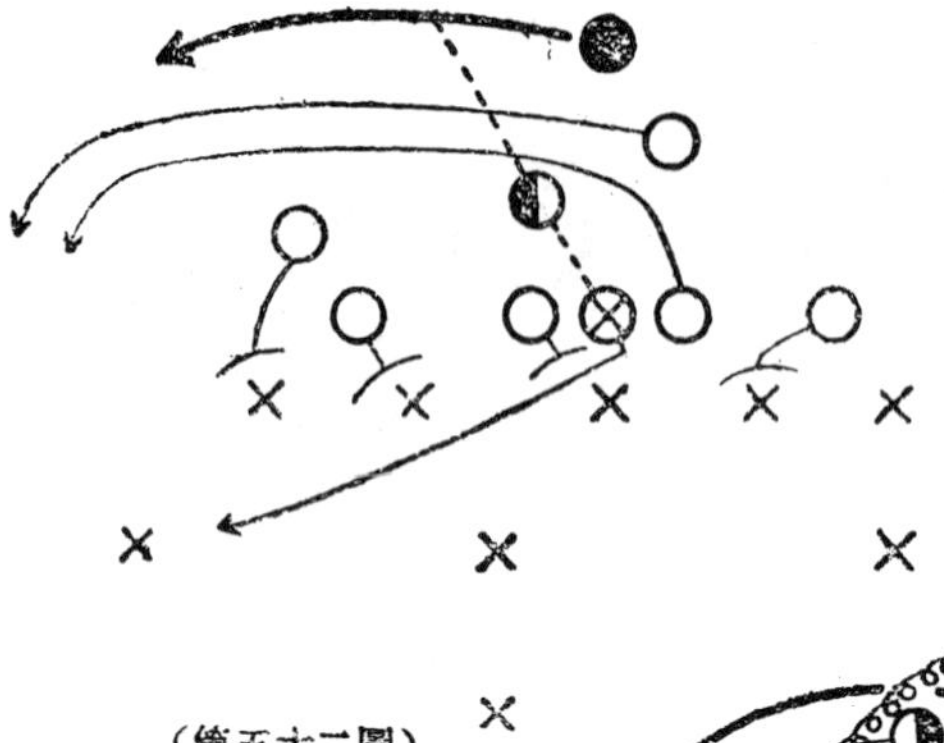

(第五十二圖)

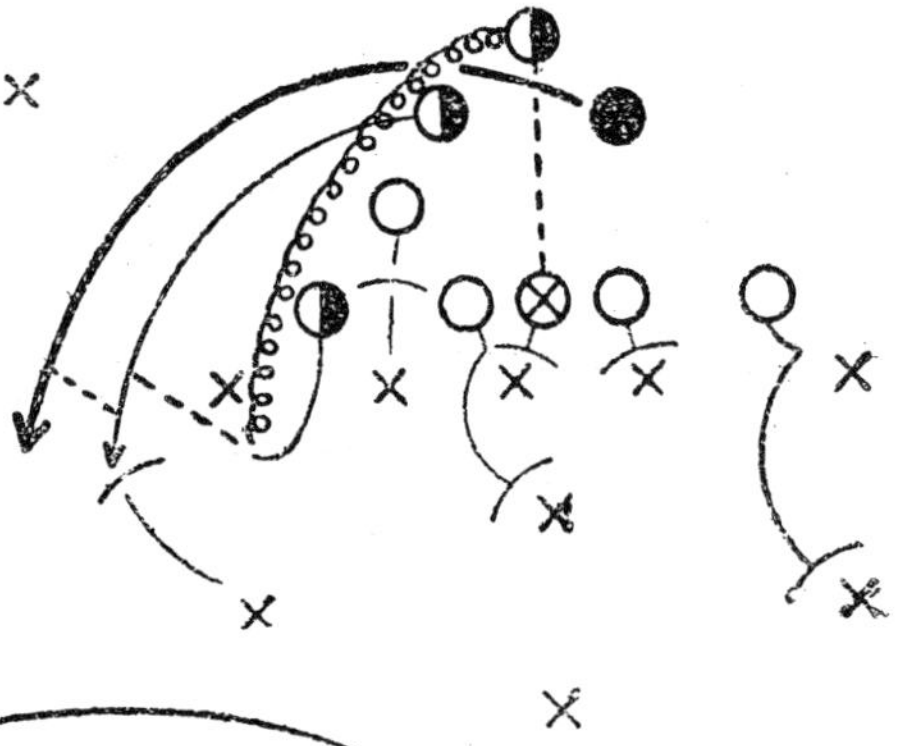

(第五十三圖)

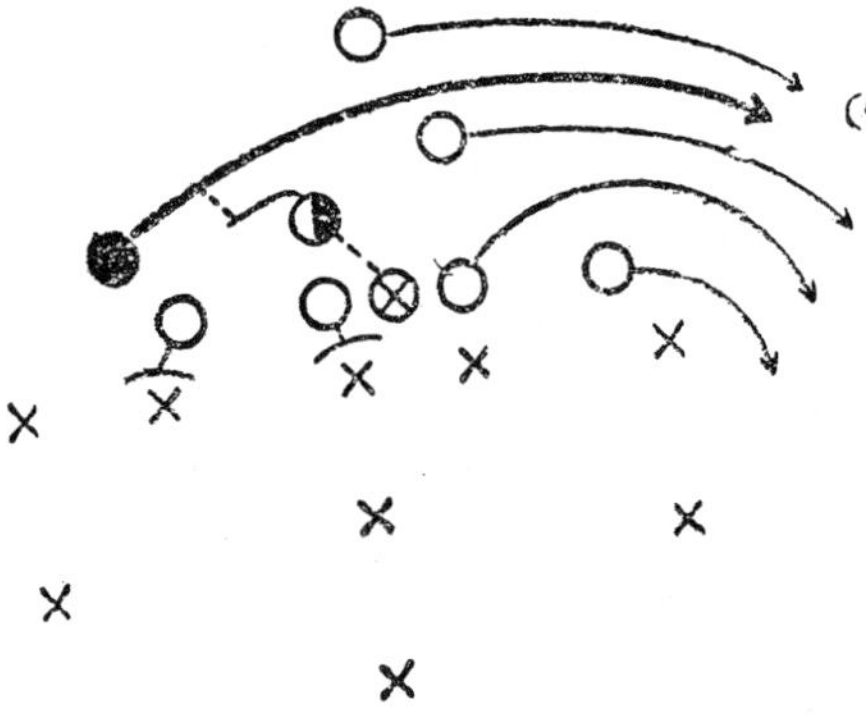

(第五十四圖)

4、リバース
5、ダブル・リバース
6、キック　最後的手段である。
7、平均型と非平均型
（七）ハドル
攻撃方法についての打合せのため、各ダウン三十秒の時間が與えられ、クオター・バックを中心に圓陣を作つて。次の策戦をしめし合せる。
（八）ゲーム
1、キック・オフ
2、デッド　主審がボールのデッドとなつたことを宣言して、一時プレーを中止する場合である。
a、アウト・オブ・バウンズ
b、相手側にタッチされたとき
c、次のことがあつたとき
タッチダウン――六點
セーフティー――Bティームに二點
タッチ・バック

フオワード・パスが不成功に終つたとき

3、フリー・ボール　ファンブル等のためにボールがどちらのティームの支配下にもなく、而もプレイ中にあるA、B兩チームのプレイヤーは、早くボールを押えることによつて、自己のティームにボールを保有し、攻撃權を得ることが出來る。

4、ダウンス　ダウンとは攻撃の區切りで一チームは四回のダウンを與えられ、その間に二〇ヤード前進すれば、新たに四回の攻撃を許される。若しAティームが第一ダウンより第四ダウンまでに總計二〇ヤード進まないときは、Bティームが代つて攻撃することゝなる。

5、タッチ・ダウンを目指して

選手の交代補充は自由である。自己ティームの有する選手をどう組合せるか、どのクオターに攻撃主力を集中するか、攻めの策戰計畫が重大である。各ダウンを一歩々々と堅實に進むか、見事なフオワード・パスに一擧敵陣を陷し入れるか、その攻撃方法は、そのティームのクオターバックの頭腦から案出されるが、各プレイヤーも絶えず自己の任務に向つて忠實懸命の奮鬪をしてこそ、始めて實現される攻撃である。

第四項　籠　球　型

一、バレー・ボール

一、起源及普及

排球はアメリカのマサチユセツツ州の Holyoke の y.m.c.a 體育指導者 William G.Morgan が中世紀頃盛に行われた羽つきにヒントを得て創始せられ、やがて全米に普及し、大西洋を渡り歐洲にも紹介された。我國へは、米國人 F. H. Brown によつて紹介され、極東選手權大會に刺戟され普及されたが、當時は全國的とは云えなかつた。女子は相當廣範圍に行われたが、男子は東日本では未だしの感があつた。終戰後、各種スポーツの復興と共に、未だ曾てみない普及をなし、學生間は勿論、官廳、工場、農漁村の男女層に行われる樣になつた。

二、排球の性質

排球は、狹い場所で多數の人が、簡單な設備によつて、樂しく行うことが出來る。しかも初心者でも、體力的に惠れない人でも、行うことが出來ると同時に、研究すればするほど深さのあるものを持つていることが、この競技の伸び行く條件である。

三、パス論

パスはこの競技の生命である。即ちパスは守備の全部であり、攻撃の第一歩である。排球は先づパスの研究からで、これは排球人のアルファであり、オメイガーである。

1、パスの種類（要領は略す）

a、上方打　b、下方打　c、側方打

2、パス練習の型

a、二人對型 (距離四米—五米)

このパスはボールの準備さえあれば最も能率的であり。パスの難易から云うと、元の方向に返すことになり容易なパスである。

b、對列型

ボールが少なくてすみ、パスする相手が定つているから、正確なパスの練習になる。二人パスの元の方向に返すのに對し、多少の角度をつけたパスの練習にもなる。

c、三角形又四角形

三角形、又は四角形の頂點に數人宛配つて行うので、パスに角度をつけ正しく横にパスする練習となる。パスの困難度は角度に比例するのである。

d、圓形 (直經七米—一〇米)、人員 九人位

此の方法は、バレー・ボールで最も普通に行われている方法であるが、漫然と行うとボール遊びになるきらいがある。次の目的をたてゝ行えば、變化に富む練習型である。

(1)初は任意の方向に高い大きいパス。

(2)隣りの競技者と四米—五米となり、自己に來たボールは、必ず定められた人に、正確にパスする。

(3)一人おいて二人目に

(4)全員右向け(左向け)して、後方の者にバック・パス。このパスは困難ではあるが練習を要する。

e、ティーム型

九人が自己のポジションにつき、ティームのコンビネーションの練習をなす。

前衛はトスして他の前衛に、或は中衛に短いパスを送つて拾わせたり、或は後衛を深く突きバックさせたり、中、後陣のレシーブと正確なるパスの練習となる。中衛は前衛の攻撃出來るボールを送ると同時に、他の中衛に打込ませる。ボールを送る。後衛は漠然と前衛陣にパスするだけでなく、前衛のタッチ・ボール。流しボールを目的づけて送らねばならない。

四、サーブ論

サーヴは全員に與えられた攻撃の武器である。攻撃の劈頭強襲して得點するのもサーヴであり、弱いサーヴを打ち込み、相手に一點を與えるのもサーヴである。又不利なゲームから味方を奮起させることもある。依つてサーヴはパスと同樣重要な一課題である。

a、第一サーヴ

イ、オーバー・ハンド‥‥強力確實である。

ロ、サイド・ハンド‥‥不正確であるがとり難い。身體の固い人體力の少い者に適する。

次に球質につきドロップする打法、アップする打法等研究を要する。スィングは大きく早くを目標とし、トスは必要以上に高くあげぬ方がよい。サーヴは各人の特徴を生し、各人各様の苛法でよいが、それはあくまで基礎的練習法から出た獨特な方法でなければならない。

b、第二サーヴ。

試合の六割が、第二サーヴにより開始される實狀から、第二サーヴの研究を怠つてはならない。第二サーヴの研究不充分のため、サーヴアーがレジーヴから逆に得點されるティームをみることがある。

五、前衞論

前衞はネツトを越して攻撃する任務を有することより、先づ長身でなければならない。しかもその攻撃はジャンプ中に行われるから、ジャンプ力のあるものでなければならない。更に前衞は相手を察知するに足る鋭敏な感覺が要求される。

次に前衞の技術

a、トス

トスは他の前衞又は中衞の攻撃の基礎であり、如何に優秀なキラーの攻撃もトスの範圍内に於て可能であることを思えば、トスの重要は自から明である。

ジャンプ・トス。セツト・トス、バツク・トスを充分練習すべきである。

b、タツチ

前衛が機をみて間髪をいれず攻撃する軽打法で、キルよりも變化に富む攻撃が出來る。ダイレクト・タッチ。早タッチ等如何なるときに用いて效があるか充分なる研究を要する。

c、ストップ

ストップは防禦の手段であると共に攻撃ともなる。ストップの基礎はジャンプとタイミングである。

d、フエント

相手の堅固な防禦を破る軟攻法である。卽ち相手のストップに輕くあて、リバンドを取り、反對側にトスして相手を振る。その成功率は大きい故充分な研究を要する。

e、ネットプレー

ネットに懸つたボールを處理することで防禦的プレーと、そのボールを利用して攻撃する技術で前衛は充分な研究を必要とする。

六、中衛論

中衛は攻防二樣面の中核である。中衛たる者は打て剛引に、守つて鐵壁の技術と精神力を持たねばならない。

中衛の技術

a、キル

キルについてはその基礎をなす助走、踏切、スウイング、手首のスナツプ等研究を要する。

b、早キル

前衞左と中衞左間に行い有效である。

c、ストップ・アウト

正攻法とは云えないが、相手のストップに打拂うようにあて、サイド・ライン外に落させる。

七、後衞論

守備第一であり、その任務は地味であるが排球の礎である。攻擊陣に如何に優秀な者がいても後衞からのパスが惡かつたら、如何ともすることが出來ない。後衞のパスは攻擊の第一步である。從つて後衞は守備者としてボールを喰い止めるだけでなく、難球を處理して攻擊に轉ぜねばならない。

後衞のパス

a、直線的なパス

相手の混亂したときの速攻法。相手の前衞がサーヴアのとき、ダイレクト・タツチで攻めるとき有效である。

b、山形パス

味方の前衞があせり氣味のとき、又は相手ティームのペースにつられているとき有效である。

c、ロング・パス

前中衛に比し長いパスの練習の要がある。

その他逆モーションの練習、カバーの前進、バックを突かれての後退、他の後衛間の横の連絡等技術的にも多様な面がある。割合に練習に當つては、指導者も前中衛の練習に氣をとられ、後衛の訓練を忘れ勝になるのは心すべきである。

八、攻撃論

フオーメイション　一チームの攻撃をどうするか、これが最後の問題である。九人が全き競技者にすることに越したことはない。しかしこれは望むべくもない。

前衛を主體とするか、中衛を主體とするか、これは、そのティームを編成するメンバーの力量技術によつて決められるべきである。理想は出來るだけ多角的で、ネット一ぱいの攻撃にあるが、練習して行くうちに攻撃の主體は限定されて了うものである。勿論相手ティームに依り、變化出來だけの用意がなくてはならない。

ティーム攻撃について

a、プレヤーの特徴を發揮させるものであること。

b、ティーム相應のものであり、徒らに一流ティームのホーメイションの眞似に陷らざること。

c、攻撃の中心を察知せしめざること。

九、防禦論

a、前衛の防禦

相手の前衛のタッチに對しては、相手のトスにつられない判斷と、適切なタイミングの練習である。キルに對しては、前衛だけで防ぎ切れなければ中衛を加えねばならない。

b、サーヴ防禦

中衛線と後衛線が重ならない線に、一方が右か左に少しずれた方がよい。剛球に對しては前衛の一人が中衛に加わることもよい。

一〇、亂打練習

基礎的練習は實際でないことがある。亂打練習に依り攻防の基本練習の裏付けが必要である。排球と云えば、ネットを張り、漫然と打合することは避けなければならない。亂打は攻撃の主體を決め、相手ティームのどの線を攻撃するか、指導者は一球一打注意し、個人の動きは勿論、ティーム全體の動きを指導せねばならない。

二、ピンポン

一、沿革

卓球が我が國に紹介されたのは約五〇年前英國からであるといわれている。

それも現在行われているようなセルロイド製の球を使つた完全なものではなかつたらしい。

爾來四〇年　昭和一三年には洪牙利、同じく一五年には米國及濠洲の選手を招聘し、國際式をとり入れて兩三年の經驗にもかかはらずこれら世界的名選手に伍していささかの遜色もみられないまでになつたのである。

もしも太平洋戰爭の勃發をみなかつたならば、海外遠征はつとに實現し、世界に於ける卓球王國の名聲をほしいまゝにして居つたというも、決して過言ではない。

二、軟式卓球と硬球卓球

終戰後においては急激に普及發展し、如何なる寒村僻地においても行われるようになつた。殊に五〇年間日本に於て育くまれた在來の日本式に（現在軟式と呼ばれている。）比べて國際式（現在硬式とよばれている。）の進出めざましく、女子の一部の外は、殆んど硬式を採用しているといつて差支えない。

三、設備とカウント

今、兩者の設備その他に於ける主なる差異を述べてみると、次のようになる。

1、設備

	種類	硬球
テーブル	長さ	9尺5寸 9呎
	巾	5尺3寸 5呎
	高さ	2尺5寸1分（2呎6吋）
ネット	高さ	5寸3厘（6呎）
	長さ	6尺3分6厘（6呎）
ボール	重さ	2.4瓦～2.5瓦
	周圍	4吋$\frac{1}{2}$～4吋$\frac{3}{4}$

2、カウント

硬式　一セット　二一點

軟式　一セット　一一點

共に兩者の總合點五の倍數の時、サーヴ・チェン

軟球
9尺（9呎弱）
4尺5寸（4呎2吋）
2尺4寸5分 2呎5吋弱
同
同
約0.5瓦 輕い
同

チをする。

四、ラケット

ラケットは材質、大きさ、形狀、重量共に任意であるが硬式に於いては、コルク張り、ゴム張りが用いられるようになつた。殊にゴム張りに於いては、軟式における木地そのままとちがい、種々なる曲球を出し得るようになり、サーヴというものが一層の重要性を加えるようになつた。

五、グリップ（ラケットの持ち方）

在來の軟式グリップに對し、テニス式グリップ（一名シェーク・ハンド・グリップ）というものが考えられるようになつた。腰とか關節に關係なく、外國人特有の腕力とリストによつて完成されたこのグリップが、すぐさま日本人に適用されるとは考えられないが、軟式に於いて發達した日本式グリップが、このままでよいとは考えられない。

六、ダブルス

硬式に於いて行われていたのであるが、近時軟式にもとり入れられた。チーム・ワークや、運動量などにおいて、新しい境地が開かれようとしている。

七、卓球實施の注意

終りに卓球をやるについての注意をかき加えたい。

卓球は種々な關係で、室内でなければ出來ない競技であるから、換氣、採光、塵埃等に留意し、體育の本道にもとらぬようにすることが肝要である。

三、テ　ニ　ス

一、庭球の起源と發達

現在のローン・テニスは、Tennis から來たもののようである。テニスは長さ一一〇呎幅三八呎八吋の屋根と壁とで覆われ、長さ九六呎幅三一呎のセメント又は木の床の上で行われたもので、昔英吉利や佛蘭西の王様に愛好された貴族のゲームである。Tennis の語原は、佛蘭西でテニスをラ・ポームというのであるが、その球を打つ方が Tenez（執れプレー）と言つた佛蘭西語に由來するもので、佛蘭西が發祥地のようである。

ラケットは、ラテン語の Racua で掌の意味であり、佛蘭西語のラ・ポームも掌を意味するのである。從つてテニスは元は手で行われたもので、それが今日のラケットにまで進歩されたもののようである。

現在のローン・テニスは、英吉利に誕生したもののようである。勿論 tennis から進化したものであるが、佛蘭西から英吉利に傳つて、芝生の多い英吉利で行われたので、ローン・テニスと命名されたのである。

ローン・テニスの發達　一八七七年にヘンリー・ジョーンスと言う人が、全英倶樂部にローン・

第五十五圖

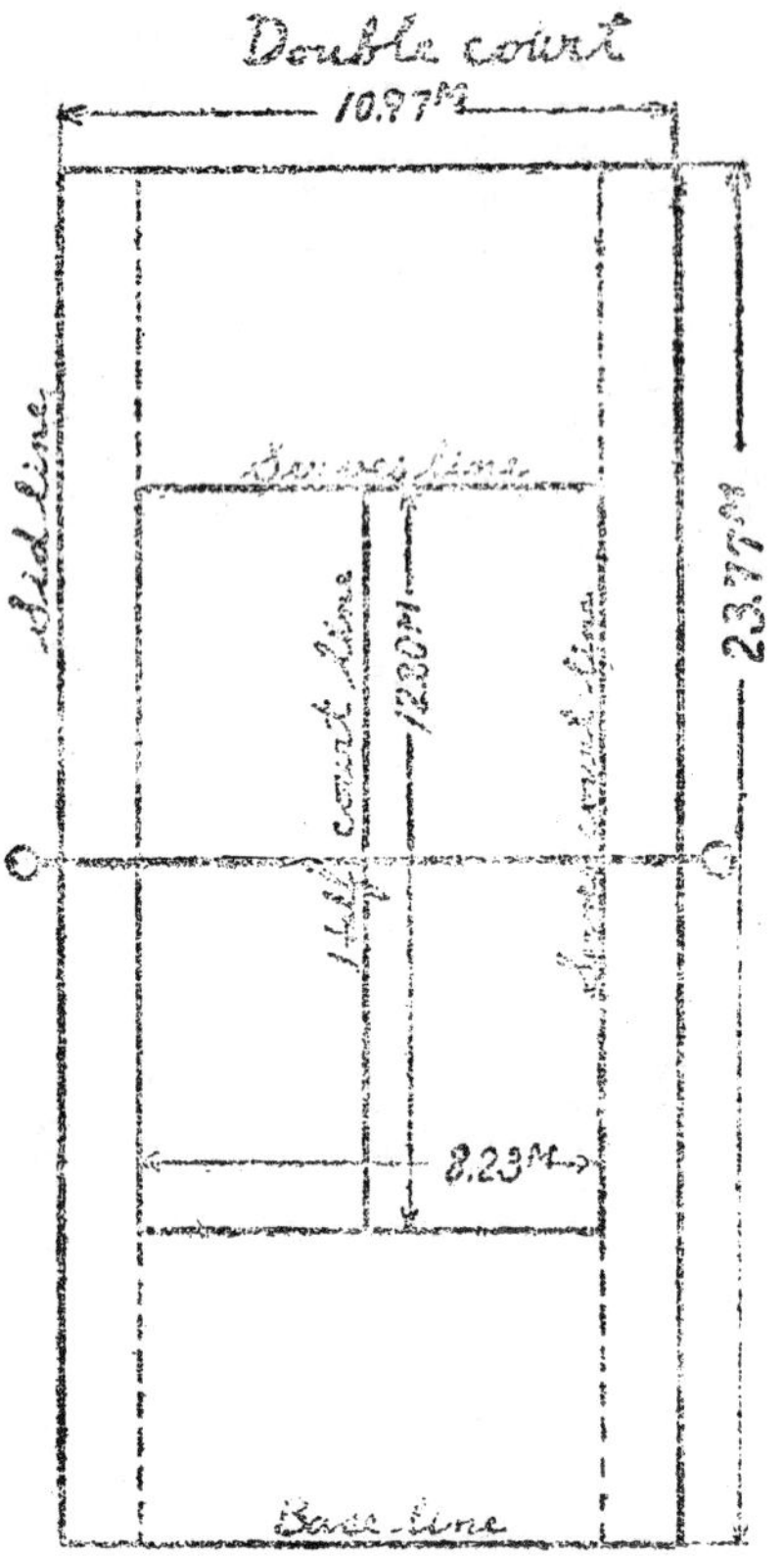

第五十六圖

テニスを採用して、全英大會を開いたのが最初で、それから規約なども改定されて、盛んに行われるようになつたのである。

日本に於ける庭球の發達　日本に庭球が來たのは判明しないが、明治卅五年には、早くも東京にローン・テニス倶樂部が、在留外人の社交機關として設立されている。

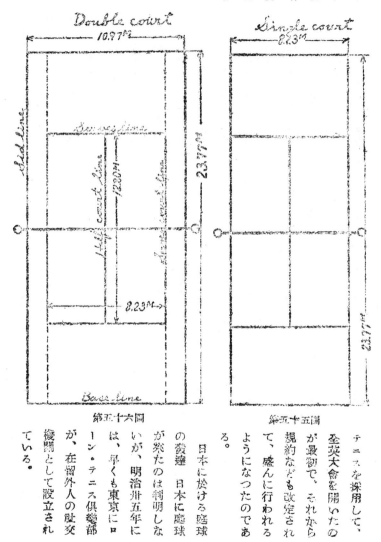

大正二年には、慶應義塾で硬球が採用されている。

大正九年に熊谷、清水、柏尾三氏が日本を代表して、デヴィスカップ國際庭球試合に出場し、强敵を次ぎ次ぎに倒して、遂に米國に挑戰すると言う大偉勳を樹てた。斯くして日本は世界の庭球界に伍したのである。

ローン・テニスは支那で網球と呼ばれ、日本では野球に對して庭球と譯されたのである。

二、準備

1、コート（Court）

2、コートの構造

コートは普通地面一尺を掘り下げ、下に割栗を入れ、其の上に砂利を敷き、其の上に荒木田、粘土砂の一定量づゝをよく混和してにがりを敷きながら、ローラーで固めたものがよい。其他、小さな芝生のもの、コンクリートのものがある。

3、ポール（Pole）支柱は固定するために、二呎許り深く埋めるがよい。

歯車をつけてネットの綱を卷きつけて緩まぬようにするがよい。高さは一、〇六米である。

4、ネット（Net）丈大な木綿糸であんだ網に、上部に幅六・〇六糎の白布で縁をつける。網目は方三・〇三糎、幅一米、長さ一二・八〇米、高さは兩端に於て一・〇六米でなるべく水平に張る。

5、ラケット（Racket）重さ、大さ、形に規定はない。普通大人は三六六瓦―三九五瓦の重さのものを用いる。

6、ボール(Ball)直徑六・五一五糎―六・六七糎、周圍二〇、六八糎―二〇・九四糎重さ三二瓦―三三瓦、一・五米の高さからコート面に落して、五〇糎以上バウンドすることが必要である。

三、ゲームの種類と勝負

庭球には、(一)單試合(シングル・ゲーム)(二)複試合(ダブルス・ゲーム)(三)混合複試合とある。混合複試合は男女が一組になつて他の男女組を相手にして行う方法である。

勝負の決め方は、ポイントが單位になるのである。これが重なつてゲームとなり、ゲームがセットとなり、セットがマッチとなるのである。一點が勝敗を決するのだから、その確保が勝利を獲ることになるのである。點を決まるのは、

1、サーヴした球が、二個ともサーヴ・コート内に入らない場合。

ダブル・フォルトと言つて一點を失う。

2、競技中の球が、コートの線外に落ちた場合。アウトと言つて一點を失う。

3、競技中の球が、ネットに掛つた場合。ネットと言つて一點を失う。

4、打合中自己のコートに入れられた球を打ち損じた場合、エースといつて一點を失う。

5、打合中自己のコートに入れられた球を、二度目の彈み直後打つた場合。ナットアップといつて一點を失う。

ヴォレーとスマッシュを除いては、必ずバウンドで打たねばならない。

點の決まるのは以上の五つである。其の他競技中の球を打つのに、左の場合は一點を失う。
1、ラケットに二度以上觸れたり打つたりした場合。
2、コートの線外に立つていても、直接球を打つて相手方コート外に出た場合。
3、競技中に、體やラケットが、支柱、ネットなどに觸れた場合。
4、サーブの球をコート内に彈まない前に打つたり、その球が體やラケットに當つた場合。
ゲームは早く四點取つた競技者のものとなる。ゲームは原則として四點であるが、双方三點宛取つたらデュースといつて、どちらか一方が二點續けて取るまでデュースは續くのである。

セットは早く六ゲーム取つた競技者のものになる。双方五ゲーム宛取つた場合はゲーム對といえ、延長セット（ロングセット）という。その場合一方が二ゲーム續けて取るまで續くのである。

マッチは普通三セットで、二セット早く取れば勝ちである。女子と混合複試合は三セットで、二セットの終了後一〇分の休憩がある。

男子の標準試合は五セットで、三セット早く採れば勝ちである。その場合第三セット終了後一〇分の休憩がある。

四、單試合

最初にトスを行う。それは空中でラケットを廻し、他方が表（飾糸の滑かな方）か裏かをあてる。

當つたら、最初のサーブ・レシーブ及び場所の選取權を持つ。トスに勝つた方がサーブをとれば、相手はレシーブになる。

審判が「始め」の合圖で、競技が開始される。

甲は南側から、中央標と(ニ)との間から、最初のサーブをする。二球中一つが右側サーブ・コートに入れば完全にサーブされたのである。二球とも入らなければダブル・フォールトで、乙の得點となる。サーブの球がネットに觸れたらやり直しである。次に左側コートへ、右側と同様に行つて四點先取まで續け、一ゲームが終了したら、サーブが乙側にうつり、一セットの終りまで交互にするのである。そして第一ゲーム第三第五ゲーム終了後、場所を交替するのである。

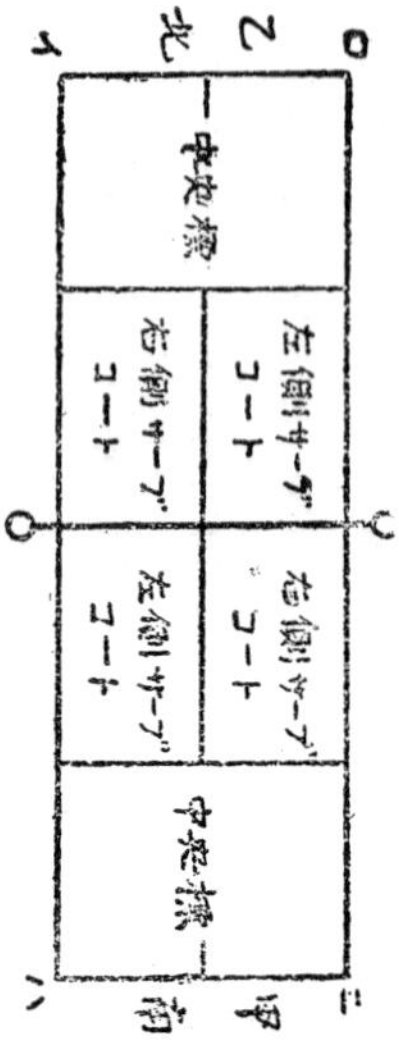

五、複試合

複試合は、單試合とゲームの仕方は同じである。

六、テニスの技術

1、ラケットの持ち方　ラケットの持ち方は、縦持、横持、斜持とある、縦持は横糸がコートに直角になるように、ラケットの柄を眞上から握る型で、現在英國で一番廣く行われている方法である。

横持は、横糸縦糸ともコート面に平行にラケツトの柄をそのまゝ握る方法で日本では殆んどこの型である。猶斜持は横持と同じように、ラケツトと腕とが一直線になり、縱、横兩者の中間になつているが特徴である。

2、打球の型　型とはサーブの恰好、ドライヴの打ち振りとかいう外形に現われた庭球ぶりである。最初は選手の型を眞似て、それになれたら一應その型を忘れて、自ら研究して獨創されるべきである。テイルデンとかバツチとかの型は、萬人が眞似て爲めになる原理を含んでいるから、その型を學んで基礎を造つて、然る後自己の道を開くことが早道である。

3、球の見當　球の見當とは、相手の球が自己のコートの何處に來るかを見當つけて、その方に早く身構えするので、これは庭球上達上大切なことである。

4、足捌き　足捌によつて、體が安定するので、これまた重要な技術である。球を待つときは、ネツトに兩足を平行にし、球を打つときは、ネツトに斜にするが如き、研究を要する問題である。

猶球の打ち頃、球の廻轉、手頸の作用等研究して行うべきである。

第四節　水　泳

水泳は、水中に於けるスポーツであるということが、全く獨特の存在である。水泳は體育的價値も大であるが、同時にその實施法を一歩誤まると直ちに人命を失う危險性があるので、實施上他の種目よりも多くの制限と條件とを以て、慎重に取扱わねばならないスポーツである。

一、水泳の價値

水泳の魅力は大きい。而も體育的效用も高い。全身を調和的に發達させて健康を增進し、殊に循環器と呼吸器と皮膚とを鍛えるには最も適している。且つ精神的にも赤裸々な姿での交りは友情を深めるし、沈着、果敢、忍耐等幾多の德性が養われる。特に女子にとつては、次の意味から殆んど完全に近い程適切な運動である。

1、運動量は大きいが、一時的には激しい運動でない。

2、全身の伸筋を發達させるから、伸々とした美しい肢體となる。

3、女子は、暑さよりも寒さには强い。

水泳指導の鐵則は「一に監督、二に指導」であるが、技術の進歩なき處には、興味も眞劍味も生れないから、練習過程については、充分の用意が必要である。

1水に對する恐怖心を除くこと。

元來大部分の人は水より輕いから自然のまゝで浮くわけである。水さえ恐れなければ浮くものであることを自覺させることによつて、水への恐怖心を除くことが大切である。浮くことは泳ぎの可能性には一向關係はないが、恐怖心を無くする點から浮ぶ自信が入門第一歩となる。この點女子は中年でも水より輕い人が多いから、男子よりも水泳練習には有利である。

小學校一、二年	水遊び（陸上の遊びを水中に移し腰から下の水で遊ぶ。）						
	種類	水中行進	並びつこ	鬼遊び	水をかけ合う	伏面競爭	石拾い
	目的	水に慣れさせる			顔に水のかゝることに慣れさせる	水に對する恐怖心を去る	顔を水に入れることに慣れさせる
	要領	手をつなぐか列を作るかして水中を歩く	合圖によつて集り縱又は横に並ぶ	水中で手離し鬼手つなぎ鬼等を行う	二人相對して顔に水のかけ合い	二人づつ向い合つて手をつなぎ交互に體を前に倒して顔を水に浸す	顔を水中に入れて水底にある石を拾う
	注意	顔にかかつた水を拭かせない			水中で眼を開く樣にさせる		

小學校三、四年	種類	平泳ぎ	犬かき	呼吸の仕方	立ち方	浮き方	沈み方
	目的	蛙平泳ぎの初歩を練習させ泳ぐ自信を持たせる	泳ぎの初歩を練習させ浮いて、前進する自信を持たせる	呼吸のし方を知らせる	浮いた姿勢から立つことを練習させて自信をもたせる	浮くことを練習させて自信を持たせる	沈むことを練習させ浮くことに導く
	要領	體を下向きにして浮き顔を水面に現わして蛙足を使い手は左右に開いて進む	下向きに浮きをやりメメ足兩手で交互に水をかいて進む	顔を水中で横向けての呼吸 顔を水面に出して呼吸	下向きに浮いた姿勢から頭を起し顎を前に出し顔を水面に出し兩手で水を下に押し兩脚をちぢめて立つ	充分に息を吸い身體を屈げ膝を抱き足を水底からはなして浮く。水面に伏し兩手を頭上に伸ばし脚も伸ばし下向きに浮く	身體を屈げ息を吐きながら沈む
	指導上の注意	一、陸上での蛙足練習 二、淺い處で手をついての蛙足練習 三、板などにつかまつての蛙足練習 四、腕は浮をとるを主とする	一、足と手の動作を別々に練習 二、淺い所で手をついてバタ足練習 三、兩手で交互に水をかき淺い方へ進む				水の深さ臍位の處でやらせる竹につかまつてやる

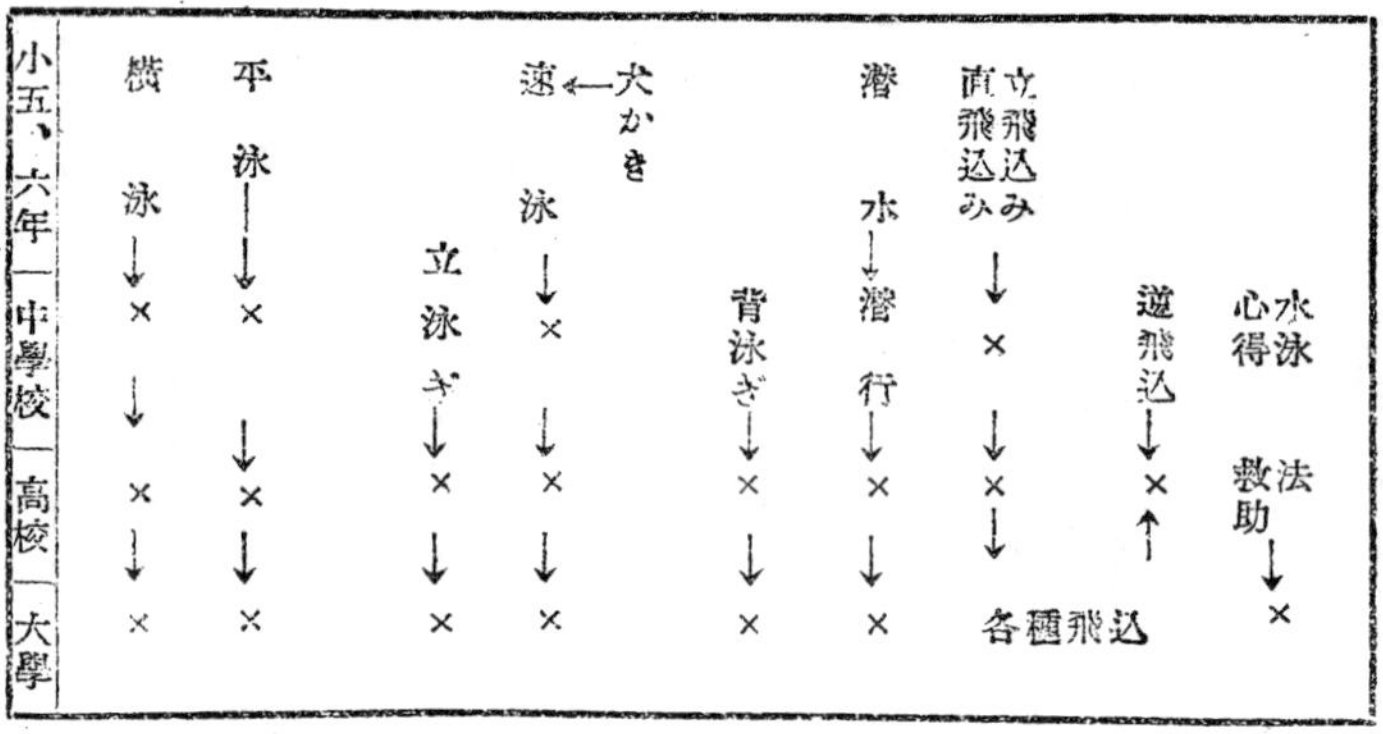

2、泳ぎの指導は、場所や個人の能力から、どの泳法から指導してもよい。

3、水を恐れず、水を侮らずに終始する。泳げないものより泳げる樣になつてからの過失が多いことに留意して、注意を怠つてはならない。

二、水泳の種類と要領

泳ぎの水遊びから發展して行く系統を掲げて、海に圍まれ河に惠まれている日本であるから、國民皆泳を望むものである。

三、救助法

(一)遭難した場合

1、不意に水に落ちた時　衣服を脫し、履物をとつて泳ぐがよい。初心者は脫ぐ暇間がないから、兩手を擴げ仰向けになつて救を求む。

2、痙れんの起つた時　手の場合は、背泳ぎして痛む處を揉む。足の場合は、水中に沈み、腰、膝を屈げ、其の足の拇指を上方に屈げて痛む處を揉み、靜かに泳いで歸る。

3、溺れかゝつた時　大聲にて救助を求む。

4、難船した時　舟底に入らぬ樣に速かに船側より泳ぎ去り、浮遊物に取附く。大船の場合は、その沈む際、引きこまれぬ樣相當の距離を泳ぎ去る必要がある。

(二)救助の要領

溺れる者の位置、狀態、救助用具の有無によつて、手段方法を考慮する。

1、竿、綱、浮板等の利用　救助は安全第一を考え、自分から飛込む必要はなく、之等を投げ與えて助ける。

2、小舟で近寄る　竿、綱につかまつたものを引き寄せ、舟で急行してやる。

3、泳いで行く　慌てて飛び込まず、良く流や、底の狀態を觀察し、前からでなく背面より寄り、落ちつく樣に云い聞かせる。まきつかれた時は、潜水するなり、凡ゆる手段を用い脫出しなければならない。

溺者の運搬は、兩手であごを支え後進する。或は落着いた者は、肩に掴まらせて泳いでもよい。呼吸せぬ者に對しては、横抱きにして泳いで來るか、仲々骨が折れる故、早く救助の舟を呼ぶことが必要である。

(三)人工呼吸法

人工呼吸は先づ口を開かせ舌を引き出し、頭部を底く俯伏にして、胃部に枕の如きものを當てて背部から兩手で押し、水を吐かせ汚物を取りのぞいて、人工呼吸を行うのである。日赤のシエフアー氏法は、溺死者に對しては最も良いと思う。

その方法は、先づ溺死者を俯臥させ、兩腕を屈げたまゝ頭上に持ち來し、片手甲に頭を載せ、顏を少しく側向させ、溺死者の腰のあたりに跨つて、兩手を胸背下部に置き、救助者が體を前方に傾ける事によつて體重を兩腕に移して適當な强さで背部を壓す。そこで急に壓迫を緩めて、上體を元の姿勢にもどす。一回の時間は、大人に於て凡そ四・五秒とし、一分間に十四、五回程自然の呼吸の調律に相當する樣に實施する。溺者が呼吸を始める迄反復連續實施する。時に數時間を要する場合もあるから、根氣よく實施することが肝要である。呼吸を始めれば、意識を强める爲めに、アンモニヤ水の如き興奮劑を嗅せ、完全に意識が恢復したら、赤酒、茶、コーヒー等を與えて、心臟の働きを高めるがよい。なお身體保溫の適當な方法も、施行中に實施するがよい。

三、水泳の心得

(一)入水の注意　一、準備運動を適度に行う。二、淸水で全身を一通り洗う。三、爪を切り其垢をとる。四、團體練習の時は、人員點呼を正確にやる。五、排尿後水に入る。

(二)練習中の注意　一、足、手、頭、胸と心臟より遠い部分から水に浸す。二、急に泳がずに初めに輕く泳ぐ。三、水泳中も時に頭をぬらし、日射病をさける。四、溺れたまねや悪ふざけをせず水泳規約を守らせる。五、事故があれば、早く指導者に知らせる。六、入る時間は一〇分乃至一五分位宛短時間にして、回数を多くする。七、二人組、三人組の組別を作る。

(三)水から出た後の注意　一、人員點呼は速かに行う。二、消水で全身を洗い時に洗眼うがいをし、耳の水を出す。三、女子は髮をよく洗う。四、皮膚は急に陽にやかない様に注意する。五、喰べすぎ、消化の悪い物冷めたい物の飲食物に注意する。六、充分休養睡眠をとらせる。

(四)其の他の注意　一、次の場合は水泳を行わない。イ、水泳に不適當な病氣。ロ、發熱中の者及び陽轉者。ハ、溷流汚水の中又は波浪の多い時。ニ、河口水門附近及び藻の多いところ。二、次の場合は水泳をさける。イ、食事直後、飲酒後、空腹時。ロ、激動直後。ハ、月經時。ニ、單獨水泳。三、水泳に適當な水温は、二十二三度からが適當である

第五節　ダンス

第一項　ダンスの本質

一、我々は各自の心に內在する思想や感情を、何らかの方法で表現せずには居られない。即ち言葉を以つて表現することもあるし、色彩や線を以つて表現することもあり、音を以つて表現することもある。その表現が意識の下に、創造的に行われた場合に、それを藝術という。ダンスは空間、

時間、運動、感覺等の美術的要素と、音律的要素を含めた一つの複合藝術である。更に換言すれば、「ダンスは、人間の肉體の美學的法則にかなつた動きを以つて、人間の思想感情を表現する藝術である。」と言えるのである。

第二項　ダンスの性格

從來行進遊戲、唱歌遊戲、或いは音樂遊戲、音樂運動の名の下に指導されてきた學校ダンスが、一躍ダンスとして要綱に擧げられた所以は、藝術ダンスも學校ダンスも本質に於ては少しも變らないからである。しかし教育の素材としてのダンス、體育の教材の中のダンスとして考えるとき、藝術としてのダンスは、直ちに學校におけるダンスとは言えないのである。

即ちダンスの本質と體育の理念とが一致するところを、學校におけるダンスとすべきであつて、よい創作や美しい表現の出來る體、それに到達するまでの過程に、大きな體育的價値を見出すことである。藝術ダンスでも、美しい人體の形象を根底としなければならないので、その身體練習等による體育的價値は十分認めるが、それはダンスそれ自體の爲めの身體練習であつて、ダンスをする者の心身の發育過程等は考慮されていないし、又その必要もないのである。體操、スポーツ、ダンスこの三本立の學校體育に於て、ダンスは兒童生徒の何を育成しようとしているのか、究極するところは、表現能力の育成によつて情操の陶冶をしようとしているのである。即ち體操に於てもスポーツに於ても、達成することの出來ない部面を培うために、特に女子の教材として、非常に重要性を持つているものである。而してこのダンスが體育の一教材であることは、表現能力を育成すると同時に、その目的に到達するまでの基礎練習が、體育的に重要な地位を占めることを忘れてはならない。健全有能な身體は、よい表現の出來る身體を持つ大切な要素である。

學校に於けるダンスはあくまでも、教育の理念に立脚して、健全なる體育的見地より、人間性の發展に寄與されるべきである。新教育の動向は何れの學科に於ても、今までの指導者中心主義より、兒童生徒中心主義へ、詰込主義より兒童生徒の欲追求によつて、學習を進めて行かうとしているのである。ダンスの指導に於ても、勿論斯くあらねばならないので、表現を大きく要綱に掲げたのも、主旨はこゝにあるのである。しかし兒童生徒の持つているものは至つて貧弱で、そのものをあるまゝに表現させるだけでは不十分である。そこでダンスの指導は、子供の要求を滿しつゝ指導者の意圖するところへ導くのであつて、無計畫に成るがまゝに行うのとは全然異なるのである。指導者はより高い理想を持つて、兒童生徒のよい芽を育て、美しい花を咲かせ、よい實を結ばせるように培つて行くのである。

第三項　教　材

表現　表現とは、與えられたある素材をもつて、與えられた主題を、定められた藝術形式で描寫することである。ダンスに於ける表現は、我々の身體をもつて、我々の思想感情を動きの形式で表現するのである。しかして、人間の凡ゆる感情と凡ゆる思想のうちで、藝術的要素を持つたものを身體の動きで表現したものがダンスとなるのである。こゝでとりあげる表現とは、美意識に基いた意圖的表現のことである。現實の姿より美しく、より高尚に表現して、然もその眞を穿つ所に藝術の生命が存在するものである。

醜なるものの表現も、藝術としては美になる。しかし表現を教育の手がかりとする場合には、その内容形式について、大いに考慮しなければならない。要は子供が藝術的才能を持つているかいないかではなく、如何に生活を眞實に表現しているかいないかが問題で、教材も指導法も、結局こゝから生まれてくるものである。

小學校の低學年に於ける表現遊びは、リズム遊びや模倣遊びや物語遊びの合わさつたもので、彼等の表現のすべてが遊びなのである。それが學校の進むにつれて、模倣表現も象徴表現となり、更に進んで創作的表現に進むのである。中學校高等學校に於ては、美的感情は次第に高潮し、相當高度の表現を求めるようになる。こゝに至つて表現技術の修得が必要になつたのである。

一、表現技術

繪畫を畫くにしても、作曲をするにしても、表現の技巧を要する。ダンスに於ても、同樣で如何に表現すべきか、その方法と手段を知らなければならない。表現技術を大きく分けて基本運動とりズムにする。

(い)基本運動

(イ)身體練習　身體練習とは、舞踊的身體を造る爲の運動であつて、それは物理的に解剖的に生理的に、しかも心理的にも無理のないもので、自然運動の法則にかなつたものでなければならない。

　環境のために不自然な動きを强制されて、本當の自然運動の出來なくなつている體を、教育の力によつて自然運動の出來るようにするのである。從つて自然運動は訓練を要するのである。これはダンスのみの運動ではなく、體操でも、スポーツでも當然なさるべきものである。殊に身體の柔軟性、强靱性、隨意性を、直接の目的とする徒手體操とは、袂をわかつものではない。例へば

1、緊張、解緊

脚。膝を曲げて脚を上にあげ、足首の力をぬく。

　脚を前後に振上げ、膝關節から下の力を拔く。

腕。腕を緊張して上擧し、手首、肘、肩の順に力を拔く。

　體をやゝ前倒し、掌を後にして腕を側にあげ、肘の力を拔き、更に體全體の力を拔く。

軀幹頸、肩、胸腰の順に力を拔き前屈する。

脚。斜前出、腕、斜前後にあげて緊張して後、體全體を脱力する。

2、重心の移動

體重を前(後)(側)にかけて支えきれなくなつて移動する。

足を左右(前後)にひらき、體重を交互にかけて、體を左右(前後)に振る。

3、振動運動

脚。解緊された足を膝關節から前後に振る。

解緊された足を、足首の關節から振る。

腕。解緊された腕を、肩の關節から前後左右に振る。

解緊された前腕を肘の關節から振る。

解緊された手を、手首の關節から振る。

首。解緊前屈された首を、前後左右に振る。

軀幹。解緊前屈された上體を、上下左右に振る。

解緊後屈された上體を、上下に振る。

4、廻旋運動

脚。股關節、膝關節、足首の關節を中心として、內側、外側に廻す。

腕。肩關節、移關節、手首の關節を中心として、前後、內外に廻す。

頸。頭を廻す。
軀幹。腰の關節から上體を廻す。等がある。

(ロ)歩法

　人間の體を移動する方法に歩く、走る、跳ぶことがある。それの方向、リズムの變化したときに、種々の歩法が生まれてくると考えられる。

1、歩くこと　ウオーキング・ステップ、ツー・ステップ、ワルツ・ステップ。
2、走ること　ランニング・ステップ。
3、跳ぶこと　スキッピング・ステップ、ギャロッピング・ステップ、ホッピング・ステップ、ポルカ・ステップ。

要するに歩法はリズム、重心の移動、アクセント等いろ成される。態勢の練習は美しい空間を創造する能力を養うことである。言いかえれば、與えられたいろいろの要素の複合されたものであるから、一つの歩法としてそれ自體を目的として行う場合と、他の目的のためにそれを使う場合とがある。

(ハ)態勢　人間も物體である以上、空間の一部を占有している。従つて我々の體の位置や形に依つて、ある空間が形た空間に、自分の體が如何にあるのが美しいかを、體感として覺えることである。

運動は我々の形成したその空間の移動である。その動きの過程が藝術的にも體育的にも生命がある。即ち態勢は型ではなく動きのポイントである。

基本態勢・應用態勢　いくつかの個々の態勢を、便宜上連續して取扱うのではなく、動きのポイントの最も基本的代表的なものから、だんだんと發展し變化したものとして指導するのである。

ポーズの練習　ダンスは表現によつて構成されるものであるが、その表現は決して靜止しているものではない。その動きの瞬間を考えた時、それは一つのポーズとなる。初めは個々のポーズ、二人のポーズ、更に人數を增してのポーズの練習をなし、次第に構成したものに主題を持たせ、自分のポーズを如何にして他に調和するか等を工夫させるのである。學年が進むに從つて繪畫に於ける構圖の如く、相稱對照のバランス等を理論的に取扱つていくのである。

(ろ)リズム　リズムとは、自然界の規則正しい運動の起伏である。太陽が東から出て西に沒するのも、海の波がよせてはかえすのも、人間の呼吸や心臟の鼓動の如き、總ての自然現象における運動は、規則正しい繰返しの中に、强弱明暗陰陽の起伏を行う。然し我々の感覺では餘りに大きいリズム、餘りに小さいリズムは、感覺的なリズムとして受けとれない。つまり感得し得られるリズムには限度がある。ダンスや音樂におけるリズムは、この感覺的なリズムを言う。

ダンスにおいては、音樂的リズムの理解も絶對に必要なものであるが、あくまでも動きのリズムが、ダンスの本質に最も大切なものである。よい創作や表現の基礎として、厚いリズム訓練の層を持たなければならない。リズムなくしてダンスは成立しないのである。

そのリズム訓練の方法としては、先づ兒童生徒をよく觀察して、種々な遊び、作業等の持つリズムを整理して、日常生活をリズム化してやることである。

自由に表現することの出來るためには、體の動きがリズミカルである必要がある。先づ體に音を感ずることからはじめて、音の强弱、音の高低、音の長短を運動によつて表現させ、尙進んだら、リズムの記憶、リズムの複合、リズムの創作、或はリズムに表現を加味していく等、段階的に取扱つていくのである。リズム練習であつても、動作は大きくのびのびと、且つ自由でリズミカルな動きの樂しさを十分味わせるようにするのである。具體的には、

(イ)兒童生徒のよく知つている曲に合せて歩かせたり、球送りなどをさせる。

(ロ)拍子とアクセントを理解させる。例へば四拍子では强弱弱弱、そのやうに歩かせたり拍手させたりする。

(ハ)同じ拍子であつても、その拍子を形づくる音の組織は種々樣々である。そこで拍子がわかつたら、一つの拍子を形づくる音の組織卽ちリズム通りに拍手をしたり、歩かせたりして、音のリズムを動きのリズムに變える事を練習する。

（は）表現練習　物を見る、聽く、置く、花を摘む、氷の上を滑る、波とたわむれる等、兒童の生活環境から取材して、物の特徴を摑んで、それを表現する能力や動かないものを動きとして表現する能力を養うことによつて、表現に客觀性を持たせることが出來るのである。

リズムから表現、表現からリズム或はポーズといつたように、實際は表現練習として單獨で行う場合より、他のものと結合する場合が多いのである。ダンスにおける表現は、內容に於ても技巧に於ても構成に於て、總てが個性によつて生ずるものである。然もその個性が表現內容とか形式とかを總て直觀的に把握して動きを生み出していくのである。即ちそこに藝術特有の舞踊感覺が必要になつてくるのである。この感覺の新しく而も鋭敏であるときに、最もよい作品が生れるのである。それ故に體操、スポーツに見出せない特種の感覺訓練が、ダンスに於けるあらゆる身體訓練を通してなされなければならない。

二、創作

創作とは、藝術感興を藝術作品として、獨創的に表現することであるが、學校におけるダンスの創作は、一つの作品を創作するということにより、創作的表現の出來るように導くというところに、その重點をおかなければならない。ダンスをつくることの出來る人間をつくるのではなくして、ダンスを創作するということを通して、創作的な生活の出來る人間をつくることである。又創作は、その人の人生觀即ち物の觀方感じ方が、その根底をなすものであるから、一つの事象を如何に感じ如何に觀るかの根本にまで、掘りさげなければならない。以上の様に創作を考えると非常に困難な仕事になる。しかし要綱の要求する創作は、生徒兒童の能力に應じた創作であつて、決してまとまつた一つの作品を要求しているのではない。いびつのりんごの繪も、片言の歌の文句も、子供にとつては立派な創作であるからである。創作も科學であるといわれている。從つて合理的な創作でもあるべきである。指導者としてはなんとなくとか、いつの間にやらといつたような、一つの勘で押していくのでなく、確とした理論的の裏付を持つことが、創作の態度である。

(い)創作の順序

創作の心理的過程ともいうべきものをあげると

(イ)主題を得る（自分の直接的、間接的體驗からくる）

(ロ)主題からうけた感じを心に描く（モティーフの發見）

(ハ)その心に描かれたものから、リズムを發見する（伴奏音樂は、この時考えられる）

(ニ)そのリズムを動きのリズムに移す（形式にあてはめる）

創作の心理を分析してみると以上のようになる。それは心理的過程であるとともに、又創作の順序でもある。

(ろ)創作練習

創作的な練習は、小學校から既に行われているが、創作として採上りげてくるのは中學校以上である。然し最初からまとまつたものを創作させるのでなくて、極く短い一部分の創作、又は個人を主體とする創作から初めて、リズムを與えたり、動きを與えたり、主題を與えたり、音樂を與えたりなどして練習させて、進んでは綜合的に集團的に行うのである。

尚振付けという言葉を用いるが、これは詩とか音樂とかを、そのまゝ體の動きで表わしたものであつて、音樂から感じたものを視覺化する能力が養われて、創作に移る大切な段階をなしているのである。

即興的創作も、創作練習の一つの方法であつて、反射的に物を感じ、瞬間的に表現出來る能力を養うものである。

三、鑑賞

鑑賞とは、作品の動因たる感情を自分の心に移入し、自己の藝術的情操を滿足させることである。從つてその作品からうける感じを、素直に受取ることが鑑賞の大切な點である。美しいものを美しいと感ずることは、あたりまえのことであるが、なかなか困難なことでもある。

こゝで言う鑑賞は、ダンスにおける鑑賞を主としているのであるが、もつと廣い藝術一般の鑑賞も併せ考えて行かなければならない。創作と鑑賞は表裏一體のものであつて、鑑賞することによつてよい創作が生まれ、創作することによつて鑑賞も完全になつてくるのである。

實際に於ては、表現技術の修得にも表現練習にも、或は創作の練習の場合も、鑑賞は常に存在するものである。

作品の鑑賞は、中等學校以上の相當鑑賞眼の出來た生徒にすることで、それも漫然と見るだけではなく、平素創作について指導された事を念頭に浮べながら、その作品の感じを捉えるのである。

鑑賞の種類をあげると

(一)既製作品の鑑賞
(二)各自の作品の鑑賞
(三)專門家の作品の鑑賞

などである。

美しい人間の豊かな人間性の表現がダンスである限り、我等の日常生活のなにげないものゝなかからも、靜かな美、躍動の美しさを感得し得られるのである。それ等を捉えて創作にうつすところに、無限のダンスが生れてくるのである。

第四項　伴奏音樂

今までのダンスは、音樂があつてそれに動きをつけていたが、一つの過程としてこれも必要であるが、本來は動きがあつてそれに音樂がつかなければならない。更に理想をいえば、動きと共に音樂が生れるべきだと思う。無音樂舞踊というのは、一つの曲を使わないということで、全然音樂を使わないということはない。音樂の要素をダンスにとり入れるということは、非常に大切なことである。從つてダンスを指導するためには、是非とも音樂の研究を必要とする。設備のないところなどでは、太鼓、タンブリング、カスタネットの樣なリズム樂器が效果的である。又樂器もきまつたものでなく、指導者或は生徒の創意工夫によるものが大いに望ましい。

第五項　參考作品

既成教材の研究によつて、技法の修練、動きの流れを理解することは、他日の創作にそなえて必要なことである。從つて從來の要目にあげられた教材、又學校のダンスとして適當なものを數多くこなすことは、創作に重要なことである。しかしその取扱はあくまでも創作的な態度でのぞまないと、單なる方法の傳達に終るから注意しなければならない。

各國のフォーク・ダンスは、次のような特質を持つているから、よいものはとり入れるべきである。

い、特質

(イ)容易な單純な動きである。

(ロ)樂しく人をひきつけるリズムである。

(ハ)活動的である。

（ニ）社交性を有し、特別な專門技巧を要しない。

ろ、目的

（イ）リズム教育

（ロ）國際教育

（ハ）リクレーションとして行う。

社交ダンスは、外國の家庭に於ては、丁度我が國で華道・茶道を習わせるように、その子女の教養の一つとして習わせるのである。社交ダンスは、その名の示す通り社交の目的をもつて、禮儀正しく上品な態度で行われるものである。エチケツトのない社交ダンスは、單なる享樂或は感能的なものであつて、社交ダンスではない。我が國の小學校、中學校、高等學校では、社交ダンスはやらないことになつている。

第六項　結　論

ダンスの教材並びに指導に科學性を持つことは、今後の大きな課題である。ダンスは非常に綜合的なものであるから、分析することによつて、その綜合的である特徴が失われがちであるが、ダンスの持つている種々な要素を、一つ一つ明確な根據を以て研究する必要がある。指導に於ては、例えば基本運動において「子供の心身の發達段階に則した最もよいものが各學年にあるはずであるし、表現能力においても、この學年にはこれだけのものがなければならないといつた基準が、兒童の實態調査や測定などの具體的な條件によつて擧げられるべきである。又リズムの指導に於ても、遊びの持つリズム、舞踊の持つリズム、日常動作の持つリズム、子供の好きな歌の持つリズム、子供の感得し得られるリズム等の調査により、その學年でとりあげるべきリズムの程度が割り出されなければならない。

或は表現したいものの調査、學年による表現の發展段階の調査等によつて、子供の表現するであらう又は表現させたいものが具體的になつて、表現内容の取捨選擇も出來るのである。更にダンスの考査測定等も、ダンスの適性檢査、表現力、創作力、鑑賞力の考察とか、ダンスによつてなされる性格陶冶の問題等、その具體的方法に於ては非常に研究を要するものである。

又參考作品なども、單に一つにまとまつたものばかりでなく、リズム練習のためのものとか、創作の練習のためのものとかいつたように、ピヤノの練習曲に相當する科學的なものがあつてもよいと思う。

要するにダンスの指導もその對照である子供の心身の科學的研究と、教材の本質の科學的究明に透徹されたいものである。

第二章　衞　生

第一節　總　說

日本が文化國家を建設して、世界の平和と人類の福祉を增進せんがためには、日本民族の體位の向上が緊要である。

要綱の目的に揭げられているが如く、運動と衞生實踐を通じて、身體の價値を認識し、社會生活に於ける責任を果し、健全で有能な身體を育成することによつて、文化的國際的民族たらしめることが出來るのである。

新憲法の第廿五條に「總て國民は、健康で文化的な最低限度の生活を營む權利を有する。國民は、總ての生活部面について、社會福祉社會保障及び公衆衞生の向上及び增進に務めなければならない。」と規定されている。後段の責任が前段の權利を產むので、衞生の實踐は全く國民の義務である。

個人の衞生に潔癖な日本民族が、公衆衞生に無關心であり、衞生の智識に乏しかつたことは教育の缺陷であつた。

要綱はその點を重視して、衞生の實踐によつて、教養高き民族の陶冶をあるように考慮したのである。

師範學校に於ては、教育科衞生に於て指導者として生徒兒童の管理に當るべき智識を修得し、體育科衞生に依つて、健康を増進し衞生の智識を理解し、衞生的習慣と態度を育成することにしたのである。

斯くして衞生教育が健康を期するために、體育科衞生に於ては次のような内容を擧げたのである。卽ち小學校、中學校、高等學校は一貫した體系を持つて、循環漸進的に學習されて來るが、大學生は全くそれと異なり、國家の中堅的指導者としての教養を深からしめるために揭げたものである。

師範學校に於ては、大學過程を修學し、更に小學校の過程も知る必要があるので、大學の過程に全然含まれない(一)身體の清潔、(二)休養・睡眠、(三)皮膚の摩擦、(四)姿勢、(五)傷害の防止、(六)看護法・救急處置について前に略述し、次いで大學過程を詳述することにする。

第一項　身體の清潔

身體の清潔は、個人衞生の根抵をなすもので、學校生活に於ては勿論、家庭生活を通じて實踐し、(一)健康の増進、(二)疾病の豫防、(三)品位の向上を圖ることを目的とする。

(一)手足の清潔

一、運動、作業時、外出時、用便後、特に食前に手を洗う。

二、爪を適度に切り、爪垢をとる。

三、運動や作業の時に、掌につばをつける癖をなくする。

四、指や鉛筆をなめたり、指をなめて本や札をくることをやめる。

五、爪をかむ癖をなくする。

六、手拭ハンカチを洗濯して清潔に保つことにする。

（二）顔の清潔

一、毎朝顔を洗う習慣は勿論、よく目、鼻、耳、頭髪をよく洗うこと。

二、殊に運動後、作業後、外出から歸宅後、顔を洗う習慣をつける。

（三）口腔の清潔

一、口は萬病のもとと言われる位だから、外出から歸つた時、運動や作業の後に、必ず含漱する。

二、歯は食物消化の第一關門だから大切にするように、起床後又は就寢前に歯を磨くこと。

三、歯齦を磨擦し血液循環をよくすることが大切である。

（四）からだの清潔

一、入浴してよく腋下股間を浴槽外で洗うようにする。

二、體を手洗で拭うこと。

以上の清潔狀態の檢査、習慣形成の檢査、清掃用具檢査等を定時實施して、これを發表し、その徹底を圖ることが緊要である。

第二項　休養・睡眠

休養・睡眠は(一)身心の疲勞を回復して氣分を爽快にし、(二)作業能率を向上し、(三)過勞による疾病を防ぐためである。疲勞現象の學説の二三を述べると、

一、純筋疲勞　局所的に使用筋の疲勞を感ずる程度のもの。それは、活動の一時中止によつて回復する。

二、心臟疲勞　全身の倦怠を感じ、意氣消沈する。回復には相當の時間を要する。

三、肺疲勞　呼吸促進して呼吸困難を覺える。

四、神經疲勞　食慾減退、體溫上昇、脈搏昂進、全身倦怠、打撲感、脫力覺を覺え、熟睡困難、精神沮喪し活動が鈍くなる。その回復には數日を要する。

五、疲勞性神經衰弱　全身倦怠、虛脫狀態となり、精神憂鬱となり、體重減退、消化不良、貧血を起す。その回復に一週間以上を要する。

六、過勞　過度の疲勞狀態で病的であるから、その回復には相當の日數を要する。

運動すれば疲勞は必ず伴うのであるが、適度の休養によつて回復する程度でなければならない。身體の鍛練、疲勞、休養、回復の循環が適度に行われることによつて、强靱な身體が育成されるのであるから、運動疲勞は必ず翌朝回復する程度を越えてはならない。

疲勞回復の程度には個人差があるが、休養の最良法は睡眠である。その睡眠の程度について述べると次の通りである。

六歲―九歲　一〇時間、九歲―一二歲　九時間乃至一〇時間、一二歲以上　九時間乃至八時間なお夜の短かい夏季の水泳練習や、各種の球技・陸上競技などの練習後には、中食後一時間半位の午睡が必要である。

睡眠は、

一、右斜下向又は仰向にして、臂脚を伸ばし樂な姿勢で休む。

二、比較的低い枕で、掛布團を薄くし、換氣を充分にする。

三、肌衣を着替て、成るべく早く就寢し早く起きる。

四、寢る前乾布摩擦すると熟睡出來る。

五、床の中で讀書したり、就寢前の食物攝取はやめる。

第三項　皮膚の摩擦

皮膚は（一）身體の表面を被いて之れを保護し、（二）汗腺の機能に依つて體溫を調節し、（三）覺官を有して知覺を完全にするのである。之れを摩擦することに依り、

一、皮膚を強靭にし外傷化濃に堪え、二、氣候の激化に應じ、三、皮膚呼吸を盛にして健康增進

を圖るのである。

皮膚の摩擦法は（一）乾布摩擦と（二）冷水摩擦とある。更に、冷水浴・海水浴等も、皮膚摩擦に優る鍛錬法であるが、實施に際しては診斷後實施することが安全である。

一、乾布摩擦は、上肢、頸、背、胸、下肢の順序に摩擦する。

二、乾布摩擦でも暖かい時から初めるのが、實行し易い。

三、學校に於ては、健康調査をなし、家庭と連絡諒解のもとに實施し、家庭に於ても就寢前後に實施させるがよい。

第四項　姿　勢

姿勢は、（一）國民の品位を向上し、（二）諸種の疾病を防ぎ、（三）運動の効果を增大し、（四）作業能率の向上を圖るのである。

姿勢は、骨格特に脊柱の正常狀態を保つことに原因するのであるから、之れに附屬する脊筋の彈性、强靱力の發達を圖り、種々の運動を通じて日常生活に於ける不正姿勢を矯正し、他教科の學習に於ても、常に正常姿勢を保つように指導することが緊要である。

靜止の場合　靜止の場合の姿勢には、正坐の姿勢、腰掛姿勢、立位の姿勢とある。その概要を述べると次の通りである。

一、正坐の姿勢　この姿勢は、膝を折り拇指を重ね、兩膝の間を一〇糎—一五糎とし、その上に輕く脊腰を伸ばして据え、兩手を股の上に置き、頭を眞直に保ち、口を閉ぢ前方を視るのである。

二、腰掛姿勢　この姿勢は、深く腰を掛け、兩足を揃へて少しく足先を開いて、足裏を床の上に(少し前方)つける。

三、立位姿勢　立位の姿勢は、未だ我が國で科學的に研究されたものがないので、歐洲に於ける學者の研究の結果を紹介する。

兩外聽道口を含む前額鉛直面は、第二頸椎齒狀突起の突端を通過し、次で第七頸椎體の前緣を通り、下降して恰も胸椎の弦となり、第一腰椎の上緣より第五腰椎に入り、第五腰椎と薦骨となす突角卽ち岬を通り、身體重心(岬直下二、一糎)を通り、大腿骨頭より膝關節前部を降り、距骨關節前七—八糎卽ち支撐面中央部の處に落下する。

姿勢の衛生上留意すべきことは、

一、いづれの姿勢でも、輕く脊腰を伸ばし、上體を腰の重心位に保つことである。

二、食事の場合には、食器を胸の高さにして前屈させぬこと。

三、教室の机、椅子が離れ過ぎぬこと。

四、習字筆記の場合は、筆を稍外方に傾けて持つこと。

五、讀書の時の姿勢は、二五糎位離して見るようにする。

運動時の姿勢

一、歩行の姿勢　直立姿勢に於ける身體の諸筋を積極的に努力し、一脚の腓腸筋、比目魚筋を弛緩させて、身體を前方に傾け、それを支えるために一脚を前方に出し、同時に他脚を伸ばし、體を前方に進めて歩行を行うのである。

二、疾走・跳躍の姿勢　歩行の重心の移動の如く、身體の平均を保ち、動作に適合させて移動しつゝ運動の効果をあげるのである。

三、作業の姿勢　直立姿勢を基盤として、動作筋以外の筋肉の緊張を避けて、有効に力を使うのである。

第五項　傷害の防止

傷害の起り易い場所や機會を知らせ、之れを防止する心得を指導する。

（一）怪我の防止

一、交通規則を指導し災害を防ぐ。電車、汽車、汽船の乗降について指導する。

二、着物や夜具などに火のついた處置、火事の處置について指導する。

三、運動傷害の起る原因を擧げ防止する。

（イ）跳箱、轉廻の時は、その要領をよく指導する。

(ロ)懸垂の時は、用具の點檢、掌の滑ることを防ぐ。
(ハ)野球の打者に近よらないこと。打者もやたらにバットを投げぬこと。
(ニ)すもうや球技をする時は、手足の爪を適當に切る。
(ホ)走巾跳、走高跳、跳箱を行う前に必ず砂を掘る習慣をつける。
(ヘ)スキー、スケートでは、打撲傷、擦過傷、骨折、脫血を起し易いから注意する。
(ト)水泳では、擦過傷、切傷を起し易いから注意する。
四、手工用具、刃物の使用法を指導し、その防止に努める。
五、農耕作業等の場合には、着手前に使用法を指導する。
六、交通道德の調査、事故調査をしてその認識を深くする。

(二)やけどの防止

火傷は皮膚が高度の熱に依つて起る身體障碍で、火、熱湯、蒸氣等にふれた場合、又は日光、レントゲン線で起すものとある。その輕重の程度により第一度、第二度、第三度とする。

第一度―皮膚が赤くなつて痛む程度―ワセリン、亜鉛華軟膏塗布。
第二度―皮膚が赤くなつて痛み、水泡が出來る程度―小切開して、亜鉛華、オレーブ油、硼酸軟膏塗布。
第三度―大火傷で、速かに專門醫に運び處置するもの。

の處置をする。

猶硫酸、鹽酸、苛性カリ等の劇藥も、火傷と同じ症狀を呈するから、水で洗つて第一度程度の處置をするか、又は硫酸・鹽酸等の酸類は曹達か木灰で、苛性カリは酢か酸類で中和させて、前述の處置をする。

第六項　看護法、消毒法及救急處理

第一　看護法

古來我が國では、一に看護、二に看護の諺がある如く、看護の良否が、疾病治療には重大な要素である。從つてその學理と技術について研究し、內科、外科、眼科、皮膚科、泌尿科、精神科の看護に、それぞれ精通することが必要である。

(一)病室

イ、病室は、南又は東向きの階下の靜かな部室にし、痙攣發作のあるものには北向の室にする。

ロ、病室の廣さは、六疊以上のものに副室があれば便利である。

ハ、病室の換氣は、自然換氣が出來ぬ場合には一定時間硝子窓・障子等を開いて、新鮮な空氣を入れる。

ニ、病室內では、喫煙、煮物、香氣の高い花を避け、排泄物を室內に置かないこと。

ホ、病室の溫度は、成るべく一定に保ち、(攝氏一七度―二〇度)有熱者には少し低く、子供、老人、貧血者、衰弱者には稍暖かくする。

へ、病室を涼しくするには、窓の開放、前庭の撒水、扇風器、氷を用い、溫室法としては、蒸氣、溫湯、火鉢、暖爐を用いるが、乾燥に對する處置、炭酸瓦斯の發生防止に留意する。
ト、病室の清潔には、朝夕に掃除をする。その際輕病人は別室に、重病人は顏面に布をかけて行う。そして治療看護以外のものは置かないで、裝飾は清楚に、植物は夜間呼吸作用するから、室外に置くがよい。

(二)病床の看護

イ、病床は、家庭に於ては敷蒲團を敷くのであるが、その下に藁蒲團を使えれば結構である。
ロ、枕は普通のもので結構だが、熱のある病人には、水枕又は氷枕を用いる。
ハ、床は、廣い室では中央に敷くが、狹い場合は足もとを廣くして通行に便にし、診察のために右側を廣くするがよい。
ニ、蒲團、敷布、枕覆は清潔に保ち、日光に晒し埃をはらうことが必要である。
ホ、病衣は、柔かくゆつたりとした交換に便利なものがよい。
へ、病人は不潔になり勝ちだから、常に身體を清潔にし、口腔、頭髮、爪等の衞生を忘れないようにする。
ト、重病人は床づれが出來るから、後頭部、肩胛部、薦骨部、尾骶骨部の持續的壓迫を避けて、血行榮養の障害を起さないようにする。

チ、睡眠の重要性に鑑みて、環境を靜かにし、輕音樂を聞かせたり、精神の刺戟物を禁じ、下肢のマッサージ、或は醫師と相談して、睡眠劑を與えることも必要である。

リ、便通は、一日五〇〇瓦以下三〇〇瓦以上で、色や臭氣の異常なきことが大切である。粘液便や血液便、不消化液便の時は、その旨醫師に申出で處置をすることが必要である。

ヌ、痰唾、嘔吐、喀血、吐血等の處置に留意する。

ル、體溫測定法、脈搏測定法、呼吸測定法、容體表記載法に對する知識を得て、正確に記載することが必要である。

第二　消毒法

消毒とは、身體及衣食住に病原菌が附着發生したものを除去する方法で、(一)燒却法、(二)蒸氣消毒法、(三)煮沸法、(四)藥物消毒法、(五)日光消毒法がある。

(一)燒却法

傳染病屍體、その排他物及傳染病患者の被服類を燒却し、病原を根絶する方法である。尤も被服類は、消毒安全の場合はその必要を認めない。

(二)蒸氣消毒法

消毒すべき物を、攝氏一〇〇度の蒸氣で一五分位蒸す方法で、革類、ゴム製品、糊附品、塗物、毛布、象牙、角等には効力が薄いようである。

(三)煮沸法

消毒を湯の中に入れて沸騰させ、一五分位煮沸する方法である。

(四)藥物消毒法

左の藥物を用いて消毒する方法である。

消毒藥	使用濃度	適用物
石炭酸水	一〇%—五%	屍體、排泄物、衣服、器具
クレゾール	三%	屍體、排泄物、衣服、器具
昇汞水	〇、一%	屍體、汚染物
フォルマリン水	三五倍	衣服、汚染物、室內、便所
クロール石灰水	五%	排泄物、井戸、水槽
石灰乳	一對四	排泄物、井戸、水槽

(五)日光消毒

夜具、衣類、書籍等を直接日光にあてて消毒する方法である。

第三節　救急處置

突發的に發生した事故災害に對する應急處置法で、こと生命に關する場合が少くないから、正確な知識と處置法に熟達することが大切である。

（一）外傷の手當

創傷部を淸潔に保ち、よく消毒し、黴菌の侵入を防ぎ處置するのである。

創口に異物の入つた場合は、除去した後處置するのである、卽ち創口の附近は、消毒藥オキシフール五・〇％、ヨーチン二・〇％、マーキユロクローム等を塗布し、消毒ガーゼ又は淸潔な布紙で被つて綿をあてて繃帶し、醫師の治療を受ける。

（二）出血の手當

出血の種類には、（一）毛細管性出血、（二）動脈性出血、（三）靜脈性出血の三種あつて、生命に關する場合があるから、外傷同樣、その處置に關しては充分の知識を必要とする。

イ、毛細管出血や小靜脈性出血は、血餅と稱する血液凝固性に依つて自然止血が出來るので、その處置は、局部を淸潔にして、滅菌ガーゼで少し固く卷いて壓迫すればよい。

ロ、動脈性出血、靜脈性出血の大なるものは、止血法に依つて、一時止血して醫師に運ぶのである。人體血液は體重の一三分の一量で、普通の大人で一升五六合、その內三分の一卽ち五六合出血すれば死亡するのであるから、出來るだけ速かに、(1)止血帶又は繃帶革紐等で、動脈管の上に脈枕として綿球、布片、小石、木等をあてて、棒ようのもので捻つてしめなければならない。(2)或は障害の程度で、指を動脈管の上にあてゝ、骨のある方向に強く壓迫する方法もある。その際二時間以上壓迫すると、壞疽になるおそれがあるから緩めることが必要である。

（三）人工呼吸法

人工呼吸法は、呼吸が停止した患者を蘇生させる方法で、患者を空氣の流通のよい場所に臥かせて、衣服を解いて上半身を裸出し、脊部を低い枕であげ、舌を引出し氣道内の空氣の通過を自由にして行うのである。

（イ）ジルヴエステル氏法　術者は患者の頭側に蹲踞し、患者の兩前膊を頭の兩側に沿うよう引上げ床上二秒位止めて吸息運動をなし、次に肘を屈げて胸につけ呼息することを繰返す。

（ロ）ホワード氏法　患者の大腿部に乘つて、兩手で患者の胸部を壓迫してそれを繰返す。

（ハ）シュルレル氏法　兩手で患者の兩肋弓を摑み、之れを外上方に擧上し吸氣を行わせ、次いで兩肋弓を壓迫して呼氣を營ませる。

（四）骨折の手當

骨折には、完全骨折と不完全骨折とあつて、皮膚の損傷の有無によつて、單純骨折と複雜骨折とに區別している。

（イ）手の折れた場合は、三角巾で包んで首から吊つて置く。

（ロ）手足の長い骨の折れた場合は、副木をあてゝ折口が動かないようにする。

（五）脫臼の手當

關節部が突然異常な外力を受けて、關節頭がその位置を變じ關節窩を脫出したもので、主として手足肩顎の關節に起るのである。

原因としては、欠伸、相撲、墜落、轉倒、跳躍等で、症狀は、運動不能、形態變化、疼痛、腫脹を起し、處置には整復、副木、繃帶等があるが可成專門醫の診斷を受けることが安全である。

(六)凍傷の手當

凍傷は、寒冷の刺激に依つて起る身體障碍である。寒冷の度甚しき場合は勿論、輕度でも寒冷が長時間作用する場合は本症を起す。凍傷は局所及び全身の凍傷に區別する。局所の凍傷は火傷と同じく三度に區別する。

第一度―輕症にして、皮膚が初め蒼白となり、次いで發赤し、一種の灼熱感を起し、腫脹を伴うものである。これが凍瘡の初期である。その處置については、温湯に浸し、血行を良好にした後、カンフル沃度チンキを塗布して繃帶する。

第二度―第一度の症狀の外に、皮膚に水泡を形成する。その處置としては、硼酸ワセリン或は凍傷膏を塗布する。

第三度―重症で局部に著しく循環障碍を起し、皮膚が暗赤色となり、水泡並びに皮膚の剝離を伴い、組織は壞疽に陷るのである。油劑を使用する外、必要により防腐繃帶を施す。

全身凍傷は、全身の冷却により皮膚蒼白となり、末指節暗紫色となり、意識朦朧となり、著しき時は、呼吸困難、心臟麻痺を起し、所謂凍死する。この凍死に瀕した場合は、急に加温することなく、先づ氷雪を以て皮膚を摩擦し、次いて乾燥摩擦を行い、徐々に保温し、食物も少量宛徐々に與えることが緊要である。

(七)感電の手當

強力な電氣にふれて起るので、その節は先づ速かに電氣から離すことが必要である。その際絶縁體をもつて行うことが大切である。卽ちゴム手袋、硝子棒、竹木等を用いる。その後の處置は火傷に準じて行えばよい。

(八)中毒の手當

有毒物質を知らずに攝取するか、有毒瓦斯を吸入するか、又は毒蛇に咬まれて起る症狀である。中毒症狀は、毒物の性質から千差萬別なるも、次の四つの型に區別している。

一、胃腸型—嘔吐、下痢、腸痛、吃逆、胸內苦悶等で、胃腸の症狀を現わすものである。この食中毒的症狀の場合は、催瀉し、絶食、番茶又は生理的食鹽水服用後强心劑を與えて安靜に保つことが大切である。

二、腦型—昏睡、呼吸脈、膊沈降、瞳孔散大及縮小、四肢胸幹の痙攣、幻覺、錯覺等を來し、阿片、モルヒネ、その他アルカロイドの中毒の場合に起る症狀で、嘔吐を催起し、下劑を與えて催瀉する外、胃の洗滌を行い、生理的食鹽水の皮下又は靜脈內注射を施し、强心劑の注射及び腦充奮劑の服用をなすべきである。

三、神經型—末稍神經の痲痺又は痙攣を起す。鉛、その他の重金屬の中毒の際、屢々現われる現象である。處置は、前者に準ずるのである。

四、血液型—黄膽、血尿、紫斑等を現わし、蛇毒、蕈毒、酸化炭素の中毒の際に現われる。處置は、毒蛇の場合は咬傷部の上部を緊縛し、傷液を强く壓出し、或は口を當てゝ吸出せば一層有効である。そして局部に石炭酸、クロール鐵液を塗布して腐蝕させる。又生理的食鹽水を皮下又は靜脈内に、多量に注入するのである。

（九）熱射病及日射病の手當

熱射病は、温熱に依る全身障碍で、倦怠、耳鳴、頭痛、眩暈、口渇、呼吸困難、痙攣等を起し、進んでは、人事不省に陷る。

日射病は、日光の直射により起るので、その兩病の處置は、樹蔭に運び衣裝を解き冷飲水を與え、頭部を冷し、顔面胸部等を冷水で洗い、篤疾の場合は醫治を受け、假死の狀態に陷入つた時は、人工呼吸を行う。

（一〇）腦貧血の手當

腦の急性局部貧血狀態で、睡眠不足、消化障碍等ある場合に、長時間の起立、窮屈な姿勢、多數室內群居、過勞、精神感動、外傷處置等を行う際に發する。處置は、頭の血液循環をよくするために、頭部を低くして安臥させて、心臟部を冷し、重態の患者にはアンモニャ醋酸等を嗅かせ、場合に依つては人工呼吸を要する。

(一一)腦充血の手當

腦の急性局部的充血にして、心臟薄弱者に多く、精神感動、過度の運動、動脈硬化症から起る。顔面潮紅、眼結膜充血、頭痛、眩暈、耳鳴、鼻出血等を來す。

處置は頭を高くし、冷水をそゝぎ、灌腸を行う。場合に依つては、下腿部に芥子泥を塗布して、血液の誘導を圖る要がある。

(一二)異物處置

眼内、耳内、氣管、食道等に異物の入りたる場合である。

イ、眼内の塵埃、煤煙、炭粉を除去するには、眼裂を開くか、眼瞼を飜轉し、硼酸水に濕した綿又は手布の端でとる。

ロ、耳内に入りたる砂粒、木片等の除去には、頭を傾け振動を與えて轉出を計り、或は耳洗滌を行う。昆虫の場合は、グリセリン水、油類を入れて、その運動を防止した後洗耳する。

ハ、咽喉部に入りたる場合は、吐き出させる爲めに、指端か羽毛を咽喉に入れて刺激し、吐くのである。

第二節　學徒の衛生

大學の學生時代は、丁度心身の成熟する時期であつて、體力の著しい充實を見せ乍ら、亦健康の危弱性が明瞭に現われる時であるから、一面に於いて健康の增進に努むると共に、他面に於いて健康の合理的な反省と、衞生の科學的な實踐とが特に必要である。

そこで學徒の衞生の內容としては、次の諸問題が考えられる。

一、身體檢查

二、體力測定

三、運動衞生

四、青年期の病氣の豫防

これ等の諸問題について、學生は充分の理解をもち、出來るだけ實踐に親しみ、又實驗實習の機會をも持ち、その健康生活が實質的に向上するやうにすることが大切である。

以下これらの各項目について述べることにする。

第一項 身體檢查

これは一般に學校身體檢查規定に基いて實施される。定期又は臨時に行われる身體檢查について、我々は次の樣な事項の理論的研究と實習が必要である。

一、身體檢查の目的と種類

二、身體檢査の方法

三、身體檢査成績の個人的活用と、その統計的觀察

四、身體檢査項目中諸種の測定、並びに統計的處理に關する實地演習

次に身體檢査の目的と種類及身體檢査の方法について詳述する。

(一)身體檢査の目的と種類　身體檢査の目的は、學生生徒兒童の身體の養護修錬を適切にし、體位の向上と健康の增進を圖るために行うのである。

學校の身體檢査が、敎育的に見て養護修鍊の上に必要なことは勿論だが、更に學校經營全般に渡つて極めて重要なことは論を俟たないのである。

從來學校に於て行われる身體檢査が、單に報告のために且つは一時の體格・體質の判斷にのみ使用されて、その後の學生生徒兒童健康の敎育の上に活用されなかつたことは遺憾であつた。それもその檢査が粗漏で依頼性を持たないところにも起因するのであるから、その檢査に對しては、科學的に測定し、敎育上信頼出來得るものであることが必要である。學校に於て行われる身體檢査には、(一)定期身體檢査(毎年四月又は五月に行う)(二)臨時身體檢査(特種の必要に應じて臨時に行う)(三)就學前兒童の檢査、(四)入學試驗の身體檢査、(五)卒業生に對する身體檢査、(六)選手選擇の身體檢査等がある。

一、定時身體檢査　文部省所定(大正九年七月二十七日文部省制令第十六號、昭和二年三月十二

日改正)の學生生徒兒童身體檢查規定に據つて行われ、その結果を文部省に報告するのである。

二、臨時身體檢查　臨時身體檢查は、身體檢查規定に基き、檢查項目も同一であるが、體質檢査、筋力檢查、脈搏檢查、血液檢査、血壓、肺活量、尿、寄生虫、走・跳・投檢査、疲勞檢査等を適宜選擇して實施されることがある。

三、就學前兒童の身體檢查　就學前兒童の身體檢査は、初めて就學せんとする兒童の健康狀態を知るためで、就學猶豫、免除、健康障害の就學前治療等のために行うもので、左の如き檢査項目が擧げられている。

1、既往の健康狀態　人工榮養及び天然榮養の別、既往の疾病。

2、現在の健康狀態　發育、榮養、體質、言語、眼疾及視力、耳疾及聽力、神經系、呼吸器、循環器、消化器、泌尿器の異常、畸形、運動障害、傳染病疾患。

四、入學試驗の身體檢查　入學試驗の身體檢查は、入學後修學可能なるや否や、他の生徒に衞生的危害を及ぼすことなきや、時には發育及健康狀態の優秀なりや否やについて行うのである。

五、卒業生に對する身體檢查　學校卒業後の職業選擇のための檢査で、健康上から職業の選擇を誤らないために行うのである。

1、身體虛弱者　卒業後直ちに就職せず、一定期間靜養して、健康恢復後職業に從事するを可とする。

2、感覺器異常者　結膜、角膜に疾患あるものは、塵埃多き職業を避け、近視弱視者は近業を避け、色神異常者は染料・信號を扱ふ職業を避け、聽力障害者は教育・客扱の如き職業をなすことは不利である。

3、言語又は運動障害者　言語又は運動障害を有する者は、意志表情の發表に不利なるを以て、演說、講演、社交、音樂等を主とする職業を避けなければならない。

4、神經系に異常あるもの。

5、呼吸器に異常あるもの。

6、循環器に異常あるもの。

(二)身體檢査方法　身體檢査は、左の項目について行われ、原則として學校醫・學校齒科醫がこれに當るのであるが、小學校教諭や看護教諭、中學校教諭及教授が、左の檢査の一部を分擔する。

一、身長　二、體重　三、胸圍　四、坐高　五、榮養　六、脊柱　七、胸郭　八、眼　九、耳　一〇、鼻及咽頭　一一、皮膚　一二、齒牙　一三、その他の疾病及び異常

身體檢査の施行に當ては、その方法につき準據すべき事項を會得して置かなければならない。

一、身長　身長は量的發育の度合、體質、體型を判定し、且つ職業選擇に於ける適性を決定するに役立つ。

測定法

イ、身長測定用臺上の足型の上に、被檢者をして直立させる。

ロ、踵を揃えて背後の柱につけ、兩足先を三〇―四〇度の角度に開き、膝を伸張し、下腹部並びに胸部を後方に引き、兩臂を自然に垂れ、頸を垂直にし、耳眼を水平位に保つ。

ハ、踵・臀・胸背・後頭骨が、身計の柱に觸れていること、左右への傾斜なきこと。

ニ、顱頂點決定用水平游規を滑下し、被檢者に輕く觸れ、計測値を讀みとる。單位は糎とし、四捨五入法による。

二、體重　體重の大小は、量的發育程度の標示、體重の判定、疾病の豫知、豫後の判定に役立つ。尙身長と相關聯して、種々の指數を案出し、體型・榮養等を標示して利用する。

測定法

イ、被檢者をして、裸體又は猿又（男子）或は薄腰卷（女子）になる。

ロ、被檢者は、身體を動搖せしめないで、秤臺の中央部に立つか、椅子式の定席に靜座する。

ハ、分銅式は、分銅の位置を正確に讀み、自動式は指針を正確に讀み、瓩單位として四捨五入する。

三、胸圍　形態と機能とは、相關聯するから、胸圍を測定して體型を知ることは、胸部內臟の機能推定の上に役立つ。而して身長との關聯に於ては、體格を判定する上に役立つ。

測定法

乳嘴位胸圍測定方法即ちマルチン氏法（一九二二）を代表的に解說する。

イ、被檢者をして、立位姿勢で兩上肢を少し兩側方に開き、檢者は兩手を背後に廻し、卷尺を左手に持ち、肩胛骨下隅直下にあてる。次に胸廓の側面を圍り、前方乳嘴直上乳嘴暈內（女子は乳房基底上方）を辿つて、卷尺を左右の手に持ち替える。

ロ、被檢者は、頸部を眞直に伸ばし、上體並びに上肢の筋肉を弛緩せしめて、兩腕を自然のまゝ垂下し、靜かに自然の呼吸をし、呼氣の終りに於て目盛を讀む。

四、榮養　榮養は、皮膚の色澤、皮下脂肪の充實、筋肉の發達等について檢査し、榮養狀態普通以下にして、衞生上特に注意を要すると認めたものを「要注意」とし、他を可とする。

五、視力檢査　視力檢査は、萬國式日本試視力表で、五米の處に被檢者を立たしめて檢査し、一・二以上を普通とし、視力〇・一以上は、一米宛近かせて見たるときは、〇・八とする。弱視とは、矯正視力〇・三以下を言うのである。猶師範學校では、〇・五以下は可成入學せしめざるよう規定されている。

第二項　體力測定

（一）體力測定の意義

體力とは、心身の勞力で、作業成績と健康障碍に對する抵抗力を意味し、測定とは、健康診斷又は身體檢査を既定の方法を以て斯道の經驗者が測り、その測定量を同種類の單位と比較することである。

作業成績には、物理學上の仕事として比較的簡單に現わし得る作業力と、抵抗力と、自己司配に基く身體的適應能力（司配能力）を含み、抵抗力とは、適應能力又は防疾準備と同意である。その內容を科學的に説明すると、次の通りである。

一、身體的作業能力　茲で言う作業力とは、仕事をする能力(一)筋力(二)持久力(三)短時間の最大作業能力である。例えば、甲が百米を十四秒で走り、乙は十三秒で走つたとし、兩者の體重を同量Pとすれば、甲はPを一秒間に$\frac{100}{14}$米即ち七・一四米運び、乙はPを一秒間に$\frac{100}{13}$米即ち七・七米運んだのであるから、乙のPを運搬する力は、甲に比して每秒五六糎（7.7m−7.14m=0.56m）だけ長い距離を運び得る力があると考えることが出來る。即ち甲より乙は速度が大であり、筋力の差が表はれたのだと言い得る。その筋力は、腦の興奮の强さとも、心臟力の差とも見得る。即ちこれが仕事に際して起る疲勞に對する抵抗力又は仕事に對する適應能力で、身體的作業能力に當るのである。

二、司配能力　司配能力とは、前述の自己司配に基く一定の成績を擧げ得る身體的適應能力、即ち仕事量を數量的に測り得る力の外に、大腦に於ける運動中樞の調節作用が、意志の命ずる通りに行う自己司配能力を指すのである。これは筋の作用（緊張力）相互間の平均の成績で、數量的測定は困難で、主觀的に概評として品等を定めるのである。例えば倒立廻轉、平均運動、競泳のダイビング、籠球のシュートに現われる巧緻か、正確さを意味するのである。

三、抵抗（適應）力　抵抗力をブルグッシュ博士は、左の六種に分けている。

1、外氣の溫度、濕度並に日射の變化に對する適應

2、高層空氣に對する適應

3、物理的の意味に於ける作業に對する適應

4、食素（養素）に對する適應

5、化學毒に對する適應

6、生物毒に對する適應

以上述べた内容が體力と稱するので、體力判定に密接な關係を持つこの測定が必要である。

（二）體力測定の種類

體力測定とは、全身的體力判定を目的とする各種の身體測定を意味する。體力測定は（一）直接測定法と（二）間接測定法とに分けることが出來る。

一、直接測定法　體力を器官系統の機能を直接測定する方法で、筋力、心臓力、呼吸力測定を言う。

二、間接測定法　體力を力以外の大さで測定して、間接に力の大小を判定する方法である。即ち

身長、體重、胸圍、脚長、四肢の周圍等の測定がそれである。

其の他、次の如く分類することがある。

一、解剖學的測定法　この類に屬するものは、人體の構造の量的測定で、例えば身長、胸徑、脚長等である。

二、生理的測定法　この類に屬するものは、人體の機能の生理學測定で、例えば呼吸力、筋力、心臓輸血能等である。

三、競技的測定法　この類に屬するものは、速度、持久力、力量等を表わす運動能力測定で、例えば、短距離走、長距離走、跳躍、投擲等である。

(三)體力測定と體力判定

一、身長と體力との關係　身長は人が直立せるとき、床面から頭頂迄の垂直最大距離を云い、體力と左の諸點で關係がある。

イ、身長が大であれば、筋の長いことを意味し、筋が長いことは、筋の伸縮範圍の大であることとなるから、跳躍運動や、障碍競走、中距離大股走等に適している。

ロ、身長の大であることは、正常の場合は、胴體が長く、肺・心臓等の容積並に實質も大で、運動能力が大である。

ハ、身長の大小は、持久力即ちイとは反對で、長距離走者は身長が小で、隨つて體重の小なる者が、身體運搬にエネルギー消耗が少く、抵抗力が大である。

二、體重と體力との關係　體重は特種の病的狀態を除く外は、人體の有らゆる部分の發育充實の和を示す重要な體力判定値である。

イ、身身の前後左右の發育の大なることを意味する。即ち軀幹筋及胴體內臟の發育良く四肢も太いので、筋力も內臟の作業力が强大で、投擲者、力士、漕者、重量擧等の競技者は、體重の多い者が優れている。

ロ、身體組織の充實していることを意味する。即ち筋も强硬で、骨格も緻密で强固である。

ハ、榮養が良好で、病原菌に對する抵抗力が大である。

三、胸圍と體力との關係　胸圍は、胸廓に皮下脂肪の大なる附着なき限り、呼吸、循環の機能を間接に判定すべく重要な項目である。

イ、胸圍の大なるものは、肺の通氣量を左右する肺の容積に關係する。從つて肺活量が大で、全身運動に於ける持久力が大である。

ロ、胸圍は、胸廓横徑に正比例し、且つ心臟横徑に正比例し、胸圍大なる者は心臟の發育良好で、持久的器械力發現の大なる條件とある。

ハ、胸圍の大なる體型は、幅員の發育の良い體型、即ち太型であり、血管系統が太く、心臟の作業能率が大で、筋系統と骨系統の發育良好である。從つて身體的最大作業能力が强大である。

ニ、胸圍の小なる體型は、細胸型又は細胸長胴型である。これに伴うて(一)心臟が小さく(二)大動脈や全血管の發育不良なため血液循環に關する抵抗多く、(三)肺尖の榮養不良から肺尖炎を起し易く(四)副腎皮質の發育不全で、運動好調性を任務とするアドレナリンの分泌乏しく(五)胃腸下垂し易く(六)肺活量が小で體力弱く、健康狀態が不良である。

ホ、胸圍と肺結核との關係は Brugsch, Th. の示した統計に依ると、結核と診斷された者の三分の二は狹胸者である。結核死亡者の約三分の二は、胸圍が正常以下（比胸圍五〇を正常胸と言う）であると多數の統計家も報告している。

第三項　運動衛生

體育理論として取扱われる一般的運動衛生とは、學生生活に於いて特に必要とされる運動衛生について、左の事項が理論的に指導され、スポーツ實行者においては具體的且つ個人的に研究されねばならない。

一、運動實行が青年期の健康に及ぼす影響

二、學生の親しむ各種體育運動の保健衛生的特色

三、運動による身體修練に必要な休養と榮養

四、運動と疾病との關係

第四項　青年期の病氣の豫防

青年期に多發する次の樣な病氣について、その發病の機轉、豫防の方法、治療上の心得等を理論的且つ具體的に研究する事が望ましい。殊に在學中に發病し、死亡、休退學、長期缺席の因をなす病氣については、特にその豫防の實踐に興味と熱意を持ち、萬一發病した場合には、早期の科學的加療に依つて、健康保護の萬全を期するように、研究することが必要である。

一、神經衰弱、その他の神經系の疾患
二、肋膜炎、其の他の結核性疾患
三、脚氣、其の他の營養性諸疾患
四、近視、其の他の感覺器の異常
五、腸チブス、其の他の急性傳染病
六、性病
七、其の他

第三節　國民榮養

第一項　國民榮養の標準

國民榮養として我國民が生活して行く上に、如何なる榮養を如何なる分量で滿たすか、又如何なる食物でまかなうかということは、食糧政策上、國民の保健のよりどころとして、極めて大切なことである。その意味から、我國民に適應している正しい食のあり方が研究されている。

この標準に照して、現在吾々はどの様な榮養を取つているかを考えることは、正しい食生活をする上に、大切な尺度となる。但しこの標準は、國民生活の規準となるもので、綿密には年齢・性別・職業（勞作）に應じて、科學的に榮養標準量の決定がなされねばならぬ。

日本人標準食糧　一人一日の攝取量

熱量	2100《カロリー》±100
蛋白質	70g±10
脂肪	25g±10
石灰（Ca）	0.6g−10
鐵（Fe）	10mg内外
ビタミンA	國際單位 3000内外
ビタミンB_1	1mg内外
ビタミンB_2	1mg内外
ビタミンC	40mg内外
食鹽	15g内外

備考　動物性蛋白四分ノ一以上を要する。

日本人食糧構成（一人一日當り）

食品名	原食品 グラム	摂取食品 グラム	歩留 %	摂取食品 熱有量	カロリー	蛋白質	グラム	脂肪		損失 %
米（一）	三六〇	三三五	九三	三五〇	一、一七三	七	二三、五			三
大麦	二〇	一五	七五	三五〇	五二	九	一、四			三
裸麦	三五	二一	八六	三五〇	七四	一〇	二、二			三
小麦	六〇	四五	七五	三五〇	一五七	一一	四、九			三
雜穀	二〇	一四	七〇	三五〇	四九	一〇	一、四			三
甘藷	二〇〇	一六〇	八〇	一二〇	一九二	一一	一、八			一〇
馬鈴薯	一〇〇	八五	八五	八〇	六八	二〇	一、七			五
					一、七五六		三六、九		三、五	
大豆（二）	三〇	二五	八四	四二〇	一〇五	四〇	一〇、〇	一八	四、五	三
雜豆	一〇	九	九三	三五〇	三一	二〇	一、八	二	〇、二	三
					一三六		一一、八		四、七	
有色蔬菜	一五〇	一〇五	七〇	二〇	二一	一、〇	一、〇			一〇
その他蔬菜	一五〇	一一二	七五	三〇	三四	一、〇	一、一			一〇
果實	五〇	四〇	九〇	五〇	二〇	〇、七	〇、三			五
海草	一五	一一	七〇	四〇	四	三、〇	〇、三			一〇
					七九		二、七			
魚介	一二〇	八四	七〇	一〇〇	八四	一八	一五、一	三	二、五	一五
獸鳥肉	一〇	九	八五	一三〇	一二	一八	一、六	四	〇、四	一〇
乳	二〇	一九	九五	六〇	一一	三	〇、六	三	〇、六	五

卵	一〇	八	八〇	一六〇	一三 一二〇	一〇	〇、八 一八、一	一二	一、〇 四、五	五
砂糖	一〇	一〇	九八	三九〇	三九	—	—	—		三
食用油(三)	七	七	九五	九〇〇	二七	—	—	九五	三、〇	三
鹽	二〇	一五	七五	—	六六	—	—	—	三、〇	三
計					二、一六六		六九、五		一五、七	

一、標準榮養求量

(一)乳兒期

年齢	體重	體重一キロに付熱量	一日の總熱量	體重一キロに付蛋白質量	一日の總蛋白質量
〇歳	六キロ	九〇カロリー	五四〇カロリー	二、四グラム	一五グラム

(二)發育期

年齢	男 熱量(カロリー)	男 蛋白(グラム)	女 熱量(カロリー)	女 蛋白(グラム)
一歳	七〇	三〇	七〇〇	三〇
二―三	一二六〇	五〇	一二六〇	五〇
四―五	一四六〇	六〇	一四六〇	六〇
六―七	一六〇〇	六五	一六〇〇	六五
八―九	一七二〇	七〇	一七二〇	七〇

一〇——一二	一九〇〇	八〇	一九〇〇	八〇
一三——一四	二三〇〇	九〇	二一〇〇	九〇
一五——一六	二四〇〇	一〇〇	二一〇〇	九〇
一七——二〇	二五〇〇	一〇〇	二一〇〇	九〇

備考 〇歳は生後十二ヶ月 一歳は十二—十八ヶ月まで 二—三歳は十八ヶ月—二年まで

(三)成年期

年齢別	労作別	男 熱量(カロリー)	男 蛋白(グラム)	女 熱量(カロリー)	女 蛋白(グラム)
成年期	軽労作	二一〇〇	七五	一七〇〇	六〇
	中等作	二四〇〇	八〇	二〇〇〇	六五
二一——六〇	比較的重労作	二七〇〇	八五	二二〇〇	七〇
	重労作	三〇〇〇	九〇	二四〇〇	七五
	最重労作	三三〇〇	一〇〇		

(四)老年期

年齢別	労作別	男 熱量(カロリー)	男 蛋白(グラム)	女 熱量(カロリー)	女 蛋白(グラム)
老年期	軽労作	一七〇〇	四五	一四〇〇	四〇
	中等労作	二一〇〇	五五	一八〇〇	五〇

(五)妊婦、産婦、授乳婦

勞作別		妊婦 前期 一―五ヶ月	妊婦 後期 六―一〇ヶ月	産婦 分娩後三週間	授乳婦 前期 一―六ヶ月	授乳婦 後期 七―一三ヶ月
輕勞作	熱量 カロリー	二〇〇〇	二二〇〇	一九〇〇	二〇〇〇	二二〇〇
	蛋白 グラム	七〇	八〇	六五	七〇	八〇
中等勞作	熱量	二四〇〇	二六〇〇	二二〇〇	二四〇〇	二六〇〇
	蛋白	八〇	八五	七〇	八〇	八五
比較的重勞作	熱量	二六五〇	二八五〇		二六五〇	二八五〇
	蛋白	八五	九〇		八五	九〇
重勞作	熱量				二九〇〇	三一〇〇
	蛋白				九〇	一〇〇

二、國民食標準一日量

（一）發育期

品目別 ＼ 年齢別		幼時後期 四―七歳	學童期 八―一四歳	青年期 一五―二〇歳
熱量		一五六〇カロリー	一九〇〇	二五〇〇
蛋白		六〇グラム	八〇	一〇〇
主食穀類	法定精米	二四〇グラム	二八〇	四〇〇
	麥類雜穀類	六〇グラム	七〇	一〇〇

副食											
肉類	豆類	野菜類（漬物を含む）		海草類	調味類						嗜好品
生鮮魚介獸鳥肉類	類	芋類	その他	菌蕈類	味噌	醤油	砂糖	食鹽	酢	油	茶
一〇〇	二〇	一〇〇	二一〇	三	二〇	一五	一〇	三	一	二	一
一三〇	三〇	一六〇	三〇〇	五	三〇	二〇	一〇	六	二	三	二
一〇	四五	二〇〇	三五〇	五	五〇	二五	一〇	一〇	三	三	三

備考　全熱量の一割に匹敵する菓子及び果物をお八つとして與える。

（二）成年期

品目＼勞作別	主食穀類 法定精米	主食穀類 麦類雜穀類
輕勞作	三四〇グラム	八〇
中等勞作	四〇〇グラム	一〇〇
比較的重勞作	四四〇グラム	一一〇
重勞作	五〇〇グラム	一二〇
最重勞作	五六〇グラム	一三〇

副食						
肉類	生鮮魚介獣鳥肉類	一〇〇	一〇〇	一〇〇	一〇〇	一〇〇
豆類		三〇	三〇	三〇	三〇	三〇
野菜類（漬物を含む）	芋類	一六〇	二〇〇	二四〇	二八〇	三〇〇
	その他	三二〇	三五〇	三八〇	四〇〇	四二〇
海草類	菌蕈類	五	五	一〇	一〇	一〇
調味類	味噌	五〇	五〇	五〇	六〇	六〇
	醤油	二五	二五	三〇	三五	四〇
	砂糖	一〇	一〇	一〇	一〇	一〇
	食塩	一〇	一〇	一五	二〇	二五
	酢	三	五	五	五	六
	油	五	五	五	五	五
嗜好品	茶	三	三	三	三	三

（三）老年期

品目＼労作別			軽労作	中等労作
主食	穀類	法定精米	三三〇グラム	三七〇グラム
		麦類雑穀類	八〇	九〇
肉類		生鮮魚介獣鳥肉類	三〇	四〇

副食										
豆類	野菜類(漬物を含む)		海草類	調味類						嗜好品
	芋類	その他	菌蕈類	味噌	醤油	砂糖	食塩	酢	油	茶
二〇	一四〇	二四〇	四	二〇	一〇	一〇	五	三	二	三
三〇	一八〇	三〇〇	五	三〇	一五	一〇	八	三	三	三

(四)妊婦、産婦、授乳婦

勞作別	期別	熱量	蛋白	主食 穀類 法定精米	主食 穀類 麥雑穀類
軽勞作	前期	二〇〇〇	七〇	三二〇	八〇
	後期	二二〇〇	八〇	三八〇	九〇
中等勞作	前期	二四〇〇	八〇	四〇〇	一〇〇
	後期	二六〇〇	八五	四二〇	一〇五
比較的重勞作	前期	二六五〇	八五	四三〇	一一〇
	後期	二八五〇	九〇	四八〇	一二〇
重勞作	前期	二九〇〇	九〇	四九〇	一二〇
	後期	三一〇〇	一〇〇	五三〇	一三〇

副食									
肉類	生鮮魚介獸鳥肉類	九〇	一〇〇	一〇〇	一〇〇	一〇〇	一〇〇	一〇〇	一一〇
豆類		三〇	三〇	三〇	三〇	三〇	三〇	三〇	三〇
野菜類（漬物を含む）	芋類	一六〇	一六〇	二〇〇	二〇〇	二〇〇	二〇〇	二二〇	二四〇
	その他	三二〇	三四〇	三五〇	三八〇	三八〇	四〇〇	四二〇	四四〇
海草類	菌蕈類	五	五	五	一〇	一〇	一〇	一〇	一〇
調味類	味噌	五〇	五〇	五〇	五〇	五〇	六〇	六〇	六〇
	醬油	二五	二五	二五	三〇	三〇	三〇	三〇	三〇
	砂糖	一〇	一〇	一〇	一〇	一〇	一〇	一〇	一〇
	食鹽	一〇	一〇	一〇	一〇	一〇	一〇	一五	一五
	酢	三	三	三	三	四	四	四	四
	油	五	五	五	五	五	五	五	五
嗜好品	茶	三	三	三	三	三	三	三	三

備考 一、重勞作は授乳婦のみの項である。

二、姙婦後期に於ては

イ、なるべく動物性蛋白質を減じ、植物性蛋白質となすこと。

ロ、食鹽と水分を減ずること。

ハ、芋類をなるべく減じて、その他の野菜を採るやうにすること。

三、十二歲迄は男女同率にして、それ以上は女子は男子の八〇%とする。

四、場合によつては

イ、主食穀類の一部は芋類をもつて

ロ、生鮮魚介獣鳥肉類を鹽干魚卵牛乳豆類及びその製品をもつて

ハ、野菜類の一部は果實類をもつて代替することを得

發育期

年齢に於ては、先づ發育期・成人期・老年期に分ち、發育期に於ては、各年齢によりその必要量を算出し、之に應ずる標準食量は、幼兒前期・幼兒後期・青年期の三に分ち、二、三の年齢の中間を取つてその平均量を算出したものである。發育期に於ては、その發育材料として蛋白質、無機鹽類及びビタミン類の供給が、特に必要であることは云う迄もない。從つて蛋白質は、成人期に於ける割合より多く、攝取總熱量の約一七％を、蛋白質より供給されることを基準とし、又その質に於ては獸鳥肉、魚貝類、卵類、牛乳等の如き動物性蛋白をすゝめる。尚全熱量の一〇％内外を間食として、含水炭素性食品で消化のよいものを別途に與えることがよい。

成人期

成人期の榮養要求量は、主として勞作程度により要求量をあげ、蛋白質は各々總熱量の約一三％を基準とし、脂肪は可及的多量の攝取を圖ることが望ましい。

老年期

老年期の蛋白は、生理的・習慣的に減ている。

女　子

女子に於ては、全熱量・蛋白質量は、總て男子の八割となる。然し一二才迄の兒童と妊産婦並びに授乳婦（出産後一ヶ年）に就ては、特別の考慮が拂われている。分娩後の三週間は特に考慮し、妊娠婦・授乳婦に就ては、その前半は平時の約二割增、後半は約三割增としている。妊娠後期はなるべく動物性特に獸肉類を少くし、植物性蛋白、野菜を多くする。但し芋類は可及的に少くし、食鹽も一日五瓦程度とし、水はなるべく制限することが必要である。

第二項　食糧の生産と消費

食糧の生産は、從來の習慣の食事から脫して榮養價の高いものから生産されねばならない。食の正しいあり方が生産を左右する。人口多く國土狹隘なる我國に於て生産の效果をあげるには、食品として如何なるものを多く生産すべきであるかは、榮養の效果をあげる上に、極めて重大な問題である。從來榮養價の低い食品でも、かなり多く生産されて消費されている。

その例として、大根は九〇%の水分で榮養分としては極僅少であるにもかかわらず、全蔬菜の$\frac{1}{4}$量を占めている。牛肉に代ると云われる良質の蛋白を含有する大豆の如き食品こそ、多量に生産されねばならない。又その加工、調理の方法も研究されねばならない。

食糧の生産は、積極的には科學的の増産、空地の利用、消極的には消費の合理化がされなければならない。從來の我國民に馴れている含水炭素性食品の重視、米食依存主義から脱して、主食を廣く求めて合理的な食生活の樹立をはからなければならない。

米國では、熱量の約五六%を穀類、約四〇%を動物性食品その他、油から取り、中國では熱量の約八九%を穀類、約六%を動物性食品から取り、日本では、熱量の約九七%を植物性食品から、約二・五%を動物性食品から取つている。

この樣に他國の食生活に比し、日本は植物性食品の攝取多く、動物性食品の攝取少きため、勢い量的に多く取ることになる。この事は勞働の激しい農村に甚だしく、胃腸病患者を多く出している。故に副食物性食品、油等をませば主食となる穀類の量を或程度迄減ずることができ、食糧政策上に大きな影響を及ぼすことになる。食品の完全利用は、消費の合理化の一つとしておろそかに出來ぬ事柄である。從來腐棄されていた部分に、かなりの可食分があり榮養價の豊富なものがある。

皮の活用、種の利用等なかなか多い。之等は調理の工夫により立派に食卓を賑わすことができるのである。

第四節 風土の衛生

第一項 風土の衛生

その國の衛生を論ずるには、氣候、風土を知らなければならない。世界地圖を擴げて見ると、我國は北緯四〇度―五〇度の溫帶地である。然し溫帶諸國の內では、氣候不順で夏暑過ぎ冬寒過ぎる。卽ち夏と冬の氣候の開きが大である。之は一面には太平洋の影響をうけ、他面にはアジア大陸の距離が近いから大陸の作用を受けるのである。その上本土は中央山脈が西南から東北に走り、海風と陸風とをさえぎり、天氣、氣候の變化は複雜を極めている。

冬はアジア大陸が冷却して高氣壓を生じ西北の主風を起す。この西北風は元來寒冷の大陸風であるからきわめて乾燥しているが、日本海を通過する時に暖流に會つて多量の濕氣を受け、これが日本海沿岸及び中央山脈に衝突して冷却し、ために附近一帶に雨、雪をもたらす。此のために裏日本一帶が冬期降雨、降雪量多く、日照が少い。ついでこの風が中央山脈をこゆれば乾燥し、表日本一帶は寒冷ではあるが好天氣が多い。かくの如き氣象が必然的に地方民に影響し、裏日本は冬期の間表日本よりも不健康で、感冒・佝僂病・結核等多く、又諸種の疾病がなかなか治りにくいのである。夏季は、アジア大陸が熱せられて低氣壓を生じ、太平洋の高溫多濕の海洋風が季節風となつて、本邦一帶をおそう。この東南の主風が本邦の陸地に當つて、高溫・高濕の氣候となり、所謂梅雨の惡天候を招來する。この季節が吾々の新陳代謝の營みを抑壓し、不衛生となる。この爲弱者、老幼者はいうまでもなく、成人といえども食慾進まず、元氣なく、仕事の能率は上らず、心身は疲勞して夏瘠する。

この梅雨がはれると、炎暑の盛夏となる。

以上の如く、我國の夏は歐米のそれとは異り、溫度上昇すると共に濕度が高くなり、極めて凌ぎにくい氣候となる。高溫高濕は植物の成長には、極めて好都合であるが、人體の物質代謝には甚だ不都合で、熱放散を防害し、うつ熱の狀態に陷入れるものである。故に日本は夏に備える衣食住の工夫が必要である。

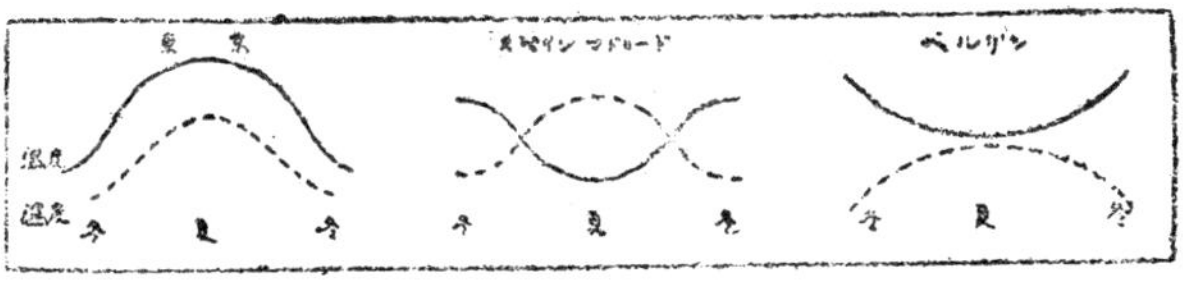

第二項 都市の衞生

一、都市の特徴

都市は、市民から組織された一つの有機體で集團的社會組織である。近代に於ける人口の都市集中は、工業規模の擴大、交通機關の發達により、世界各國を通じて都市は何れも膨脹し、特に大都市は、加速度的にその周邊に向つて發展を續けている。大部分は人口の集中に伴い、種々の弊害を生じ、空氣の汚濁、交通の雜沓と騷音、密集家屋による空氣の狹隘、日光空氣も極端に制限され、一般的衞生狀態の不良を招來し、傳染病、結核、乳兒疾患を增すことになる。故に合理的な都市計畫の必要が生ずるのである。

二、都市計畫と衞生

都市に於ける保健上の脅威は、結局生活並に作業、環境の非自然性に胚胎するものと云える。即ち都市が家屋と工場とを以て建て詰り、呼吸生理上必要な空地は狹く住居は非衞生となり、生活・生存に缺くべからざる空氣と日光の效果を削減し、凡てが自然と隔絶された。從つて都市衞生は、自然への還元にあると云えるのである。先づ都市計畫として(一)商業地域、(二)工業地域、(三)住宅地域に分け、商業地域は都市の中心で便利な地、工業地域は郊外を選び煤煙、喧騷、振動、その他の突發的危害等の他に及ばぬ處、住宅地域は勤勞者の疲勞の回復と家族の保健生活を目的とする爲に、都市よりの煤煙・騷音少く、綠地せる空地を以て圍繞せられることを必要とする。

又都市保健の立場から、公園・廣場の擴大、綠地帶の設定、公共運動場の建設、上下水道の完備、糞尿の處置、塵芥の處分等の諸施設がなされねばならない。

三、都市と疾病

近年都市に於ける乳兒の死亡率は低下したが、都市の生活環境は何處から見ても幼弱兒の生活には極めて困難である。乳兒死亡の大半は、先天性弱質・肺炎・下痢腸炎となつているが、母親の育兒知識の不足、哺乳榮養の不合理、母親の弱體、疾病異常等が主な原因と見做されている。從つて母子保健の爲の施設として、哺育所・乳兒院・託兒所等は、勤勞母性の增加した昨今、特に必要とするところである。

結核は生活能力の低下に附隨して發生する疾患で、勞務の過重と休養不足による疲勞の蓄積、都市環境に於ける密集家屋の生活、榮養の不足、不攝生等の爲に生ずる。從つて多人數の集團する都市は、病毒の感染地であると共にその發病地である。而も結核は主として青年層に多く、勉學や勤勞に從事する若き青年男女を多數に包容する都市としては、先づ結核の豫防撲滅に努めねばならない。その豫防として集團檢診は、學校・會社・工場・事務所・商店等の集團生活帶に實施され、この結核を早期に發見されて治療されれば、病毒傳播の機會を防止することになる。又ABCの接種により、未然に防ぐことが出來る。國民病とよばれる結核の豫防撲滅は現下の急務である。

集團生活からなる都市の傳染病は恐威で、その傳染速度の急なることは論をまたない。消化器系統の傳染病の多くは、處置不完全な糞尿汚物による飲食物の汚染、就中人糞尿を施肥とする生菜、不良飲料水、汚染された魚貝類、保菌者の取扱つた飲食物等が感染の根源となる。故に傳染病の豫防上から、都市農村を通じて施肥とする糞尿の總てを完全に腐熟せしめ、之を無害化せねばならない。一方都市に於ける完全な野菜の消毒、錢湯の公營、魚類市場の衞生施設の具備の必要がある。

第三項　農村の衞生

一、農村の特徴

農村は都市及び工業の發展に利用せられるのみで、時代の進歩に取殘されており、農民一般の敎育程度は低く、而も封建性が深く根を張つている爲に、時世の變化に對應して生活改善を行うことをせず、舊態依然たる處に幾多の社會悪が侵入し、遂に農村をして現在の如き狀態に陷らしめたのである。農村間にも地域的に大なる差があり、都市に隣接する農村、交通の便よき農村は、都市の影響を受けること多く、又都市に遠い農村でも出稼者の出入のある處では、都市の影響が大である。又山村漁村、普通農村との間にも、種々の相違がある。之等に適した保健施設がなされなければならない。

二、農民の健康状態

農民は比較的長命であるが、心臓の疾患死の多いことは、職業の影響が考えられる。胃疾及下痢腸炎の多いのは、農村食生活の不合理の示すものと考えられる。農民の體格は概して良好であるが、幼少年者の發育は、都市民に比し遅れている傾向がある。

三、農村と疾病

農村に於ける自然の生活環境は、空氣の清澄、日光豐富、食物新鮮、人家稠密ならず、故に都市に比し死亡率は減少さるべきであるが、近來農村の死亡率は次第に増加し、却つて都市を凌駕せんとする狀態にある。原因の主なるものは、結核、小兒固有の疾患、種々な傳染病で、之が誘因となるものは、榮養不良・寄生虫病及び衞生上の種々な缺陷で、その主なるものは、不良住宅・不良飲料水・一般衞生思想の幼稚等があげられる。農村の結核感染率は、都市のそれより低率であることは、感染の機會が少いことによる。學童のッ反應陽性率を年齢別に見ると、純農村・山村に於ては、都市の如く年齢の上昇と共に高率となる傾向なく高低亂雜である。農村に於ける急性傳染病は都市に比し僅少で、腸チフス、赤痢の如き消化器系統は、地域的に濃厚に發生する。寄生虫トラホームは、特に農村に多く、皮膚病の中では濕疹が多い。乳兒の死亡率も都市より一般に高い。

四、農村の衛生施設

農村に於ける保健衛生機關として又近代的施設として、ヘルスセンター Halth Center が提唱され、歐州では續々設置されている。之は一定地域に於ける農民の健康増進の役所である。

第五節　職業の衛生

職業の衛生は、既に二世紀前よりして考えられて來た。元祿十三年頃外國に於ては、ラマツシュが職業病論を著して、疾病と職業との關係あることを説き、これによつて此の點の研究を擴張することの創案を提出した。しかし、十分の發達を得ることが出來なく、其の後等閑視されるに至つた。降つて漸次ツエンケル・メルケル・ヒルトがこれを再興して、職業病は、衛生學病理、各論及治療學中に於ても、その緊要な部分をなすこととなつた。

職場に於ては、職場に働く人々の保健に對して環境としての重要な意義を有し、そこには、日光・空氣・寒暑・水等の自然環境、建物・設備・都市・農村等の人爲環境があり、運動・休息・榮養等もまた生活環境としての意義をもつのである。

それらの環境が人間生活をなす場合に刺戟となり、それが強度であり、それに對する身體の抵抗力が不足である場合に、人間の生存或は活動に影響するのである。故にその環境を理想的にすることが肝要となるのである。次にそれ〲の職場における衛生を考察してみる。

第一項　工場の衛生

一、工場の建築

1、敷地　従來やゝともすれば、費用面積等の關係で工場地域は、濕潤な土場や、埋め立て地等住宅に適しない地域の場合が多い。故に作業場と寄宿舍又は工員住宅とは、別個に考える方が良い。しかし、作業場の近くに住宅をもつことは、極めて有益であるから、此等を同一地內に設ける事が一般に行われている。從つて工員住宅、寄宿舍の建設に際しては、地盛り、又は排水等の基礎並に建築自體につき格別の注意をする要がある。敷地の撰定に際しては、良水の供給の利便、洪水及び地震等の關係をも考慮せねばならない。

2、建築　機械配置、並に製造工程、順序、原料及生產品の搬出組み立て、貯臟法等を考慮に入れるべきである。又洗面所、更衣室、浴場、休憩所、寄宿舍、食堂、便所及娯樂室等に關しては工員の福利を第一とせねばならない。

三、採光照明　これの良否は、直ちに場內の淸潔と工員の快感とに關係するのみでなく、視力疲勞、或は災害の頻度とに影響する。日光の不足するところでは疾病の襲來することになる。室內における日光の光度は、月により日により時刻によつて變化する。故に鋸狀屋根の撰定、或は側壁窓面の極度の擴大を試み、或は強い撤光性の硝子又は壁、天井等にペンキを塗り、光線の反射を大にするよう心がくべきである。人工照明は、作業の種類に應じて生產上必要とする明るさに、衞生上の要求を充たすべき一定の明るさを與え、作業に際して手闇がりを生じない様擴散性の光とし、かつ作業中光が直接眼に入らない様に取りつけるべきである。

四、換氣　工場の空氣は、其の質・量共に問題である。炭酸ガスの超過する場合、又は室內濕度、濕度の增加する場合は、體溫の調節を不良にし、健康障害を來たし、能率を低下させる。更に塵埃も加わつて換氣問題は重要である。一般に採用されている條件は次の三つである。

1、工場に於ては、一時間六回の空氣交換を普道の場合に於て換氣の最少限度とすること。

2、空氣の入口は、賊風を防ぐ爲に十分の大さを有し、且つこの入口に於て溫裝置を附すこと。

3、一分間に二五〇呎を超えない低速度を以て、空氣を室內に導くこと。

五、塵埃　工場における塵埃處理は、重要な問題である。豫防法を概括すれば左のようである。

1、濕式作業を出來るかぎり採用する。

2、發塵機械に除塵裝置を附すこと。

3、發塵作業室を隔離する。

4、作業場內に浮遊する塵埃を除去する。

5、呼吸器及保護眼鏡を工員に使用せしむる。

6、一般衛生設備の改善、入浴洗面、手洗いの奨勵、嗽劑の供給、作業服の制定、食堂、休憩室及び更衣室の設備等、並に工員の定期的身體檢査の勵行。

六、災害　災害は偶然に出來るのでなくて、必ず原因がある。故に工場災害の豫防は、災害原因を除去することに存する。原因は、

1、危險作業に婦女及幼少者を使用する。

2、工員の知識の欠乏及過失。

3、體力の不足。

4、仕事が單調急速となつたこと。休養の問題。

5、機械及設備の危險部分に對する安全裝置の欠乏。

6、服裝及び女子結髮の不適當。

第二項　學校の衛生

一、建築　周圍の遊離及建築材料の良好と共に、新築移轉前に十分の乾燥を得することは重要である。禍災に係る豫防裝置は、絶對に必要である。運動場は各兒童少くとも三平方米の廣さを必要とする。

二、教室　健康上緊要な條件として十分の大きさを有することである。これが確保されない場合

は、児童の健康は漸次害されることになるのである。

三、照明　光線の乏しいときは眼の疾病を惹起する。毎平方尺の室面積について三〇平方寸の窓を開くこと。直射日光の激烈をさけるには幕を張るのがよい。換氣も十分なる空氣の流通を必要とする。教室内の汚染は、床の構造不良の爲及び教室内に外套等を堆積する爲に發する夥しい飛塵による。故に底床張りに注意し、外套等の爲には別室を設けるべきである。

四、机　兒童の身體に適しない場合は、彎曲症を發生する。女子は男子に比して高率である。これに伴つて眼疾におち入り易い。故に机の構造は、讀書書字の際に姿勢を正しくすることを第一の條件とし、第二は、必要に應じてば自在に直立、出入出來るようにすべきである。

その他、運動、休養、清潔にもそれぞれ注意すべきである。

第三項　鑛山の衛生

鑛山に於ては、特に塵埃に對する注意が肝要である。石炭關係に於いては、石炭粉による炭肺の發症が特に多いのである。

金屬關係に於いては、粉塵が恐るべき害毒をなしている。金、銀、銅、鐵、亞鉛、錫等の金屬鑛山に於いては、一般に鑛石として珪石發塵が多く、從て珪肺發症の危險が大である。

石切場に於いても、珪肺發症の危險が多い。就中、採石場並に製粉場或は石粉の荷造場等に於いて特に大なるものがある。

この對策については、前述せる工場塵埃豫防法に準備すればよい。

第六節　國民優生

國民優性とは、惡質遺傳を防止し、國民の質的向上を圖り、生活を明朗淨化して福祉を增進し、優良な民族の繁榮を圖るためである。

第一項　遺傳

遺傳とは、親のもつ形質が子孫に移り行く現象をいい、遺傳子により繼承せられる。遺傳子とは、無數の細胞が我々の身體を形作つているが、一細胞中の中核が分裂する時等分される染色體の上にのつている。

子供は、精子と卵子とにより、父母の遺傳因子をうけつぐので、父母の性質が半分づつ傳わる。この遺傳性形質はメンデルの法則に從い、又伴性遺傳の形質により遺傳する。

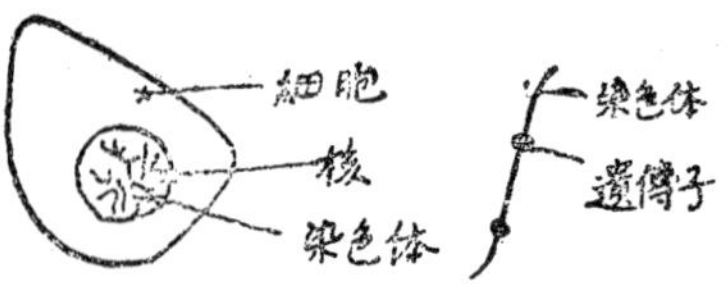

第二項　遺傳病

遺傳病の主なるものについて列擧する。

遺傳性畸型	兎脣、狼咽、多指、短指、裂手裂足、偏平足、尿道下裂及他の生殖器異常、乳腺不全等。
遺傳性特殊疾患	巨漢、短軀、母斑、朱儒（一寸法師）、禿頭、齲齒。
遺傳性眼疾	先天性白内障、綠内障、先天性視神經萎縮症、先天性眼瞼下垂症、色素性網膜炎、先天性夜盲、色盲、强度の近眼素質。
遺傳性皮膚及耳の疾患	聾唖、進行性難聽、糸皮病、魚鱗癬、痒疹、乾癬、先天性水泡狀皮膚炎、先天性色素缺亡症（シラコ）
神經性遺傳疾患	神經纖維腫、神經腫、進行性筋肉消耗、精神病（分裂症 躁鬱病）心身に及ぼす變質性徵候（白痴、痴呆性 ヒステリー、癲癇）神經病の素質、バセドー氏病。
身體病	血友病、チスチン尿、アルカプタン尿、尿崩症、糖尿病、動脈硬變、肺氣腫、毛細血管腫、限局性骨增生。腦溢血、癌腫、黴毒、結核及癩病の素質。

第三項　優生結婚

心身共に健全な男女の結婚は、圓滿な家庭を作り健全優能な子孫を殘す事が出來る。即ち、惡質遺傳的疾病、精神的缺陷をもつ者との結婚をさけ（消極的優生法）もし結婚が行われる時には、斷種避姙その他の方法で子孫を中絶せねばならない。（積極的優生法）

又近親結婚も、血統に遺傳的缺陷のある時には、さけた方がよい(實際聾唖や盲目が近親結婚に多く生ずる)

又雜婚も一代は割合に優秀であるが、代を重ねるに從つて、槪して智能・品格共に劣性となり、犯罪者等も出している。斯樣な遺傳的傾向だけでなく環境、生活樣式等も考えるならば、異民族との結婚は一應考えるべき問題である。

斯樣に一方には遺傳學を充分硏究すると共に、感情的な人道主義とか、方向を誤つた慈善思想を覺醒し、目前の事だけにとらわれる事なく、國家百年の計に思いを至さねばならない。

第七節 性 教 育

性教育は、道德教育と優生教育と相俟つて、性に關する知識と態度を育成し、健全有能な社會人たる基礎教育をするのである。

第一項 性 と 道 德

青少年が性的に目醒めた十四・五年歲の頃、その本能を理想と意志に依つて適當に統御させて、種族發展のため誤りないように指導せねばならない。

それには(一)運動、讀書、交友、話題等に留意し、(二)男女共學等に依つて相互の教養と識見を高揚して、健全な理解のもとに交際し、(三)戀愛に對する正しき理解を持ち、(四)性器に對する正しき智能を修得し、(五)貞操と結婚とについて眞摯な態度を以て考察し、家庭の幸福と民族の發展に努力するように指導すべきである。

第三項　性　病　豫　防

性病と肺結核とは、二大國病である。之れを小にしては、個人の健康を損ね、一家の不幸を招來するのみでなく、子孫に遺傳するが如き、大にしては、國家の將來に莫大な損害を與うるものである。然し兩病とも初期豫防によつて容易にまぬがれるものである。

性病は結核と異なり、必ず自ら招かなければ罹らないのであるから、性道徳で述べたように強固なる意志に依つて性慾を抑制すれば、その害をまぬがれるのである。

性病は、主として不潔な個所に出入することに依つて傳播するもので、黴毒、淋病、軟性下疳、第四性病の四種である。

黴毒　性病中尤も恐るべき病氣である。黴毒は單に局部的の病氣でなく全身病であつて、身體のあらゆる部分を侵し、脳や脊髓を侵せば不治の麻痺性痴呆や脊髓病となり、一命を落すばかりでなく、子孫にまで影響を及ぼす病氣である。

黴毒の原因は、スピロヘータ・パリダと言う微生物で、先天性黴毒と後天性黴毒と別けられる。

淋病　淋病は淋、膿漏とも名づけ、有名な不潔傳染病である。これは一八七九年獨乙のナイセル氏より發見された淋菌から起つたもので、男子にも女子にも來るものである。淋病は、最初尿道粘膜から生殖器尿器を冒して病氣になるのである。

軟性下疳　下疳とは、男女の陰部に出來る花柳病の總稱で、これに軟性下疳と硬性下疳とある。軟性下疳は黴毒の初期病患で、硬性下疳は一種の連鎖狀桿菌から起るので獨立の花柳病である。

第四性病　近年に發見されたもので、昔の淋巴肉芽腫と呼ばれたもので、未だにその病原菌は發見されていない。病狀は局所に下疳が出來ることが多いが、時には出來ないこともある。

豫防法　いづれも不潔な性交、稀には公衆浴場や、家庭で病者の手拭の混用、母親の乳からの感染などがある。豫防は自制心にあると共に、衞生思想の涵養に依らねばならない。そして病氣の處置は異常を認めたら、直ちに信用ある醫師の診療を受け、徹底的に治療することが肝要である。

第三項　性教育實施上の注意

性教育は、充分の用意と愼重なる態度で取扱わないと、いたづらに好奇心を助長し、弊害を起すことがあるから、指導に當つては充分留意せねばならない。

性教育を指導するものは兩親・教育者・學校醫等であるが、特に女子に對しては專門醫に學的に性知識を與えて、月經・性行爲・姙娠・分娩・育兒・性病の豫防の説明をすることが肝要である。

第八節　人口增減の要因

人口增減の要因については、次のような式が考えられている。

人口增減＝出生－死亡十移入－移出

右の表の中移入と移出については、現在考えることが出來ない故、他の部門についてのみ考察を續ける。

第一項　出　生　率

出生率は自然的、經濟的、社會的の力によつて左右される。

わが國內地の出生率は、明治の初期より大正の初期に至る間は、漸次上昇の傾向を示していたのであるが、大正九年の人口千に付き三六・二を峠として、その後は次第に低下の傾向を示し、昭和十一年には三十臺を割り、昭和十三年には二六・七に低下した。この出生率の低下の傾向は、イギリスの一八七六年以後、ドイツの一八九六年以降の狀態とすこぶる類似している。

都鄙に分けて觀察すると、常に都市に於いて低く、郡部において高い。卽ち出生率が三六・二というふ最高率を示した大正九年において、郡部は三七・九、都市は二八・五となつている。

これから出生率低下の主な原因を擧げてみる。

晩婚　現在においては、社會的情勢特に經濟的面から晩婚が增加しつつある。出生率の面からみれば、適齡期の結婚が大きな問題となるのである。

男女別の人口の差　一夫一婦制度が一般社會の基礎をなす今日では、男女數の不平均が出生率に影響を與えることは確實である。一夫多妻制によつても男子の多くが結婚出來ぬ爲、間接的に出生率の低下を來すので、男女別の人口の差の無いことが望ましいのである。

墮胎及產兒制限　墮胎や產兒制限は近時增加の傾向にあるが、それは主として出產に伴う育兒並に生活不安が原因である。

第二項　死　亡　率

わが國內地の死亡率は、明治の初期以降二六年頃までは、概ね增加の傾向を示している。この期間を過ぎて大正八年までは、人口千につき二〇零を僅かに上下する狀態にあつたが、大正七年及九年には流行性感冒の爲二六・八及二五・四の高率に上昇した。然し大正一〇年以降は漸次低下の傾向をとり昭和一三年には、一七・四となつた。わが國の死亡率を歐米各國と比較するに、大體米國は人口千につき一一、ドイツ及びイギリスでは一二、イタリヤ一四、フランスは一五、濠州では九でわが國の一七よりは遙かに低率である。見方をかえてわが國の生れた子供百人が滿二〇歲までにどの位生き殘るかというと、男子約六九人、女子約七三人である。これに對してイギリスでは男子八四人、女子八六人、ドイツでは男子八七人、女子は八九人、生き殘つていると比べて非常な相違である。

死亡率の主な原因は、乳幼兒に於て、先天性弱質・下痢及腸炎・肺炎が多く、少年期では腦膜炎・結核・赤痢が多く、青壯年では結核性疾患が著しく多く、壯年及老年期に於ては、腦溢血、消化器疾患、腎臟炎等が多い爲といわれている。

わが國に於いては、總死亡の約三割は零歳及至四歳の乳幼兒にあらわれ、また一五歳及至二五歳の青壯年に死亡率の多いのが特徴である。

第三項　乳兒兒死亡の原因

一、先天性弱質　本能は未だ明らかではないが、後天的原因にもよらず生活能力の不充分で死に至るものである。從つて原因は純先天性と見られる。

二、早産　先天性弱質と鑑別の困難な場合がある。

三、分娩により産兒の障害　乳兒出生時における致死的障害としては、腦內出血が比較的多數である。

四、先天性畸形

五、先天性黴毒　母體內において母體より胎兒に感染する。この疾患が死の死因とならなくともこれが第一次或は基礎疾患となつて、直接には他の疾患によつて死亡する場合が多いと考えられる。

六、下痢及腸炎　これによる死亡乳兒は、人工榮養又は混合榮養が大多數である。

その他肺炎・腦膜炎がある。

第四項　靑少年死亡の原因

靑壯年死亡の原因は結核である。わが國内の結核死亡率は、昭和一三年において人口一萬につき二〇六である。この率は、歐米諸國の結核死亡率と較べて格段の相違がある。わが國結核死亡率は、歐米の諸國に較べて著しく高いのみでなく、昭和七年の六〇を最低として、近年は上昇の傾向を示している。それを年齢的にみるとその大多數は、一五歳乃至二四。五歳までの靑年男女である。卽ち男子は二〇歳乃至二四歳、女子は一五歳乃至一九歳といふ年齢階級のものに最も死亡率が高い。その主な原因は、發育期における榮養の不足及び過勞であると思われる。

死亡及出生が人口增減の大きな原因であるが、その他人口の年齢構成の如何も考慮に入れる必要がある。例へば人口のうちに、姙孕能力のある年齢の婦人が多くあれば出生率は高くなるが、これに反する場合は低くなる。また人口中幼年者または老年者が多ければ死亡率は高く、これに反し中年者が多ければ、死亡率も當然低くなるのである。

その他榮養及び體育運動も問題となる。卽ち人類の生命保持に切實な問題として榮養欠乏が考えられる。食料合理化の考究即ち榮養を保持する事は國家中堅の靑壯年の身體構成を完全にする上に重要である。食量の不足にあつては、生活活動による體構成物質消耗の補給困難となり、食物成分による生物的機能に不均衡の現象を出現させ、國民體位向上に支障を生ずる故に、人口上榮養は各時代日々刻々増率を左右するものである。

次に體育運動が躍進せられたのにもかゝはらず國民體力の現狀は決して良好であるとは言い得ない狀態である。最大の原因は、體育運動に醫學的裏づけのないこと、體育を人格陶冶の場とみることが少いことにあると思われる。欠點を知りそれに相應しい運動の種類・方法・量等を見出し得るようにしなければならない。と同時に單に體を動かすというだけでなく、常に精神の陶冶されるような運動を行われなければならない。英國においてスポーツマンなるものが紳士の第一の名稱に考えているということは、我が國の大いに參考としなければならないことであると思われる。

第九節 衞生統計

衞生に關する現象は、實に廣汎なるが故に、その調査統計も多種多樣である。

統計學は、人類社會に於ける現象の精密なる數學的研究であると、スコツトランドのレキジス教授 Proz. W, Lexis が「國家學辭典」中に定義しているように、社會生活に起つた個別的現象を大量的に觀察し、同種類の現象を多數蒐集し、それから共通的性質を見出して、その關係を知らうとする科學である。

衛生統計も、種々の社會的現象を蒐集整理して、共通な法則卽ち社會法則 Sozialgesez を發見して、それに基いて衛生方面の資料とされるもので、所謂一種の傾向法則である。

第一項　統計材料の蒐集法

統計材料を先づ蒐集するに當つて考慮すべき事項は、誰れ若しくは何を、何時、何處で如何なる方式に依るかの四事項である。

一、誰又は物　これは統計調査の主眼で、觀察の範圍は可成狹くすることが必要である。觀察の範圍が決定したら、調査票を作るに當つて、被調査者の判斷に迷うような欄を避けることである。例えば職業欄に商業・工業・農業の如く記載するようにすると、菓子製造業の如き工業を、商業と誤記する虞れがあるから、職業內容は具體的に菓子製造業と記載させることが必要である。なお相當欄の有無を記載する時に、空欄の儘提出することを避けて、必ず無い場合にはナシと記入させることが必要である。

二、時　觀察の日時は、觀察の對象の性質によつて適否があるから注意せねばならない。例えば國勢調査の如きは、人口移動の最も少ない時期を選んで十月一日とし、生物學的諸性質の測定は、環境の變化の少い午前中を選ぶが如きである。

三、何處　觀察の場所は、調査、統計の對象となり得る位重要性なものであるから、充分注意して記載せねばならない。例えば山岳地帶の兒童の身長は低く、都會の兒童は高いことは事實であるから、何處の場所で調査したかは明かにされている必要がある。

四、調査の方法　人體測定の如きは、當然直接測定するより外に方法が無いが、兒童の生活狀況などを調査する場合は、書くか、聞くか、いづれにすべきかは、對象に依つて異なるものである。例えば低學年の兒童の生活調査の如きは、兩親の報告によるか、兒童から聞いて記載する方法で適當である。

統計材料の整理は、自分で整理すれば一番確定だが、それが出來ない時は、計算の確かな者に依賴することである。整理法にパンチ、カード Punch Card を用ゆることは極めて便利であるが、その用紙を特製する點で普及されていない。（吉岡博士著衞生統計參照）

第一項　統計表の作製法

統計作製の方法は、調査された數字を適當な項目に配列することが必要である。例えば兒童の性と年齢と體重とについて測定したら、縱に「性と體重」横に「年齢と體重」という風に配列するのである。

一、配列　生物學事象を觀察の對象とする時、その目的に應じて秩序ある配列を作る必要がある。

例えば體重なら觀察値を小なるものから大なるものに列べるのである。

二、度數分布　最も便利な方法は、類似の體を一纏にする方法である。

組　分（kg）	度數（員數）
14.00—16.00	7
16.00—18.00	22
18.00—20.00	41
20.00—22.00	50
22.00—24.00	37
24.00—26.00	39
26.00—28.00	28
28.00—30.00	16
30.00—32.00	13
32.00—34.00	3
34.00—36.00	2
36.00—38.00	1

兒童體重度數分布表

この表の中で第一欄は、兒童の體重の組分で一四キロ―一六キロという最小の組から、三六キロ―三八キロという最大の組に至るまで一二組に分けてある。第二欄は度數、こゝでは兒童數があげられている。この表中で一六キロ―一八キロというのは、兒童の體重の一六キロから一八キロ未滿に屬する階級という意味であつて、一八キロの場合はこの階級に入らないのである。この體重は兒童の如何によつて變るので變量又は變數と名づけている。

この表で一六・〇〇キロとあるのは、小數點以下第二位一〇グラムまで測定した意味であり、一四キロから一六キロ未滿の意味を明かにするために、一四キロ―一五・九九キロ、一六―一七・九九キロというように表現した表もあるが、統計學の約束で前者で差支えない。

三、中央値　階級を一々書き表わす代りに、中央値を用ゆる場合がある。

體　重（kg）	兒童數（度數）	累積度數（實數）	累積度數％
14.00—16.00	7	7	2.70
16.00—18.00	22	29	11.19
18.00—20.00	41	70	26.02
20.00—22.00	50	120	47.33
22.00—24.00	37	157	60.62
24.00—26.00	36	196	75.68
26.00—28.00	28	224	86.49
28.00—30.00	16	240	92.67
30.00—32.00	13	253	97.69
32.00—34.00	3	256	98.84
34.00—36.00	2	258	99.62
36.00—38.00	1	259	100.00

兒童體重累積度數

體　重（kg）	中央値	兒童數
14.00—17.00	15.5	16
17.00—20.00	18.5	54
20.00—23.00	21.5	66
23.00—26.00	24.5	60
26.00—29.00	27.5	40
29.00—32.00	30.5	17
32.00—35.00	33.5	5
35.00—38.00	36.5	1
計		2[illegible]9

兒童體重中央値度數分布表

四、累積度數分布表　度數分布表の度數を順次加えて行く方法で、一四キロから二〇キロまでには一二〇人あつて％にすれば、四七・三三になるというように見るので頗る便利である。

五、統計圖表　統計材料から度數分布表が出來たら、それを見易くする爲めに圖表にする必要がある。然し統計圖表は、理解の補助法で決して統計表の代りにはならない。圖表の內容は(一)度數、(二)傾向、(三)分布、(四)撒布等を表わすものである。

1、度數表示―棒圖表、度數分布多角形、累積度數曲線表。

2、傾向表示―年齡別死亡表、出生率移動平均表の如き、時間的傾向を表わすものをいうのである。

3、分布表示―地圖は一般に地方の位

置、風土、地勢その他の特質を表わすものである。その地圖の上に點又は色彩で統計數量の分布を表わしたのか統計地圖である。例へば全國結核死亡分布圖の如きである。

4、撒布表示―或る目的のために、線の代りに點で二つの事柄の關係を表わしたもので、一名點圖表といつている。

第十節　精　神　衞　生

精神衞生は、社會並に個人の立場より精神的變質を防遏し、國民精神活動の質並に量を對象研究せんとするもので、その積極面に於ては、精神の正常發達を助長して、精神機能の健全化と精神的作用の能率化を期すると同時に、その消極面に於いては、精神薄弱・性格異常・精神病等の精神缺陥の豫防及養護を圖り、それによつて個人及社會生活に於ける精神的活動の醇正化をもち來さんとするものである。かくして、精神病者・性格異常者・低能者により、社會の安寧を害し秩序を紊されることを未然に防止し、且社會の迷惑を及ぶ限り緩和救濟せんとするのである。然るに現在實際問題として取扱われて居るのは、主として精神缺陥者の教育的護護、社會的保護、醫學的處理に努力の重點が置かれている。精神薄弱、性格異常、精神病等の精神缺陥者の對人口率は、文化の進展と共に增加して居る現狀で、特に我國の如き狀況に於いては、特に重要問題と云うべきである。

第一項　精神病

一、國內に於いては、都市は村落に比し精神病者・精神變質者・神經變質者・犯罪者・自殺者等著しく多い。且又些細の原因より神經症を發し易き者の數も多い。之は人口に比してではなく、文化の進展にともない精神缺陥者の多くなる事を現わすもので、社會文化の程度と密接な關係を有する。

我國に於いての精神病者數は

昭和三年には

全國七〇八一六人（男四四七〇七人、女二六一〇九人）

東京都下六五五四人（男三四二一人、女三一三三人）

其の後逐次增加し、昭和八年になると

全國七六〇三九人（男四八六〇四人、女二七四三五人）九年には、七八七〇二人（男五〇三五一人女二八三五一人）世界各文明國とも精神病者數の對人口率は、逐年增加し行く傾向にある。英國に於いては、一八六九年より一九〇三年に至る間に、一〇〇〇〇人に付き二四・〇人より三四・一人に增加し、北米に於いては、一八五〇年に六・七人、一八七〇年に九・七人、一八八〇年に一八・三人、一九一〇年に二〇・四人、一九一七年に二二・八人を算した。又人種によつて精神病罹病率の相違があつて、最も少いと言われるのは、アメリカの黑人と喜望峯人である。職業別に見たるとき

庶業	二四・九%	工業	一三・五%
無業	二一・六%	勞業	五・〇%
農漁業	一八・〇%	商業	一六・三%

庶業とは、官公吏、教員、學生、醫師、銀行員をゆうのである。

就中學者・學生には精神過勞症最も多く、又文化の程度の低い土人も文化の高い生活法に馴れるに從つて、漸次精神病發生率を增すと言われている。現代的文化生活は何等か人種の體質に影響して、その神經系の變質を惹起する原因となるものと考えられる。現に歐米學者の推算によると、精神病者は人口四〇〇〇人に付き一人、精神薄弱者は人口五〇人に付き一人、精神變質者は二〇人に付一人との割合で存すると言われている。かくの如き數は明かに文化の進步との關係を現はすもので、文化の進步と共に環境の刺戟は益々强くなり、益々精神衞生を積極的に取扱い之が防止に努力すべきである。

第三項　精神病の豫防

一、最も積極的なる面としては、かゝる精神缺陷卽ち精神病者・精神變質者・低能者が、多くは家の精神病的又は神經病的遺傳原因によりて生ずるものであるから、優生學の知識に基き之等のものゝ結婚產兒の事に干涉し、遺傳原因濃厚なるものには斷種手術を行い、其の惡性遺傳因子の剔絶を圖る方法がある。

二、一般的豫防として、次の各種の問題が考えられる。

1、精神變質に基き發生すると認められる窮民・賣笑婦・變態性欲者・浮浪兒等の問題。

2、勞働及び疲勞の問題。

3、職業と適性並に産業能率の問題。

4、娯樂の問題。

5、飲酒喫煙その他の嗜好品の問題。

6、學校教育衛生會社工場等の問題。

7、其の他の問題。

第三項　精神缺陷の養護と施設

1、精神病院の設備。

2、感化教育乃至低能兒教育として養護學校、又は校内に養護學校の施設。

3、不良少年低能兒の處置即ち少年保護刑務所。少年教護院の組織。

即ち國民の安定性を脅威したり、精神的情緒的な破滅を起す樣な不自然な緊張や壓迫感を除き、また精神葛藤を生むような防害抑壓抑制を出來るだけ少くして、その豫防方法を講ずべきである。

第十一節　醫療制度と社會保險

第一項　醫療制度

一、醫療制度の必要性　文化の發達と共に我々は集團的生活を營む機會が多く、從つて不健康な環境のもとに生活することを餘儀なくされ、更に機械文明の進歩と共に生産その他に機械を使用する場合が多く、不慮の傷害危險にさらされている。しかもこれ等の疾病や傷害は、單に個人の力によつてのみ免れることは不可能で、國家制度による一般社會の協力によつて、始めてこれから免れることが出來るのである。こゝに國家は醫療に關する法律を制定し、國民を疾病と傷害から救濟する必要があるのである。

二、醫療制度の內容　我が國の醫療のあり方は、國民醫療法によつて規定されている。國民醫療法の目的は、第一條に（一）「本法ハ國民醫療ノ適正ヲ期シ、國民醫療ノ向上ヲ圖ルヲ以テ目的トス」とうたわれている。（二）醫療行爲を爲し得る者の資格としては、一定の專門的教養を持ち、國家の認めた資格を有する醫師又は齒科醫師のみとなつている。（三）醫師・齒科醫師は、國家より種々の義務を負わされている。卽ち第九條に「診療ニ從事スル醫師又ハ齒科醫師ハ診察治療ノ需アル場合ニ於テ、正當ノ事由ナクシテ之ヲ拒ムコトヲ得ズ。診察又ハ檢案ヲ爲シタル醫師ハ、診斷書・檢案書又ハ死産證書ノ交付ノ需アル場合ニ於テハ、正當ノ事由ナクシテ之ヲ拒ムコトヲ得ズ。診察ヲ爲シタル齒科醫師ハ診斷書ノ交付ノ需アル場合ニ於テハ、正當ノ事由ナクシテ之ヲ拒ムコトヲ得ズ」と規定されている。若しもこれに違反した場合は、處罰されることになつている。（四）醫療行爲は生命に關する重大問題であるが故に、一般人の醫療行爲を禁じ、これに違反する時は處罰されるのである。即ち第八條に「醫師ニ非ザレバ醫業ヲ、齒科醫師ニ非ザレバ齒科醫業ヲ、爲スコトヲ得ズ」と規定され、第七十四條に「第八條第一項ノ規定ニ違反シタル者ハ、六ケ月以下ノ懲役又ハ五百圓以下ノ罰金ニ處ス」と規定されている。（五）第十一條に「醫師診療ヲ爲シタルトキハ、本人又ハ其ノ保護者ニ對シ、療養ノ方法其ノ他健康ノ向上上必要ナル事項ノ指導ヲナスベシ、前項ノ規定ハ齒科醫師診療ヲ爲シタル場合ニ之ヲ準用ス」となつて居り、單に醫師は投藥治療のみならず、積極的指導責任を國家に負わされている。（六）醫師は單に病氣の治療だけでなく、病氣の豫防、保健指導等にも從事すべき責任を持つている。

國民醫療法の第二條に「本法ニ於テ醫療關係者トハ醫師・齒科醫師・保健婦・助産婦及看護婦ヲ謂フ」と規定されているが、醫師・齒科醫師の他に保健婦・助産婦・看護婦等も國民の醫療に關する者であるが、夫々保健婦規則、産婆規則、看護規則に依つて、夫々の任務、資格等が規定され、これに從つて醫療に從事している。又藥に關しては藥學法があり、醫藥品・藥劑師・藥局及び調劑等に關し夫々規定があり、これによつて國民の醫療事業が行われている。この他に鍼術・灸術・按摩術等があるが、これも大きな意味で國民の醫療に關係するものである。これらに就ても、夫々鍼術・灸術取締規則・按摩術取締規則があり、夫々の資格・營業等に關し規定が設けられ實施されている。

以上我國の醫療制度の概略を述べたのであるが、我々は國民の敎養としてこれらを知り、健康に對して醫師の指導を受けるとともに更にこれに協力し、又これ等に對し堂々施設を主張すべき權利がある。

第三項　社會保險

社會保險の意義　我々は屢々偶發的事故即ち疾病・傷害・死亡等の發生により、經濟的需要を生ずることが多いのであるが、この經濟的需要の充足を目的として、代數法の原則を應用し、多數者の參加に依つてこれに對應する處置が考えられた。これが即ち保險制度である。この保險制度の中、特に社會保險とは、醫療を受けるだけの經濟的安定を持たない者のために、それらの生活層を對象として、醫療費及びこれに類似した費用を保障する爲に設けられたものである。

社會保險の內容　わが國の社會保險は、健康保險法、國民保險法によつて主に實施されている。

健康保險法　これは工場並に鑛山に於ける勞働者その他を對象として、その健康上の災厄を保險の方式によつて、相互に救濟せしめんとする目的のもとに定められたものである。

一、保險者　健康保險の保險者即ち健康保險事業經營の主體たる保險者は政府（政府管掌）と組合（組合管掌）との二種がある。保險者は被保險者及被扶養者の疾病若しくは負傷の療養又は健康の保持增進の爲必要なる施設を爲し、又はこれに必要なる費用の支出をなすものである。

二、被保險者　これは健康保險によつてその利益を受ける者に保證せらる。その資格は健康保險法第十三條に規定されている。その主なるものは、工場法第一條の規定により同法の適用を受ける工場に使用されているもの、鑛業法の適用を受ける事業場又は工場に使用されているもの、法人又は命令を以て定むる團體の事務所並に指定された事業の事業所にして常時五人以上の從業員を使用しているところに居るものとなつている。

三、事業保險給與　これは健康保險事業の實體をなすもので、事故の發生した場合に、保險者が被保險者になすべき給與を意味し、保險事故の種別によつて、種々に分類されている。（イ）傷病に關する給與これは現物給與と稱する療養給與、現金給與と呼ばれる療養費支給、又療養の爲め勞務不能になつた場合、その生計を維持する爲に其の期間中一定の金額を支給する傷病手當金等がある。其の他（ロ）分娩に關する給與、（ハ）死亡に關する給與等がある。

四、保險施設　これは被保險者の健康を積極的に保持增進させる爲に必要な施設で、その主なる實施事項は、健康相談施設・保養施設等で、その方法としては講演會・映畫會・衛生展覽會・體育競技會・體育講習會・衛生文獻の配布・健康診斷・寄生虫檢査・榮養改善運動・健康者表彰・健康相談所開設、結核療養所開設等がある。

五、醫療組織　健康保險事業の中心は醫療であるから、その組織の企畫運營は最も重要な問題である。政府は、管掌健康保險の醫療にあつては、日本醫師會・日本齒科醫師會・日本藥劑師會・官公立病院等で實施している。組合は、自ら有する診療機關を使用し又は健康保險組合、醫師會、齒科醫師會との診療契約を爲してこれを實施している。

國民健康保險法　健康保險法によつて、工鑛勞働者の保護について一段の進歩を觀たのであるが、其の他の一般勤勞大衆の健康福祉に對しては何等の方策がなかつたので、これ等の者の爲に國民健康保險法が制定せられたのである。

一、保險者　國民健康保險は組合を組織せしめて實施せしめる爲、保險者は組合である。この組合は普通國民健康保險組合―これは原則として市町村を區域とし、區域内の世帶主を以て組織される。特別國民保險組合―これは同一の事業又は同種の業務に從事する者をもつて組織される。

二、被保險者　これは原則として組合員及びその世帶に從屬する者である。

三、事業　これは大體健康保險と同様である。

四、財源　これは原則として、各保險組合員の負擔による保險料に求むるものであるが、都道府縣及び市町村は豫算の範圍内に於て、補助金として保險給與に要した費用の一割程度を補助をなすことが考慮されている。

五、醫療組織　これは既存の病院、開業醫等の診療機關に委託する方針をとつて居る。我々はかゝる制度をよく研究し、國家に我々を思う親心を充分に熟知し、これを活用する事を忘れてはならないと思う。

第十二節　公衆衞生施設

我が國においては、古來衞生法又は養生訓等は少なくなかつたが、主として個人の禁慾と節制を中心とした道義的のもので、公衆衞生に關しては歐米に比較すると、甚だしく無頓着であつたと云つてよい。

然し公衆衞生施設も全然考えられなかつたわけでなく、江戸幕府の當初井の頭から導水する神田上水を作つている。(西洋では B.C 三一二年ローマ水道を設けている)

一、公衆衞生　公衆衞生とは社會的集團生活者として、疾病を豫防し、生命を延長し、肉體的ならびに精神的機能の增進をはかる科學及び技術であると云うことが出來る。

而してこの目的を實行する爲めには、各人が公衆衞生に關する知識と理解を持つと共に、國家社會の公共的事業として行われるべき、公衆衞生施設の普及充實が計られなければならない。

例えば個人がマラリヤ、デング熱を豫防するには、カトリ線香や蚊帳の用意、キニーネの服用が推奬されるが、大衆に對しては整地、溜水の除去、上下水道の布設等の施設が考えられねばならない。

二、公衆衛生施設　(一)上下水道、塵埃處理場、其の他各種の廢棄物を處理する施設、(二)保健所、療養所、其の他醫療及び豫防の施設、(三)産業衛生、交通衛生、學校衛生、其の他職能別衛生の施設、(四)傳染病研究所、衛生試驗所、其の他保險衛生に關する試驗研究施設、(五)健康保險、その他健康に關する社會保險施設など幾多の施設があるが、我々は現在社會生活を營む上にこれらの施設が、如何に重要であるかを深く認識すると共に、これらの施設の目的と運用とを知る必要がある。

今上記の施設の中國民の日常生活について、豫防醫學の實際に當る保健所について詳述する。先づ保健所の目的とする處は、一定地域内に於ける住民の健康を增進し、體力の向上を圖るために豫防醫學的事業を行うのである。

即ち保健思想を啓發して常に衛生に留意せしめ、日常生活に衛生的觀念を織り込み、衣食住其の他各般の生活樣式を衛生的に改善し、更に健康檢診・健康相談の勵行によつて、疾病の豫防・早期處置に就いて適切なる方法を講ずるを以て其の本旨とするのである。昭和二一年末の保健所開設數は六六八であり、國庫はこの施設を有する公共團體に對して三分の一、又は二分の一の補助を行つている。

又今後は文化國家再建のために衛生思想の發達と共に、益々、これ等の公衆衛生施設の發達を促進して、健康生活の實踐に努めなければならない。

第三篇　指導論

第一章　指導の本質

第一節　教材の性格

教材と指導法との關係は、材料としての食物と調理法との關係によく似ている。どんなに素晴しい材料であつても、調理法が下手であると、その食物は美味しく食べられない。それと反對に材料はそれほどでなくとも、調理法によつて美味しく食べられる場合もある。兒童の偏食を矯正する場合にその形を變えて美味しく調理すると、兒童は喜んで食べるものである。

このことは體育についても言えるのである。材料としての食物が教材であり、調理法が指導法である。材料としての食物が血となり肉となる如く、指導者の創意工夫によつて教材は心身の糧となるものである。教材としては面白い性格をもつているものでも、指導の如何により不愉快なものになり、あまり面白くない性格をもつているものでも、興味を與えて行わせることが出來るのである。例えば、遊戲のような面白い教材でも、指導を誤ると兒童の側からみれば、それが體操になつたり、つまらない作業になつたりするのである。従つて何時でも兒童の側からその内面的な姿において敎材を採られなければならない。その意味において敎材の性格を知ることは極めて大切である。

第一項　遊戯の性格

遊戯は、子供の生活における學習の方法であるとさえ言われている。子供の生活の大部分は、遊戯の生活である。子供は遊戯において眞劍に、生き生きと自由に生活しているのである。このように遊戯は自己を表現するものであり、人間の活動的要求を基礎としている。從つて遊戯は、在來自己を表現せんとするあらゆる要求から出た形式である。その要求は、創造的・模倣的・競爭的・闘爭的・探究的傾向を取つて現れるのである。遊び方に規則がある場合もあるし、全く規則のない場合もある。それが進んで競爭するようになつた場合に、規則が必要になつてくるのである。

第二項　體操の性格

體操を大きく分類すると、徒手體操と器械體操に分けることが出來る。兩者の性格は大いに異なつているのである。徒手體操は、生理的解剖的見地より人爲的につくられたものであつて、身體的領域における運動障害を取除くところの調整運動、又は補償運動として意味をもつているのである。

器械體操は、走る、跳ぶ、握る、懸る、轉廻する、逆上る等の自然運動を基にして組織された運動で興味的である。體操にもまた一面にはダンスと同様に、身體運動の美的表現としての大きな意味をもつているのである。

第三項　スポーツの性格

スポーツは、遊戯の發展したものであつて、それが知識的に組織され、所定の規則の下に全力を盡して行う諸運動を言うのである。スポーツを大きく分類するとContestsとgameに分けることが出來る。前者は競走・高跳・巾跳・棒高跳・投擲・競泳等の如く、個人個人の能力を順次計測することによつて行われる運動であり、後者は球技の如く如何なる偶然事項に遭遇したときでも、それを處理することにつとめる複合的能力を比較する運動である。スポーツも遊戯と同様に、內面的要求に基く運動であつて、非常に興味的な性格をもつている。

第四項　ダンスの性格

人は何等かの意味において美なるものを求めて止まない欲求を持つている。この欲求は普遍的であるが故に、その內容こそ異れ、時と所とを問わず何等かの美を求めている。ダンスは美を求めんとするところの心意的要求に發した一つの表現形態である。從つてダンスもまた興味的な性格を多分にもつている。

第一節　兒童青年の心理

兒童青年の心理を知ることは指導の出發點である。もとより兒童青年の心は一人一人獨特のものであつて、同じ心をもつものはないのであるが、兒童青年の發達段階にあつては、共通の心理をもち共通の行動をとることは事實であつて、其の發達の大綱は一致しているのである。

第一項　兒童の心理

滿歳の終りから青春期に入らんとする頃までを兒童期という。幼兒期より兒童期になると兒童の生活環境は一層擴大する。それに應じ精神的の變化は著しく現れる。先づ兒童期の初めにおいて現れる特徴は自己中心的になることである。自分に近い直接經驗に專ら關心があるので、その遊びも木登り、水泳、竹馬、繩跳び、自轉車乘り、女兒はお手玉、おはじき、まりつき等、獨立して行い得るようなものに興味をもち、また遊びそのものの熟達にも興味をもつようになる。

想像性、模倣性が强いことも幼兒期から引き續き殘されている大きな特徴である。夢と現實、話と事實等の分化が不十分である。跳箱を馬、鐵棒を木の枝、運動場に引いた二本の線を川にたとえても、少しも不思議がらない。むしろそのようにすることが、どれ程跳箱や鐵棒に興味と親しみを與えるか知れない。特に徒手體操の指導においては、兒童の想像性模倣性を無視しては興味を與えて徒手體操を行わせることは全く出來ないと言い得る。その效果に於ては體操的なものをねらうとしても、兒童にとつてはその運動は遊戲でなければならない。また兒童は心身未分化であつて、音樂を聞けば自然に手を拍ち、足で床を踏みならし、種々の身振手振ぶりをするのである。ダンスの指導において、表現技術の細いことを要求することは、樂しいダンスを不愉快にさせることになる。思う存分自由に自然に感情を表現させることが大切である。

社會性の發達については、社會と自己の區別が出來ず未分化の時期である。自己の屬する團體の意識は極めて薄く、學級全體でティーム・ワークをとることは困難である。體育運動に於ては鬼走のような簡單な團體的運動は可能であるが、その他のティーム・ゲームは全く出來ないと言える。

兒童期の中頃になると、主觀と客觀の分化が現れる。自己と社會の區別が出來、自己の屬する團體の利害を實際に理解し、且つ自己の利害を考えるようになる。團體的の運動を好むようになるのもこの時期からである。ティーム・ゲームはこの頃より可能となる。

兒童期の終りに近ずくにしたがつて、その傾向は增々强くなり團體意識が濃厚となる。他人と協同することを喜び、他人の活動に參與することができるようになる。ティーム・ゲームを指導するのに最もよい時期である。しかしティーム・ゲームの指導においては、この時期の指導が最も大事な基礎をなすものであるから、兒童に適した正しいルールを指導することが重要である。團體意識の發達と相俟つて、自己優越感が强くなり、競爭意識の發達が著しい。そのためあらゆる競技運動に興味をもつようになる。このような兒童の競爭心は、多くの活動に興味を覺えさせ、多くの競爭場面には、健全な競爭心と、協同精神が共存し、各個人の習慣や技能が完全に滿足に進歩するのである。

しかし競爭意識が强すぎると、徒らに勝利者となることに重要性を認めるようになり勝ちである。それ故立派に負けることも價値があると言うことを敎えなければならない。この時期に於ては、個人的の運動であつても、團體的に指導することが望ましい。例えばランニングのような個人的の運動は、リレー・レースにすると一層効果的である。兒童の社會は、力の原理に基くもので、極端に言えば弱肉强食の社會である。ゲームを行わせる場合は、或るべく力の相似た者によつてティームをつくらせる必要がある。粗暴性残忍性の衝動もこの頃現れる傾向である。スポーツやその他の體育運動を行わせることは、その矛先を變えることに大いに役立つのである。

兒童期に於ては、まだ美的感情は强く現れない。ダンスにおいては、表現の技術的な面よりも律動的な指導を主とする方がよい。

第二項　青年の心理

青年期の始り及び終りの時期は、青年の素質・環境・性別等により異なつており、一様に定めることは困難であるが、一般的に男は一四・五歳より二三・四歳までを、女は一三・四歳より二一・二歳までを青年期としている。また、青年期の前期と後期の境は通例一七歳とされている。青年期は所謂第二の誕生期であつて心身ともに大きは變化が現れる。其の精神的特性として、先づ感情の變化を擧げなければならない。青年期が人生の危機であるとされているのは、其の多くの理由をこの感情生活の激しさと、動揺性とに見出さねばならないのである。物事に興奮し易く、反省を失わせ、知性を盲目にし、時には我を忘れて怒り悲しみ、一筋に感情に身を委せるようになる。從つてその表情のようなものも特に著しく、喜ぶ時には文字通り欣喜雀躍し、悲しむ時には人前おも顧みず、聲をあげて泣き悶えるのを見るのであり、この感情が激しい行動になり易いのである。このようなことは競技場に於てしばしば見られる光景である。またこのように激しい感情は極めて變り易く、不安定である。時に喜悅に躍つているかと思うと、時に些細なことに悲觀に陷る。時に親切な態度をとるかと思うと、時に強い反抗的な態度をとり、時に眞面目な態度をとるかと思うと、時に頽廢的な感情に崩れて行く。青年の感情は折に觸れて極端から極端へ轉換して行くのである。このような感情の激しさ、不安定さは特に青年前期に強く現れる傾向である。更に青年前期は權威に對する反抗挑戰、秩序の輕蔑、破壞を好むような態度が現れ、物ごとに對し否定的になり、亂暴になり、頑固になる。特に女子に於て激しい感情の動きが見られるのである。一七歲を境として青年後期になると、一つの轉回をなし、肯定的なものが現れてくる。感情に走り易き傾きがいく分緩和され、漸次安定的になり、態度においても落ちついた感じを與えるようになる。

　青年期は自我を自覺する時期である。自我の主張が強く、自らの信ずるところ、自らの欲するところ、自らの意志をまもろうとする傾向が著しい。他律的な命令に對しては反抗するようになる。又名譽に敏感になり、運動においても競爭的なものを求め、他を征服して自己を表現し、自己の記錄を高めて滿足を求めるようになる。然しスポーツにおいて敗けると、敗因を他に求めて自己の失敗としないのが常である。青年前期の女子には自己修飾が著しく現われ、後期になると自己反省的になり自己の行爲を省みるような傾向に變つてくる。

　青年期は自我を自覺する反面、社會的欲求も強く現れる。青年は先ず自我の獨立を感ずると、家庭への依頼の態度を少くなる。親友をつくつて、同じ思想同志の社會生活を求めるようになる。同じ種類のスポーツを愛好するものの團結が強固になるのもこの時期である。

知性の發生については、青年後期から抽象的思考が出來るようになり、觀念的に一般的な事柄が理解出來るようになる。この思考は論理的な形で進められ、論理に合わないことはどうしても納得出來なくなるのである。その反面實踐的なものを輕んずる傾向が強く現れてくるので、體育の方法が實踐を主にしなければならないことは勿論であるけれども、この時期の指導には理論的根據を持たなければならない。

美的感情においては、青年前期はさして強くない。寧ろ無關心といつてよいが、青年期中頃から盛んになり生涯を通じてこの頃ほど藝術に對して關心の深い時はない。しかも主觀的要素の多い藝術を好む。この時期における女子が、特に音樂やダンスを好むのもそのためである。音樂に共感し、內心の感情を身體動作に表現するダンスに陶醉することの出來るのはこの時期である。このように藝術的な香りの高いものを求めている時のダンスは、純粹藝術的な立場より指導することが望ましい。

青年期における最も大きな變化としては性意識の發達である。運動場、體育館、ホール等は男女の健全な社交場でもあり、また男女共學をするためには、性意識について知ることは極めて重要である。青年前期は性的に未分化の時期である。この時期は生理的性欲が強く、精神生活を屢ば蹂躪されて混亂させることがある。それ故に健全な體育運動を行つて、この時期における精神的身體的のエネルギーの浪費を防ぐことは最良の方法である。青年期の中頃から性的に分化されて、精神的な愛情が表面に現れて、すべてのものを美的に見るところの感情が強いのである。その愛情は觀念化されて、藝術、科學、宗教、スポーツ等に對する熱情に變るので、青年期によく寢食を忘れてスポーツに熱中するのはそのためである。

第三項　異常兒童の心理

今までの日本の現狀を見ると、心身の缺陷者に對しては、餘りにも無關心であり、寧ろ彼等を輕蔑してきた傾向がある。人間は凡て平等であり、國民は健康的文化的の生活を保證されている。敎育においては、より一層身心の正常でないものに對し、深い注意を拂わなければならない。異常兒童の意味は極めて廣く考えられるけれども、こゝでは異常度の低いもので特殊敎育を行う學校へ入るには及ばない異常兒童のうち、特に體育に關係の深い肢體不自由兒と虛弱兒について述べることにする。

肢體不自由兒は、その行動體型に自ら劣等感をもつている。そのために一般的に内向的傾向が強く、人と行動を共にすることが出來ないために、日日朗さがなくなる。そして身體運動を嫌つて、發言が遲れる。このような兒童に對しては、特別の注意を拂つて、散步や簡單な體操等兒童に出來る運動を行わせて興味を喚起して、自分のからだに自信をもたせることが最も重要である。

虛弱兒童とは、生活力薄弱のために、他の健康兒童と同等に敎育を受けることの出來ない兒童である。虚弱兒童は依頼心が强く、物事に消極的であり、物ことに自信がなく、同僚と遊ぶことの出來ないのが普通である。このような虚弱兒童に對しては、虚弱の原因を詳細に調査することが大切である。早期に發見して處置することが効果的であることは言うまでもない。兒童の過去を調査しその體質を知ると共に、身體檢査を隨時行い、兒童の内部疾患を發見することも極めて重要である。兒童の生活は學校より家庭生活の方が時間的にも長いのであるから、家庭と連絡をとることも大切である。兒童の虚弱の原因が生活環境にあることが多いのに驚くのである。幼時から保護を加えられ過ぎたゝめ、偏食になり、環境に對する適應力を全く失い、内氣な性格をもつ兒童につくりあげられることが多いのである。このような兒童に對しては、自然的な環境に親ませるようなことから始めて、簡單な遊戯や運動に興味をもたせ、自分のからだに自信をもたせることが大切である。兒童の先天的な體質を變えることは、仲々困難だけれども、兒童の健康や性格は、その生活環境や生活態度の變化によつて、變容することは可能である。學校教育の理想からも、體育の面からも虚弱兒童に對しては、特別の學級を設け、特別の環境において、特別の指導をすることが望ましいのである。

第三節　體育環境

教育においては、環境を離れた指導は考えられない。「教育において教師が兒童を教育するという立場ではなく、兒童が教育的に指導される環境において教育的に成長する。」これは Dewey の教育觀である。「環境が人をつくる。」という言葉とともに味うべき言葉である。人間の生活環境が、その健康を如何に支配しているか、一般的にみても健康的な環境に生活する人は健康であり、非健康的な環境に生活する人が不健康であることが知られる。特に心身發育の過程にある兒童青年に對しては、一層その影響は强いのである。體育においても、環境の問題を大きくとりあげなければならないことが解る。體育の指導において最も重要なことで、その關連性の立場から環境の意味を考えてみることにする。

秋晴れの小春日和に、美しく清掃された運動場には、トラックに白線が眞直ぐに數本引かれてある。これは物理的地理的な意味における一般的な體育環境である。心理學においては、この環境を物理的環境又は地理的環境という。この物理的環境の中において、學習する個人及び指導者の心に映ずる環境の姿は皆異なつている。しかも人間の行動は、心に映じた環境の姿によつて規定されるのである。心理學においては、この行動規定の條件をなす環境を、行動的環境又は心理的環境という。物理的環境としての運動場は、一つしかないにしても、行動的環境としての運動場は、そこで學習するもの及指導者各々悉くが異つてみている運動場である。走ることの好きなものにとつては、この上もないよい運動場であり、樂しい體育の時間であろう。しかし走ることの嫌いな者にとつてはいやな運動場であり、苦しい體育の時間である。

體育の指導に於ては、環境を單に表面的な一般的な姿に於てのみ捉えてはならない。物理的環境に働きかけている力は、個人個人皆異なつているのである。それが指導者から見れば個人個人は環境の一要因をなし、個人から見れば指導者と他人は環境の一要因である。このような環境を體育の場ともよんでいる。體育の場はそれを構成する條件により、またその場の焦點をなす條件により、その領域も、形態も、方向もまちまちである。體育の場は、學習の場であり指導の場である。從つて體育の場は意圖的な場でなければならない。體育の場を意圖的に構成するためには、その條件を如何にすればよいか、それには先ず場を構成する條件を知らなければならない。次はその例である。

一、物理的條件……運動場、體育館（美しい、きたない、ひろい、せまい）ボール（新しい、古い、空氣が充滿している）プール（水がきれい、きたない、あたゝかい、つめたい）鐵棒（光つている、さびている）砂場（かたい、やわらかい）等、このような條件は、被指導者に意識されている條件であるが、意識されない條件もある。プール（水質や細菌）砂場（砂質）運動場（土質）體育館（空氣）その他溫度、濕度、風向、風速、位置等。

二、指導者の條件……健康、體格、體力、容姿、性格、人格、熱意、愛情、指導力等。

三、被指導者の條件……健康、體格、體力、發育の程度、素質、欲求、心構、性格、家庭の生活環境、遊び友達、技術の程度、知識等。

四、社會的條件……學校、學級、學年、兒群、體育運動のティーム等。

五、文化的條件……傳統、校風、級風等。

以上のような條件の一つ一つは、各々有機的な關連をもつて、復雜な體育の場を構成しているのである。指導者は、環境に適應する仕方を教えると共に、適應出來ない個人に對しては、條件を適當に組み合せ、共の個人に最も合うように環境を整えてやることが重要である。

第四節　興　味

「教育の目的は生徒の望しい興味を伸すことだ」これはHerbartの言葉である。兒童に興味を與えることは指導の出發點である。體育の指導に於ても興味を離れては指導を考えることは出來ない。興味の心的現象は極めて復雜な內容をもつているけれども、兒童の要求と事物の誘意性との關係を知ることが、最も重要であると思われるので、その點から興味の心的現象を考えてみたい。

第一項　誘　意　性

家の中で勉强をしている兒童が飽きると遊びたいという要求が現れる。偶同僚が秋晴れの午後グローブ、ミット、ボールをもつて誘いに來た。庭でキャッチ・ボールは始まる。子供達の心の中にはもはやキャッチ・ボールの外は何ものもない。この時の兒童の心は興味に滿ちている。このように興味が生れるためには、兒童の要求と兒童を誘い出す事物とを必要とする。そして要求と事物がぴつたり合わなければ興味は生れない。この場合における兒童の要求と、事物の關係はぴつたり合つたのである。同僚のみが兒童を誘い出したのではなく、グローブとミットとボールに、またよい天氣も兒童を誘い出したのである。その事物は我等に一定の行動動作を促し誘發するのである。これを事物の誘意性という。ボールは投げさせたり蹴らせたりする。ぶらんこは乘らせるし、鐵棒はとびつかせる。このようにあらゆる事物は誘意性をもつている。この事物の我々にはたらきかける力の强さについては、いろいろの程度がある。非常に强くひきつけるものもあるし、その力の弱いものもある。また反對に突きはなすものもある。ひつつけるものを積極的の誘意性、またはプラス(+)の誘意性と言い、突きはなすものを消極的の誘意性、またはマイナス(−)の誘意性という。(+)の誘意性は事物への近接をうながし、(−)の誘意性は事物より遠ざかる。體育の指導においては、この誘意性について十分考えなければならない。ボールのようなものは(−)の誘意性を持つことは殆んどないのであるが、跳箱や鐵棒は(−)の誘意性を持つ可能性がある。(−)の誘意性が强い場合には、興味は全く起らないのである。若し跳箱や鐵棒が(−)の誘意性をもつているにもかまわず、採點とか罰とかによつてその運動を行わせると、ますます(−)の誘意性が强くなり、運動とは面白くないもの、興味のないものと見なされるようになる。こゝに適切な指導が必要となつてくるのである。最初は遊びによつて跳箱や鐵棒に先ず親しませておいて、徐々に兒童に出來る運動を行わせ、程度を高めて行けばけつして(−)の誘意性を生ずる心配はないのである。この關係はトマトの味によく似ている。最初嫌いなトマトが、少しづつ食べているうちに好きになり、遂にトマトでなければならないようになることは、我々の經驗あることである。

第二項　心的飽和

この現象は對象の誘意性の變化をいうのである。即ち初め自己に對して（＋）の誘意性だつたものがその動作や運動を續けているうちに、その誘意性の强さが徐々に減じて行き、遂に（＋）でも（－）でもない中性になり、更にその動作や運動を續けていると（－）の誘意性になり、遂に過飽和の狀態となる。そうなると内面的にその場から逃避したいという氣持が現れてくる。

このような現象は子供の遊びによく現れる。子供が自由な立場で、獨り勝手に動き廻ることが出來るようにしておくと、一しきり球をもつて遊ぶかと思うと、今度は金輪で遊んだり、それも飽きると人形で遊んだりする。このように遊ぶ動作が、次から次へ變化出來る場合はよいけれども、遊ぶ動作が限られていると遊びを變えることが出來ないために遊びの道具を投げつけたり、こわしたりする。更に飽きてくると遂に遊ぶ場所を變えるようになる。このように子供の遊びは、何時までも同じ活動をしつゞけるということはなく、或る時間がたつと他の種々の活動へと移つて行くのが常である。遊びの變化が出來ないと飽和が强くなり、前の遊びが嫌になつて遂にその場を逃れるのである。飽和の現象は身體の疲勞が大きな役割をつとめることもあるが、明らかに筋肉的の疲勞の結果でない場合は頗る多い。體育の指導においてもこの現象は考える必要がある。特に低學年の兒童は變化のない等質の場面を嫌う。體育の場面に變化を與えることを場を加工するという。低學年の指導においては、體育の場を適當に加工し、飽和をおこさせないようにしなければならない。たゞし兒童の眼前の興味のみを育てることは近視眼的である。一つの經驗より更に新しい興味を生み出すように指導することが大切である。熟達の程度を自覺して興味が次から次ぇ生れてくると、練習自體が興味的になり、努力にも興味を覺えるようになる。例えば、鐵棒の運動において逆上りを一つ覺えると興味が生れ、次は蹴上りを覺えようとする。蹴上りが出來るようになると、興味が益々生れて新しい技術を覺えようとして努力をする。このようになると飽和の現象は仲々現れない。

飽和の範圍は、廣い場合もあるし狹い場合もある。キヤッチ•ボールをすることに飽きることもあるし、野球のゲームをすることが嫌になることもあるし、野球を見るのも嫌になることもある。また不飽和の狀態から飽和の狀態への移り行きは、急の場合もあるし、徐々に進行する場合もある。どちらの場合にしてもその間際だけを觀察するのでなく、全經過を觀察する必要がある。興味を持續させるためには、熟達の跡を知らせることが大切である。例えば高跳や走巾跳等の指導において記錄を計測して進步の跡を知らせると極めて興味をもつのである。運動そのものに興味をもつと共に、自分の能力の進步に非常に興味をもつものである。年齡がすすむにしたがつてこの傾向は益々强くなる。一つの運動の進步の跡を知らせることは、運動の種目を變えて興味を與えることより以上に効果的な場合が多い。運動そのものに對する誘意性を直接的の誘意性とすれば、このように手段として意味をもつ誘意性を派生的の誘意性ということが出來る。飽和を起させないためには、派生的の誘意性もまた重要である。

第五節　練　習

あらゆる體育運動は技術的な面を多くもつている。技術の指導を離れては體育運動の指導は難しい。然して技術の上達には練習を必要とする。從つて體育運動の上達は練習によつてのみ可能である。次に運動の練習における二つの大きな問題について述べてみたい。

第一項　全習法と分習法

全習法とは、最初から全體を一通り練習し、それを何回も繰返して練習する方法である。分習法とはその反對に、全體を個々の分節に區切り、その各分節を練習してその完成の上に、全體の完成を築こうとする方法である。この外にその兩者を折衷した方法もある。

運動競技の練習に於ては、身體運動が、肉體的にも精神的にも、更に時間的にも空間的にも、有機的なバランスのとれたまとまりが重要なのである。熟練した人の鐵棒運動は、見る人にもある安定感を與えるが、未熟の人の鐵棒運動は、極めて不安定な感じを與える。熟練した人の運動は各分節がまとまりをもつており、完全な體制が形成されているのである。

運動の分節の區切りは難かしいので、どれが全體でどれが部分かをはつきり決めることは困難である。ランニングのような運動にあつては、百米が全體の運動であれば、スタート・中間疾走等は分節の運動となり、スタートが全體の運動であれば、脚や腕の動作等が分節の運動となる。更にこれが、チーム・ゲームのような復雜な運動になれば、より一層その區切りは不明瞭である。バスケット・ボールにおいてゲームを全體の運動とすれば、攻擊法のフォーメーションは分節の運動であり、或る一つのフォーメーションを全體の運動とすればパス、シュート、ドリブル等は分節の運動である。パスを全體の運動とすれば、腕や脚や體の動作は分節の運動である。更に運動の種目も種々であるから、これを何れかの一方法がよいと一がいには言われないが、比較的分野分節のはつきりしているものは分習法がよいのである。例えば鐵棒の連續運動においては、蹴上り・車輪・脚かけ前轉・宙返り等、走巾跳においては助走・踏切・空間姿勢・着地等の如く、分節のはつきりしているものは、分習法の方が効果的である。チーム・ゲームにおいては、勿論或る程度まで練習し終えた後は、分習的に個々の項目について充分の練習が必要であるが、一番大切なことは、全體として試合の數を多くもつということである。

全習法か分習法かの練習の理論は、兒童青年の心身發達の面からも考えてみなければならない。走巾跳において、助走や踏切りが分節出來るのは青年期からである。兒童にとつては全體の運動としての走巾跳があるだけである。同樣に跳箱においても助走や踏切は分節出來ない。跳箱の指導においては、この意味から兒童には最初あまり高過ぎない跳箱を與えることがよいのである。助走や踏切はどうであつても、跳越すことに興味をもつのである。安全に跳越せるようになつてから、徐々に高くしてやるのがよい。更に上手に奇麗に跳越すことを欲してきたら、始めて分節的に指導することが望ましい。その他球技等においては兒童に對しては全習法が適している。兒童期においては一般的にみて運動の練習には全習法がよいのである。特に兒童期の初めにおいては心身未分化であるために、分習法は不可能である。

分習法の場合に、最も考えなければならないことがらは、分節を何時でも全體との關係においてみることである。全體に關係の薄いような分節の練習は、時間的にも不經濟である。例えばバスケット・ボールの練習において、その分節であるパスの練習の場合、ゲームにあまり用いられないパスはよほど技術の高いティームでない限り避けるべきである。ゲームに使用されることの多いパスに十分の時間をとる必要がある。運動の技術がすすめばすすむほど、その運動の分節部分は多くなるのである。指導者の技術も技術が高くなればなるほど、重要になつてくる。一つの運動から個々をとり出し、必要に應じてやつてみせることの出來る指導者は、指導の効果を大いにあげることが出來るのである。

第二項　練習効果の轉移

一つのことを練習することによつて、その練習効果が他のものに轉移するという考え方は珍しいことではない。バスケット・ボールの練習によつて跳躍力が養われ、野球の練習によつて肩が鍛えられたゝめに槍投が強くなつたり、鐵棒の練習によつて腕や腹筋が強くなつて、棒高跳が強くなつたりする例は、數限りなくあげることが出來る。このような考え方は形式陶冶と言われ、學校教育においては重要な問題である。學校で行われた體育の効果が、現實の社會生活で發揮されないならば、學校體育は意味がないと言わねばならない。しかし共の効果は發揮されるのである。それが練習の効果の轉移である。一つの運動に熟練すると、他の運動を覺えることも比較的速いということは一般に認められている。しかし如何なる關係の內容も轉移するかというにそうではない。練習効果の轉移を可能にする條件としては、內容が類似しているということをあげなければならない。體育運動において技術的な面から考えてみると、ランニングの練習によつて、走巾跳は上達するが、ランニングを練習しても鐵棒の運動には効果が現れない。それは全く異つた內容をもつているからである。

このように似た內容の運動については、轉移が行われるということは一應認められる。しかしこのことはいずれの運動においても考えられるであろうか。走巾跳を練習して、その後走高跳を行うとからだが流れてうまく行かない。初めから走高跳を行つた時の方が記錄は一般的によいことは多くの選手の經驗によつて明らかである。走巾跳と走高跳とは極めてよく類似した運動であるにも拘わらず、マイナスの轉移が現れるのである。このような現象は內容が相似たもの程强いのである。しかしこの現象は時間的關係が大きな條件をなすのである。比較的時間が短い場合はマイナスの現象が現れるけれども、時間が經過すればプラスの効果が現れるのである。この現象について考えてみると、走巾跳の助走はスピードを十分利用することが大切であり、走高跳の助走はスピードをおさえてゆくことが大切である。踏切について考えると、走巾跳はからだの重心を前上方えやることが大切であり、走高跳は重心を上にあげることが大切である。このことから考えると運動の練習効果の轉移は、助走・踏切等の部分的な内容に關係があるのではなく、轉移に關係があるのは全體的の内容にあるので、この場合には跳躍力に大きな關係があるのである。走巾跳走高跳においては、いずれも跳躍力を最大な要素とするので、その上達には跳躍力の養成に重點がおかれる。走巾跳、走高跳の間において練習効果の轉移を可能にするものは跳躍力である。

以上は、極めて運動の技術的な面について考えてみたのであるが、このことがらは體育運動の一般的なことについても考えられる。學校でスポーツを行つていたものが、社會生活においてその性格が明朗であり、そのからだは健康であつて實踐力に富むと言われるのも、それは學校においてスポーツを樂しむ態度が身についているために、其の効果が現れたと考えられるのである。こゝに考えなければならないことは、學校において或る一つのスポーツの技術的な面にのみ固定すると、他の刺戟に對する反應は困難になり、そのスポーツ以外のスポーツを樂しむ態度を忘れ、練習効果の轉移の範圍が非常に狹くなつてくるということである。それ故に學校においては種々の種目を行うことが大切である。

第六節　學習と指導

新しい教育においては學習を離れた指導は考えられない。指導は學習に即して行われるので、よりよき學習が行われるために指導が必要なのである。學習が行われるためには、必ず兒童の積極的な働きかけ卽ち動機がなければならない。例えば、跳箱を跳びたいという動機がなければ、跳越の運動は起らないのである。このような動機は外からつけ加えられるものではない。外から與え得るものは動機を觸發する刺戟のみである。運動意欲のない兒童を、强制的に跳ばせるようなことは、新しい教育においては最も忌み嫌うべき方法である。敎師は兒童が跳箱を跳びたいという運動意欲を起させるために、あらゆる努力を拂わなければならない。しかし敎師が直接動機を與えようとしたり、兒童に理解されない刺戟を與えたりすることは誤りである。運動意欲が高まると跳箱を跳び越そうという目標がきまる。この目標があまり高過ぎると仲々跳越せないし、又低過ぎると學習は直ちに終ることになる。指導者は兒童に合う目標を選んでやる必要がある。目標がきまると目標に到達しようとする行動がおこり練習が始まる。學習は行動が目標の手段になつた時最も効果的である。しかし跳箱を完全にしかも上手に跳越すということは、一定の練習過程を經て得られるもので、一擧に出來上るものではない。先ず跳箱に安全に乘ることからはじめて、踏切を覺え、助走をつけることが出來、だんだん手が前方へつけるようになつて、遂に跳越せるようになる。更にそれが思うように上手に跳越せるようになるには、繼續的な努力と、實行と可成の時間を必要とする。そのように熟練するまでの繼續的過程が學習なのである。したがつて學習前と學習後は嚴密には人間が變つているのである。跳箱の學習によつても、學習後においては跳箱を跳越せるからだになつているのであり、筋力や支配力の增したからだになつているのである。學習の完成した後においてはどれだけ進步したかを評價することが必要である。學習は人間變革の過程であるということも出來る。

動機が起り、學習が完成するまでの過程を自然のまゝにするならば、その學習は試行錯誤によつて進められたのである。學習の基本的形態は試行錯誤と言われているが、本當に手あたり次第やつてみることは、解決の方法が仲々考えられない時に限られるのであつて、一般的にはその事柄に對する豫想や見透しがあるのが普通である。この豫想や見透しは人間の學習を著しく短縮する。試行錯誤に於る學習の負擔を輕減するためには、學習するものの見透が可能であるということのみでなく正しい結果に達するようにあることが大切である。なんとなれば一度誤つた內容を學習して、それが絕えず繰返されることがあれば、誤つた定着の仕方をして後に其れを改めるには多大の努力を拂わねばならない。例えばゲームにおけるルールを間違つた覺え込みや運動の惡い癖の定着を改めるために、却つて新しく覺えるより大きい努力を要するようなことは、屢々經驗することである。更に體育運動に於て誤つた見透しをしたために、非常に危險をともなうことがある。例えば自分の腕力のないのにスピードをつけ過ぎて、跳箱から落ちて怪我をするような場合がそれである。しかも一度跳箱で怪我をすると、その運動に對する動機を起させることは非常に困難になり、更にその意識が強い場合には、あらゆる運動えの意欲もなくなつてくる。このような無駄な過程を節約するためには、初めに正しく學習をすることが必要である。この意味において、學習が正しく指導されることが重要なことである。特に學校は適當な體育環境をつくつて、生徒の學習が適正であるように指導し、學習が完成されたならば反復の機會を多く與えて、それを身につけさせることが大切である。體育の指導は正課の時間だけに止まらないで、課外の學習を重視する所因はこれがためである。

最後に知覺運動學習について述べてみたい。體育運動の學習は知覺運動學習によつて行われる。バレー・ボールにおいてパス・サーブを行つて敵の弱點へボールを打込む。このような運動はすべて事物を知覺する面卽ちボール・ネット・敵の弱點等と、筋肉運動卽ちパス・サーブ・タッチ等との結合から成立つている。それは刺戟反應の形式をとつているが、ある場合には知覺の方が優位を占め、或る場合には、反應の方が優位を占める場合がある。これは生得的反射的であることも多いが、感情や情緒或は意志や欲求を伴つて、これ等に動機づけられたとされるものもある。身體運動において技術を熟練するということは、知覺と筋肉運動との結合が適確敏速になり、むだな運動が陶汰されることを意味するのである。しかも同じ事態に直面するとその運動は自然にいつもきまつた形で出來るようになる。從つて運動の練習効果をあげるためには事物をよく觀察し、それに對する種々の運動を繰返すことである。また指導上考えなければならないことは、感覺器官の健全でないもの、筋肉運動の自由でないものに對しては特別の考慮が必要である。

第二章　指導の方法

體育の効果を充分に擧げる爲には、指導の方法の研究が大切である。如何に完備した施設や豊富な用具があり、如何に立派な教材があつても、その方法を誤るならば、その効果を充分に擧げることは出來ない。次にこの指導の方法に就て大様述べることにする。

第一節　指導の要領

第一項　物　語　式

これは特に低學年にのみ實施する方法であるが、想像作用が極めて盛んで模倣傾向の強いこの時期には非常に効果的である。この場合指導者は常に童心に一致し、教材は彼等の生活環境に即したもので、しかも嶄新なものでなければならない。この時期は又興味中心に何事も實施するのであるから、指導者は心に確乎たる体育的目的を持ちながらも、兒童は興味に追われて實施している中に、体育させられてしまつたという様な指導でなければならない。說話遊戲、模倣遊戲等は、この方法に依つて行われるのである。

第二項 誘導式

これは指導者中心の指導法で、模倣又は示範を示し、それを說明練習批正する方法で、新教材の指導や低學年の指導に於ては、仲々効果的な方法である。ことに場所が狹く用具も足らない場合や人數の多いときには、この方法を用いることが屢ば起るのである。

第三項 課題式

これは指導を行う場合、單に指導者の命令や號令によつてのみ運動させることなく、兒童に問題を與えて、工夫研究させつゝ指導を進めて行く方法である。これによつて兒童の學習的態度を養われ、又運動に對する興味を持たせることが出來る。

第四項 討議式

これは互に自由に意見をのべあいながら、批判し檢討して正しい結論を見出そうとする方法である。特に遊戯やスポーツの指導に於て、簡易な規則から技術の進步と共に、漸次複雜な規則に移る場合等に、この方法を用いることは極めて有効である。但しこの指導に於ては、指導者に充分な準備と計畫が必要である。問題の選定に於ては、兒童生徒の能力に應じたものでなければならず、又豫め討議實施迄に調査研究も必要である。唯指導者のみ行うだけでなく兒童生徒にも實施せしめることが望ましい。その方法として、數班に分けて夫々研究させる方法が考えられる。その場合には、兒童生徒が指導者に替つて討論の相手となり、指導者はその相談をうけるようにして、指導者の發言や意見が兒童生徒に影響を與え過ぎない樣にすることが肝要である。特に討議に於ては、兒童生徒の共同研究である以上、互に意見を述べる義務と責任のあることを理解させることが大切である

第五項　班別指導

新しい敎育理想のもとに、指導者中心の指導が兒童中心指導に、强制的指導が自發的學習に、受動的運動が能動的運動に轉換し、敎育の機會均等が叫ばれるようになつて來た現在では、指導の樣式も當然新しく考えられるべきである。その一が班別指導である。

班別指導は、いづれかの規準に從つて、全生徒兒童を幾つかの班に分けて學習指導する方法で、個性を尊重する自主的活動から見ても、機會均等の方面から見ても、又興味に就て見ても、體育指導の中心であらねばならない。かゝる方法で指導することによつて、概ね兒童生徒の能力に應し、且つ均等の機會を得させて、常に活動狀態におくことが出來得るからである。班別の方法には、能力に應じて分ける能力別と、各班の力を平均にする等力別等がある。鐵棒・跳箱の樣な個人的な種目に於ては能力別がよく、競爭的團體的遊戲スポーツに於ては等力別の方がよいのである。これらの班別指導を實施する場合に於ては、班長を定めて各々責任を持たせて熱心に實施させることが大切である。場合によつては指導の補助をさせることもあり、班長も逐次交代させる方がよい。班の固定期間は敎材の種類によつて違うべきである。これ等の方法は正課時間に行われる方法で、若し課外指導にあつて行う場合は、生徒兒童の希望によつて種目別に班を作ることが適當である。

第六項　一齊指導

一齊指導とは、全生徒兒童を一齊に指導する方法で、體操指導などには能率的だが、時に强制的指導に陷り易く、興味を缺く場合があるから、それ等を考慮して行うべきである。しかし各種設備の不足その他で班別指導が出來ない場合には、屢ば實施される方法であるから、その方法を研究工夫して、なるべく彼等の自發性興味性を損ねない樣にすることが大切である。新教材を指導する樣な場合には行い易い方法である。實際指導には班別指導と混合して實施する場合が尠くないので、全生徒兒童の氣分の統一指導能率上極めて効果的な方法である。

第二節　指導の段階

體育の指導に於ては、決められた時間に學習すべき材料を、生理的・心理的方面から考察して合理的に配列し、成るべく有効且つ興味多く、容易に行い得る方法を用いることが重要なことである。その代表的な指導段階として瑞典・獨逸・丁抹等で行われたものがあるが、いづれも準備運動、主運動、整理運動の三段階に分けることが出來るのである。この段階は練習過程を便宜上分けられたので、劃然たる區別のあるものではない。

第一項　準備運動

準備運動は、主運動に對する心身の準備である。運動の實施に當つては初めから急激に行うことは、その能率を低下させる許りでなく、甚しくは身體を害することさえある。從つて先づ生理的方面では準備運動によつて、内臓機關に適當な刺戟を與えて呼吸循環の作用を促進させ、且つ神經活動を旺盛にさせて、主運動の實施に遺憾ないように準備するのである。又心理的方面では、これによつて運動への意欲を喚起し、注意の集中、反應の敏捷、正確さを起さしめるのである。

從つて準備運動は、主運動の强度によつて異なるが、一般に餘り强度のものでなく、誘導性のものでなくてはならないので、徒手體操や簡單な遊戯がよく實施されるのである。場合によつては主運動の基礎技術の中基礎的なものや既習のもので、比較的運動量が輕度なものが擧げられることもある。準備運動としての徒手體操は度を過して主運動の興味をそがない様にすることが必要である。又兒童生徒の心身の狀態をよく觀察し、既にこれ迄に相當な運動が爲されている場合には、形式的にこれを實施する必要は勿論ないのである。準備運動の量は、兒童生徒の現狀、前時間との關係、主運動の性質、分量、季節、天候等に應じて適當に加減せねばならない。

第二項　主運動

主運動は名の如く指導の中心であつて、身體の發育發達を促し、健康を増進し、精神を陶冶するものであるから、充分な計畫のもとに存分に實施すべきものである。主運動に實施さるべき教材は、遊戯スポーツ體操ダンス等である。主運動に實施する教材の數は、その教材の性質によつても異るが、低學年に於ては興味の持續が困難であるから、一般に二つ若しくは三つ位が適當であり、高學年になるに從つて減少せしめて行わなければならない。

第三項　整理運動

これは、主運動によつて高められた呼吸・循環等の生理作用をなるべく速に常態に復歸せしめ、亢奮せる精神を沈靜させることが目的である。これに適する教材は、比較的緩除な、そして呼吸が容易に整えられるもので、徒手體操の中比較的輕度なものが適當である。これが指導にあたつては、その目的に合し强度に亘らぬ樣實施することが必要である。

第三節　指導の順序

一つの教材を指導するに當つては、指導の本質、その方法、單限の指導階段等を考察して、學習指導の順序を考究すべきである。

第一項　目的指示

目的指示とは、一教材を指導する場合に、その目的を明確に示すことである。目的を明確に知ることによつて、兒童生徒はそれに對する意欲を起してくる。自發性を强調する現在の敎育法に於ては、先づそれに對する意欲を起す事が肝要である。その意欲は更にその實現への計畫に迄彼等を導くものであるから、身體的並に精神的目的を正しく與えられなければならない。身體的方面では身體諸機能の向上、機敏、器用、持久力等が、その教材の特質によつて示され、精神的方面では、スポーツマン・シップ、フェーヤ・プレー、協力、服從、克己等が說明されねばならぬ。稍もすると、兒童生徒は興味にのみ走り、勝敗に捉われ、好ましからざる性格を形成する恐れがあるので、この必要があるのである。

第二項　說　明

運動の目的を指示し、その運動の要領を說明することは、新教材の指導を能率的にする方法である。その說明に當つては、正確にしかも簡潔にすることが大切である。又兒童生徒の發達狀態に適應する如く、最も解り易く行われなければならない。その順序や用語等にも、充分の準備が必要である。運動の實施を急る兒童生徒に對して、要領の全部を說明することは愼しむべきことで、時には分節的に說明し、充分聽取した後に實施に移るよう習慣つけることが大切である。

第三項　示　範

示範には、分解的示範と、綜合的示範とある。いづれにしても確實、明快に行うことは極めて大切なことである。實踐を主とする體育指導に於ては、指導者の正しく示される示範は、彼等にとつて絕對的であり、その運動練習への意欲と興味とは一段と高まるのである。發達過程にある兒童生徒には、その程度に應じて適切に行われなければならない。特に體育的劣等兒に對しては、誘導的示範が考えられる必要がある。示範で注意すべき點を擧げるならば、第一に正確な動作、第二に全員の注意の集中、第三に觀察の要點を示すこと、第四に示範の位置選定等である。

女子の指導者に於ては、男女共學の場合に、男子の教材示範を正確に示すことが困難なことがあるかも知れない。然しその場合に、少し位不正確であつても實施する方が、望ましいことである。兒童生徒と一緒にやる熱意が彼等の心情に映じて、彼等の信賴を得、又正しい意味に於ける權威を持つことになるであらう。場合によつては、優秀な兒童生徒に實施せしめることも効果的方法である。それは敎師の不確實な示範よりも効果的であると言ふ意味許りでなく、程度の差が少いために運動意欲を高めるので、示範の出來得る場合でも屢ば實施されることである。

第四項 練習

體育の學習指導の主體は練習である。体育の練習に於ては出來るだけ自主的に實施せしめる事が必要である。自主的に實施するところ、そこに興味が湧き、運動意欲が旺盛になるのである。身體練習に於ては、先天的素質が後天的影響に對し優位を占めているので、この點に對する細心の注意が必要である。それには劃一的に全員に對し同一技術を要求することなく、彼等の現狀に應じ、個別的に實施せしめて、技術の熟達に對して進歩の程度を明かにしつゝ指導せねばならない。體育の練習の順序としては先づ模倣から入り、反復體習によつて高度な領域にまで達せしめる樣指導することが必要である。

第五項 矯正

運動の矯正は、その運動を正確に且つ効果的に實施せしむる爲に行ふもので、全般的矯正と、個別的矯正とがある。全般的矯正とは、兒童生徒の全體に通ずる缺陷を矯正する方法で、個別的矯正は、個人の缺點を矯正する方法である。第一に大きな誤を先にすること、第二に一時に一事を矯正すること、第三に矯正の重點を明瞭にしかも簡潔に示すことである。尙生徒相互は矯正し合う樣にさせることも、指導者の矯正と共に重要な事であり、彼等に自主性を持たせる點に於ても極めて必要なことである。

第六項　批　評

運動の練習の後で、その運動の成果に就て批評することは大切な事である。指導者の僅かな批評が、今後の練習に決定的役割を持つ事も屢々あることである。批評は單に指導者のみに限ることなく、生徒相互の批評も極めて有効な場合が甚だ少くないものである。いづれにしても一教材の指導に當つて、練習を主體として目的を指示し、その要領を説明し或は模倣なり示範なりを示して、專ら練習批正を試みた後に於て、その熟達の程度を反省し、精神的な感激を相語つて、達成すべき目標へ漸進させるべく批判することは、學習指導の完結する點から極めて必要なことである。

第三章　指導の計畫

體育を最も効果的に實施する爲には、先づその地方、その學校の實狀に應じた適切な指導計畫が作成されなければならない。學校體育指導要綱に示された教材は、全國何れの地方でも實施すべき極めて總括的なもので、これを地方の狀況卽ち溫暖地方、寒冷地方、雨屑の多い地方、一般人の體育に對する關心の多い地方、少い地方等の情況、又學校の狀況卽ち体育館の有無、運動場の廣狹、體育資材の多寡、學徒の體育的長所短所等の情況等を考慮して、計畫が作成されなければならない。この指導計畫は一年を通じて實施さるべき敎材を配當せる指導細目と、日々實施する指導案からなつている。

第一節 指導細目

指導細目は、その地方その學校の實狀に應じた敎材の配當であつて、指導方針と敎材配當からなつている。

第一項 指導方針

指導細目の立案實施に際しては、學校の指導の方針と相俟つて、體育自體の指導の方針と、學徒の體育的長所、短所、特に短所と思われることを明記し、指導の重點を明らかにすることが大切である。而してその地方の季節、天候等の特徴を考慮し、設備の狀況指導敎官の特長等を洞察して、玆に指導の方針が確立するのである。

第二項 敎材配當

指導細目の中心は敎材配當である。この敎材配當に當つては、先づ第一は區分の問題であるが、學期別による區分、季節別による區分、月別による區分、更に週別による區分等が考えられる。要は最も役に立つ、使い易いものでなければならないから、夫々の學校の實狀に應じ、最も實施し易い樣に決定すべきである。第二は方法の問題であるが、循環漸進の方法によるか、運動毎に完結する方法によるかゞ問題である。循環漸進の方法をとると、夫々の運動に眞の興味を喚起し、相當の技術を獲得することが困難であり、運動を完全に習熟する方法であれば、さきの缺點は補われるが、指導が單調になり易い傾向がある。原則的には、低學年には循環漸進の方法で實施し、長ずるに從つてその運動が熟達するまで行う方法で進むべきものである。しかし更に上級の學校に於ては、學徒の自發的意志と、學徒の身體的精神的特質に應じて、個々の身体各種測定の結果を參考にして、全學級を數班に別けて實施する班別實施の配當表が立案さるべきである。次は敎材選擇の方法である。先ず要綱に與えられた敎材を季節に應じ分類せねばならない。各種スポーツに適するシーズンを擧げるならば次の如くである。

スポーツに適するシーズン表

種目	季節
水泳	六月中旬—八月中旬
ベースボール（ソフトボール）	三月中旬—十月中旬
バスケットボール	九月中旬—三月中旬

バーレーボール	九月中旬—十二月	
サッカー	八月中旬—十一月中旬	
ラグビー	九月中旬—二月中旬	
すもう	六月中旬—七月中旬	
ホッケー	三月中旬—五月中旬	八月中旬—十一月中旬
ボートレース	三月中旬—五月中旬	八月中旬—十一月中旬
スキースケート	十一月中旬—二月	
陸上競技	三月中旬—七月中旬	九月中旬—十一月中旬
テニス	三月中旬—七月下旬	
器械體操	三月中旬—七月下旬	九月中旬—十一月中旬
登山	五月中旬—七月中旬	

身心の發育や發達の旺盛な兒童生徒にとつては、各種の運動を體驗せしめて個性を各方面に伸長させなければならない。季節によつて我々の生活にも餘儀ない變化があるように、運動の實施についても季節によつて當然變化がなければならない。それ故に前記の表を參考に教材の配當をすることが大切である。

次に設備、學級の人數、學級數と體育館使用の問題、運動場運動用具の使用方法等も考慮に入れねばならない。更に兒童生徒の熟練度によつても、時間の配當、指導內容等に考慮を拂わねばならない。特に循環漸進の方法による場合は、指導內容の檢討が大切である。教材選擇にあたり運動形式を發達段階に合わせる様にし、同一教材でもその方法に於て高學年と下學年では指導內容が相違して居らなければならない。又豫備調査を充分して彼等の技術、知識、熟練度、態度等の發達狀況を良く知つて配當することが大切である。又正課の配當は基礎的な教材を、課外の配當は、兒童生徒の選擇するものに重點を置いて配當することが必要である。衞生は理論と同時に實踐事項にも顧慮を拂いつゝシーズンに合う樣になるべく配當することが大切である。其の他體育行事、鄉土的色彩をもたせる事も配當上肝要なことである。

第二節　指導案

指導案は指導細目に基く日々の指導過程で、一單限に指導すべき教材に對する目的、指導段階、指導上の注意等を記載したものである。

第一項　教　材

先ず最初に其の時間に實施すべき主要教材を擧げなければならない。これは所謂主運動となるべきもので、他教科に於ける題目に相當するものである。他教科に於ては、その題目が教材の內容の全體を明かに示しているのであるが、體育の教授に於ては、他に準備運動や整理運動も擧げられるので、題材として揭げられた教材は、本時の主要教材の內容を示すに過ぎないことは他教科と異なるところである。

第二項　目　的

目的はその時間全體の目的と、主要教材の本時の目的を、形式的方面と、内容的方面とを記載するので、飽くまで具體的に記述することが大切である。稍々もすると、この目的が抽象的な空虚な目的になりがちであるが、季節、天候、學校の設備情況、學徒の現狀に應じ、本時に實際に實現すべき具體的目的を記載すべきである。

第三項　教　材　觀

こゝに於ては主要教材の目的、教材の系統、指導段階、本時の指導要領の四項目を記載して、教材の持つ特質を學理的に且つ具體的に述べるのである、しかもそれはその教材の特質から演繹して、その時間に實施する部分の目的要領を身心兩面から具體的に述べるのである。從つて教材の進度もこゝに記載して本時の實施要項を明かにすることが肝要である。

第四項　兒童(生徒)觀

此處では、兒童生徒の身体並に心理的特質を具體的に記載するのである。卽ち學級全般の氣分、體育に對する關心度、健康狀態、肢體不自由者、體育的劣等者の狀態を記載するのである。

第五項　指　導　過　程

ここには、本時に實際に行われる過程が記載されるのである。準備運動、主運動、整理運動の順序に各運動に對する教材と所謂時間と學習活動と指導上の注意とが記載されるのである。教材の欄では、本時に實際に指導する教材の種類を擧げ、學習活動の欄には教材の要領と生徒が如何に活動するかを豫想して、その指導法を記載するのである。これは生徒中心の指導としての新しい試みで、生徒の活動面に對する處置を慮つて記載し、指導の適正を期する爲めである。指導上の注意は、本時に行う運動で陥入り易い要領を成る可く具體的に記載して、その弊を除去するためである。用具の欄を設けるときは、その上欄とし、然らざる場合は、その名稱員數等をこの欄に纒めて記載することが望ましいことである。次に指導案の一例を示すことにする。

體育指導案

東京都文京區立第〇中學校第一學年三組　指導者　多野寅吉 ㊞

昭和二十三年二月八日第三時限於運動場

一、教材　バスケット・ボール

二、目的　シート・パスの技術の向上をはかり、同時に注意力正確性を養成する。

三、教材觀　一、基礎技術特にパス・シートの技術が良く出來ないと、試合に興味が出て來ないから、この指導に充分時間をかける必要がある。

二、機敏な身體と活ぱつな心の働きを養成するのに良い。

三、進度、總時間十二時間の中本時は第三時

一時―三時　パス・シートの基礎技術及びこれにもとづく競爭遊戯

四時―　規則の説明

五時―六時　基礎技術と簡易な試合

七時—九時　試合
十時—十二時　作戦と試合

四、生徒觀

一、總員四八名（男子）　長期缺席者一名　病後者一名　機敏性を缺く者三名
二、素直で元氣旺盛である。
三、バスケットの技術が向上せず興味を持つていない者が約十名ある。
四、自主的に實施することを喜ぶ。

五、指導過程

	教材	時間	學習活動	指導上の注意
準備運動	一、徒手體操（B） 主要指導教材 （一）腕の上下振脚屈伸體前後屈 （二）體の廻旋	五	指揮をする者は責任を感じ熱心にやるようにする。	一、各班毎に實施せしむ（四ケ班） 二、指揮者三名交代せしむ 三、主要指導教材は、指導者が特別に行う
	二、走二〇〇米	2		
主	バスケット・ボール （一）縦列パス	五	キャーリングをするものがあるだろう	一、ボール四個準備 二、1要領 ○○○○ ↗ ○○○○ ↓ キャーリングに餘り拘泥せず温くなる迄實施する
	（二）チェスト・パス	一五	肘の開く者があるだろう 距離のとばない者があるだろう	三、2の要領

運　　動	整理運動	備　　考
（三）シュート競爭	徒手體操（C）	一、準備運動の前に、約二分間で目的を指示し、健康狀態を觀察し、必要に應じこれが指導をなす。 二、整理運動後約三分反省を爲す。特に本時は注意力に就て。徒手體操は豫め組合て置く。 三、雨天の場合は、體育館にて實施する。
一〇分	三分	
喜んで行うだろう 負けたものが文句を言うかもしれない		
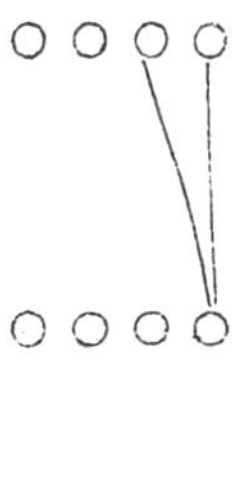 正しいホームの指導に重點を置く、よく出來ない原因に對し討議する 四、3の要領 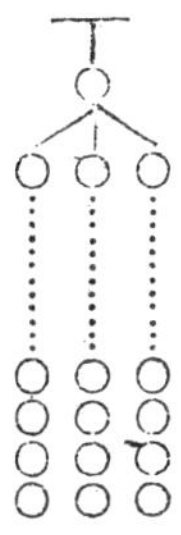 班の對抗 五、3に於て勝つた理由、負けた理由を考えさせ、それによる指導をなす	六、練習を中止させその場で指導者の方を向かせて實施する	

第三節　指導略案

前記の指導案は、全過程を詳細に記載してあるので、實際の毎日の授業にこれを作ることは時間と勞力から見て不可能である。從つてこれは研究授業その他ことある場合に作るべきものである。毎日作るものはもつと簡單にした略案が作らるべきである。これに記載すべき事項は、要領・指導所感・連絡の四項目である。要領にはこの時間をどんな要領でやるかを具體的に記入し、指導は指導內容を記入する。特にこの案の特徴は、所感を記入し、又各項に實施した後に具體的事實と、次の時間への連絡を記入することである。大さは半紙八つ切り位の紙で充分である。

第四章　指導上の注意

第一項　愉快な指導

指導者は常に生徒が樂しく運動に沒入出來る樣創意工夫する事が肝要である。樂しさの伴はぬ運動は一種の苦痛である。例え身体的に效果をあげ得てもそれは微々たるものである。何故なれば授業以外の場に於て、進んで運動しようとする自主的な意欲が喚起出來ないからである。まして体育の目的である人間性の發展は到底生み得ない。明るい日本の建設は明朗な國民の養成に基礎づけられると云つても過言ではあるまい。此の明朗性は樂しく運動する事によつて最も効果的に修得出來るものである。

一、指導者は、生徒に對し深い愛情を持ち、明朗な態度で授業に臨むこと。
二、生徒に注意する時は、興奮したり、威壓的であつてはならない。
三、敎材は、生徒の身心發育狀況に適應したものを選擇し、かつシーズン制を考慮すること。
四、小中學校に於ては、隨時生徒の良き運動相手となり、彼等の氣持を引き立ててやること。
五、球技の試合は、シーズン中固定した班別（大体力が平均する樣生徒に組分けさせる）でさせるがよい。
六、陸上競技は一齊指導に流れる事なく、班別練習（短距離班跳躍班等）を多く取り入れること。
七、高等學校以上でスポーツの審判は、生徒同志で行う事を本体とする。其の爲審判法を敎える。
八、用具の準備は用意周到であること。

第二項　人間敎育

体育は人間性の發展を企圖する敎育であり、單なる技術的訓練に終るものではない。魂の觸れ合う人間敎育は、生徒が心より指導者を信賴して始めて可能である。それには指導者は敎材に對する正しい學理と之を實踐する能力と技倆を持ち、特に道德的な修養を怠つてはならない。

一、性格調査其の他の方法により生徒の個性を熟知し、特に粗暴・無責任・不正直・非協力等の性格を持つ生徒に留意し、深い愛情をもつて善導すること。
二、消極的・內向性の生徒には、特に言葉をかけてやる機會を多くし、時折責任ある立場に立たせる。
三、班別の際には、班長・副班長を定め、Leadership の涵養に努める。
四、競爭遊戲では不正な方法で行い得る隙を與えぬ樣競技方法及び取扱い方に注意し、且つ勝敗の判定を誤らぬこと。
五、スポーツでは、競技規則を嚴守させ決して不正を見逃さぬこと。
六、眞面目に努力するにも拘らず技倆の進步遲々たる生徒には特に留意し、僅かの成功進步でも之を稱讃してやること。
七、禮儀、親切、服從、協同等の躾を常に行うこと。
八、鍛練的な面を充分に取り入れること。
それは生徒に無理に押しつけるのでなく、生徒自身が喜んで自ら鍛練するように導くこと。
九、指導者は勝敗に囚われる事なく、Fairplay の面を重視し、競技の講評を行う際には敗者と雖も最善を盡したことを認めたなら之を稱讃してやること。

第三項　動的指導

特別の意圖で取扱う場合以外は、指導は動的でなければならない。卽ち終了後全員に輕い疲勞感と運動に對する滿足感とを與える樣に工夫すべきである。

一、說明は簡略にし、成可く示範を以て短時間で正しい要領を會得させること。

二、スポーツの敎材は、簡單で要領を得た基礎的練習の後總合的練習に入り、之に主力を注ぎ其の間に於て隨時基礎的練習を深めて行く指導法をとること。

三、一つの敎材を重點的に取扱い、反覆練習させること。

四、個人的に注意を與える際に全體の運動を中止させないこと。

五、全員が常に運動している狀態を本體とし、人員・用具・運動場等の條件により之が不可能な場合でも、よく研究工夫して生徒が運動せずに居る時間をなるべく尠くすること。

六、寒冷時には隨時採暖運動を取り入れ、生徒に寒さを覺えさせぬ樣努めること。

第四項　健康敎育

體育中大きな分野を占むるものに健康敎育がある。之は自分で自分の健康を最高度に維持する理論と之を日常生活に具現する實踐力とを育成するにある。

一、小學校で運動と衞生の實踐を通じて運動を愛好し、淸潔・薄着等の良習慣を體得させ、僅かに理論を加える。學年が進むに從つて次第に理論的方面に力を入れる。

二、姿勢及び歩行について正しく指導すること。
三、虚弱者及び事故者を慢然と見學させるのは効果が無い。其の程度に應じて輕い運動をさせるか、又は體育場の一隅で教育的な遊戯をさせて之等の生徒にも樂しい時間となる樣工夫すること。
四、結核については特に留意し、陽轉者は定期的に校醫の診斷を受けさせる。
五、社會人となつてから容易に實行出來るように、徒手體操及び少人數で出來るスポーツの種目を指導して日常生活に取入れさせること。
六、家庭と連絡を密にし、學校と家庭が一體となつて生徒の健康增進に努めること。
七、健康的生活に關する諸知識を、小學校では繪畫又は判り易いグラフ等の揭示で行い、上級學校では科學的に教育すること。

第五項　安全教育

運動には相當危險性を持つ種目がある。然しそれは指導法及び取扱方を注意する事によつて大部分は防止出來るものである。又運動によつて養成される體力・氣力・機敏性等によつて日常生活に於ける生命の危險性を守り得るものである。指導者は此の二點に着眼せねばならぬ。
一、準備運動を必ず行い、且つ緊張して運動する習慣をつけること。
二、用具の點檢及び手入れを忘れぬこと。

三、成功を急がず漸進的に指導し、かつ困難な動作を伴う器械體操の如き運動には熟達するまで幇助者をつけること。

四、スポーツの指導を重視して、速度感距離感及び機敏性の養成と、不慮の災難に善處出來るようにすること。

五、水泳は良い運動であるが同時に萬一の際に生命の危險があるからその危險を逸脱出來るよう訓練を怠らぬこと。

第六項 現實即應

體育の指導は現實に即應して行わねばならない。現狀を無視し理想を追うのみでは效果を擧げる事は出來ない。

一、用具の不足は創意工夫を以て補なう。

蹴球のゴールは竹棒で代用し、排球のネットは繩を數條張つてネットの實感を出し、ソフト・ボールは排球のボールの廢品で作り、卷尺は、竹・棒・綱等に目盛し、鐵棒は長さ二米位の竹棒を二人に支持させる。それで蹴上、巴の動作位までは可能である。走高跳の用具は、二人に綱を持たせる事により支柱・横木無しでも出來る。砂場は、砂を入れることが困難ならば授業の都度よく掘起せば砂がなくとも使用出來るものである。

二、運動場を無駄の無い様に活用する。又校外の利用も考えること。

三、實態調査・考査及測定等によつて生徒の身心の短所を知り、その矯正に努めること。

第五章　體育管理

體育管理はこれを體育の對象である人の管理と、體育を實施するに必要な物の管理とに分けることが出來る。又これは學校に於ける學校體育管理と社會に於ける社會體育管理とに區分される。

第一節　學校體育管理

學校は一般社會と異り學徒を教育する場であり、未完成のものを對象として、これを完全なものに迄高めようとする教育的場である。從つて學校に於ける體育は、大きく個人の完成を目的とする教育目的を體育の面より實現するものであるから、從つて學校に於ける體育管理は非常に複雜な様相を呈しているということが出來る。

第一項　學徒の體育管理

學徒の體育管理は、これを健康管理と體育による教育管理の二つに分けることが出來る。學徒の健康管理は、更にこれを積極面である運動管理と消極面である衞生管理（保健管理）とに區分することが出來るのである。

一、運動の管理　學徒の運動の管理は、學校の體育指導機關に依つて行われると共に、學友會・校友會等の學徒の自治組織によつて行われなければならない。正課の體育授業は（體育課―體育課なきところは教務課等）の管理のもとに體育指導者によつて實施され、課外の體育は直接的には學友會の管理のもとに間接的には體育課（體育課なきところは厚生課等）の管理のもとに、自治的に實施されるのである。學徒の運動管理は、體育的實態調査に依つて學徒個人の健康狀態・缺點・興味等を正確に悉知して、健康の保持增進の爲めに適切な運動を實施するのである。

次に土地の狀況學校の現狀に應じた體育計畫が立案さるべきである。正課の體育運動は、廣く各種目に亙つて實施し、課外の體育運動は、個人の身體狀況興味等によつて一つのものを深く實施出來る樣計畫すべきである。特に餘り健康の優れていない者と體育的興味の薄い者に實施されるように計畫して、全般的に體位の向上を圖ることが必要である。運動會・校內競技會・校外競技會等の體育行事は、出來得る限り各健康層の者が夫々愉快に實施される樣計畫される必要がある。これ等の運營は生活を主體として體育教官指導のもとに企畫されて、施設・會計・指導等の一切の責任をもつべきである。更に學校側に於ては校長を中心とし體育教官及幹部教官を以て組織する體育審議會が組織され、學徒の體育活動を廣く學校教育の面から檢討し、その方向を誤らしめない樣指導すべきである。

學友會運動部は學徒自治活動の中心であり、學校の傳統・校風の樹立の源泉でもあるから、これが組織と管理には細心の注意を拂つて、校外的交渉に遺漏ない許りでなく、校内に於ては選手以外に唯スポーツを樂しもうとする者達の爲に常時運動の出來るような機構が出來て運營されたならば、體育の管理は理想的である。兎に角學徒にとつては一週僅か二三時間の正課の體育で體育効果を期待することは困難なことであつて、學徒の眞の體育は課外體育の適切な運營管理によつて始めて實現出來ると言つても過言ではあるまい。課外體育には放課後の時間が最も多く利用されるが、その他授業開始前や、業間の僅かな時間を利用することも考えられなければならない。體育施設用具の乏しいわが國の現狀に於ては、學校以外の廣場・公園・山野・河川・海濱等を廣く利用する樣に心掛けることが大切である。また機會均等の精神から全員參加の組織を考慮し、運動場・用具その他の使用日程を詳細に作成しておくことが必要である。殊に男女共學の場合男女の使用日程等も考えなければならない。

體育に於ては自主的、個性的實施が特に必要なのであるが、正課に於ては廣く基礎的なことに重點が置かれて指導されるので、各學徒の體力や技倆に應じた體育は課外にこれを行わなければならない。課外に於ては正課に於て學んだ基礎に基いて、各自の體力に應じた種目を自由に選擧し各個性に應じてその實施方法を工夫しつゝ、自己の素質を伸して行くことが出來るのである。課外體育に於ては體力技倆の劣つている學徒の爲に保健的指導も考慮されつゝ代表選手の養成に當るべきである。これが爲には選手と一般の練習時間等の區分が定められる必要がある。課外體育の指導者は、原則としてはその學校の體育教官及び運動に趣味のある他の教官が當るべきであるが、その他先輩や對外選手の Coacher Trainer も指導者として考えられる。この場合には技倆のみならず、特に人格の點に於て考慮し適當な人を選定することが必要である。稍々もすると勝たせることにのみ熱中し、學校の教育目的に反する行動を爲す恐れもあり、好ましからぬ性格を學徒に植えつける結果ともなる。特に女子の學校に於ては、風紀上の問題にも關係することであるから注意を要する。

次に對外試合に就ては、その運營に就て充分の研究が必要である。選手生活による學力低下の問題、健康を害する問題、經費の問題等種々の問題があるが、これが管理は何れも學校體育運營上重要な問題である。幸に健康と技倆に惠まれて居る者の爲に積極的指導と援助が與えられ、いやしくもこれらの問題の爲にその行動を阻害することのない様にしたいものである。その爲には、主催者、出場者、參加回數、練習期間、時間、經費應援その他について關係團體と充分協議することが必要である。又選手は本人の意志、健康、年齡、操行、學業その他を考慮してその都度決定することが理想である。特に女十の參加に就ては教育的考慮を拂い、規則は原則として女子規則を採用することが肝要である。

小學校の對外試合は獨自の教育的效果もあるが、疲勞の問題、經濟的負擔過重の問題等があり、又兒童に過度の責任觀念や極端な感激を與えて、彼等の心身によい影響を與えない面もあるので、原則としては行わないことになつている。なお、行う場合には單に選手の技倆のみによらず、學業成績、生活態度、健康度等を充分考え、又、場所、試合回數、時期、經費、選手資格等に關し、關係學校と充分協議することが必要である。なお、相手校は選手選定標準の高い品位ある學校を選ぶべきである。

中學校の對外試合も、彼等の時期が發育途上にあり、大人に比し非常に不安定であり、持久力もまだ不充分であり、身體各部の協調能力も十分發達していないから、特殊の鍛練が要求され、過度な責任觀念を伴う對外試合はあまり奬勵すべきではない。實施する場合には少くとも前に述べた諸注意を考慮しつゝ、宿泊を要しない範圍に止めることが適當であろう。又稍々もすると生徒の要求よりは、指導者や父兄その他の者の名譽心や趣味などによつて利用されることが多いので注意を要する。校內競技については、これは出來るだけ多く實施し、奬勵する必要がある。これが管理については校友會運動部の校內競技委員を中心に計畫せしめ、正しく行わせることが必要である。運動場は每日何等かの校內競技が行われ、その顏ぶれは每日變つている樣であれば理想的である。競技會の形式は、學級別・學年別・科別・通學區別・出身地別・出身校別・寮別等が行われ、種目は各種スポーツが考えられ、規則は夫々の體力・技倆に應じ規則作製委員によつて作られ League 若しくは Tournament 式によつて實施し、Tournament の場合負け組の Tournament も考えられ、運動部選手が（校内競技には出場しない）――審判し進行し世話する様にしたいものである。

課外の體育に於ては單にスポーツのみならず遠足、海水浴、登山、魚釣り等も行われることが望ましい。

次に体育の管理の面でシーズンの問題を考慮する必要がある。年中限られた同一運動を繰り返していると身體的にへんぱな發育を促し、精神的にもへんきような人間を作ることになるから、シーズンによつて練習種目を變えさせる様にする必要がある。斯くすることによつて、氣持よく又練習が過度にならず、又多くの種目をやる爲に趣味を深くすることが出來るのである。練習の爲の運動場もシーズンのものにゆづる様にすれば、夫々のシーズン中に充分に實施することが出來る。この點に關しても積極的な管理が必要である。

二、衞生管理　學徒の衞生管理は先づ精密なる身體檢査を基礎として實施されなければならない。身長・體重・胸圍・脚長等の形態測定・筋力・心臟力・呼吸力・支配力・迅速力・榮養等の機能測定・走力・跳力・投力・懸垂力等の運動能力測定が實施され、これによつて學徒の健康狀態を個人的に又集團的に調査され、更に醫師による健康診斷によつて精密に檢査され、こゝに具體的衞生指導の方針が確立するのである。

學徒の健康管理特に衞生管理は、單に校醫や衞生擔當教官にのみまかせらるべきものでなく、全校の教官が協力してこれに當るべきものである。體育教官、學級主任等は學徒の健康狀態に細心の注意を拂い、學徒の健康に對する異常を早期に發見し、これが指導の徹底を期さなければならない。これが爲には精密なる体育簿を準備する必要がある。兎に角健康は人間の生命に關する最重大問題である。ところがこれ迄の學校教育に於て身體に關する面の配慮が非常に缺けて居つたことは、日本教育の一大缺陷であると斷じても差支ないと思う。

次は衞生思想の涵養の問題である。これは勿論授業として教育されるべきものであるが、更に衞生思想普及の爲の衞生講演會、映畫會、展覽會、衞生文献の配布等の計畫を立て、且つ健康診斷を頻繁に實施し、疾病の早期發見又は健康相談の機關を設けて、積極的に衞生指導を實施することが緊要である。

更に寄生虫の檢查・ツベルクリン反應の檢查・レントゲンの撮影・血液沈降速度・血壓・脈膊の回復度等の檢查を實施して、早期治療が出來得るように衞生行事豫定に記載され、確實に實行される必要がある。

第二項　體育施設の管理

體育はこれに要する施設なくしてその效果を擧げることは出來ない。如何に優秀なる指導者なり學徒なりが居つても施設なくしては如何ともすることは出來ない。

體育を完全に實施するには、この施設の充實とこれが管理の徹底が絕對に必實である。これが爲には管理責任者を定め全學徒を對象に計畫を立て、運動場・體育館の使用日程を編成し管理の徹底を期さなければならない。

イ、運動場　運動場は生徒の數にもよるが通常最小限度一萬平方米を要し、四百米のトラックが出來、且つフィールドとコート地區を分けることが理想である。それ等の設計基準によつて作られた運動場は、排水よく、砂塵がたゝず、瓦礫が無くて、常時授業が愉快に實施出來得ることが大切である。

バスケット・バレーボール・テニスのコートは、學級指導が充分に出來得るだけの設備があり、而もネットも常に張られ、ボールも充分にあり、砂場には充分砂が盛られ、高跳のスタンドやバーもあり、低鐵棒も高鐵棒も完備しておれば、誰もが運動意慾も起さずには居られまい。體育器具置場の中には跳箱・マット・ハードル・デスカス、ジャベリン等が整然と並んである。更に運動場の周圍には一面芝生になつて横になつても土一つつかず、しかも公孫樹やプラタナスが心良い日蔭を作つてくれる様なところなら誰でも勉强の疲れをいやしにテニスでもやるに違いない。H型に青空にくつきりと立てている Rugby の Goalpost の先きには、初夏のちぎれ雲が若人の觀喜を象徴するかの如く浮んでいる。このような施設を是非持ちたいものである。

ロ、體育館　體育館は先づ採光・換氣・音響等を充分考慮して、バスケットやバレーボールのコートを豫想して高さ八米面積四五〇平方米程度の設計が必要である。更に移動式鐵棒・横木・肋木・吊環・吊繩・照明設備が設備され、附屬室としては體育敎官室、體育器具室、體育講義室、衞生室體育圖書室、脫衣場、洗面場・足洗所 Shower 室、便所等が必要である。又體育館には Parallel Bar ピンポン臺・ピアノ・鏡・黑板・揭示板等も必要である。窓硝子はボールで破れない網ガラスにしたい。これが管理としては先づこれを清潔にすることである。それには掃除道具が充分に備えられ、掃除の分擔も適切に爲される必要がある。更に體育館專用の運動靴を使用せしめる事が大切である。器具器械は常にあるべきところに整理され、正確な員數表に依つて常に整備狀況が點檢されなければならない。なお他團體に貸す場合は使用規定を設けて紛失のない樣に充分な注意が必要である。

ハ、プール(Pool)　プールの管理は生命に對する管理と淸潔に對する管理とが必要である。管理の不充分の爲に溺死した例も稀れでないのであるから細心の注意が肝要である。又淸潔に關する管理に於てはシヤワーの設備・水の淸潔の爲の消毒・交換等が必要である。又多數の學徒を入れる爲にそれに對する管理が必要である。脫衣場に對しては盜難・風紀等に關し特別の考慮の拂わねばならない。又他團體に貸す場合の規定も作つておく必要がある。

ニ、體育用具　體育用具は何れも學級指導に必要な員數を記入し、常に破損・紛失等の調査が爲され、直ちに使用される樣管理されていなければならぬ。特に破損せる器具は不慮の傷害を惹起する原因となるので充分な注意が肝要である。各種のボールは常に空氣が充分入つて何時も使用出來る様準備しておくことが必要である。

ホ、體育資料　體育資料の管理も科學的體育指導を實施する爲に非常に大切なことである。凡ゆる方法の測定によつて學徒の體育資料は最も見易い樣に整理され、圖表に出來るものは圖表にされておくことが便利である。又體育關係圖書も出來るだけ廣く集め、理論・技術・指導・衛生等に正しく整理してあることが必要である。

第二節　社會體育管理

社會體育は一般社會人を對象とする爲、學校體育とはその性格が大分異つて來る。勤勞しつゝ體育を實踐するのであるからレクレーション的な傾向が非常に多くなる。しかしスポーツの各々に於ては學徒以上に精進する一部グループも存在する。又保健衛生の面では、公衆衛生及び醫療的方面に大きく關係を持つてきている。

第一項　運動の管理

社會體育は先づ體育施設の完備からである。手近に運動場と體育館が設備される必要がある。其の爲には大きなものが少數あるよりは小さくとも數多くなる事が肝要である。そして其處には夫々專屬の管理人と、指導者が當り、體育設備が豐富にしかも直ちに使用される樣に整備される必要がある。特に一般社會人は極めて僅かな時間を利用して體育を實施するのであるから、使用に不便であつたり手續が面倒では駄目である。次に各種スポーツマンが夫々にクラブを組織し、趣味を同じくする者が相寄て樂しむ機會を作つてやつて、用具なども安價に求められるように對策を立てる必要がある。又社會人に對しては選手を豫想するスポーツのみに重點を置かずレクリエーション的な運動の計畫と管理が考えられねばならない。その爲には愉快な運動會やハイキング等が運營されることが必要である。巷に頻發する賭博や遊戯場のかわりに、ピンポンやローラースケート場が出現される事を希望する。子供遊園地等も大規模のものでなくとも處々に建設して貰いたい。プール等も學校だけでなく一般社會人の爲にも欲しいものである。

第二項　衛生の管理

社會人の公衆衛生の觀念の乏しい事は誰しも認めるところではあるが、これは一概に一般大衆の罪ではない。お互に衛生に注意する事は勿論であるが、公共物の淸潔に關しては關係當局の積極的衛生管理が爲されなければならない。保健所、療養所等の醫療制度も着々と積極的活動を爲し、大きく社會の保健に活躍しているが、一般大衆のこれ等施設に對する認識が乏しい樣に思われる。この點更に種々の宣傳機關を通して普及する事が必要と思う。浴場、理髪所の衛生管理等も更に强化する事が肝要である。

體育が進步すると共にこれが管理も益々複雜になつて來ると思うが、管理の適正を缺くならば却つて惡い結果を招く事になるのであるから、我々はこの管理に就ては更に深く研究し、考慮し、正しい體育の普及發展に努めなければならない。

第三項　體育施設の管理

體育施設の管理は、前述の如く、豊富な施設の整備、適切な指導機關の設置、徹底せる體育思想の普及等のもとに、何時何處でも簡易に實施出來る樣にすることが必要である。それと同時にそれ等施設の破損亡失のない樣に一般社會人の公共物愛護の精神を高揚すると共に、これが管理人の充實をはかることが必要である。

第六章　考查と測定

第一節　考查と測定

學習とは一般に先天的なる人間の諸傾向に經驗が加わることによつて變容する過程を指す。體育における考查は同じく體育運動を通して得らるゝ身體的効果並びに精神的諸特性の効果を對象とする。兒童生徒が敎育において如何に變容されてゆくか、特に體育においては身體の發達が順調であるか、體育における生活經驗が性格の上に如何に反映されてゆくかなどの問題は、敎師父母の最も關心するところである。

この問題を解決せんとして考查が學校では採用される。體育においても他の諸學科と同樣に所謂試驗、評價が行われる。考査の對象となる學習効果とは教育經驗を重ねることによつて一定の目標に近づく學習過程又は狀態である。それゆえ、この効果は初めの狀態と次の狀態を知り、はじめてその効果を知ることが出來るのである。考査に用いられる測定は先づ現在如何なる狀態にあるかを知ることが先決問題であり、その後の測定の結果をまつて効果を知ることが出來るのである。現狀を知ることは將來を豫測する根據ともなるが、更に重要なことはその間の指導法の反省に貴重な材料を提供してくれる。兒童生徒の發達段階に適合した指導法であつたかどうか、又技術的に無理があつたかどうか等の反省の材料になるのである。

更に、測定の對象は個人ばかりでなく團體についても行われなければならない。個人の屬する團體の現狀を知ることによつて個人の占める位置が明瞭となり、同時に、又その團體を含む、より大きな團體の狀態を知るための手掛りとなる。

第二節　從來の考査の缺點

學習成績における採點は、採點者が變ることによつて可成りの相違のあることは既に知られている。これは採點者の經驗を規準としての採點の場合に多く認められる差異であつて、その原因として次の諸項が考えられる。

一、採點の標準が違うこと。

二、採點の對象に關する觀點が採點者によつて違うこと。

三、採點者の態度に粗密の相異があること。

四、兒童生徒の技能、性能を考慮しない。

體育においては通常敎師の經驗に基づく規準による場合が多かつたので特にこの缺陷が指摘されていた。採點者の技術・經驗が同等であるとしても相互が全く同一であるとは認められないのであるから、諸條件の異なる採點者の場合では、更に大きな相異のあることを認めざるを得ない。此處において、客觀的なる採點規準が求められなければならない。

第三節　考査の合理化

考査における採點・評價をより合理的にする爲には、客觀的な規準が求められなければならない。考査を合理的ならしめる爲の一般的條件として次の諸項が求められる。

一、一定の規準に基づくこと。即ち一定の標準を立てること。

二、複雜な要求を排除して單純化して、目ざす性格を純粹に見ること。

三、狀態・性能を量的面から見ること。

標準を立てるとは、例えば同一の質に對して甲は一〇點を乙は三〇點を附けるが如き主觀的態度を排して客觀的尺度を立てることである。しかし身體運動特に技術の面においては客觀的態度を作ることは仲々困難な問題である。他の諸學科の如く文字又は圖形等に表現せられるものとは違つて技術は動的なものであるから一應質を量に、即ち時間・距離に換算して評價する方法を採用する。しかし具體的なるものは複雑な要素を多く含んでいるから、この場合は種々の複雑な要素を出來るだけ排除し、單純化することによつて客觀化の方法が得らるるのである。勿論量に換算されない重要なる技術面があり、之等を技術判定の對象とするから、現在では經驗による判定に從わねばならぬ場合が多いが、これにも出來得る限り客觀化への努力を怠つてはならない。

既に採點又は品等・評價は性質を量的に表明し得るとの假定の下に出發しているのである。例えば、速さを時間で、力を時間・距離等によつて比較判定するのは、各單位量は同樣性をもつから測定が可能であると云うことを前提としている。この場合は、兒童生徒を同一の立場において眺めているのである。走力を時間で、跳躍力を距離で比較するのは、筋肉の强さ・運動操作が同一なものとして、又練習の効果は時間・距離によつて表現し得ると推定するのである。それゆえに、今日では測定の第一歩には量的に計算し得る方法を適用することである。

此處に測定の量に對する質の問題がある。例えば、一〇〇米を一五秒で走るAと、一三秒で走るBが居るとする。或る練習時間の後Aは一三秒で、Bは一二秒で走つた。此の練習効果はAは二秒、Bは一秒の短縮であるからAをBより優れたと判定する。しかしこの場合の練習を質的に考えて、Bの一秒をAの二秒よりも質的に優れていると判定するものもある。これはそれぞれの經驗を基としての判定から斯る相違が現われるのである。更に筋肉の强さの面から見ればAはBより遙かに練習効果が認められている場合もあるのである。それゆえに單なる量的測定を一面からのみ考察することは適當とは云われない。量を手掛りとして、多角的にその本質に近づこうとする努力こそ科學的な研究法として常に念頭に置くべきである。

第四節　考査測定の一般的注意

考査測定を合理的・客観的に行うためには、次の事項を注意しなければならない。

一、體育の目標を分析考察して、判定の目標を定める。指導過程に伴つて、測定は絶えず行わるべきものであるが、實際問題として時間が之を許さないから觀察をもつて之に代える場合が多い。觀察はすべからく客觀的でなければならない。實際に測定を行う場合も、觀察する場合も指導過程に應じて、その都度觀察目標が立てらるべきである。

二、觀察目標は重點的なること。重點的とは個別的と云うことではない。全體的の把握の上に焦點を特定のものに向けることである。部分は全體との關連において具體的であるから、多面的な觀察に立たなければならない。

三、判定の目標は、兒童生徒の要求・能力・性質に卽應したものでなければならない。體育の目標は兒童生徒の發達に應じて變化して行くものである。測定の對象となる技術は、兒童生徒の全力を發揮したものであつてこそ彼等の能力を知ることが出來、その要求する水準が分り、性質を明確に掴むことが出來るのである。

第五節　考査測定の實際

體育における考査は、體育指導の効果を對象とし、科學的な客觀的なものが望まれるから、その方法には測定が用いられる。尙、考査の觀點から離れて、體育自體の硏究においても當然測定が要求せられるのであるから、此處に體育における考査測定として實際に必要なる方法・手段を硏究しなければならない。

一、身體に關するもの。

體育は身體運動を中心として營まれる敎育であるから、まづ身體の現況、身體的缺陷の有無を知らなければならない。その爲には次の檢査が選ばれる。

イ、身體檢査
ロ、健康診斷
ハ、循環機能の檢査
ニ、榮養の檢査
ホ、姿勢の檢査

二、精神的面を對象とするもの。

へ、性格の檢査

ト、習慣形成の檢査

三、指導法又は指導効果に關するもの。

チ、筋力の檢査

リ、運動適性に關する檢査

ヌ、技術の檢査

ル、知識の檢査

ヲ、走、跳、投力の檢査

兒童生徒の身心の狀態はその發達段階に應じて伸長發展する。その間の經過は規則正しく、前述の諸檢査によつて確めろことが出來る。身體の異狀の有無は父兄並びに教師にとつて最も關心されるものである。

學課科程の段階に應ずるそれぞれの目標に到達したかどうかは教師の立場から注意せられる點である。その結果から指導法、教科課程、時間の配分等が反省されなければない。

それ等の問題を解決する爲には、前述の各檢査が或る時期と或る時期とにおいて比較對照せられることによつて、經過及び進歩度を知ることが出來るのである。その爲に統計的處理法が必要となる譯である。

兒童生徒の狀況、性格形成の問題は父兄並びに敎師の關心ばかりでなく、社會的國家的見地からも重要な資料を提供することになる。それゆえに之等の資料は單に敎師の机上に留めらるべきものではなく、一般に公開され、それぞれの立場から利用さるべきものである。その意味からも科學的方法によつて得られる客觀的資料が要求せられる。

個々の資料は綜合されて地方的、全國的な諸問題を解決する材料となるであろう。敎育以外の觀點からも新たなる問題解決へ發展してゆくことも可能なのである。身體的資料は既に社會保健・人口問題・一般社會衞生等の問題へ、精神的諸特性の資料も社會道德・文化活動へ貴重な材料を提供することになろう。

第一項　身體檢査(人體測定)

これは今日各學校で一般に行われている身體檢査の一部をなすもので、身體の大きさ、容積、形狀等を專ら靜的方面から測定するものである。その檢査項目は、身長、體重、胸圍の外に必要に應じて腕長、脚長、坐高、上膊圍、大腿圍、下腿圍、胸廓前後經、同左右徑、腹圍、腹巾等である。

尙、この他に身體各部の量的比例を指數に求める方法もある。

a.　L. A. J. Quetlet の發育標評指數 $= \dfrac{\text{體重}}{\text{身長}}$

b.　Buffon, Bohrer, C. R. Barden 等の身長肥滿指數 $= \dfrac{W}{(L)^3}$　W＝體重，L＝身長

c. Livi の體格判定指數 $=\dfrac{1000\sqrt[3]{W}}{L}$

d. C. V. Pirqvet の座高と體重との指數 $=\dfrac{\sqrt[3]{10\,\text{體重}}}{\text{座高}}$

e. Brugsch の身長, 胸圍の指數 $=\dfrac{\text{胸圍}\times 100}{\text{身長}}$

狭胸型…………指數 50 以下
正常胸型・……〃 50〜55
廣胸型…・……〃 55以上

第二項 健康診斷

身體の健康は先ず疾病、身體的缺陷の發見にある。この檢査は人體測定並びに後述する諸他の檢査が量的であるのに對して質的な檢査である。通常檢査さるべき項目は、眼、耳、鼻、のど、歯、歯ぐき、心臟、肺臟、血壓、皮膚、骨格、腺、神經系統、血液檢査、泌尿檢査、ツベルクリン檢査、傳染病檢査等である。

第三項 榮養の檢査

榮養檢査とは通常(一)皮下脂肪の發育(二)筋の發育、(三)皮膚血液循環の狀態を取り扱うが、その中で、主として(一)の皮下脂肪の檢査によつて榮養狀態を代表せしめる方法が行われている。

尙、榮養指數として、ロシアの Bornbardt は $\dfrac{(\text{體重})-(\text{胸圍}\times\text{身長})}{240}$ を以て尺度を構成し、そ

れぞれの品等段階を設けて榮養の狀態を判定するが如く、方法は醫學的立場より種々なるものが考案されている。

第四項　姿勢の檢査

姿勢と健康との關係は重要であつて、姿勢を正しく保たせることは特に小學校兒童に對して、より多くの注意が拂われなければならない。

姿勢は安易姿勢、特殊姿勢に分れ、特質姿勢は緊張姿勢と運動姿勢に分けることが出來る。身體の健康と云う立場から安易姿勢がわれわれの生活の大部分を占める關係上、それが問題となる。安易姿勢も睡眠時の如く全體的に緊張が解消し、弛緩した狀態と、長時間に耐え得る生活姿勢が考えられる。生活姿勢は一部の緊張によつて他の弛緩を許すもので、生活時間の大半を占めるから內臓諸器官機能を規定する所が大である。人體構造の面から均衡のとれた姿勢は健康であり美的である。背柱の彎曲、傾斜、胸廓腹部の形、重心の位置等の檢査が採用される。この場合は個人の生活環境による個人差の問題も生れるが、一應類型的にか、比率的とか一定の標準が建てらるべきで、それ等の問題を硏究する爲に次の方法が今日では用いられているが、最も簡便な方法は尙多く考えられるであろう。

（イ）影繪法

多くの姿勢を影繪に取り、それ等を年齡、身長、各種の姿勢等に類型的組分けし、その模型を等身大に壁に張りつけ、被驗者をその前に横向きに立たせて姿勢體型を測定し、姿勢矯正の効果を目指すものである。

（ロ）　Crampton Test

壁に背面する Test と壁に正面する Test がある。踵、肩を壁につける直立姿勢から、壁と身體との間隙を測定し、又壁に觸れる感覺から自己の正しい姿勢を憶えさせるもの。

（ハ）　寫眞撮影法

靜止又は種々の運動姿勢を分析研究するのに便であると共に、自分の姿を自分が見得ることによつて姿勢に特別の考慮がはらけれる。

第五項　性　格　檢　査

普通に性格とは快活、憂鬱、忍耐、正直、親切、同情、頑固、社交等と呼ばれているものを指すが、これは一方では先天的の素質により、他方では後年の諸經驗により發達し、人のもつ一般的の傾向乃至性向となつたものである。

その檢査法は心理學における向性檢査、意志氣質檢査、神經質檢査、Mc Auliffe の體質による試驗法、Ernst Kretschmer の體格型診斷法等があるが、その他に教育場面においては、特に體育において體育運動經驗を通して得られる性格の形成を問題としなければならない。

體育の精神的効果、社會的特性への効果を測定する爲に用いられる檢査には、體育の具體的經驗を通して得られると考えられる諸特性が項目として選ばるべきである。例えば、學校體育指導要綱に示めされた明朗、同情、他人えの權利の尊重、禮義、誠實、正義感、FairPlay 協力、克己、自制心、責任感、Leadership 等はそれである。體育場面に於ては之等の特性を映し出す具體的經驗が他の教科よりも非常に多いから、それ等の經驗から教師は兒童生徒の內に潛める之等の諸特性を洞察しなければならない。之等の檢査の結果、兒童生徒が持つと認められた特性を單位として總計すれば、理想的な人格（滿點）と自分との隔りを知り、自己の缺點を自覺するから、斯る特性の涵養に努力する機會を與えることになる。檢査を繰り返すことによつて努力の跡を反省することも出來る。注意すべきことは判定者の立場である。性格を觀察し判定する資格として、

一、兒童生徒に深く接觸していること。

二、客觀的觀察に熟練していること。

三、表面的な些細な出來事に影響されない洞察力を持つこと。

等が掲げられるであろう。

それ等の性格を檢査する方法の一例を次に掲げる。

性格觀察表
（上邊に被驗者の種々な參考資料例えば、協力、正直、公正、責任感などを記入する）

項目	觀察問題	不明
		全然ない たまにある かなりある しばしばある 非常にある
協力	一、運動器具の出し入れの時、かげひなたなく一生懸命にやるか?	一二三四五
	二、團體競技の際、間違つた個人プレイが目立つか	五四三二一
	三、………	
正直	一、自ら進んで規則を守るか	一二三四五
	二、ごまかして勝とうとするか	五四三二一

前の例で Profile 法を採用するならば、觀察頻度の得點を一方的にするように問題を考えて、記入欄に印だけをつけて、その印を線で連結すればよい。觀察問題は得點の偏移のないように考察さるべきで、各項目每の得點により、その項目の特性を知ることが出來る。

記入方法としては原則として敎師が行うべきで、兒童生徒に自己反省させて記入させる方法もある。父兄他敎科の敎官等多面的な觀察の綜合は、兒童生徒の個性調査へも重要な資料を提供するであろう。

第六項 筋力の檢査

身體活動は筋肉運動である。人體の內部諸器官機能、特に循環機能、呼吸機能は適當なる身體運動によつて促進される。筋肉運動の强さは筋肉の强さに對應するから、身體各部の筋肉の綜合は體力と相關する。身體の構造、身體運動の性質から各筋肉群の連關性を考察して、如何なる筋肉を選定するかが研究問題である。走力・跳力・投力は技術と力との複合せるもので筋力の檢査として代用される場合があるが、より單純な要素に分解すれば握力・背筋力・屈臂力等になる。

米國においては筋力の檢査の綜合を以て、體力又は適性を代表するとの結論に達し、各種の筋力指數（Stength Index=S.I）の研究がある。

P.F.I (Physical Fitness Index)

$$\text{P.F.I}=\frac{\text{個人の S.I}}{\text{標準の S.I}}\times 100$$

Rogers test S.I＝肺活量(立方吋)＋右握力(封)＋左握力(封)＋背筋力(封)＋脚上擧力(封)＋臂力(封)

Mc Cloy は Rogers test の不備を見出し，肺活量を屈臂力と伸臂力とに代つて用いた。

Mc Cloy の S.I＝右握力＋左握力＋脚伸力＋屈臂力＋臂伸力

屈臂力＝懸垂屈臂の回數

臂伸力＝體側に臂屈げて平行棒を支持しながらかゝり，臂を伸ばす。」

男 {
屈臂力＝1.77(體重)＋3.42(屈臂回數)－46
臂伸力＝1.77(體重)＋3.42(臂伸回數)－46

女 {
屈臂力＝ .67(體重)＋1.2(屈臂回數)－52
臂伸力＝ .73(體重)　1.1(臂伸回數)＋74

このP.F.Iと身體健康檢査との相關はγ＝0.60で相當に相關度の高いことを示している。〕

P.F.I 114以上……A
100—113……B
95—99 ……C
84以下……D

第七項 運動適性の檢査

運動競技の指導では、指導効果の上から體力別・技術別の組分けの基礎となる運動適性の問題が考えられる。ダンスにおいてリズム感の無いものは既にダンスに不適當であり、神經障害をもつ者、平衡感覺異常者には高度のスポーツは適さない。この問題を解決せんとして體質、體格、情意等の各面から種々の檢査が採用される。それらの代表的なものを例示しよう。

一、肺活量檢査（略）

二、脈搏檢査

その場の駈け足（一五秒間）を行はしめ、平常に復する所要時間を計測して各等級をつける。」

A 表

平常に復する時間	等級	適性度	適當なる運動の强度
三〇秒	A	優	强い競技
一分	B	良	活潑な運動
二分	C	普通	普通の運動

三分	D	不良	靜かな運動
三分以上	E	不可	不適

B表

イ、（運動前の脈搏數）	得點
一〇〇以下	〇
一〇一―一〇五	―一
一〇六―一一〇	―二
一一一―一一五	―三
一一六―一二〇	―四
一二一―一二五	―五
一二六―一三〇	―六
一三一―一三五	―七

ロ、（運動直後の脈搏數）―イ	得點
〇―二〇	一五
二一―三〇	一三
三一―四〇	一一
四一―五〇	九
五一―六〇	七
六一―七〇	五

ハ、（運動後四五秒の脈搏數）―イ	得點
五	―一
六―一〇	―二
一一―一五	―三
一六―二〇	―四
二一―二五	―五

（一）立つたまゝ三〇秒間の脈搏を數え一分間の脈搏數に直して記錄する（イ）
（二）其の場の駈け足（但し一分間一八〇歩の速さ）を一五秒間行う。
（三）運動が終つて樂に立たせ、直ちに五秒間の脈搏を數え、一分間の數に直して記錄する（ロ）
（四）四五秒間樂に立たせておいて再び脈搏を數え、一分間の數に直して記錄する。
（五）B表でイ、ロ、ハ、の脈搏のもつ點數を見出し、之を合算して最後の得點とする。

その他、正確度檢査、打叩運動速度檢査・平衡感覺檢査などそれぞれの運動に必要な技術要素を取り出して檢査の結果とし、その運動の成績との相關を求めれば面白い問題が生れて來よう。

前述の要素的な運動適性検査の外に、米國では綜合的とも云わるべき検査が行われている。

三、Brace Tesl (Braee によつて創られた Motor Educability (Intelligence Test)

例 Test 13 (One Foot-touch head)

左足で立ち、體を前に屈げ、手を床につけ右足を上げて後ろに伸し、床に頭をつける。平衡を失わずに元の左足で立つ姿勢にもどる。（失敗）（一）床に頭がつかない。（二）平均を失つて、右足を下につけたり、右足を動かす。

Test 7 (Full left turn)

兩足を揃えて立ち、空中に跳び上り、左に廻轉して同じ地點に着陸する。（失敗）（一）一廻り出來ない。（二）着地してから足を動かす。

前述のような Test を二〇例行つて、その成功點を合計して順位をつける。

四、組分け指數 (Classification Index)

Mccloy は陸上競技の走跳投の成績を綜合した成績を、身長・體重・年齢の組み合せによつて非常に高い相關度を見出した。

（A） 公式　20A+6H+W……運動選手

（B） 公式　6H+W……17歳以上の普通男學生

（C） 公式　10H+W……15歳以下

A—年齢,　H—身長(吋)　W—體重(封)

（A）……17 歳以上は 17 歳として算える。

(B)……年齢の影響は見出されないので除外,

五、組分け表 Classification Chart)

Califolnia で用いられている級別指數表は、上述の Mccloy による方法と略同樣な手續きで作られたものであるが一表となり、取り扱い法も簡便なので、參考になる點が多い。

Classification Chart

Exponent 指數	Height (吋) 身長	Age 年齢	Weight (封) 體重	Sum of Exponent 指數合計	Class 級
一	五〇—五一	一〇　—一〇・五	六〇—六五	九以下	A
二	五二—五三	一〇・六—一〇・一一	六六—七〇		
三		一一　—一一・五	七一—七五		
四	五四—五五	一一・六—一一・一一	七六—八〇	一〇—一四	B
五		一二　—一二・五	八一—八五		
六	五六—五七	一二・六—一二・一一	八六—九〇	一五—一九	C
七		一三　—一三・五	九一—九五		
八	五八—五九	一三・六—一三・一一	九六—一〇〇	二〇—二四	D
九		一四　—一四・五	一〇一—一〇五		
一〇	六〇—六一	一四・六—一四・一一	一〇六—一一〇	二五—二九	E
一一		一五・　—一五・五	一一一—一一五		
一二	六二—六三	一五・六—一五・一一	一一六—一二〇	三〇—三四	F
一三		一六　—一六・五	一二一—一二五		

一四	六四―六五	一六・六―一六・一一	一二六―一三〇	三五―三八……G
一五	六六―六七	一七 ―一七・五	一三一―一三三	
一六	六八	一七・六―一七・一一	一三四―一三六	三九以上……H
一七	六九以上	一八以上	一三七以上	

表の見方

a　一一歳五ケ月の兒……………………………三點
b　その兒の身長は五二吋である……………二點
c　その兒の體重は八九封である……………六點
d　合計一一點であるからBクラス…………計一一點

第八項　技術の檢査

學習に興味を覺えること、即ち對象と自己が一體化する Interpenetration の狀態こそ教育では最も望ましいことである。教材に興味を持つことと、學習過程に喜びを見出すことは指導法の中心課題である。教育場面を教育目的に應じて斯く構成することが教師にとつての指導技術である。體育においては身體運動が中心教材であるから運動に含まれる技術が重要な意味を持つことになる。特に高度に發達した運動競技では段階的な練習課程が必要とされるから、技術の分析的研究が必要になつてくる。この目的のために種々の運動技術の檢査が考案されるのである。此處にも量と質の問題が出てくる。例えばダンスにおいての表現方法等もこの範圍に屬するものであろうが量的な測定は困難である。質的な分類や表現內容の問題と關連する研究面が考えられなければならない。しかし多くの運動競技はその技術を量に換算出來る場合がある。走跳投の檢査等はその複合技術の綜合としての成績を測定出來るし、球技の技術等も時間・正確等を媒介として技術の質的面を量の面から觀ることが出來るのである。此處にその方法を例示しよう。

a、Johnson の Basket ball の技術檢査

イ、投入速度

Basket の goal の眞下から 三〇秒間に ball を Shoot した回數を數える。

ロ、Dribble の檢査

四組の障碍を六呎間隔に並べる。第一障碍は出發線より一二〇呎離なす。出發線は六〇呎の長さに畫く。被驗者は出發線の一端から障碍を S 狀に Dribble しながら出發線の他端に歸る。採點は全線を一〇區分し、三〇秒間に通過した區域による。

この樣な技術檢査は方法を考案することによつて、凡ての運動競技において行われ得るものである。その過程に興味を見出し、その結果は練習効果を明瞭に示してくれる。しかし技術は部分的要素技術の單なる綜合ではないのであるから、全體の成績と絶えず照應させながら、質的な考察を怠つてはならない。

今日行われている技術研究法に寫眞撮影法がある。高速度カメラ等によつて運動の動きを運動力學的に分析する方法で技術面においては貴重な資料を殘してくれた。研究法の工夫によつては複雜な技術と認められているものも開拓される途は多分に殘されているのである。

第九項　知識の檢査

體育における知識の檢査は、衛生の知識、運動上の注意事項、運動競技規則、各種スポーツの知識、スポーツマンシップ・フェアプレイの理解度・運動によつて得られる價値等日常生活に深い關連をもつ事項がその對象となる。

その方法としては、他の諸學科における場合と同様な方法が採用される。

(一) Recall Method 再生法

例——次について知れる所を記せ。

a、Covbertin　b、體育の目的

(二) Sentence Completion Method. 成文法

例——次の文章の空白に適當な文章を入れよ。

體育は＿＿＿＿と＿＿＿＿の實踐を通して＿＿＿＿を企圖する教育である。

(三) True—False, Yes or No Method 眞僞法

例——次の文章の正誤を記せ。

a、一〇〇米の世界記録は一〇秒二である。正。誤

b、第一回オリムピック競技會はアテネで開かれた。正。誤

(四) Choice Method 選擇法

a、法定傳染病は次のものである。

ヂフテリア、肺結核、百日咳、發疹チフス、トラホーム、狂犬病、寄生虫病。

（五） Matching Method 組合せ法

例――次を正しく組合せよ。

（チームの人員）	（運動種目）
二　人	籠　球
四　人	蹴　球
五　人	庭　球
九　人	四〇〇米繼走

尚この他の感想、意見を書かせる、圖解させる、圖上作戦をさせる、研究物の提出、統計整理等種々の方法が考えられる。

師範体育

定價百五十圓

昭和二十三年八月三十日印刷
昭和二十三年九月五日發行

著者　師範學校体育連盟

發行者　森島直造
東京都千代田區神田駿河臺四ノ六

印刷者　横山豊
東京都墨田區龜澤町一ノ三

發行所　株式會社體育日本社
東京都千代田區神田駿河臺四ノ六
日本出版協會々員A二一二〇〇五
振替東京一九五、二七四番

配給元　日本出版配給株式會社

横山印刷株式會社・印刷

竹之下休藏著

體育のカリキュラム

誠文堂新光社版

自序

子供たちが正常な發達を遂げ、立派な生活能力を身につけるために、その方向を考え、それに必要な生活經驗を設計することをカリキュラムの問題ということができよう。新しい事態は新しいカリキュラムを必要とする。カリキュラムが新しい言葉であるかの如く異常な關心をもたれているのも最近數年間に我々が經驗したもろもろの變革と關連しているからである。

體育は今日ふつうには身體活動と關連した教育の領域とされる。しかしそれはかつて考えられた如く身體の教育ではなく、むしろ身體を通しての全人の教育である。カリキュラムの形態が種々に變つて來た如く體育もその概念內容を新らたにして來た。體育におけるかかる變化はむしろカリキュラムの形態の變化と密接に結びついている。教科カリキュラムから經驗カリキュラムえの動きは單に形態の變化に止まらない。體育は教育全體計畫の一部をなすものであるからカリキュラムの動向に即してその位置づけを考えることが必要である。

このように全體との連關を考える一方體育は新しい事態に即する自らの內容構成を考えなければならない。カリキュラムの變化に拘らず體育の必要は依然として存在するからである。これは體育カリキュラムの構成の問題ということができよう。

本書は主なる努力をカリキュラムの形態の變化に應ずる體育の位置づけと體育そのものの指導內容の編成或は指導

計畫の立案に注いだつもりであるが非力のためにこれを充分果すことができなかつた。

我々が滿足すべき體育のカリキュラムをもつためには本書の內容が示すように今後の努力によつて明らかにされなければならない事項が多い。能力表や成就尺度や學年目標などきわめて必要で、しかも短期間に完成できないものが少くない。このような事情のために本書は體育カリキュラムの研究に若干の資料を提供するに止つた次第である。

第三章以下はカリキュラム研究の先進國アメリカの最近の事情を紹介するために當てた。全篇を通じてアメリカの資料が多く引用されているが、これは現下の事情と共に參考とすべき多くの點を見出すからである。我國のカリキュラムは決してアメリカの單なる模倣であつてならないことは當然であるが何らかの參考にはなることと思う。

ささやかな本書を出すために、多くの方々に御指導と援助をいただいたことに對して、深甚なる謝意を表する次第である。

一九四九年五月

著　者

体育のカリキュラム目次

圖表目次

體育のカリキュラム

第一章　カリキュラムの動向と体育

第一節　カリキュラム

カリキュラムについてせんさくすることは、今日不必要なことと思うが、以下の所述との關係上簡單にふれることにしたい。

カリキュラムは目標に至る道筋を意味する言葉と言われるが、これと共にその道筋における學習の內容を意味するものとされる。この意味でカリキュラムは「子供達が學校においてもつであろう所のもろもろの學習經驗である」とせられ、或はまた「學校の指導の下に兒童生徒が學習する有効な經驗の總體の組織せられたもの」ともされる。教育が一定の目標をもちこの目標を有効に達成するためには計畫的指導が必要であるから、教育內容は目標を考え兒童生徒の發達に應じて組織立てられることを要する。カリキュラムの構成はしたがつて教育內容を選擇しこれを教育計畫に編成することになる。しかしカリキュラムは教師と兒童との協力によつて作られるとよく言われるように、教育活動はきわめて動的なものであるからカリキュラムもかかる動的なものとして捉えることが必要であろう。

我が國では新しい意味でのカリキュラム研究がまだ初期の段階に屬し、中央計畫も地方計畫も十分な組織をもつて機能を發揮するに至つていないのでむしろ各學校が活潑に活動している實情にあるが、この傾向はもつと能率的に改められ、更に廣範圍の組織や協力體制を確立してカリキュラムの基本的線を決めることと、この基礎の上に有効な學習指導を展開して行くこととは一應區別すべきではなかろうか。しかしこれは敎育内容が如何なる觀點からえらばれ如何に組織立てられるべきかということのカリキュラム構成に關する一般的理解の必要を否定するものではない。

カリキュラムはまた敎育の全體計畫を意味することもあれば、敎科カリキュラムにおける一敎科の敎育計畫を意味することもある。敎育内容はその時代の學問或は知識の體系に求めることもあれば、生活の體系に求めることもできる。そのいずれを取るかによつて敎科カリキュラムと經驗カリキュラムの相違が生れるであろう。これまで一般に學問の分類にしたがつて敎科が立てられ、各敎科の内容はその體系にしたがつて組織されて來たが、今日ではむしろ生活の體系に求める方法が多く取られて來た。それは敎育が生活指導の意味に解され、デューイの言うように敎育は絶えざる經驗の再構成であり、單なる知識技能の注入や習得でなくて生活能力の育成を意味するようになつたからである。このような敎育概念の變化は當然敎育内容の變化に及ぶことになる。

敎育計畫がいくつかの敎科を立ててなされる限り、形態としては敎科カリキュラムと考えるが、今日では敎科の枠を外して生活經驗を中心に構成する方法も取られている。敎科カリキュラムは更に多敎科並列カリキュラム、相關カリキュラム、廣域カリキュラム等に類別されるが、嚴密には更にそれ以上に類別されること我々の知る通りである。私は相關カリキュラムと廣域カリキュラムは非常に接近したものと考えるし、所述の簡明のためにもカリキュラムの形態を敎科カリキュラムと經驗カリキュラムに區別し、敎科カリキュラムを更に多敎科並列カリキュラムと相關カリキュラムに區別するに止めたい。カリキュラムの專門書でなくカリキュラムの變化と體育、また體育のカリキュラム構成に主たる關心を有する本書ではこのような考え方も許されるものと考えるからである。

いかなる教科を必要とし如何なる形態のカリキュラムを適當とするかは歴史的背景を離れては考えられないが、多教科並列カリキュラムは永く支配的であつた。即ち客觀化された學問の體系にしたがつて教科が立てられ、教科書中心、教師中心がこの形態の特徴であつた。近世に至つて兒童研究や學習に關する研究が進むにつれ、又民主的社會の要求から、これまで受動的立場にあつた兒童生徒が教育の主體と考えられるようになつた。そしてこれまでばらばらな知識や技能がむしろ生活上の要求を離れて注入される傾向があつたのに對して、この新しい傾向は學習者を教育の面前に押し出し、その自發性全體性を强調するようになつた。

これまで學習者が受動的立場におかれていただけでなく、同時に人間を身體と精神の二つの領域に分つてその各々に對する教育を考えていたのに對して、この全體性の强調は教育に大きな變化をもたらした。即ち教材中心から兒童中心えの變化は、多教科並列カリキュラムから相關カリキュラムえの轉換を意味し、この變化は同時に體育にとつても大きな意味をもつことになつた。私は現代體育の重要な轉換の契機を、この教育觀の轉換に求めるものである。

兒童中心の强調は直ちに教科の否定を意味するものではなく、一方に教科の並列や分化を考えると同時に他方兒童生徒の全體性、統一性を考えるものであるから當然そこにカリキュラムの形態の變化を伴うであろう。私はこの分化と統一の矛盾を調和する方式として相關カリキュラムが生れたと考えるものである。即ち學習者の側からすれば經驗の統一、學習內容の連關が必要であり、教科主義からすればそこに分化がなければならないからである。從つてかかる意味で教科の區別を立てるにしてもその區分はいきおい便宜的なものになろう。又このように兒童生徒の全體性が强調されればされるほど教科内容の連關や統合が必要になるので、相關カリキュラムはいきおい廣域カリキュラムの形態を取るともいえよう。カリキュラムに關する論議はともかくとして、先に述べたように體育についてはかかる變化の過程が身體の教育から全人の教育えの變化を意味し、この時期に體育の性格が大きく變化したことを特に取り上げるべきであろう。

多教科並列カリキュラムでは各教科の内容がそれぞれ別箇に考えられる傾向にあつたが、相關カリキュラムでは各教科の内容をそれぞれの立場からたていに系統的に考えるにしても、第二の段階としてはこれを學年別に區分し、各教科内容の横の連關を重んじ、その重複をさけることが必要である。

コア・カリキュラムを如何に考えるかは今日なお定說はないようであるが、一般にコア（中核課程）をもつた全體計畫と解してよかろう。アメリカでも多くの州の進歩的學校に採用され、我が國でも相當數の學校がその實施に努力しつつある現狀にあるので、我々にとつてもまた現實の問題である。即ち學習者の全體性、統一性を極度にまで强調し、かつ社會的要求を強く織り込んだカリキュラムの形態であると言うべく、スコープとシーケンスの兩軸線から導き出された主要なる生活經驗による學習を中核課程とし、これと關連づけた基礎學習或は周邊學習と呼ばれる關係課程から全體計畫が構成せられているが、この形態のカリキュラムにおいては體育もまた當然新たな考慮を必要とすることになろう。現在我が國で行われているコア・カリキュラムにおいては體育の面がいささか誤解されているように私は考える。

コア・カリキュラムはこのように教科の枠を外した中核課程と關係課程より成る全體計畫を意味することが、ふつうになつているが、中等教育改造に發するように教育内容を必修と選擇の領域に分かち、この必修の領域をコアと呼ぶ場合には勿論教科主義を否定したい。

體育について言えば相關カリキュラムの形態を取るにせよ、コア・カリキュラムの形態を取るにせよ、その本質内容については格別の變化はない。變化するのはこの内容を他の教育内容との連關において全體として如何なる形態に組織するかの點である。コア・カリキュラムにおける體育の問題は即ち體育の立場から見て必要とする内容が中心學習にどれほど吸收され、殘りの部分を如何に取り扱うか、又中心學習と關係課程乃至は基礎學習における體育との關係を如何に考えるかの問題であろう。いずれにしても體育の系統的學習を捨て去り、しかもその個々の學習活動をすべて中心學習に關連づけることは無理であり、アメリカにおいても私の見た範圍ではそのような例はない。

カリキュラムと體育の問題は要するに先ずカリキュラムの變化に應ずる體育の性格、内容の變化、次に教育の全體計畫における位置づけであり、そして最後に體育そのもののカリキュラム構成である。これからの所述は主としてこれらの問題にいささか關說したいと思う。

第二節　カリキュラムの形態の變化と体育

前節ではカリキュラムの概念や形態を一般的に扱つたのであるが、本節ではカリキュラムの形態の變化に伴つて體育がどのように變つたかを考察の對象にしたい。

私はこの問題を考える手がかりをオルセンとロジャースの見解に求めることにする。オルセンはその最近の著書、

「學校と地域社會」において現代教育の基本的傾向の變化を次の如く述べている。

一九一〇年まで　書物中心
一九二〇年〜三〇年　兒童中心
一九四〇年以降　生活中心

更にロジャースは現代體育の動向に關して次の如き時代區分を試みている。

一八九〇年〜一九〇〇年　身體練習時代
一九〇〇年〜一九一〇年　競技中心
一九一〇年〜一九二〇年　遊戯とレクリエーション强調
一九二〇年〜一九三〇年　健康教育重視
一九三〇年以降　教育的立場の强調

このように明確な時代區分が適當であるかどうかはともかくとして、現代教育や體育の推移を考える時、示唆に富んだ所説というべきであろう。

一　教科カリキュラムと體育

（イ）　多教科並列カリキュラムと體育

前記オルセンが書物中心、教材中心とし、ロジャースが身體練習中心とする時代は、カリキュラムの形態からすれば教科カリキュラムで、しかも多教科並列カリキュラムの時代と言つてよかろう。この時代の教科内容は主として客觀化された知識の體系に求められたので、兒童の主體性が重んぜられない。したがつて知識の體系にしたがいそれを盛り込んだ教科書の内容の注入や學習が主となり、知識をより多く體得している教師を中心に學習が進められる。教科内容が兒童の要求や社會生活の要求を重んじて構成されていないので、學習はいきおい受動的となり形式的とならざるを得ない。

體育の立場から見れば、この時代の教育を支配する基調を私は身心二元論に捉えたい。人間を二元的に解し、身體と精神をそれぞれ實體と考えそして「身體の」教育を考えた所に、この時代の教育或は體育の性格があつた。體育の對象は全人ではなくて身體であつた。今日全體としての兒童（Whole child）が强調されるのは、暗に過去の教育がこの二元觀に立ち、しかも容易に拔き難い傳統になつていることを物語るものである。それ故近年の體育の重要な問題は身體觀の問題であつた。教育が單なる身體の教育から全人の教育え高まろうとするためには、この二元論の固い壁を先ず打破しなければならなかつたので、身體の問題は體育にとつて根本的な問題であつた。體育を「身體の」教育と考える限り、問題は身體の概念をいかに全人を意味するものに近づけるかに努力の焦點があつたと言えよう。

しかしこの二元論、したがつて體育を「身體の」教育とする立場は今日でもなお傳統的力をもつている。一九四一年のミズリー州中等學校の體育カリキュラムは冒頭體育の目的の項において、體育は「身體の」教育でなくて「身體的なものを通して」の體育であることを强調し、健康で活力に富み熟練をもつた身體は望ましいものではあるが、それだけでは不充分であるとなし、又一九四六年のクリーブランド市の學習指導要領も體育の基本的立場を示す「哲學」の章で同じく「體育は身體的な學習活動を通しての教育であつて〃身體の〃教育ではない」ことを强調しているのはこのことを物語るものであろう。即ち一九二〇年以降のアメリカの體育書が共通に强調する點はこのことであつて、現代體育えの道は先ず二元論の克服からと言うべきであろう。

初期教科カリキュラムにおける體育はこのような基調に發するものであるから、我々は體育の內容構成に當つてどこに重點がおかれたかは容易に察することができる。

自然主義的傾向がなかつた訳ではないが二元論的立場と自然科學的傾向は近世ヨーロッパの體育の特色であり、これはアメリカに傳わりそして前述のようなはげしい反撥をこうむつた。體育の對象が身體にあつたのでその目標は專ら身體の發達に求められ、この主目標はやがて教材を規定し、二元論や教材中心の教育觀は指導法をも規定した。身體的發達の內容は身體諸器官の發達、神經筋的動作の熟練、身體の均齊な發達等であつて自然科學的立場の中でも生理解剖的立場が支配的である。體育が生理學や解剖學の基礎理論を重んじなければならないことは今日に於ても變りはないが、人間が單に生理解剖的觀點からのみ考えられてならないことは言うまでもない。この目標を達成するために學習の材料としてえらばれたものは徒手體操や器械體操、行進、訓練等であつて、指導法は一齊指導や呼稱法が取られた。古い學習理論によつていたので指導法も他教科のそれと規を同じくした。

形式陶冶の理論に支えられて訓練を重んじ、身體的發達の目標もやがて運動實施の技術的フォームに重きが置かれるようになり、いわゆる形式主義の體育が生れたことはこの期の特長であろう。勿論ロジャースも指摘するように設備用具の不足その他の理由があり、又當時の封建的社會機構や社會的要求としての軍務などのえいきようはあろうが根本は前述のような所に求めるべきであろうと考える。とにかく命令と服從、號令—呼稱等の一連の傾向は體育を形式的なものとなし、味氣ないものにしたことは爭われない。今日ではむしろ體育における學習活動を單なる運動と見ず行動としてながめるようになつたが、この時代は體育の材料としての身體活動の意味を主として物理的な又生理解剖的な角度から眺めていたということができる。

更にこの時代における體育が身體を對象にしたことから運動と衞生が體育科の內容をなしたことである。身體の保護、發達から考えれば運動と衞生を分離して考えることは不可能である。しかしこの時代の衞生は今日の健康敎育とは異り、むしろ衞生學の內容を他敎科と同じように注入することに重きがおかれた。

我々は體育の基礎科學として生理學や解剖學の價値を否定するものではない、むしろ今後大いに研究さるべき問題であるが、しかし體育の對象を身體に限定することは否定しなければならない。したがつて體育の基礎科學も心理學や社會學やその他の科學部門に廣く求めなければならない。又體操的形式のみを體育の敎材と考え或は特にそれを重んずる考え方も修正さるべきであろう。體育の對象が身體から全人え、個人から社會えと擴げられるに從つて目標も擴大され、この擴大された目標に應じて敎科內容も多樣なものとなろう。そして更に重要なことは目標や學習活動の變化は當然指導法に變化がなければならないことである。

最後に運動と衞生、體育と健康敎育の關係については、敎科區分の基準にもふれるので後にあらためて問題にしたいと思うが、人間は有機的統一體であるから運動と衞生、體育と健康敎育の連關は今後とも必要である。しかし、連關は二つの間にだけ必要でなく他の敎科や學習の領域とにも必要であることを强調しなければならない。

（ロ）　相關カリキュラムと體育

私は先に相關カリキュラムの根據を教科主義と兒童中心主義の調和に求めた。即ち傳統的教科主義と教科内容の價値をみとめながら他方に兒童生徒の統一性、學習における自發的態度の必要をみとめるので教科カリキュラムの形態を取るにしてもこれまでのように書物中心、多教科並列を支持することが出來ない。學習者の統一性を强調する點からすればなるべく教科の統合が望ましいし、學習は受動的にでなしに自發的な活動を通してなされるとすれば、學習内容も客觀化された知識のみでなくて兒童生徒の自發的活動を取り入れることが必要であり、指導においても兒童生徒の興味や能力を無視することはできない。體育について言えばこれまでの「身體の」教育にとどまることはできない。何となれば身體活動において身體だけが活動し、身體だけを取り扱うことはできないから。

相關カリキュラムにおいて教科の區分を如何なる基準にしたがつてなすかについてはおよそ三つの考え方がある。一つは教育目標によるもの、他は内容によるもの、更に學習活動の性格或は方法によるものである。勿論目標と内容と方法は一貫性をもつたものであるから、三つの立場を峻別することは不可能であるが、何れか一つだけによると現實の問題を説明出來ない場合が生ずる。實際にはこれら三つが相重つて教科區分の基準をなすものであろう。今日では目的と目標を區別するのが一般に行われているがこの場合目的は各教科に通ずるものとして使用せられ、目標はよく教科について使われる。もつとも目的も抽象的でなくなるべく具體的に示すことが要求せられているので、目的の更に具體化されたものを教育の一般目標と呼ぶことがよく行われている。

我々は相關カリキュラムにおいて教科の區分を如何に考えるべきであろうか、この問題はいきおい體育の目標や内容を規定することになるので、これについて若干の考察を試みることにする。教育の一般目標として考えられるものは少くないが目標によつて教科をわかつ場合には各教科はこれらの中のいずれか一つ又は數箇のものを強調することになろう。しかし例えば健康について見ればこれは單に體育科だけの問題でなく理科や社會科にも關係が深い。社會的態度についても同樣である。このように各教科は一般目標のいずれかに特に關係が深いがこれを共有する場合が少くない。ここにも相關は生れる。次に内容による區分は教科内容が社會的問題、自然に關する事項、音樂美術等に關するものなど、いかなる内容に關係するかによつて決められるが體育は社會的性格の育成を重要な目標とする如く社會的關係をも問題にするし、榮養と身體の發達などに關しては自然にも關係があり又表現に關する事項もあるので内容による區分によつても說明し盡せないものをもつ。次に方法によるものについて見れば教育目標達成のための學習活動が如何なる種類性格のものであるかに着目するのであるが、今日體育を身體活動を中心とする教育の方法或は領域であるとする一般の考え方はこの見地を重く見るものと言えよう。體育と健康教育を分離しようとする考え方も主にここから出て來ると見るべきである。

目標は内容を規定し、内容は方法を規定するものであるが身體的なもの、身體活動を通しての教育の領域とする體育の性格は逆にその學習内容、教育目標をも規定することになる。身體活動は子供達の生活にも大人の生活にも大きな分野を占めているがその健全な活動の結果するものは健康の增進であり、社會的態度の發達であり、教養の向上である。このような意味で私は相關カリキュラムにおける教科の區分をむしろ便宜的なものであるとなし、體育科の性格も目標にも關係があるが主として學習活動の性格から規定したいと思う。

兒童中心の線が前面に出て教科カリキュラムが相關カリキュラムの形態を取ると、體育は前述の如くその目標として身體的發達のみならず性格の育成や敎養の向上を考える。何となれば身體活動において子供達は全人として活動し、したがつて變化は身體面だけでなく行動の仕方にも見られる。この目標の變化はしたがつて學習活動乃至は敎材の變化に及んでくる。主として生理學や解剖學の觀點からえらばれた敎材や學習活動は兒童の自發性即ち興味や能力をも考え、更に社會生活の要求を加えて決定される。體育の基礎理論が自然科學的なものに加うるに心理學や社會學等の原則を必要とするので指導法もこれまでと變つて來る。即ち體操的形式の敎材が中心的地位を去つて遊戲スポーツ的敎材が前面に出て來るし、又この體操的敎材もスタンツの如きものが重んぜられるようになろう。そして正課の指導を中心とする體育のプログラムが試合や遠足などの多面な活動を含むようになり、敎材について言えば生理學や解剖學の法則から導き出されるに共に兒童生徒の興味や能力から導き出されるようになるので、もろもろの敎材が心理學や社會的觀點と共に身體的發達の觀點から評價してえらばれることが必要になつてくる。そうでなければ子供達の興味に引ずられ敎材が偏して全體としての指導計畫のバランスが失われ、指導が價値の低いものになる。兒童中心のいわゆる進歩的敎育えの轉換期における體育の危機の一つは敎材の評價がないがしろにされ、各類型の敎材の割合がバランスを失う所にある。

次に指導法の問題であるがこれまでのように一齊指導や號令による活動はあまり重要ではない。「なすことによつて學ぶ」とは新敎育の合言葉になつているがつとめて自發活動を重んずることが必要である。從來とかく指導案も一定の形式をもち過ぎた。即ち準備運動、主運動、整理運動の線が强過ぎ、しかも主要部分を形式的運動が占めることが多かつたが、これらは勿論必要であるが、これらに加うるに心理學的見地からの活動の動機づけ、社會學的見地から見ての性格育成に必要な學習場面の構成などが强く關心されなければならない。カリキユラムは教師と兒童の協力によつて作られると言われるが、これはこのようなことに結びつけて考えるべきであろう。相關カリキユラムにおける危機はまた教材が變つて指導法が依然として舊態依然たる所にある。近來進歩的教育が曲解され教材のみならず目標や指導法までを兒童の立場からのみ決定しようとする態度が絕無ではない。かくして見られるものは混亂と指導効果の低下であり、舊い體育え復歸せんとする立場に手がかりを與えることになろう。

要するに多教科並列カリキユラムから相關カリキユラムに移行することによつて體育はその對象を身體から全人に擴げ、個人の身體的發達から社會關係の增進えと視野をひろげて來たので目標が擴げられたこと、更に兒童生徒の立場が重んぜられるので學習內容の選擇に兒童の發達に關する考慮と教材の評價が必要となり、指導案も動的なものとなつた。更に目標についてもこれまで教師の目標だけが考えられたが學習者の目標を考えねばならなくなつた。ロジャースは一九〇〇年以後をこの段階に考えているようであるが、アメリカにおいてこのような考え方が明確な姿を取つたのは一九二〇年以降ではなかろうかと私は考える。例えば一九二〇年代における體育書（例えばウッヅの如く）はいずれも新しい體育の性格を强調し、性格の育成を重んじて身體的發達を體育に於て第二義的なものとする考え方もあるが、これには從來の傾向に對する一種の反動が加味されていると見るべきではなかろうか。更に相關カリキユラムに入つてからの體育における主なる變化の一つは體育と健康教育の分離が明確な形を取つて來たことであろう。私はこれを體育を學習活動の性格から規定する立場に深い關係があると思うが、この問題については後に特に項を設けて考察することにする。

相關カリキュラムにおける體育のカリキュラム構成は前述の體育の性格や構成の手順に從つて進められるが、その際一應體育の立場においてたてに之を系統づけ、次に之を各學年に配當し、更に各學年の各教科の內容を横に排列して、各教科の內容の重複を除き指導に連關をもたせる工夫が必要である。各教科の連關を考えずに體育の立場から見て必要な事柄をすべて體育の時間にだけ指導しようとすればそこに學習經濟上無駄があり、兒童の統一性は無視される。例えば我が國で取つているような教材としての體育理論の如きは社會科や理科や家庭科の內容と關連するものが少くないし、それと關連させるか或ものは吸收させる必要があり、各教材の歷史や價値についてはその教材の學習活動と關連して指導すべきであろう。しかしこのことは理論的教材の不必要を言うのではなくて一應必要な事柄を考えた後、それをカリキュラムの問題として如何に取扱うべきかについて言つているのである。

ロジャースの時代區分によれば體育は一九〇〇年以降相關カリキュラムの段階え入つて來ることになるがカリキュラム構成と關係があるのでその所說について簡單に考察する。

第一の競技中心の時代は前時代の傾向に對する反動の時期であり、學習理論としてはまだ舊い段階に屬する。對校試合を中心とし少數主義を意味する。競技を重んずることは他面性格の育成を重んじ青少年の欲求を重んずることであつてこれらの點について試合はたしかに長所をもつているので體育のプログラムにおいて試合が重視されてよい。しかし「なすことによつて學ぶ」の學習理論からしても試合による効果は試合に參加することによつて得られる。設備用具が少數の選手によつて占められ試合參加の機會が少數の選手によつて占められるならば試合は教育上大きな意味をもつことはできない。問題は試合の本質よりもむしろこれを教育上如何に活用するかの運用上の問題になる。それ故民主主義を奉ずるアメリカにおける對外試合中心の傾向は間もなく是正せられ、次の遊戯レクリエーション時代えと移行した。とにかく試合が教育の一環と考えられ、しかもその運營に關して教育者が主導權をもつべきことが常識となつているアメリカの傳統には學ぶべきものがある。

次の遊戯、レクリエーションの時期は「一つのゲームにおいてすべての少年少女を、又すべての少年少女に一つのゲームを」をモツトーとする時期であつて體育における遊戯やレクリエーションの價値が重んぜられ、對外試合から校內試合に重點が移つた。もつともアメリカの急激な工業化と都市の增大は遊戯や遊戯場、レクリエーション活動の價値を從來よりはるかに大きなものとした。一九〇六年には國內レクリエーション協會が創立せられ社會的問題としてこの問題を取り上げているがこの時期の體育はしたがつて兒童中心の基調に立ちしかも社會的要求を強く考えているのである。教材の合理的な組織、指導內容のバランスの點からしてもシーズン制が考えられて來た。勿論遊戯、レクリエーションだけで體育の全面を覆うことは適當でないがこの傾向は今日の體育でも一つの主要な線をなしていることは我々の知る通りである

一九一八年アメリカの全國教育協會によつて任命された中等教育改善委員會は中等教育の主要目標として

(1)　健　康

(2)　基本的知識の習得

(3)　價値ある家庭の一員たること

(4)　職業的能率

(5) 公民たる資格

(6) 餘暇の價値ある利用

(7) 倫理的性格

の七つをあげている。ここで注目すべきことは、健康と餘暇活用が大きく取り上げられたことである。健康教育がこの時期に大きく取り上げられた直接の動機としては第一次大戰におけるアメリカ國民特に軍務に關係ある青年の體力に對する反省と、戰後ヨーロッパの戰災兒童の救濟から眼を國内に轉じアメリカ青少年の健康狀態、生活環境が鋭く反省されたことによるものと考えられる。生活環境を改善し、身體的缺陷を矯正し、衞生的知識をもたせることはたしかに必要である。アメリカ教育使節團の報告書にもある如く我が國においてもこの點が痛感せられている。しかしロジャースも言つているように、榮養や衞生教授や醫學的檢査や姿勢矯正等によつて子供達の健康を保護することは必要であるけれども、生長期の男女にとつて戶外での大筋活動が如何に重要であるかは言うまでもないことで、我々が正常な身體をもつためにだけでも豐富で健全な身體活動は不可缺の條件である。

ともあれ身體的福祉に關する教育の領域がこれら醫學的檢査や生活環境の衞生的整備や衞生教授等によるものと身體活動によるものとの二つに分たれ兩者の密接な關連からして「健康及び體育」とならび稱せられ、體育が主として身體活動に關連せる教育の分野を意味することが一般的になつたことはこの時期に求めるべきであろう。

ロジャースが一九三〇年を教育としての體育の新しい出發の年としているのは「身體の」教育の古い段階から競技中心やレクリエーション重視、健康教育の强調など特殊面の强調の時代を過ぎそれぞれの長所短所が取捨せられて體育が一應の安定期に達したことを示唆するもので、一九三〇年以降の體育書について見るも二〇年代の激しい論調が冷靜となり安定を示して來ている。

この時期の體育は「體」に重點をおくよりも「育」即ち教育的立場の重視が特長である。體操やスポーツや遊戯などそれ自體に目的を求めずにすべてこれらは教育の道具手段と考えられるに至つた。體育の目標はあらゆる面から見て望ましい人間を作ることであり、その手段としてもろもろの價値ありとせられる身體活動は活用せられる。體育は單に身體的發達のみならず情緒的發達や社會的發達に强く關心しなければならないから、體育指導者は單に技術的な專門家でなくて教育者であることが要求せられ、體育指導者の資格に注意が向けられて來た。我々は今この段階の實現を目指しており、コア・カリキュラムにおける體育も本質的にはこれと異る所はない。

（ハ）コア・カリキュラムと體育

コア・カリキュラムは先に述べた如く綜合コアの形態をとるものと必須コアの形態をとるものとの二つがある。教科カリキュラムにおいてコア（Core）の語を使用する場合には、それは選擇に對する共通必修の課程を意味し、中等學校以上において多く使用せられる。體育について見れば、例えば一九三八年に出たラポーテの「體育カリキュラム」はアメリカにおける體育の統一プログラムを扱つたものであるが、それにおいて中等學校及高等學校でコアなる語が使用せられている。即ち中學校及高等學校の教科内容はコアと選擇の二つに分れ、いずれにおいてもコアに三分の二の時間配當を試みている。このようにコアは教育の全體計畫における共通必修の部分を指すこともあり、一教科における共通必修の領域を指す場合もある。

これに對して綜合コアの場合には教科の枠が外されることを意味する。卽ち主要なる社會生活に關する學習の中心學習と、これに關連し動機づけられてなされる關係課程乃至は基礎學習（周邊學習）から全體計畫が構成せられ、そのいずれもいわゆる教科ではない。コア・カリキュラムは分業社會における連帶性の强調、個人の人格的統一、及び文化内容の統一的理解の必要から生れたものと解されるから、それは兒童中心、社會中心及び教育方法上の三つの要求が合體して生れたカリキュラムの形態と考えることができる。個人的にも社會的にも豊かな統一ある生活能力を具えた人間の育成が目標であるから、いきおい社會生活上主要な生活經驗が中心になろう。かかる學習はまた子供達が大人の生活を模倣し、見學し、協力する課程においてなされるであろう。

この中心學習における經驗は學習者の要求と社會の要求とを廣く考えてえらばれるので、問題解決の過程にいきおい各教科的學習が綜合されるのであるが、これだけでは充分でないので關係課程が基礎學習として周邊には配せられ、そこでは主として系統的な學習が行われる。しかしこの關係課程はその名が示すように中心學習との關連が重んぜられている。一般に中心學習の問題は子供達の要求（興味）と社會的要求の交流點に求められ、周邊學習は讀み・書き・計算等の中心學習の問題解決に直接必要な諸技能の學習や文學、音樂、美術等の諸情操面の學習と更に體育等に分れている。

構成の手續きとしては先ずコアを出し、次にそれから關係課程を導き出すことになるが、このコアの導き出しにおいては望ましい經驗要素の分析が行われる。ここに望ましい經驗要素を如何なる範圍からえらぶか（スコープ）とその經驗要素が如何に排列されるか（シーケンス）の問題が出て來る。一般的にスコープは社會機能の分析（或は人間の基本的欲求を加味して）シーケンスは兒童生活の發達から決定せられている。このスコープとシーケンスの二つの軸線から課題表が導き出されるのであるが、これは言わば基礎的カリキュラムというべきものであり、これに基づいて地域社會の現實に卽して具體的カリキュラムが構成されることになろう。

しかも中心學習課程はいくつかの單元にまとめられる。したがつてコアの課程は單元の系列と見ることができる。單元は問題解決の流れ、または學習經驗のまとまりであつて、一スコープ一單元の考え方は消え、長期に亘る大單元法が一般的になりつつある。單元はこれまでも使用せられその際教材單元を意味していたが、コア・カリキュラムの單元は完全に生活單元であり、その意味で單元なる言葉を使用する時には教科における單元とは別個のものとなる。卽ち各教科における單元は使用できないか或は教材のまとまり、分節を意味するものとなる。

このようなコア・カリキュラムの諸問題を背景にして體育は如何に考えるべきであろうか。例えばコア・カリキュラムにおけるスコープを考えると、そこに當然體育に關係の深い項目が含まれることになるが、コアにおける體育は如何に考えるべきか、また體育が周邊課程に入るとすればコアとの關係は如何に考えそしてその內容は如何なるものであるべきか、卽ち周邊課程はできるだけ中心課程と關係づけて扱わるべきであるとすれば個々の身體活動を一つ一つ中心學習と關係づけることが果して可能であろうか、又果してそのことは必要であり合理的であろうか。體育についてもスコープやシーケンスを考える必要ありや、體育における單元の問題は如何に解決さるべきか、或は又體育と健康教育の關係は相關カリキュラムにおけると同樣であろうか等の問題が生ずるであろう。

もしコアを共通必修の領域卽ち必須コアの意味に解するならば、體育は當然コアに入ることを誰も否定しないであろうし、その内容は相關カリキュラムと何等異る所はない。しかし綜合コアに解する時問題はこのように簡單ではない。綜合コアのスコープには當然體育や健康に關する項目が含まれるのでコアの學習に體育は當然含まれることになる。しかしそれだけで體育的要求は充たされるであろうか。我々の正常な發達のためには毎日一定時間の身體活動や休養が必要とされる。身體活動について言えば一般に小學校期で四―五時間、中學期で三―四時間、高等學校期で二―三時間、大學以後において一―二時間が最低限必要とせられる。勿論これは種々の生活運動をも含むから、これだけの時間が毎日學校生活で與えなければならないとすることは暴論である。しかしカリキュラムはもろもろの要求を織り込んだ生活のさせ方を設計するものであるからこれら、正常な發達に對する要求は當然考慮されなければならない。また發育期にある兒童生徒の身體活動に對する欲求は盛んであり、この欲求を充たし且つそれを有効な學習の機會にするためには健全な身體活動を生活の中で計畫的に與えるようにすることが必要である。コアはその性格上、社會科理科的な學習が主となり、また多面な學習活動の展開のためにそれに適當に學習環境が必要であり、どちらかと言えば問題解決法的な學習法が多く取られるので教室における學習が主となろう。そこで運動場や體育館を學習の場所とする體育活動と調和しにくい面が出てくる。中心學習は特に體育的要求を考慮して構成されたものでないから、そこから導かれる身體活動は多くの場合斷片的であり、青少年の盛んな活動欲求をみたし、民主社會と共通な要素をもつた身體活動の場において性格を育成し、發達上の要求をみたし、且つ餘暇活動に必要な技能や態度を育てるには不十分である。このような事情からして中心學習以外で體育の系統的學習が必要になつてくるのである。

バージニア案が身體活動は適當な指導者による時間が毎日必要であり、又特別な場所で行われるので別途に考えることが必要であるとしているのはこれらの事情によるものであろう。したがつてバージニアの指導要領では學年資料ではその必要を示唆するに止め、内容については教材資料にゆずり、教材資料では個々の内容をコアと特に關係づけることをせず身體活動の面だけはその立場から系統的に内容を示している。しかしコアで扱われ得る内容はできるだけコアに含ませることが望ましい。この點もバージニア案が示唆している。即ちコアで扱われ得るものはそれに吸收し特別な場所で行われる身體活動だけが體育として扱われている。それ故教室で扱う方が適當なものはできるだけそこでなされるので體育の時間の活動は特に身體活動を主にしたものになる。この點第五章を參照せられたい。

次に周邊學習としての體育の學習活動とコアとの關連の問題であるが、低學年では活動が單純であり兒童自體の分化も明確でないから關連ずけることは困難ではなかろう。然し活動が組織的となり、子供達の生活の分化が明らかになるにつれ困難となる。何となれば身體活動による子供達の生活は獨自の領域をもち、更に身體活動は一定の型（パターン）をもつたものが大部分である。時々に創造された種類の運動形式はよほどすぐれたものでない限り子供達の學習意欲をかきたてることはできない。子供達が積極的に意欲を示すものは傳統的な或は社會で行われている一定の型をもつた野球であり、水泳であり、かけつこであり、スキーである。ここにも體育のカリキユラム構成の特殊な面がある。ただリズム運動における表現活動は例外である。これは生活經驗の表現が主であり、個性的であるから固定した表現の型はない。勿論基本的技術の型はあるが表現の流れのまとめ方は個性的であることを要する。第三章に見る如くロスアンゼルス郡の指導要領においては他の教科或はコアとの内容的連關は特にこの表現活動についてだけ示唆している。リズム運動においても他の面即ち一定の型をもつたフォークダンスや社交ダンスになると事情は異つてくる。

結論的に言えば、體育は特に理解の面に關しては中心學習でできるだけ扱われることが望ましい。またレクリエーションに關する學習と身體活動、農村の生活と矯正體操、各國民の生活についての學習とそこで行われるレクリエーション活動やフォークダンスなど具體的關連の外に、社會科的な或は理科的な觀點から大きく身體活動の面が動機づけられることは望ましいことであり、是非そうあるべきである。しかし一般的に言えば體育の時間の活動は身體活動(技能)を中心とし、そこに理解と態度が綜合されるようにすることが適當で、系統的な學習が必要であり、又活動の個々を無理にコアと關係づけることは大して必要ではないということがいえよう。

次に健康教育とコア・カリキュラムの關係について一言するならば、コア・カリキュラムのスコープには當然健康教育の導かれる項目が含まれる。又社會生活や家庭生活から健康の問題を切り離すことは、それ自體コア・カリキュラムの基礎理論を放棄することになろう。一九一八年の中等教育改善委員會の目標の第一に健康が含まれているように、社會生活の主要な經驗には當然健康に關するものが大きく扱わるべきである。學習活動の性格からいつても健康教育はコアで扱い易い面をもつている。これらの理由から、一般に健康教育はコアに吸收することが適當であろう。しかし健康教育の問題は先に述べたようにいわゆる教科的性格で理解されない內容をもつているし、又特に小學校期においては生活習慣として扱われるべき面が强調されなければならないから、體育と同じく每日配意されることが必要である。しかしこれは特に時間を設けて學習が指導されるというよりも、每朝定つた時間の健康習慣に關する檢査や時々の生活活動に卽した指導の問題であろう。バージニア案について見ても教材資料で體育と健康教育の章を設けて述べているが健康教育についてはその觀點を示すに止つて具體的指導内容をあげていない。そしてコアの問題と學習活動の例で殆んどの健康教育の問題が含まれているようである。それ故同案においては健康教育はヘルスサービスや學校環境の健康的管理は主として學校側が特に考慮すべきものであり、健康教授の面に關してはコアで扱い、これと關連した習慣形式の面は具體的生活の間に指導されると見るべきであろう。したがつて示唆された時間割の項目には健康教育は含まれず、社會問題についての學習（コア）、直接技術、心情の教育、體育（Physical Education）等が含まれている（第五章參照）。この點我が國の多くのコア・カリキュラムの實例では誤解されているように考える。もし體育と健康教育をこれまでのように全體計畫の中で扱うならば、この點では相關カリキュラムをそのまま踏襲しているものといわなければならない。しかし、もし健康教育をコアに吸收させた結果健康教育が閑却されるならば、これは現實の問題として別途の考慮を要するであろう。私はコア・カリキュラムの本質からいえば健康教育も當然相關カリキュラムとは別途に考えなければならないと思うが、我が國では健教康育がとかく閑却されて來た歷史的事情から或は特別な扱いが當分必要かも知れない。これはコア教師の養成の問題と關連する。しかしこれらはカリキュラム構成の本質的問題というよりはむしろカリキュラム運營上の問題として多く考えるべきであろう。健康教育についてはなお第三章を參照されたい。

以上、基礎學習としての體育の性格、内容は大體はつきりしたと思うが、基礎學習としての體育は中心學習に動機づけられる點は否定されないが、その學習の結果は中心學習の問題解決に直接役立つ用具としてよりはむしろ生活活動を營む生命體の基盤にかえることの多いことを附言したい。

次にコア・カリキュラムの日案の問題であるが、體育はバージニア案も示唆するように毎日配されることが望ましい。この場合體育をどの時間にするかは設備用具、生徒数等の關係で一概には言えない。教授能率や體育（周邊學習としての）の性格からして午前中ならばコアと次の周邊學習との間か午後の適當な時間ということになるが設備用具の貧弱な我が國の現狀では理想的形態を取ることは無理である。もし或る一定の時間に全部或は半数の生徒が運動場や體育館に活動の場所を求めることになれば徒らな混亂があるだけで指導者による組織的活動は望まれないであろう。したがつて日案における體育の時間は管理上の條件を考えて決定する必要がある。

學校生活における身體活動は教授上の能率をあげるために設けられた休憩時間等の自由な活動（これを子供達のレクリエーション活動と呼ぶことも適當であろう）と指導者による組織立つた系統的學習の二つに分けて考えることができる。いわゆる體育の時間の活動は後者を意味するものであつて前者を意味するものでない。もし前者を意味するものであるならば日案で特に體育の時間を設ける必要はなく單に休憩時間を設ければよいことになる。この點はバージニアの指導要領もはつきり示している。即ち休憩時間や晝食時間の自由な活動では體育の學習で發達した技能が用いられるけれどもそれは體育の時間の代用として考えられてはならないことを明示している。このことは先に述べた周邊学習としての體育の性格からしても當然豫期せられる所である。しかし休憩時間や晝食時間等に短時間に健全な活動が營まれるように環境を常に整備することは必要である。

次に體育におけるスコープとシーケンスの問題であるがコア・カリキュラムにおいては前述のように體育は中心學習にも周邊學習にも入り、全體としてのスコープはコアで考えられているのであるから體育で特にスコープを考えることは不必要であろう。體育はその性格に應じて一定の目標を有するからこの目標と發達から內容を導き出せばよいのでシーケンスは當然考えなければならないがコアにおける意味のスコープは恐らく不必要であろう。

最後に單元の問題であるがコア・カリキユラムにおける單元の意味からすれば體育だけで單元を考えることは適當でない。しかし單元を教材單元の意に解し、體育における學習經驗にまとまりをもたせる工夫は必要である。

（二）　**體育のカリキユラム構成**

コア・カリキユラムでは先ずコアの課程が考えられ、それとの關係において關係課程が導かれるのでここにおける體育のカリキユラム構成はコアに含まれる體育と周邊學習としての內容構成の二つに分れる。もしコア・カリキユラムと相關カリキユラムと兩者を同時に考えて體育のカリキユラム構成を考える場合にはその何れにおいても體育の目標や性格に本質的な相違はないのであるから、まず體育の立場から見て學習內容としてどれだけの範圍からえらび、これらを如何なる順序に排列するかの事項をきめればよい。我々が特にカリキユラムの形態をあらかじめ決定せずに體育のカリキユラム構成をなすとすれば、それは體育の立場から見て必要な學習內容の選擇とその排列が先ず基礎的な仕事になろう。そしてこれらの基礎の上に各學校の實情に應じた年間計畫や學期計畫の立案が次の問題となるのである。

第三節　体育と健康教育

一　體育と健康教育の相關と相異

體育と健康教育は教科カリキュラムにおいて最も近い關係に考えられる。體育が運動と衞生を内容とした時には二つを明確に區別することをしなかつた。しかしアメリカの教育の深い影響を考えなければならない今日、この二つを如何に區別するかについて明らかにすることが必要であろう。

アメリカにおいても體育と健康教育は結合して用いられ、學校組織においても一つの部門で扱われることが多い。しかし一般的に言つて健康教育が體育を包含して終うこともなければ體育が健康教育を完全に包含することもない、歴史的にも内容的にも親近性があるので結合して呼ばれることは多いが常に両者の概念は區別して用いられている。

體育が「身體の」教育から「身體的活動による」教育に變つて來たことは既に述べた。卽ち、今日では身體活動やこれと關連する學習活動によつて身體的、社會的、知的發達を目標とする教育の方法という意味に體育は解されている。體育はこのように教育目標に對する方法的な意味が强いけれども健康はそれ自體教育目標である。したがつて健康教育はこれまでのように衞生學の知識を授ける健康教授を中心とする線からこの健康という教育目標を達成するための教育的プログラムの全體を意味するようになつたと考えるべきであろう。これらの關係は後で示すニューヨーク州の指導要綱の圖式が明らかに示している。このように解すると健康教育は單なる教科と解することはあまり適當でないことになる。

即ちこれによれば體育の性格はむしろ學習活動の性格によつて、即ち方法的立場から規定されるに對して健康教育は目標から規定されている。體育け健康の増進、身體の正常な發達をも主要なる目標とするから當然健康教育とこの點において相重複するのであるが、體育の目標の他の二つに對しては健康教育はさほど關心を示す必要はないと言えよう。このように體育と健康教育の區別は一は主として方法的な面から他は目標の面からなされているのであつて両者の區別が直ちに内容の分離を意味するものでないことを理解すべきである。

健康の問題は特定の時間の教授によつて解決できない面が多い。學校施設、學校生活全體に關係する問題であるから、すべての教師が日常關心しなければならない。即ち教科的な立場で理解し難い内容をもつているがこれが教科的に扱かわれるのは教科的にも扱える内容をもつていることと、ミズリー州カリキュラムも述べているように「すべての教師がなさなければならない仕事は誰の仕事でもない」という結果を招きがちなこともその理由であろう。

健康教育の必要とその性格から〻て健康教育はその擔當の教師や看護婦によつてなされると共に學校に保健委員會の如きを設けて子供達の健康が保護されるよう計畫すべきであるとされる。

體育と健康教育のこのような關係はその時間配當にも關係があるので二三の實例を參考にあげることにしたい。

先ずラポーテの「體育カリキュラム」は體育は毎日時間割に組まれることが必要である(小學校最低二〇分、中學校四〇〜六〇分)がその中の一日は健康教育に割かれるのがふつうであるとしている。そしてできれば體育の時間を毎日取り健康教育の時間はその外に取ることが望ましいことを附言している。一九四一年のミズリー州カリキュラムは望ましい時間配當として週五時間(中等學校)としその場合體育に四時間健康教育に一時間を示唆している。

一般的に體育に週三—五時間、健康教育に一—二時間がふつうである。

この時間配當の割合はしかし體育と健康教育の價値上の比率を示すものでなく健康教育はその性格上特定の時間以外になされることが多く又社會科や理科や家庭科の內容と重複するものが少くないからである。

以上は教科カリキュラムの場合であるがコア・カリキュラムになると健康は殆んどコアに吸收され、體育は特定の場所で學習されるので身體活動の面は特に取り出して指導されることになる。これに關しては既に述べた所である。

二　體育と健康教育に對する諸見解

前說を補う意味でアメリカにおける體育と健康教育の關係及びその內容について述べたものを紹介する。

（イ）は一九三四年版のニューヨーク州體育指導要綱に示された圖表である。圖表化すること、及び圖表化の仕方などについては色々に批判はあると思うがアメリカにおける體育と健康教育の關係についての見解を明確に圖表化しているようである。

（ロ）はシャーマン氏の體育概論（一九三四年）に示された見解の大要であるが前者と同時代のものであり、比較して理解するに便利であると思うのでその要點を紹介する。

（ハ）はウイリアムスとブロウネル兩氏の共著「體育と健康教育の管理」の中に示された見解の要點である。

（ニ）はターナー氏が健康教育に關する著書に引用しているものの要點であるが (1) 知識と理解 (2) 技能 (3) 態度の三つの見出しの下にまとめられ、これ又參考になる點が多いと考える。

（イ）（ニューヨーク州要綱）
圖の（1）

1 體育と健康教育

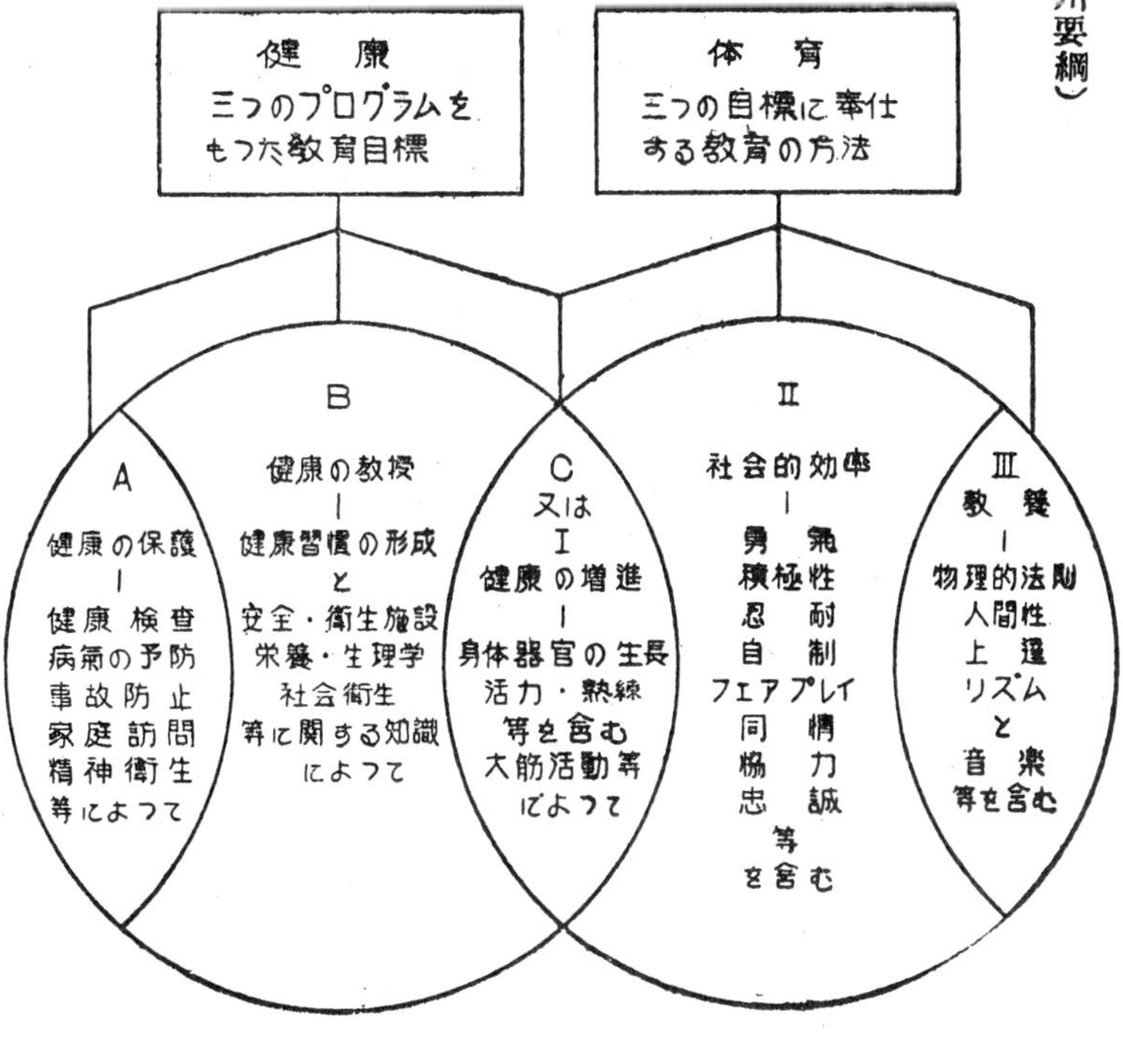

2 體育の目標

圖の(2)

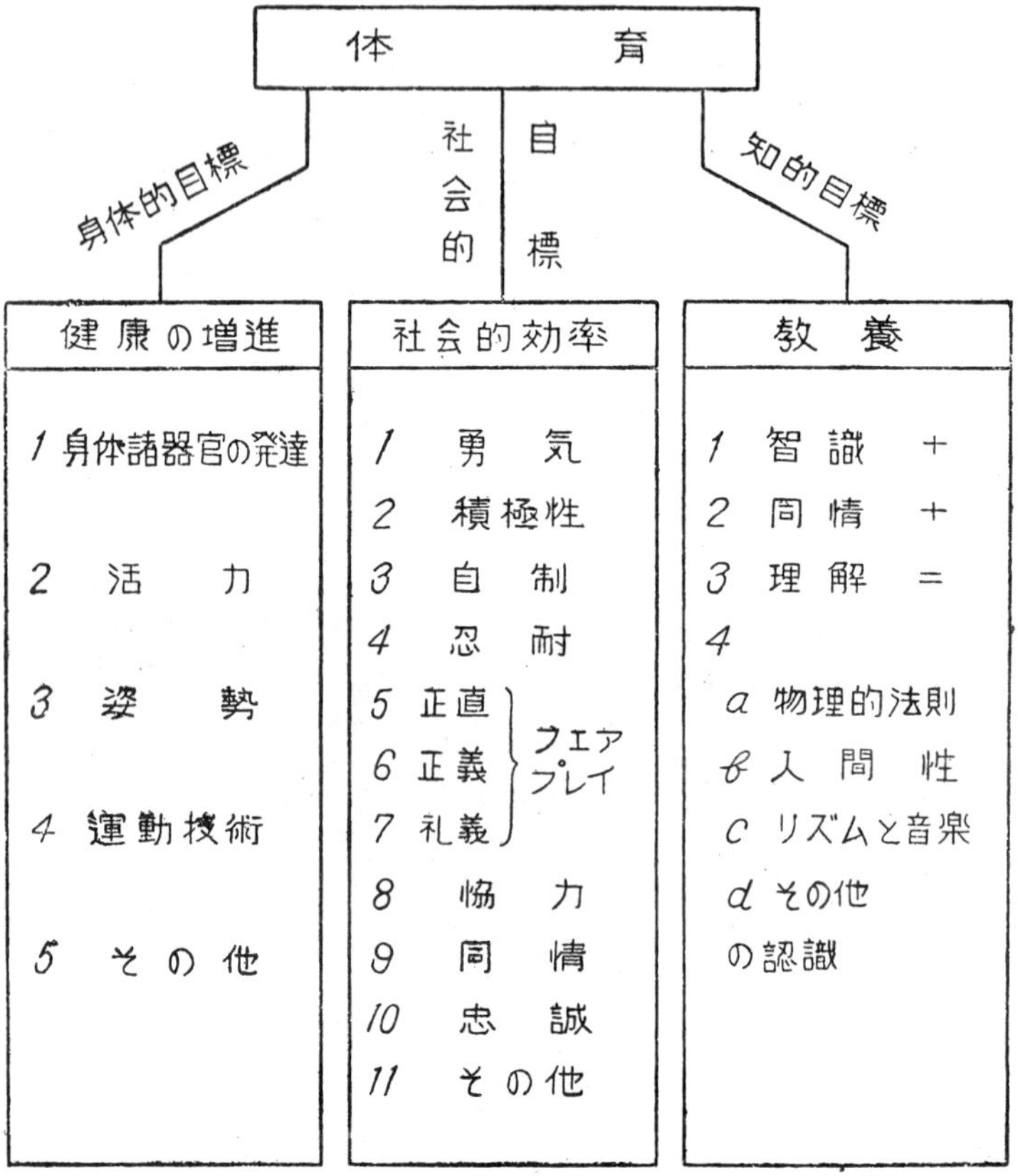
体　育
身体的目標
社会的目標
自標
知的目標
健康の増進
1 身体諸器官の発達
2 活　力
3 姿　勢
4 運動技術
5 その他
社会的効率
1 勇　気
2 積極性
3 自　制
4 忍　耐
5 正直
6 正義
7 礼義
フェアプレイ
8 協　力
9 同　情
10 忠　誠
11 その他
教　養
1 智識 ＋
2 同情 ＋
3 理解 ＝
4
a 物理的法則
b 人間性
c リズムと音楽
d その他
の認識

（ロ）（シャーマン）

体育と健康教育のプログラム

A　健康奉仕（ヘルスサービス）

(1)　健康檢査

(2)　家庭の協力による身體的缺陷の矯正

(3)　病氣に對する豫防的措置（種痘や豫防接種を含む）

(4)　救急處置

(5)　むし歯の豫防

(6)　教師の健康檢査

B　健康管理

(1)　教授衞生（日課の編成、學校施設の衞生、宿題等を含む）

(2)　暖　房

(3)　換　氣

(4)　採　光

(5)　衞生施設

(6)　建物管理

(7) 安全施設

C 健康教授

(1) 健康、衞生、生理學についての教授

(2) 保健計畫—朝の檢査、身體測定、給食など

D 體育

(1) 行進

(2) 體操

(3) リズム運動

(4) 器械運動

(5) 簡單な組織のゲーム

(6) スタンツ(巧技)

(7) 水上運動

(8) 陸上競技

(9) チームゲームス

(10) 劇的表現

(11) 校外活動(遠足など)

(12) 休憩時間の運動

（ハ）（ブロウネルとウイリアムス、一九三七年）

A 健康教育のスコープ

a 健康的學校生活

b ヘルスサービス

c 健康教授

B 健康教育の内容（圖(3)）

C 體育のスコープ

(1) 體育のプログラムの内容

a すべての兒童生活に對する必修時の體育

b 校内試合

c 對校試合

d 個人的要求に應ずる矯正指導

e 課外活動（クラブ活動その他）

(2) 體育のスコープ（範圍）

a 遊戯や色々のゲーム

圖 3

健康教育の三領域の内容

健　康　教　育

学校の健康教育

健康的学校生活	ヘルスサービス	健康に関する教授
1 学　校　環　境	1 評　価	I 健康生活の原則や事実について教える
採光．暖房．換氣．清潔．火災豫防．安全．腰掛．給水．校舎の管理	健康検査 検査と測定	科学的資料や生活技術の知見を廣める
2 学　校　の　組　織	2 治　療	II 健康上の知識と実際生活を統合する
日課表．休息と運動時間．給食．個人差等	治療し得る欠陥の矯正 豫後の處置	資料を活用し，知識を生活に生かすようにみちびく
3 教師と生徒の関係	3 豫　防　的　措　置	III 家庭．学校．社会で自主的に健康生活が營めるように指導する
訓練．疲勞．宿題．强制	豫防接種．看症．救急處置．傳染病の豫防．視力の保護．精神的，情緒的，身体的障害の調整	教授に兒童指導の原則を活用する

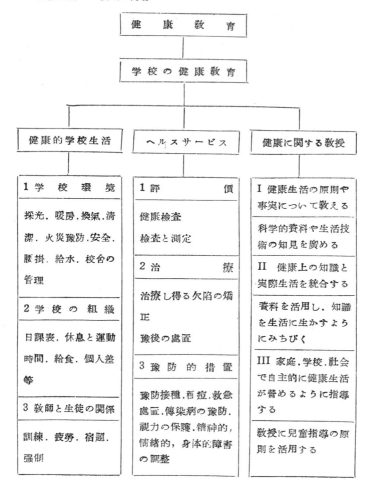

b　ダンスや劇的表現活動
c　自己の能力を試す運動
d　校外活動
e　個人的矯正的運動

（二）（ターナー、一九四七年）――健康教育

A　知識と理解

(1)　よき健康生活習慣に關係ある正常な身體の諸機能について
(2)　主なる健康上の障害、その防止と處置について
(3)　健康における身體的精神的過程の相關について
(4)　健康に關する知識の信頼すべき資料について
(5)　健康の概念を評價する科學的方法について
(6)　社會經濟的諸條件の健康に對するえいきようについて
(7)　衞生施設、產業衞生、學校衞生等の社會衞生の諸問題について
(8)　健康の保持や改善のための社會的組織や施設について

B　技能

(1)　食事・課業・レクリエーション・休養と睡眠等の生活時間の配分を適當に計畫し得る能力

(2) 榮養を改善し保持する能力
(3) よき情緒的調整のできる能力
(4) 個人的必要に應じたレクリエーション活動をえらびかつ實行する能力
(5) 病氣や傳染病の危險から遠ざかる能力
(6) 醫療施設を上手に利用する能力
(7) 社會的健康を保護增進するための企てに參加する能力
(8) 健康に關する世俗的見解を批判的に評價する能力

C 態度

(1) 正常な健康えの欲求
(2) よい健康習慣を實行することの個人的な滿足
(3) 自己の健康と他人健康の保護に責任をもつこと
(4) 他人の健康のためによろこんでぎせいになること
(5) 健康に關する規定に進んでしたがい、その改善に協力すること

三 む す び

以上諸家の見解に必ずしも完全な一致はなく、したがつて異つた表現をとつているが、綜合的に見れば多くの共通

點をもつている、我々はこれらによつて體育と健康教育の關係を理解することができる。

要するに現代の健康教育は單なる教科としては説明し得ない内容をもつている。健康は一九一八年の中等教育改善委員會の結論が示すように教育の主目標の一つであるがそのプログラムの内容については多く學校當局及びすべての教師の仕事である。又現在の社會科・理科・家庭科の教科内容について見れば或は個人的な見地から或は社會的な見地から健康の問題が取り上げられ特別に健康教授の時間を必要としない程の内容をもつている。しかしミズリー州のカリキユラムも言う如くすべての人の仕事は誰の仕事でもないという結果になり勝ちであるから特に健康の時間を設けそれを主管する教師が必要であろう。前表でもわかるように健康指導は學校當局や各教師のなすべき分野が多いので特に健康教授の時間はその殘りを受持つわけであるが相關カリキユラムでは各教科の内容にそれぞれの立場から取り上げられているので時間配當の問題もこれらの點を考え各教科の内容を出來るだけ統合し生徒に對して重複がないように決定することが必要である。しかし身體活動（組織的）は他教科でなされることは殆んどない。

體育はその性格上健康教育と密接な關係にあることは勿論であつて一般に健康教育と體育が同一部門に於て取り扱われるのはそのためである。しかし今日の通念によれば體育と健康教育を同一視しない。健康は體育の重要な目標であるがその全部ではない。このような考え方に從つてこの後の所述は主として體育に關して筆を進めたいと思うが健康教育との關連は常に考えて行くつもりである。

主要なる參考文献

K. A. Knudsen; A Textbook of Gymnastics. 1925

Maclaren; A System of Physical Education.
Williams; The Crganization and Administration of Physical Education. 1925
T. R. Sharman; Introduction to Physical Education 1934
Rice; A brief histosy of physical education. 1936
Physical Education Syllabus (New York State) 1934
Willams-Brownell; The Administration of Health and Physical Education. 1937
Missouri at Work on the Public School Curriculum Secondary School Series, Health, Physical Education, and Recreation 1941
Physical Education Course of Study (Cleveland) 1946
Course of Study for Elementary School (Los Angeles County) 1944
Tentative Materials of Instruction, suggested for the fourth year of the Core Curriculum of Secondary School (Virginia) 1941
Course of Study for Virginia Elementary Schools. Grade I——VII 1943
J. E, Rogers: Trends in Physical Education 1931
Olsen; School and Community 1946
Caswel; Education of Elementary School. 1942
C, E. Turner; School Health and Health Education 1947
石山修平氏 民主教育論 • 海後宗臣氏 教育編成論 • 梅根悟氏 新教育への道
梅根 悟氏 生活學校の理論 • 倉澤剛氏 近代カリキュラム
兵庫師女子部附屬小學校 明石附小プラン • 福澤小學校 生活カリキュラム

第二章　體育のカリキュラム構成

第一節　構成の前提條件

一　カリキュラムの形態と構成の方法

時代の推移やカリキュラムの形態の變化に伴つて體育がその意義內容を新にしたことは前章で既に述べた。教科カリキュラムとコア・カリキュラムの相違は教科の區別を立てるか、その枠を外して統合するかだけでなく教育內容を如何なる觀點に立つて選ぶべきかの點でかなりの相異がある。即ち教育內容の求め方とその編成の仕方に異る所がある。しかし今日の教科カリキュラムは多く活動カリキュラムの形態を取り單なる客觀的な知識の體系にその內容を求めていないので內容の面から見ればコア・カリキュラムに非常に接近していると見てよかろう。しかし編成の仕方は異つている。一方コア・カリキュラムについて見れば教科の枠は外しているが系統的學習を決して否定していない。中心學習では社會科理科を中心に統合されているが基礎學習としての直接技術や心情の教育や體育では系統的學習が重んぜられている。コア・カリキュラムのスコープは社會機能の分析から考えるにしても又個人的欲求を加味するにしても人間生活の各領域を視野にもつことになるから當然體育もそこに含まれることになる。しかしバージニア案にも見る如くその學習活動の性格からしても又系統的學習の必要からしてもいわゆる中心學習に吸收し去ることはできない。そこではいわゆる體育の立場から見た教材資料が必要である。

我々に必要なのは差し當り體育の立場から見て子供達の正常な發達のためにどれだけの學習内容が必要でありそしてこの内容が如何に排列せらるべきかを決定すればよい。從つて教科カリキュラムにおいてもコア・カリキュラムにおいてもこの點については同樣である。このようにして體育の内容と排列が決定すれば全體計畫が如何なる形態を取るかに從つて適當な修正を加えればよくカリキュラムの形態によつて體育や體育の必要が消失するものでもない。

このような意味で體育のカリキュラム構成の當面の仕事は體育がその性格上兒童の要求や社會的要求を考えて如何なる範圍の學習内容を適當とし、そしてこれを如何に排列し、各學校の實情に卽して如何なる具體的計畫を立てるべきかを決定することであると私は考える。

二　中央計畫、地方計畫、學校の計畫

兒童の要求や社會の要求が學習活動において地域社會の問題に具體化されることが望ましい。しかし地域社會は擴大されて結局國際社會を意味することになるし、今日の社會機構や轉學その他もろもろの教育的事情からしても中央計畫は必要である。しかし我が國のように地理的その他の條件が地域によつて異なる場合には地方計畫が大いに必要であり體育において特にそうである。又學校はそれぞれ異る條件にあるから當然學校のカリキュラムを必要とする。

中央計畫や地方計畫ではいわばカリキュラムの骨組が中心になるのでそのままでは學校に適用されない。よいカリキュラム構成には色々な資料や相當長期の年月が必要でありまたたえず修正が加えられなければならない。アーウィ

ンはその「健康體育のカリキュラム」を十三年に亘る研究の結果であるとし、ラポーテの「體育カリキュラム」は大學體育連盟の九ヵ年の研究結果の一部であり、一九四六年のクリーブランド市の體育のカリキュラムは一九二八年以來の實驗の成果であると當事者は述べている。

我が國のカリキュラム研究は新しい意味ではやつとはじまつたばかりである。したがつて我々はカリキュラム構成に必要な資料の不足に困惑しているのであるがしかしこれは急速に解決できない年月と努力を必要とする問題である。差し當り可能な資料をもとに試案を作り次々と改訂して行くべきであろう。

このような實情にあるので私は先ず第一段階としてアメリカの資料の紹介を主眼とし今後のカリキュラム問題に若干の話題を提供することにする。

第二節　体育の性格と目標

一　體育の性格

教育の各領域の共通に目指す所は子供達の身體的、知的、情緒的、社會的等各面の正常な發達を助け社會生活を遂行しそれに貢獻し得る能力を身につけさせることである。體育はこれらの目標を達成するために身體活動やそれに關連する學習活動による教育の領域であることは前章で述べた。體育の他の領域との連關性や特殊性はその内容と編成に大きく關係する。

二　體育の目標

體育の目標は教育の一般目標と體育の性格から導かれる。そしてこの目標は學習内容と方法を決定するので體育のカリキュラム構成の言わば出發點である。

體育の目標についても第一章で既に述べたので殆んど繰返す必要をみとめないが一般的に言つて體育活動によつて學習者に如何なる望ましい變化が考えられるかに重點をおくものと、これと同時にこれに必要な機會を提供するというような教育的目標に管理上の目標を加味したような表現を取るものとの二つがある。人により州によつて異つた表現を用いるが前記ニューヨーク州要領の目標は前者の型に屬し、後に紹介するロスアンゼルス案やミズリー案は後者の型に入れることができよう。今日では教師の目標と同時に兒童の目標を考えることがふつうになつているが教材や學習活動の方法的展開には兒童の要求を考えることが必要であるからでてる。

本書では體育の目標に關して他の箇所でもふれるが參考のため二三の見解を紹介する。次の(A)はクリーブランド市の體育の學習指導要領(低學年)(B)はシャーマン氏(S arman)(C)はラポーテ氏がそれぞれ體育の目的に關して述べたものの要點である。なお、第三章ロスアンゼルス案の學年目標は示唆される所が多い。

(A)(クリーブランド)

1 創造的表現の能力を伸ばす
2 指導力を發達させる
3 活潑でたのしい運動に參加の機會を與える
4 自然的運動の技能を發達させる

5　民主的な雰圍氣の中で幸福で健康な生活をさせる
6　身體的發達を助ける
7　知的發達を助ける
8　社會的成長を促す

（B）（シャーマン）

1　教育的經驗の得られる各種の身體活動に參加の機會を與える
2　各人が最高度に活動できるように身體の有機的諸組織を發達させる
3　將來の社會生活や餘暇活動の技能やプレイの態度を發達させる

（C）（ラポーテ）

1　身體的、知的、社會的發達——發育期の敎育目的の達成に役立つ水泳、體操、リズム運動、競技活動の基礎的技能（スキル）を發達させる
2　餘暇活動として適當な身體活動の有益で望ましい技能を發達させる
3　自己や他人をまもらなければならない色々な場面で適切に處置できるための安全上の基本的技能や知識を發達させる
4　各年令段階に適當した各種運動の規則やテクニックや作戰について豊かな知識を得させる
5　よき環境と有能で熱意ある指導者の下で各種運動に十分に參加することによつて好ましい社會的行動の基準、

理解、態度を發達させる

6 色々な身體活動の場面を經驗することによつて觀察、分析、判断、決断等の諸力を發達させる

7 適當な指導の下で行われる身體活動で困難な身體的——精神的諸問題を解決することによつて自己表現の能力や正しい意味の自信を得させる

8 注意深い指導の下で行われる運動で具體的責任を各生徒にその能力の範圍內で取らせることによつて指導力を發達させる

9 適當な身體的及び健康上の診斷に基いての矯正運動や健康上の助言の効果の及ぶ範圍內において矯正可能な身體的缺陥を除去し貧弱な姿勢を改善する

10 健康生活の原則について教え健康生活を具體的に指導することによつて基本的な健康生活の習慣を養い知識を高め態度を育成する

學校體育の目標は發達期の當面する目標——發達上の目標——と同時に卒業後の社會的要求に應ずる目標を考えることは一貫した傾向であるが、最近の傾向としては男女關係の健全な發達を目標の一つに揭げること、中等學校においては將來のレクリエーション活動に對する目標を强調していることである。この點でもロスアンゼルス郡やミズリー州のカリキュラムは參考になると思う。

なお一般に學習活動は目標から導かれるのがふつうであるが、一般目標からいきなり各學年の教材を導き出すことは困難であるので今日ではこの一般目標を更に學年目標——通例は低學年、高學年、中學校期位の段階別に——具體

化しそこから學習活動を導き出す仕方が一般に取られている。

註　本書は簡略の便宜のために、ロスアンゼルス郡の学習指導要領、ミズリー州のカリキュラム、バージニア州の学習指導要領をそれぞれロスアンゼルス案、ミズリー案、バージニア案と呼ぶ。

第三節　發達とカリキュラム

教育は兒童生徒の正常な發達を助けることであり、カリキュラム構成が彼等の要求を強く考えることはこのためである。兒童生徒の體育的要求は年令によつて異るものがあるので學習活動の選擇や排列には彼等の年令による發達上の特性を考えるのが原則である。體育は單に身體の發達だけを考えるのでなく全人的發達を企圖するものであるから體育のカリキュラム構成に必要な發達上の特質は身體的、社會的、情緒的、知的發達の各面に亘つて考察さるべきであり、具體的にはこれら一般的特性と共に個々の生徒の發達上の要求が明らかにされなければならない。

兒童中心の教育が强調されるようになつてから發達に關する研究は非常な進歩を見せた。しかしジャーシルドも言つているように體育のカリキュラム構成に必要な資料は現在の所甚だ貧弱であり我々の今後の努力は多くこの點に注がれなければならない。

發達は繼續的動的なものであるが各年令の發達上の諸相は異るものがある。しかもこれら諸相は或る年令段階に共通であるので一般に發達段階を考えこの段階に應じた學習活動を配し、段階の異るにつれて學習活動や教材を變化させるのがふつうである。これはいわゆるシーケンスの問題である。具體的に發達段階をどのように決めるかは人によつて異り一定していない。例えばラポーテの「體育カリキュラム」は一〜三年、四〜六年というような段階區分を取つているが一〜二年、三〜四年、五〜六年というような區分も多く見られる所である。文部省の學習指導要領體育篇はこれによつている。

小學校三年は一般的に過渡期と言われ、六年は一般に女兒が第二次性徴期に入る時期とされ、又中學三年は中學期よりはむしろ高等學校期に近いとされる。しかし發達は繼續的でありしかも個人差を考えなければならないからこれらの段階區分は便宜的で明確なものでないと言えるかも知れないがカリキュラム構成の立場からすればできるだけこの點を明らかにする必要がある。

私はここで多くアメリカの資料を用いているがアメリカでは一般に第二次性徴期に入る時期は女子を第六學年男子を第七學年に取つているようである。第二次性徴期は心身の變化のはげしい時期であるから教育上特殊な注意を要するが我が國でも第二次性徴期に入る時期がアメリカに一致するかどうかは問題である。後に引用する吉田章信博士の研究によれば我が國は男女共この時期を一年早く考えてよいのではないかと思う。もしそうであるならば教材や指導法をそれに應じて變えなければならない。

即ち發達上の問題は發達段階を如何に定めるか、男女の發達上の差異を如何に考えるか、又個人差を如何に考えるかの諸點が特に重要と思われるがこれらの參考のために二、三の資料を引用することにしたい。

發達上の一般的特性については多くの資料があるので一九四六年カリフォルニア州視學會議の社會科委員會のとつた發達上の特性の中から體育に關係深いと思われるものを摘記して第四表に掲げた。次の第五表は吉田章信博士の日本における女子の第二次性徴發現に關する研究結果で前表と對比して參考になる所が多いと思う。第五表中Ｉ、II、III はそれぞれ第二次性徵の初期的現象、中期的現象、終末現象の發現を意味する（同博士「體力測定」參照）。

なお身體の形態的發達及び小學校期における運動能力の發達に關する資料を第六表及び第七表に掲げてあるが、第六表は文部省統計（昭和十一年）第四表は東京第一師女子部附屬小學校（昭和二十三年）の結果である。

第　4　表

幼稚園～第8学年の発達上の特性

年令	幼稚園 5歳	一学年 6歳	二学年 7歳	三学年 8歳	四学年 9歳	五学年 10歳	六学年 11歳	七学年 12歳	八学年 13歳
各學年の發達特質	たえ間なき身体活動	たえ間なき身体活動は減ずる	──→	体力や器用さを増す．疲労をあまり感じなくなる	──→	──→	──→	同性間及男女間で身体的発達の割合が異る．力の出し方にむらがある	──→
	専ら大筋を使用する	大筋使用の活動が多い	──→	──→	──→	──→	──→	──→	──→
			細かな筋肉を使えるようになる	──→	──→	──→	──→	筋調整ができたりできなかつたりする	──→
			脈搏が正常となる	──→	──→	──→	──→	再び心搏数を増す	──→
	傳染病に対する抵抗が弱い	──→	──→	──→	傳染病に対する抵抗が強まる	──→	一般に傳染病に対して免疫となる	──→	──→
	両眼の融合がうまく行かない	両眼の融合がうまく行えるようになる	──→	両眼の融合はかなり安定する	──→	──→	──→	──→	──→

	ごく少人数の友達と協調する			能動的模倣遊戯の時代である	有意注意の持續は短かく移り易い				空想と現実の區別ができない
	かなり多くの仲間と協調する			→	注意を持續することができはじめる				區別ができるようになる
	→			遊戯の前に計畫するようになる	→				→
	子供達は大人から離れて自分達で集團を作りはじめ共通の目標に協力するようになる			→	→		因果関係を理解しはじめる		空想と現実の區別がはっきりする
	→	同年輩の仲間の意見に動かされ大人の意見や基準にたよらなくなる	男兒は男兒に女兒は女兒に興味をもつ	→	男女間の相違にはっきりした関心を示しはじめる		批判的思考ができるようになる		世界の概念について理解が進む
	→	→	→	→	→	社会関係を意識しはじめる	→	知的作業の能力が進む	→
女兒の第二次性徴期はじまる	自主的となり責任感が強くなる	→	→	遊戯は非常に組織立って来る	→	→	→	抽象的問題解決の能力が進む	→
男兒の第二次性徴期はじまる	→	→	女子は男子に関心をもつようになる	→	→	→	概括の能力がすすむ	→	文化の型を知るようになる
男女共第二次性徴期はつづく	→	→	男子は女子に関心をもつようになる	→	→	→	→	抽象的性質の問題を解決することに興味をもつ	→

第　5　表

日本女子年齢別第二次性徴發現表

年令 (age)	員数 (n)	発現ナキ者 %	発情期各段階該当性徴発現者 %			
			I	II	III	I.II.III.計
9～10	31	96.8	3.2	0	0	3.2
10～11	149	80.5	16.8	2.7	0	19.5
11～12	145	53.8	31.7	13.8	0.7	46.2
12～13	501	13.6	37.7	33.3	15.4	86.4
13～14	468	5.1	16.7	49.6	28.6	94.9
14～15	327	0.6	6.7	32.4	60.3	99.4

備考　1 被検者は.舊東京市外代々幡町西原.上原小学校.千駄ケ谷町千駄ケ谷小学校.東京府第五高等女学校.
私立明星学園.同成徳女子商業学校生徒.　検者：　吉田章信

第 6 表

身長.體重.胸圍年令別發育量表 (昭和11年文部省統計ニヨル)

	身長		体重		胸圍	
	男	女	男	女	男	女
才 才 7～8	cm 5.0	cm 5.0	kg 1.9	kg 1.8	om 2.0	cm 1.8
8～9	5.0	4.9	2.1	2.0	1.8	1.8
9～10	4.7	4.7	2.2	2.1	2.0	1.9
10～11	4.5	4.8	2.2	2.5	1.8	2.0
11～12	4.3	5.4	2.5	3.2	2.1	2.5
12～13	5.7	6.9	3.5	4.8	2.4	3.6
13～14	6.6	5.0	4.7	4.7	3.3	3.7
14～15	6.8	4.2	5.3	4.5	4.3	3.2
15～16	5.3	1.7	5.0	2.6	3.6	2.0
16～17	2.8	1.0	3.2	1.5	2.6	1.4
17～18	1.3	0.2	1.9	1.6	1.5	0.9
18～19	1.2	0.4	1.5	0.8	0.8	0.8

第7表　運動能力に示された男女の差

（東京一師女子部附小　昭和23年度×印ハ10月他ハ6月調査）

学年		1	2	3	4	5	6
人員	男	42	42	38	38	39	34
	女	42	42	46	42	43	47
40m疾走（秒） 人員	男	9.2 40	8.9 41	8.7 37	8.1 38	7.5 37	7.2 34
	女	11.5 39	9.2 39	9.0 43	8.5 40	8.1 41	8.0 43
60m疾走（秒） 人員			13.3 41	12.7 37	11.8 38	10.9 37	10.5 34
			14.1 42	13.2 43	12.4 40	11.8 41	11.5 43
立幅跳（m） 人員	男	1.15 39	1.46 41	1.56 38	1.65 38	1.75 38	1.69 34
	女	1.20 36	1.45 40	1.51 44	1.56 40	1.69 40	1.71 46
× ジャンプアンドリーチ（cm） 人員	男	18.8 21	17.5 41	24.1 17	29.0 17	30.8 37	27.5 33
	女	16.3 18	17.0 41	24.6 23	24.1 22	26.2 4[illegible]	27.2 41
ソフトボール投（cm） 人員	男	9.4 42	13.9 41	17.9 38	21.5 37	24.3 37	24.7 34
	女	4.5 39	7.5 42	8.6 45	10.7 41	13.8 40	16.4 44
× ドッジボール投（cm） 人員	男	5.8 18	7.2 41	9.6 27	12.1 17	13.3 37	12.2 33
	女	3.2 17	4.7 42	6.1 40	8.8 22	11.0 40	13.4 42
スピードパス（30秒間） 人員	男	15.4 41	20.6 41	23.0 37	21.3 38	26.5 38	26.7 34
	女	13.7 40	17.4 38	18.9 43	21.0 40	23.5 39	28.0 47
腕立伏臥腕屈伸（回） 人員	男	23.5 42	28.6 39	28.9 38	42.4 38	33.0 36	35.0 33
	女	17.0 41	23.6 41	20.9 44	34.0 40	21.5 39	26.1 45
斜懸垂腕屈伸（回） 人員 （膝立）	男	20.0 41	29.8 41	30.0 38	55.5 38	29.3 37	66.2 34
	女	18.5 41	34.2 42	28.2 44	35.0 40	17.0 40	33.9 45
× バーピーテスト（30秒間） 人員	男				15.5 17	14.0 18	15.0 33
	女				14.0 22	14.6 41	14.2 40

第四節　學習內容と敎材の評價

一　學習內容と敎材の意味

前にあげた體育の目標は適當な學習活動を通して達成せられるが一般に學習活動は目標と發達に應じて決定される。又敎材は敎育の目標を達成するための材料であるが水泳やバスケットボールなどの體育の敎材はそれ自體活動を意味し、體育の學習活動の大部分はこれらの敎材をめぐつて展開されると言うことができる。勿論體育の學習內容はこれら運動的敎材に限定せられることはなく人間生活における體育の意味やレクリエーションの意味など運動以外の學習活動が少くない。これらは運動と連關して扱われることもあれば獨自に扱われることもあり、今日社會科や理科や家庭科の學習內容には共通なものが多い。體育のカリキュラム構成に當つては一應これらの學習內容の全部を考えることが必要である。

敎育課程は今日必修時の學習活動だけでなく自由時の學習活動や家庭における活動をも考慮すべきであり、體育でも學校の體育的環境における活動と家庭生活における活動をも考え學習內容を決定する必要がある。したがつて學習內容は生徒の全體の生活指導から決定される。しかし多くの學習活動が敎材をめぐつての活動であり、體育の敎材がそれ自體活動を意味する場合が多いので本書では敎材に重點を置いて進めることにする。

二　敎材の範圍と排列

教育内容を如何なる範圍からえらぶか（スコープ）、そしてこの內容を如何なる順序に排列するか（シーケンス）の問題はカリキュラム構成の中心問題である。スコープはコア・カリキュラムでは一般に社會機能の分析から導かれ、敎科カリキュラムでは目標から導かれるがこの目標は社會機能の分析を含むものと解してよい。中心學習のスコープが社會機能の分析に求められるからと言つて基礎學習のスコープも同じでなければならないだろうか。もしコア・カリキュラムを取るならば體育では別にスコープを考える必要はないのではなかろうかと私は考える。

もちろん體育の學習內容を決定する際には將來の職業生活や生命健康の維持や餘暇活動を考えることは必要である。しかしこれはすでに中心課程で考えられ體育も又中心課程にも考えられるのであるから體育の學習內容はその特殊（體育の）目標から導き出してよかろう。もし色々な身體活動を敎材として考えるならばブロウネルの言つているように遊戯や種々のゲーム・ダンスなど（第一章第三節參照）を體育のスコープと考える見方が成立する譯である。

それ故體育の敎材の導き出し方は目標の各領域に應じて適當なものをえらぶ場合と各發達段階に適當と思われる各類型の敎材を考え逆にこれらを目標の各項目について評價する仕方がある。體育の內容決定は多く後者の方法によつてなされている。これはいわゆる敎材評價の問題である。

敎材を如何に排列するかは第三節で述べた如く發育段階から決定される。今日敎材や敎材の排列に發達特質が重視せられるのはこの理由に基ずくもので私は體育のシーケンスを決定する重要な要素は各段階における兒童生徒の運動に對する興味、能力、經驗、及び社會意識の發達であると考える。

したがつて體育のスコープとシーケンスの問題は學年目標や能力表（バージニア案參照）に大きな關係がある。

三　教材の評價

今日のように教材を多く自然運動に求め學習者の能力や欲求を重んじて選ぶとすれば教材評價の仕事は非常に大切なものとなつてくる。もし教材評價がなされないとすれば教材が無批判に選擇せられ、且つプログラムの調和が失われて教材が或る類型に偏したり兒童生徒の興味に引ずられたりして指導の効果が減殺される危險があるからである。

教材評價は各學年の發達や目標を考えてあらかじめ教材を配當しこれをいくつかの項目に分けられた基準によつて評價されるのであるがなかなか面倒であり、時間や經費を要する仕事である。それ故中央計畫や地方計畫でなされることは必要であろうが各學校ではむしろ省略さるべき手續であろう。各學校では中央や地方計畫でなされた教材評價の結果を活用し、これを各學校の特殊事情に應じて適宜修正すればよい。

教材評價の方法は色々考えられるが具體的資料は比較的少い。體育で教材評價が特に必要なのは、一般に目標から學習活動を導くのがふつうであるが體育では特定の教材による學習活動が多くむしろ活動の或型をもつた教材を逆に目標の項目に應じて評價することが實際上便利であるからである。したがつて各年令における興味、能力、經驗等を考えて教材を配當しこれら個々の教材を目標から導かれる一定の基準によつて價値を決定するのである。手順としては第一に教材の學年配當と教材單位の決定、次に評價基準の設定、第三に評價ということになる。

第一の手順は體育の能力表が必要であるが現在の所信頼できるものを我々はまだもたない。それ故委員會法等によつて試案的なものを作り教材配當を試みる外はない。評價基準は體育の目標と管理上の條件の二つの面から作るべきであろう。先ず後で引用するアメリカ大學體育連盟のカリキュラム委員會で決定されたような評價基準を教育的立場から決定し、次に地理的氣候的條件、經濟的條件、設備用具等管理上の條件から立てた基準を設定することが適當である。評價は百點滿點や十點滿點等の點數法による方が結果がはつきりして處理上も便利である。誰が評價するかということも問題であるがこれは生徒によるものと敎師その他によるものとがあるが愼重に行われないと結果が信賴できないものとなる。私は少くも五年か十年以上の指導經歷を有する體育指導者や一般敎師による評價の結果を主とし兒童生徒による結果を參考資料として用いたらよいと考えている。人數は地域の廣さや指導者の數によつて一定しないが各府縣で行われる際にはさほど數が多くないからなるべく多數によつて評價されることがよかろう。

ウイリアムス（Williams）は一九二五年の著書「體育の組織と管理」の中で中等學校における敎材評價の結果を發表しているが、これは體育に優秀な成績を示した中等學校の生徒三十數名に中等學校敎材について評價させたもので男女別に行われている。ここで用いられた評價の基準は各敎材の生理學的、精神的、社會的發達に對する價値及び學校體育の敎材としての實用性から決定されている。評價の具體的方法は三十種の敎材を示し、これを前記基準に照して十點滿點で評價させたもので各敎材の點數と同時に價値上の順位を併記させている。第八表は結果の一部であるがこの方法を採用する際には評價者となる生徒達が正しい指導を受けていないと正しい結果が得られないし、又生徒でも敎師でも自分のよく知らない種目については評價させない方がよい。要するに評價を依賴する際には各評價者が一定の基準によつて評價できるよう評價上の細かい注意書が副えられなければならない。次はその結果の一部である。

第　8　表

女生徒 順位	女生徒 種目	女生徒 得點平均	男生徒 順位	男生徒 種目	男生徒 得點平均
1	ハイキング	9.75	1	ハイキング	9.8
2	水泳	9.71	2	水泳	9.4
3	テニス	8.9	3	野球	8.5
4	インドアベースボール	7.5	4	テニス	8.2
5	バレーボール	7.4	5	ハンドボール	7.6
6	バスケットボール（女子規則）	7.2	6	ボクシング	7.0
7	ハンドボール	7.1	7	ボウリング	6.6
8	ゴルフ	7.0	8	ゴルフ	6.5
9	フイルドホツケー	6.6	9	バスケツトボール	5.9
10	ボウリング	6.4	10	陸上競校	5.6
11	センターボール	6.1	11	アイホツケー	5.1
12	50ヤード疾走	5.8	12	フツトボール	4.95
13	ハードル競走	4.8	13	サツカー	4.93
			14	センターボール	4.5
			15	フイルドホツケー	4.38
			16	スクワツシ	4.3
			17	クリケツト	3.5
			18	ラクロス	3.0

前記ウイリアムスの行つた教材評價より更に進歩したものを一九二十七年十二月に發足したアメリカ大學體育連盟のカリキュラム研究委員會が行つている。いささか餘談に亘ることになるがこのカリキュラム研究委員會は前記大學體育連盟の繼續的事業として發足し、九カ年に亘る研究結果をアメリカ全國に採用し得る體育カリキュラムとして發表した。一九二七年十二月と言えば有名なバージニア州が近代的カリキュラム研究に着手した年に先立つこと凡そ二カ年でアメリカにおけるカリキュラムの轉換期に當る。このカリキュラム研究の特色はアメリカに珍しい體育の中央計畫であつて「甚しく異る地理的氣候的條件、地域的要求や興味の相違、不同な施設用具、教師その他のまちまちな見解」等の現實を前にしてたとえ必要であつても果してどこでも採用できるカリキュラムの構成が果して可能であろうか、又更にそれができたにしても各州や各地の教育委員會は果してこれを採用するであろうか、ということをけ念しながらはじめたのであるが遂に九カ年の日子を費してこれを完成し、各州及び各都市はこれを採用し賛意を表したと言われる。九カ年という年月はアメリカのカリキュラム研究では決して珍しいことではないがその構成の組織や手順に我々の參考とすべき多くのものをもつている。

この委員會は教材評價に三カ年を費している、この三カ年間になされた研究の詳細は雜誌その他に發表されているようであるが私は委員長ラルフ・ラポーテ氏の名において發表された「體育カリキュラム」一冊に接しただけであるので詳細は判らない。しかしこの書によつて概要はうかがうことができるがこの委員會における評價はアメリカ各地の老練な體育指導者達に依賴して行われたようである。同書には何等の記述がないが評價の前にあらかじめ教材の學年配當がなされたことが想像せられる。即ち表が示すように教材評價は學年別になされていることと實際的にあらかじめ教材の學年配當がなければ評價は意味をなさないからである。又三カ年という年月を教材評價に費している事實は評價に至るまでの諸手續が愼重になされたこと及び修正された方法によつて評價が更に行われたことを示唆している。ともあれかの有名な「體育カリキュラム」の基礎は委員會の第一の仕事であつた教材評價に出發し、年間計畫その他管理上の基準の重要な部分がこの基礎の上にきずかれたのである。

この教材評價における教材の單位は一種の單元を意味するものである。即ち一種の教材群であるが我が國で意味する教材群と異つている。例えば水泳は救助法、水泳と飛込、水球の三つに分れ、バスケットボール、バレーボール、サッカー、ゴルフなどがそれぞれ一つの種目を構成し、陸上競技は「トラックアンドフィルド」に一括されている。第十二學年について見るとダンスは「ギムナスチックダンス」「クロッグとタップダンス」「フォークダンス」の三つに區分されている。必ずしもこの區分を採用する必要はなかろうがかかる教材の單位をあらかじめ決定しておくことはきわめて必要である。これが年間計畫その他における教材の時間配當及び單元計畫の基礎資料となるからである。即ちこの單位は指導計畫で六週間位の時間が配當される單位を意味する。

評價は身體的發達、社會的及心理學的發達、安全及びレクリエーション活動に對する各教材の貢獻の度合を十點滿點で評價し同時にこれらの綜合點が示されている。評價の基準は同研究委員會の研究目標として示された五つの項目に求められているがその大要は次の如くである。

(1)　兒童の身體的——形態的及び諸器官の——生長發達及び身體の機能及び安定性の改善に對する貢獻

(2)　よき市民たるの資質を構成する社會的諸徳性及び適當な指導の下に得られる健全な道徳的理想の進歩に對する

貢献

(3) 身體的社會的發達を刺戟する諸經驗から結果する滿足を含む所の兒童生徒の心理學的發達に對する貢献

(4) 自己と他人の救助を含めて危急の際に身をまもるための能力を高める安全の技能の發達に對する貢献

(5) 學校及び卒業後の兩者を含めて役立つレクリエーション活動の技能の發達に對する貢献

教材評價の仕事は現在の所以上のような手順によつてなされるならば適當である。

教材の評価①（第十二年…高校三年）

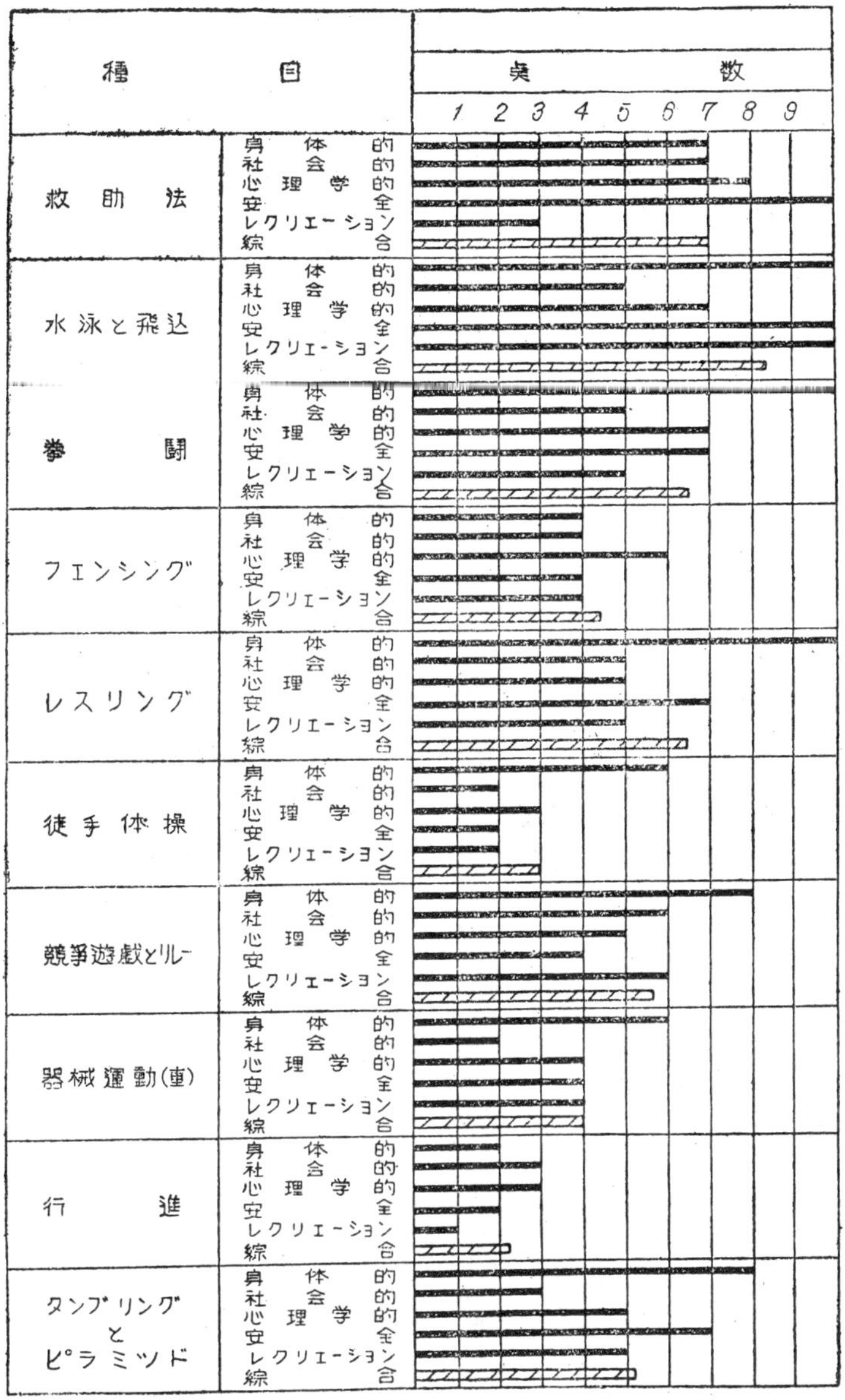

表中　身体的　社会的等は各教材の身体的発達・社会的・心理学的発達・安全の技能・レクリエーション活動に対する貢献（価値）とこれらの綜合的貢献（価値）を意味する（教材評価の基準五項目参照）。上の数字は点数

教材の評価②（第十二学年）

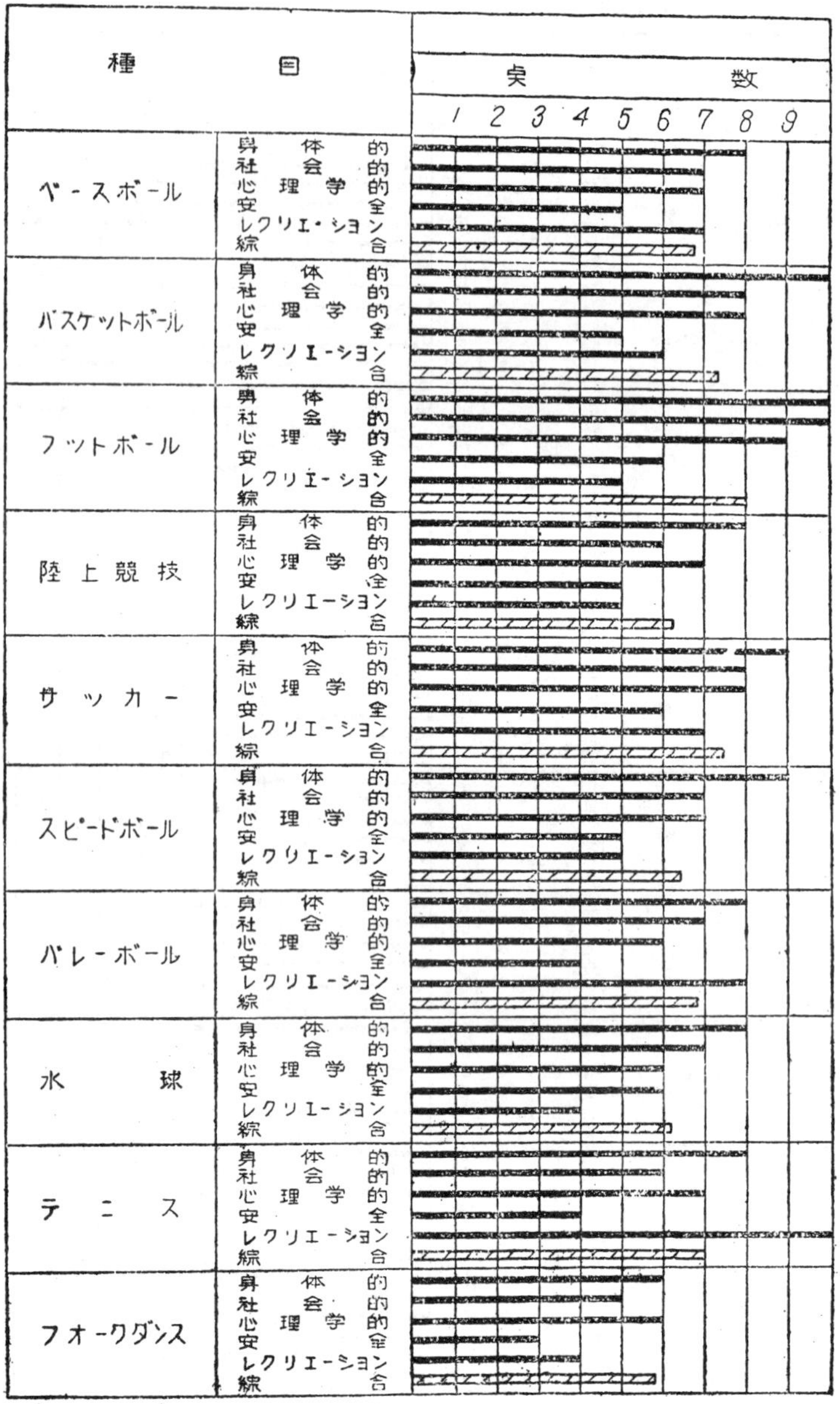

教材の評価 ③

	種目
1	水泳と飛込
2	フットボール
3	サッカー
4	バスケットボール
5	プレイグランドボール
6	救助法
7	テニス
8	ベースボール
9	スピードボール
10	バレーボール
11	拳闘
12	レスリング
13	陸上競技
14	タッチフットボール
15	水球
16	ハンドボール
17	競争遊戯とリレー
18	フオークダンス
19	ゴルフ
20	簡易なゲーム
21	タンブリングとピラミッド
22	スクワッシとスクワッシテニス
23	ギムナスチックダンス
24	クロッグとタップダンス
25	フェンシング
26	器械体操
27	弓
28	ホースシューズ
29	徒手体操
30	行進

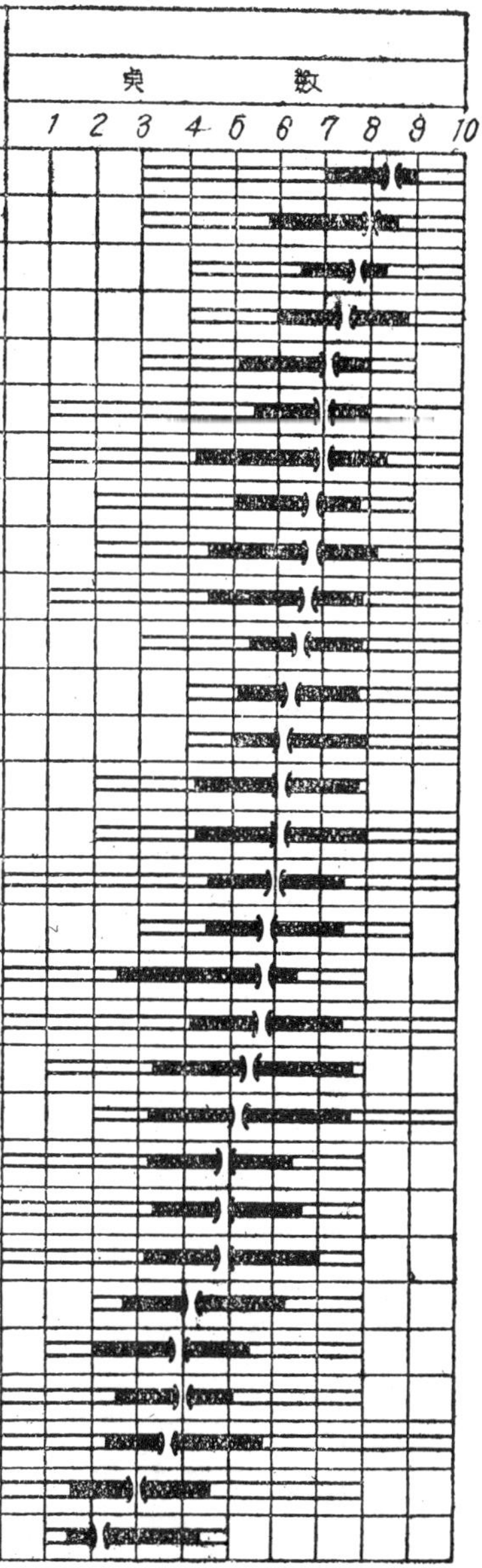

第十二学年教材評価の綜合成績)(は中央値・評価の最高最低点を示すと共に黒線は半数を示す。

教材の評価 ④

第十・十一・十二学年（高等学校一－三年）の綜合点の平均を示す

四　學年目標と能力表

體育の一般目標から各學年の教材を直ちに導き出すことは困難であるから先ず學年目標を立てることが必要である。學年目標を立てる際には各學年の能力が明らかにされなければならない。運動能力の尺度や一般的體育の成就尺度もない我々にはこの仕事は現在甚だ困難であるがしかし努力を重ねれば出來ることである。

ラポーテの體育カリキュラムには學年目標や能力表は示されていないが何等かの形でこれが考えられたことが豫想せられる。學年目標は結局各學年において如何なる點を目標として强調するかを具體的に示し、又それを强調できるのは如何なる根據によつてであるかが明らかにされなければならないから體育の立場から見た兒童生徒の發達が目標と具體的に結びつき得るまで研究されなければならない。

ジャーシルドもその著書「兒童の發達とカリキュラム」の中でこの點が明らかにされていないことを述べているが後に示すバージニア州の學習指導要領小學校篇では各學年の目標と共に健康と體育の能力表が示されており、又ロスアンゼルス郡の指導要領も學年目標と學習活動の結びつきが示されている。一般的に學年目標は各學年毎にでなしに小學校低學年・高學年・中學校・高等學校の如き發達段階を一つの單位として考えられていることは前に述べた通りである。

註、「ラポーテの体育カリキユラム」

前記アメカの大学体育連盟のカリキュラム研究委員会は連盟会員と数百人の体育視学その他実際家の協力を得てアメリカ全國に採用し得る統一的カリキュラムの基本的案を完成したがラポーテはその委員長であり第四年目に五つの部会にわかれた時には

教材部会の主査であつた。この著書は教材部会の成果を要約してラポーテ氏の名をもつて発表したものである。内容は三部に分れ第一部はカリキュラム研究の発展過程の概要、第二部は注意事項と共に各学年の具体的案、第三部は指導計畫運營上の基準についてのべている。なお研究委員会の研究の発展過程は次の如くである。

第一ー三年度　教材の評價

教材の学年配当と運動に対する興味の研究、價値と困難度による各教材に対する時間配当、前記五つの目標―貢献―による学年別教材の評價など、

第四年度、分科会えの発展

第一部会　目的目標の決定（主査　オクターペック教授）

各学年の身体的、社会的、知的、情緒的発達（興味と能力）に対する要求を研究し学年目標を決定する

第二部会、教材の適合性と選擇（ラポーテ南加大学教授主査）

教材單元の選擇、学年配当、時間配当、各單元要素の決定

第三部会、好ましい指導場面と指導法の決定（コロンビヤ教育大学ブロウネル教授主査）

もつとも効果をあげるための種々な指導法や場についての廣汎な研究

第四部会、標準的成就テストの作製（主査アイオワ大学マックロイ博士・後にカリフオルニア大学コーゼンス博士）

指導効果を評價するための尺度を作るために各発達段階の成就テストについての実驗。これには各運動の運動技術、知識、態度の検査を含む

第五部会、適当な管理上の基準の設定（ニューヨーク大学フランク・ロイド教授主査）

カリキュラムを効果的なものたらしめるための管理上の基準を決定するために指導計畫、施設用具、教授組織等の各面に関する種々な管理法の実験

第五年度　第二部会について

教材の学年配当と時間配当に関する研究

第六年度、女子部会の設置

第七年度、児童生徒の興味の研究

教材配当が果して適当であつたか否か等の問題についての実驗的研究

第八年度、各教材の基本的技能の研究

第九年度、試案の全國各地の学校についての実驗、その結果を質問紙によつて求め改訂案を作製した

第五節　各類型の教材に對する時間配當の基準

指導計畫の内容に調和があり、計畫が合理的に立案されるためには各類型の教材に對する時間配當が適正になされなければならない。これを決定するものは各類型の教材の價値であり特性であろう。

前記研究委員會の改訂案は年間計畫の基礎となる各教材に配當さるべき時間決定のために一つの基準を示している。

（一）小学校低学年（一―三年）

1 リズム運動　二五％
2 模倣遊びと物語遊び　二〇％
3 狩猟遊戯（鬼遊び）　二〇％
4 リレー　一五％
5 スタンツと力試しの運動　一〇％（鬼とび、前轉など）
6 簡單な競爭遊戯　一〇％（ドッチボール、キックボールなど）

合計　一〇〇％

原案で入つていた水泳は施設が各學校に望めない關係で改訂案では全部の學校に對するものとしては除かれた。一九四六年のクリーブランド市の體育指導要領（小學校低學年の部）では第一學年に(1)力試しの運動(2)遊戯（ゲーム）(3)リズム運動を、第二學年も大體同じく、第三學年で簡單なリレーやチームゲームを取り入れている。ロスアンゼルス郡（カリフォルニア州）及バージニア州の指導要領における教材配當は第三章及び第五章を參照されたい。

(二) 小学校高学年　（四―六年）

1 簡單な組織の競技　二五％

バスケットボール型、キャプテンボール、キャプテンバスケットボール、コーナーボール、九コートバスケットボール、六コートバスケットボール等九種目

プレイグランドボール型、バットボール、三角ボールなど十種目

サツカー型、圓陣サツカー、コーナーキツクボール、フイルドボール、キツクボール、簡單なサツカー等十種目
バレーボール型、バウンドボール、ネツトボール、など五種

2　リズム運動　二〇％
3　狩猟遊戯　一五％
4　個人競技（力試し）　一〇％
正確打、走壘、正確投、バスケツトボール距離投、巾跳、高跳、等
5　模倣運動と徒手運動　一〇％
スポーツのまね、など
6　リレー（各種）　一〇％
7　タンブリングとスタンツ　一〇％
合計　一〇〇％

㈢　中学校

中學校では必修課程と選擇課程に分れている。各種のダンスを總括する言葉として「リズム」が用いられ、器械體操、行進、徒手體操が一括されている。各教材に對する時間は凡そ六週間を單位として配當されているがこれは一年三十六週三カ年一〇八週の計算と關連し且つ或る種目を或學年にだけ配當される場合はその學年で六週間、二カ年に分割される場合には各學年三週間、三學年に亘る際には各學年に二週間宛を配するものとされている。年間計畫立案

に先立つて教材に對する時間配當がこのようになされるならば計畫の立案も容易であり、教材相互の釣合も失われることがない。

選擇種目には凡そ三分一の時間が割當られているがこれはレクリエーション活動に對する考慮及び設備用具に應ずる計畫の彈力性を考えたものである。

(イ) 必修(コア)課程

種目		男子に対して配当される週	同上女子
バスケツトボール	(初歩)	六	ー
バスケツトボール(九コート)		ー	六
徒手、器械體操、行進	(初歩)	一二	一二
リズム	(初歩)	一二	一八
ソフトボール	(初歩)	六	六
サツカー又はスピードボール	(初歩)	六	六
水泳と飛込	(初歩)	一二	一二
タツチフツトボール	(初歩)	六	ー
陸上競技	(初歩)	六	ー
タンブリングとピラミツド	(初歩)	六	六

バレーボール　（初歩）　六（七八）　六（七二）

（ロ）**選擇課程**（男子三〇週・女子三六週）

バドミントン・ボクシング・ボート・ゴルフ・ハンドボール・ハイキングとキャンプ・ホースシューズ・パドルテニス・スケート・スキー・テニス・矯正運動など十六種目（選擇種目に對する時間配當は各三ー六週）

いわゆる正課における時間配當はここに示された通りであるがリレー・簡單なゲームなどは同じ要素をもつた種目の準備課程として活用が望ましいとし、水泳は設備のない場合には除かれる。ここに示された週は三ヵ年を通じて各種目に配當された時間を示す。

（四）高等學校

高等學校の教材と時間配當は大要次の如きものであるが各種目共六週間繼續して指導することが望まれている。もしそうなると多くの種目はいずれかの學年においてしか指導の機會がないのでその場合には他の學年では校内大會によつて機會が與えられるように計畫する。選擇種目には三分の一の時間が割當てられているがこれは第三學年にまとめてもよい譯でその際必修課程は一、二學年の全部の時間に配當される。

中學校や高等學校では發達のさかんな、或は體力の最も充實する時期であり精神的にも活潑で組織的な活動が要求される時期であるからこの要求をみたすために凡そ三分の二の時間を配當し、殘りを餘暇活動に重點をおいて配當することは適當であろう。我が國では社會的要求や管理上の條件を考えて種目やその時間配當に變更を加えることが必要であろう。

（イ）必修課程　（下段の数字は上が男子、下が女子に配当される週）

		男子	女子
バスケツトボール	（進歩した段階における）	六	六
徒手、器械體操、行進	（同）	六	六
フイルドホツケー	（同）	ー	六
リズム	（同）	一二	一八
サツカー又はスピードボール	（同）	六	六
ソフトボール	（同）	六	六
水泳、飛込及び救助法	（同）	一二	一二
タツチフツトボール	（同）	六	ー
陸上競技	（同）	六	ー
タンブリングとピラミツド	（同）	六	六
バレボール		六	六
		（七二）	（七二）

（ロ）選擇課程

弓、バドミントン、ボート、ボクシング、フエンシング、キヤンプ、ゴルフ、釣、ハンドボール、ハイキング、硬式野球、ホースシューズ、スキー、スケート、など二五種目、なおこれら選擇種目に配當される時間は各種目三—六週である。

（五） **大學における教材**

大學における教材は身體的發達に對する要求はあまり考慮されていない。その理由としては高等學校期において身體的發達はほぼ完成に近ずくからである。又將來進む方向も大體確定して研究的生活も多忙となるのでこれら學生生活や將來の生活に對するレクリエーション活動としての意味を重視することは適當であろう。レクリエーション活動を主として考えるとなると團體的競技よりもむしろ個人的或は比較的少人數で行えるものが主となろう。したがつて大學では團體競技は希望者のある場合に考え、身體的狀況が差し支えない限り學生に種目を選擇させることが原則とされている。大學に配當された教材は次の如きものであるが各種目は基本技術の復習を含めて各々一學期の課程と考えられている。

器械體操、弓、バドミントン、ボクシング、飛込、フェンシング、フォークダンス、ゴルフ、ハンドボール、救助法、モダーンダンス、社交ダンス、ソシアルゲーム、水泳、クロツグとタツプダンス、テニス、タンブリング等の外希望者あればバスケツトボール、バレーボール、サツカー、スピードボール、ベースボール、タツチフツトボール、ホツケーなどのチームゲームス及び冬季競技、ハイキングなどの特殊種目と特殊な學生のための矯正運動

要するに、小學校低學年では小筋の發達も乏しく、知的にも體力的にも簡單な技能を要する活動が適當であり、且つ有意注意の持續も短いので唱歌遊戯などの簡單なリズム運動、各種遊戯、スタンツ、簡單なゲームなどが主となり

これらが子供達の興味や必要な技能、教育的價値などを考えて適宜配當され、高學年になると體力や技能の發達、精神的分化と共に社會意識の發達も進むので活動の組織もやや複雜なものが要求せられ、したがつて球技を中心とする初歩のチームゲーム的なものが主となり、同時に個人競技的種目も加わる。

中學校は第二次性徴期のもつとも發達のけん著な時期であるので學習者の興味も發達上の要求も多面的となる。義務教育としても最後の段階に屬するので卒業後のレクリエーション活動に對する考慮も必要であり、これらの各種の條件を考えて教材が大きく必修(中心)と選擇に分れることは適當であろう。全體として見れば組織的なチームゲームス、器械運動(巧技)水泳、陸上競技等のその時期の興味や發達上の要求に應ずるものとリズム運動が主となりこれらが必修課程を構成しレクリエーショナルなものや學校の事情により選擇されるものが選擇課程を構成することになろう。その割合はせいぜい二對一位が限度であり、高等學校期と共に發達上の要求に對する考慮が主となるべきであろう。活動が組織立つてくるので各類型の教材に對する時間配當は週單位に示される。高等學校期も原則的には中學校と大差なかるべく事情の許す範圍において種目の選擇その他に生徒の自主性を重んずることが適當である。

大學に入ると事情はかなり異り、發達上の要求は減ずると見てよい。部活動等は別として正課としては知的理解に訴えるものと、身體活動の面は學生生活や將來の職業生活に應ずるレクリエーションなるものを主とすることは適當であろう。指導組織、設備用具等の事情の許す範圍內において學生に種目選擇の自由を許すことが原則となる。いずれの學校においても身體檢查や體力檢查が活用され個人的要求に應ずる指導、矯正運動を加えることが望ましい。

第六節　年間計画・學期その他の計画

教材の學年配當、評價、時間配當などに關する基準を示す仕事は主として中央計畫や地方計畫の擔當すべきことであろうがこの基準を活用し年間計畫以下の計畫を立案することは各學校に是非共要求されることがらである。

一　年間計畫

年間計畫は年間の指導計畫であり、指導に關する主要なる事項が盛られる。各種實態調査の結果が活用され地理的氣候的條件、設備用具、指導者や生徒數、他教科との關係で各學校でそれぞれ異なるものとなろう。しかしあまり詳細なものは必要でなく内容の大綱を示すものでよい。もしこれまでの手順ができておれば立案はきわめて容易である。計畫の內容としては主要なる教材の外今日のカリキュラムの概念からすれば必修時と自由時の活動を含まなければならないから試合その他の行事、單元計畫に含まれない評價等を含むことになる。

次の二つの案は前記カリキュラム研究委員會の改訂案に示された年間計畫に關する參考案の大要であるが（A）は小學校、（B）は高等學校、に關するものである。中等學校については第四章にミズリー案の一例をも紹介した。

（A）

小學校第四學年の年間計畫の參考で他の學年はこれに準ずる。

(1)　簡單な組織のゲーム（二五%）

コーナーボール、バツトボール、エンドボール、サツカー、ドツジボール等

(2) リズム運動（二〇％）
チルドレンスポルカ、ハンセルとグレーテル等
(3) 鬼遊び（一五％）
圓陣鬼、手つなぎ鬼等
(4) 個人的競爭種目（一〇％）
サツカーボールを蹴る（距離）ベースボール正確投、ベースボール距離投、巾跳、高跳等
(5) 模倣と徒手體操（一〇％）
弓、スケート、なわとび、まりつきなど
(6) リレー（一〇％）
ボール投越リレー、片脚跳リレー等
(7) ダンブリングとスタンツ
前轉、頭支持倒立、側轉など
（B）（高等學校）
(イ) 必修課程（コアプログラム）
九月十五日→十月三十一日
一學年（十學年）サツカー又はスピードボール

二學年（十一學年）タツチフツトボール（男子）リズム（女子）
十一月一日→十二月十五日
一學年　バスケツトボール
二學年　バレーボール
一月一日→二月十五日
一學年　タンブリングとピラミツド
二學年　徒手及器械體操
二月十五日→三月三十一日
一學年　リズム（ダンス）
二學年　リズム（ダンス）
四月一日→五月十五日
一學年　陸上競技（男子）リズム（女子）
二學年　ソフトボール
五月十五日→六月三十日
一學年　水泳と飛込
二學年　水泳と飛込

(ロ) 選擇課程（第三学年）

九月十五日→十月三一日　ゴルフ又は弓

十一月一日→十二月十五日　バドミントン又はテーブルテニス

一月一日→二月十五日　ハンドボール又はスクワッシ

二月十五日→三月三一日　社交ダンス又はスキー、スケート

四月一日→五月十五日　ボクシング又はレスリング又はフエンシング

五月十五日→六月三十日　テニス（又はホースシューズ、ボート、乘馬、キャンプ、ハイキングの何れか）

右の二つは參考案で勿論固定的なものではなく一つの基準を示すものと見てよかろう。事情を異にする我が國では別個に考えるべきであるが基本的な考え方には參考となる點が多い。全體としては年間計畫というより年間計畫中正課における各類型の教材配當とその時間配當の基準を示したものというべく、これに行事その他を加えればまとまつた年間計畫となる。とかく詳細に過ぎ教材の多過ぎる傾向のある我が國の年間計畫はもつと簡單化する必要のあることが示唆される。

體育では教材單元式の單元計畫（教材が組織立つてくるにつれて）の必要を先に述べたがこれは高等學校の參考案で明確にされている。なお高等學校の中心教材と選擇教材の學年配當は選擇教材を一、二學年に配する場合には中心教材がその割合だけ三學年に移行される。又これは主要なる教材のみをあげたもので副次的に適宜配される教材は省略されていると見てよい。

二　學期（季間）計畫及び月間（週）計畫

年間計畫は必修時及び自由時の指導計畫の大綱を示すものであるから更に具體的なものは學期計畫以下の計畫に示される。學期計畫はその性格上いくつかの單元計畫より構成されることになるので當然月間及び週間計畫の概要を含むことになる。

したがつて年間計畫から日案までの教材における關係を示せば中學校以上にあつては年間計畫は學期又は季節毎の單元の排列と時間配當（週單位）學期計畫や季間計畫は或る學期や季節の各單元計畫の大綱が示され、月間計畫から日案に至る計畫は各單元の計畫を意味することになる。指導案は通例この單元計畫の一部をなす或る時限の指導計畫を意味するものと解してよかろう。

中等學校に比して小學校の計畫は前の案が示すようにこのように明確に示すことはできないだろう。しかし通例一時限の單位が小さいし、教材を短期間に變化させる必要はあるにしてもこれまでのように一時限の指導で色々な型の教材を盛り込むことは左程必要でないのでなかろうか。少くとも或る期間或る型の教材が主となり、他は副次的な意味をもたして差し支えなかろう。そして五六學年になると相當中學校に近ずけることも適當であろう。中學校以上では單元計畫を中心に考えるにしてもその間適宜副次的教材や共學活動を配することは望ましいことである。中學校以上についての年間計畫及學期計畫の構成手順及び關係を圖示すれば次の如きものとなろう。

(イ) 年間計画

第 13 表A

学期及月日		必修時	行事
(1)	自 月 日 至 月 日	A 又は AとA′ (男) (女)	M (月日) N (月日)
(2)	同 上	B 又はBとB′	O (月日)
(3)	同 上	C (同 上)	……
(4)	同 上	D (同 上)	……
……		……	

註、(1)A、B、C…、A′、B′……は中心教材を示す
(2)M、N、O…は個々の行事を示す
(3)AとA′、BとB′とある場合A・Bは夫々男子の教材A′、B′は女子の教材を意味する

(甲)　　第13表B

(月)週	(月)	(水)	(金)	行事
1	A(a)	A(a)	A°	X
2	A(a)	A(a)	(a°)A°	
3	A(a)	A(a)	(a°)A°	Y
4	A(a)	A(a)	(a°)A°	
5	B	B	B°	Z……
……	B …	B …	B° …	

註、(1)□は單元の時間配当例
(2)A°は共学活動その他に当てられ得ることを示す
(3)×、Y、Z等は個々の行事を示す
(4)Aは男子(a)は女子を示す

(乙)

(月)週	(月)	(水)	(金)	行事
1	A	B	C×	
2	A	B	C×	X
3	A	B	C×	
4	A	B	D×	Y
5	A	B	D×	
……	A …	B …	D× …	Z……

註．(1)　□は單元の時間配当を示す

(2)　或る期間に三つの單元の並行を示す。これは敎官組織その他の関係でこの案が考えられる

(3)　×は共学活動その他に代え得ることを示す

學期計畫の一例は第四章にもあるが前記「體育カリキュラム」の示唆する月ー週ー日案の大綱は次の如きものである。

(A)

小学校第四学年の月ー週ー日案の參考例、時期は九月、第一週

(月) なわとびの模倣、チルドレンスポルカ、バツトボール

(火) 熊と家畜、ベースボール距離投、前轉、ボール投越リレー

(水) 木こりの模倣、チルドレンスポルカ、ロングボール

(木) 圓陣鬼、ベースボール正確投、頭支持倒立、片足跳リレー

(金) スケートの模倣、ダツチカツプルダンス、エンドボール

第二、三、四、五週は年間計畫から適當な教材をえらび同様な案を立てる。

(B)

第十學年(高校一年)の月ー週ー日案の參考例(九月)

	第一週	第二週	第三週	第四週
月	サッカーの歴史 競技方法・試合の見学	サッカードリブル	サッカーのゴールキック	

火 サッカーのキック練習、規則、作戰とその應用、競技の作法と安全　同前　同前

水　サッカーキック（復習）　同前　同前

木　サッカーのパス・キック　サッカーストッピング　サッカーのボーレー

金　サッカーパス（復習）　同前　同前

（第三週に同じ）

第七節　單元―單元計画と指導案

一　體育における單元

單元は學習活動の流れ、學習經驗のまとまりを意味するものとされる、今日では多く生活單元が考えられ各教科では使用されがたい意味のものとなつたが教科カリキュラムで單元を考える場合には、できるだけ生活單元に近ずける努力はするにしても教材單元の性格をおびることになる

體育で單元を使用するとすれば教科カリキュラムでは教材單元となり、コア・カリキュラムでも一種の教材單元の形を取ることになる。教科カリキュラムについて言えば體育が社會科や理科や家庭科と連絡することは必要であるがやはり體育の系統的學習は必要であり、體育自體で學習にまとまりをもたせる必要がある。コア・カリキュラムにつ

いて言えば先に述べた通りであるが學習活動の性格から言つて內容を完全にコアの單元と一致させることは困難である。コアに吸收され得るものはなるべく吸收させることはよいが體育が全然系統學習を放棄することは適當でない。そこで體育の學習でやはり一種の單元を考え學習にまとまりをもたせることが必要である。しかしこのことはコアの單元と全然獨立に進められなければならないとするものではなく全體としてできるだけ關連をもたせることは望ましいことでありこのことも既に第一章でふれた通りである。

體育では身體活動が主となるがこれは單に身體活動だけが全部であることを意味するものではなく、主要なる身體活動に關連してその意味、歷史、社會生活との關係など學習さるべき事項が少くない。これが關連をもちできるだけまとまつた學習經驗となるよう指導するために前述の意味の單元が必要となるのである。體育の單元であるベースボール、水泳やバスケットボールなどは一應敎材單元ではあるがその內容は活動であるから子供達を受動的にすることは少い。

なお體育の單元も單に敎材單元に限らず生活單元の形を取り得ることは考えられる。例えば小學校低學年では敎材も簡單であり兒童達も未分化の狀態を脫していないので生活單元と結合して扱うことが容易であり、望ましいことである。しかし敎材が組織立つて來、多樣となるにつれてこのことは容易でなくなる。又校內大會や運動會などを單元とすることはよいことであり、特に最終學年においては適當なプロジェクトと考えられるがこれらは每年定期的に繰り返されるので各學年を通じて見ると適當でないきらいがある。そこで私は敎材單元の意味の單元を主としてこれに關連するもろもろの理解、態度、技能の發達を考え且つ行事とも關係ずける方が適當ではないかと考える。

これまで體育の指導ではとかく一時限を指導の主要なる單位と考える傾向があつたが今後は一定期間を通じて或る教材を中心としその歴史、價値、技能などをまとまつた學習經驗として得させる工夫が强調されてよいのではなかろうかと考える。かかる意味の單元をとるにしても單元の大きさについては色々の考え方がある。例えばプランチャードその他の人々はパスやシュートなど比較的小さい單元を取つているが一般的に言えば第四章に見る如く「アメリカの民踊」、陸上競技、バスケットボールなど數週間に亘る單元法が取られる傾向にある。

體育における單元を私は以上のように考えるものであるが更に適切な考え方があればその方が望ましいから更に研究を要する問題であるとは考えている。

二　單元計畫

單元計畫は前節で述べた單元の具體的計畫である。學期や年間計畫で或單元の配當される時期と時間が決つているのであるからその部分を更に具體的に計畫するのが單元計畫である。單元計畫に含まれる主なる事項は單元の狙い、(教師と生徒の目標)學習内容と時間配當、各項目についての指導法、評價等であろう。簡單なものから詳細なものまで色々な型があるがなるべく簡單で要點の落ちていないものであればよい。前節での月間計畫は一種の單元計畫であり、第四章でも簡單な例をあげるが、ラポーテの「體育カリキュラム」における各教材の要素分析は單元計畫と關係が深い。ここでは各教材が十の少單元から構成されることになつているが我々はその全體を一つの單元と考え、その狙い、指導上の要點、評價などを附加すれば單元計畫ができるようになつている。

例　1

第 14 表　　水　上　運　動

水　泳（初歩）	指導順序	時間（%）	水　泳（進んだ段階）	指導順序	時間（%）
水に慣らす	1	10	「初歩」の復習	1	10
呼　吸	2	12	クロール（完成した）	2	17
浮くことと水中の姿勢	3	9	トラジョンクロール	3	9
バタ足	4	6	立　泳	4	6
クロールの腕の動作	5	14	背　泳	5	10
扇　足（横泳）	6	10	平　泳	6	9
横泳の腕の動作	7	10	スタート	7	9
背泳の腕の動作	8	8	競泳の折返し	8	9
蛙　足（平泳の）	9	6	試合の練習	9	13
平泳の腕の動作	10	8	特殊泳法	10	8

第 15 表　　例　2　　陸　上　競　技

陸上競技（初歩.男子）	指導順序	時間（%）	陸上競技（進んだ段階.男子）	指導順序	時間（%）
豫備訓練	1	12	基本の復習	1	10
準備運動	2	7	長距離走	2	9
スタートのフォーム	3	11	ローハードル	3	10
疾走中のフォーム	4	11	長距離走	4	8
フイニクツのフォーム	5	7	ハイハードル	5	12
立巾跳	6	8	棒高跳	6	12
高　跳	7	12	砲丸投（12ポンド）	7	9
砲丸投	8	11	圓盤投	8	10
走巾跳	9	11	槍　投	9	10
繼　走	10	10	練習法と審判法	10	10

第 16 表　　例　3　　女子バスケットボール

女子のバスケットボール(初步)	指導順序	時間(%)	女子のバスケットボール(進んだ段階)	指導順序	時間(%)
捕　球	1	10	基本の復習	1	11
チエストパス	2	10	ボールの受けかた	2	7
アンダーハンドパス	3	9	パ　ス	3	10
バウンスパス	4	8	フイルドショツト	4	12
オーバーヘツトパス	5	8	フリースロー	5	9
チエストショツト	6	13	フエント	6	9
アンダーハンドショツト	7	9	ジヤツグル	7	6
防　禦	8	14	攻撃法	8	14
ドリブル	9	9	防禦法	9	14
ピボツト	10	10	練習法	10	8

第 17 表　　例　4　　フオークダンス

フオークダンス　(初步)	指導順序	時間(%)	フオークダンス(進んだ段階)	指導順序	時間(%)
ポルカ	1	8	高度の技術	1	22
ツウステツプ	2	8	むつかしい教材	2	20
スコツチツシエ	3	8	民踊の背景についての知識	3	13
ワルツ	4	11	代表的民踊	4	24
マヅルカ	5	8	各國の慣習	5	11
ガボツト	6	8	衣　裳	9	10
アメリカ民踊のステツプ	7	15			
メヌエツト	8	9			
英國民踊のステツプ	9	15			
民踊の鑑賞	10	10			

三　指導案

指導案はふつう單元計畫の一部分をなす或る時限の指導計畫である。敎師の目標、兒童の目標、學習活動、時間配當、用具、指導上の注意、評價(反省)等が含まれ用具の出し入れ、服装の準備、點呼等も時間內の計畫に入る。

生理學的な觀點からすれば準備運動、主運動、整理運動の過程が必要であり、心理學的觀點からすれば學習活動の動機すげや運動意欲の滿足を考えることが必要であり、社會的な見地からすれば社會的性格の育成に必要な學習場面の構成が必要である。準備運動は主運動と連關し主運動の運動要素に共通することが望ましい。指導案は主として敎師が主になつて作つても生徒との話し合いその他で變更されることも少くない。

四　指導案を含む單元計畫の一例

次の指導案は東京第一師範學校女子附屬小學校安藤壽美江敎諭の計畫であり、單元は比較的小さいが特色のある指導計畫である。卽ち指導案を含んだ單元計畫の一例であるが、私も實際指導を拜見し、感ずる所も多かつので特に同敎諭のお許しを得て參考に供することにした。このような細かい計畫が常に立てられることは望ましいことではあるが實際にはもつと簡單なものでもよい。

體育科指導案

指導者　安藤壽美江

日　時　昭和二十三年九月二十九日（水）(1.00～1.50)

学　年　小学六年女（一組24名　二組23名　計47名）

1　主教材　リズム運動　波（グループ表現）

2　目標　自然の情景「波」の様々な動きをグループで創作的に自由表現することによって詩的情緒を豊かにし工夫創造、協同の精神を養うと共に身体の表現力、リズム感及び自由性の発展を圖る。

3　兒童の實態（調査人員75名）

（1）昨年四月以後の学習材料及び学習後における好き、きらいの調査（好き）

	一	二	三	四	五	六	七	八	九	十
かげぼうし　つばめ　波とあそぶ　（波）		8	8	7	2	2	1		1	
まりつき　なわとび	2	1	2	2	10	1	3	1		
虫をとる　きくをみる		2	3	6	2	4	1		1	
おす　引く　さげる　背負う		1		6	5	4	3	3		

	一	二	三	四	五	六	七	八	九	十
麥かり 秋	4	9	7	4	1	1	2			
ハイランドフリング サークルダンス	16	10	6	4						
クラップダンス ギャザリングピースコーツ										
ポルカ ツーステップ ギャロップ ワルツ バランス	29	8	6				1			1
らかんさん										

（漢数字は順位、数字は人数を示す）

（2）柔軟性の調査（パーセントで表わす）

	最初 ついた	最初 やっとついた	最初 つかぬ	現在 つく	現在 やっとつく	現在 つかぬ
閉脚長坐体前屈	27	16	56	71	27	0
開脚坐体後屈	53	7	40	87	9	4
開脚長坐体斜前屈	20	13	67	38	32	30

4　指導上の留意點

（1）階階的な学習を経ない高学年であるから特に表現が自然に無理なく行えるよう適切な援助を考慮する。
（2）表現はできるだけ全身的で大膽卒直に行えるようしむける。
（3）リズムに乗つたときの快感を味わせるよう太鼓又はピアノによつて動きに應ずる適当なリズムを與えるようにする。
（4）個々の表現ができた後全体の構成、統一えと発展させる。
（5）鑑賞批正の際は、動きの自然さ自由性、リズムとの一致、全体の統一、中心となるところなどについて部分的或は綜合的に考えさせる。
（6）グループ又は全体の話合により協力し、よく工夫創作する態度を養う。
（7）自主性を養う。

5　指導計畫（180分）

（1）学習の教材に対する好き、きらいしらべ（豫備調査）
（2）波についての経驗の話合
自分たちのみた色々な波を思い出させ波の種々相をつかませる。
（3）いろいな波の自由な表現
情景を思い出して（または與えて）
a　砂濱によせてはかえす小波
b　ゆれてはよせる大波　等

c 岩に砕ける大波
リズムを与えて

30分

曲を与えて（3/4 In the Waves）
曲のリズムに合せて前の表現をする。

60分（本時はこの一部）

（4） 全体的な構成（曲想の理解）
曲想に合せて a、b、cの情景を表現する
この間グループでの表現、全体での表現、鑑賞批正と何回かくり
返しつゝ次第にまとめる。

40分

（5） 波の動きを中心に動きのおけいこ
弾力性　波動性　柔軟性

30分

（6） 練習　發展

20分

（7） 「波」の学習についての作文（結果の調査）

6 効果判定

(1) 表現が眞実で大膽率直であるか　（客觀性の有無）
(2) 表現が全身的で自然であるか。
(3) 動きがリズミカルであるか。（二拍子の理解）
(4) 構成が自然で變化があり客觀性があるか。
(5 波のいろいろな表現について工夫したり協力したり意見をのべたりするか。
(6) 準備（海又は波に関する繪、寫眞或は詩、ピアノ、太鼓、ハンドカスター）

本時の指導

1 目標

岩にあたつては碎ける大波の自由な表現によつて特に大きく活潑な身体の表現性、波動性、弾力性、リズム性を養うと同時に創作的、協調的な心持を育てる。

2 過程

学習活動	指導上の注意
1. 学習目的の理解	○本時の学習の重點について話す
2. らかんさん　10分 ○十人ずつ位のグループに分れ一列圓陣で行う（身長順）	○皆で手拍子に合せ歌い乍ら愉快に行う

○一人ずつ交互に圓の中心に出て四回づつ異つた動作を行い他の者はこれをまねる

3. 波……………………………30分

(1) 曲に合せて波の表現復習

小波がよせてはかえす

大波がゆれてはよせる

(2) 荒波が岩にあたつてはくだける

表現の工夫

グループで相談

グループの自由表現

一齊に表現

(曲に合せて)

鑑賞、批正

(半分ずつくらい)

一齊に表現

(リズムにのつて)

○動作は大きく活潑で變化に富んだものがよいことを暗示する

○このあそびを準備運動にかえる

○動作は自然で全身的であるように

○動きのリズムと曲のリズムが一致しているか

○お互によく意見を出しあいまた他人の意見を尊重しあうようにしむける

○各グループの自由学習の際、教師は各グループのよき相談相手になつて学習を援助し適切な示唆を與える

○鑑賞、批正の際は主題がよく現われているか、動きが自然で全身的であるか、そしてリズムによくのつているかを中心とする

(3) 綜合練習 (小波大波荒波)	○リズムによくのれなければその部分練習を加える
4. ギャザリングピースコーツ (一番……10分)	
(1) グループで復習	○輕快に行えるよう彈力的な全身活動を理解させる
(2) 曲にのつて行う	
(3) バランスの練習	○恐らくバランスがまだ堅いことと思うからこの部分を特に取出し部分的な練習を行う

第八節 評 價

評價は我が國ではもつとも未開拓の領域である。一般に學習効果の判定の意味に用いられ、價値的な觀點から進歩の度合を調べることに用いられている。しかしながら評價は學習効果と關係の深い指導計畫や教材等についても行はれる。したがつてカリキュラム構成やその改訂のための資料は適切な評價の結果によつて得られると言つてよい。一般に單元計畫や指導案に評價は必要な項目であるが、年間計畫には一般運動素質や一般運動能力等を調べるための計畫が含まれる。限られた時間に有効な評價が行なはれるためには評價のために使わる尺度が必要である。

いかなる事項について評價するかは結局指導目標との關係で決定される。今日の學習指導は「教育目標―指導計畫―實施―評價―修正―發展」の一連の過程において考えられるので、評價は指導計畫等目標達成に關係深い項目と指導結果について行われるが、それも單に主觀的にでなしに客觀的になされるのでなければ、評價の目的を果すことはできない。指導計畫も結果の反省もよりよき目的達成のためであるから、評價が適切になされるためには目標が教材や學年の目標としてできるだけ具體的に示される必要がある。現在の所では學年目標が充分具體的に示される段階になつていない。それは信頼できる能力表がまだ作られていないからである。ここにも今後なすべき體育の重要な課題があるが當面の策としては差し當り試案的なものを作つて逐次これを改訂して行く外に方法がない。

次に評價が客觀的になされるためには標準化された成就尺度が必要である。これもまだ簡單に使用できしかも信頼度の高いものを我々はもたない。差し當り各學校が檢査や測定を行いその結果によつて作つている狀態であるがこれは無駄も多く努力が報いられるとは限らない。勿論このことは結構であるが將來は標準化される尺度を得るために組織的な研究が必要である。"

評價はこのような標準化された尺度によつて行われることもあるが、また教師の觀察や教師と生徒との話合いや生徒同志の批判や討議によつても行われる。これまで反省と呼ばれて來たものはやはり評價に屬する。體育の目標は理解、態度(習慣を含む)技能の三つの面から眺めることができるので單元の目標もこの三つの面から考えられ學習活動の計畫もこれに應じて立てられ、したがつて評價もそれに卽して行われる。

要するにカリキュラムと評價との關係について言えば評價はカリキュラムの重要な要素であり、しかもカリキュラムが適切に構成されなければ評價の具體的手順が立たないし、逆に評價に關する研究が進まなければカリキュラム構成が適切に行えないと言うべきである。

第九節　カリキュラムと實態調査

カリキュラム構成のためには實態調査が必要であるがこれには明確な目標をもつて行われることが必要である。そうでないと調査のための調査に終るおそれがある。

體育カリキュラムのための實態調査も社會的要求、兒童の要求、管理上の實態の三つの面で考えられる。體育の目標は社會的要求に關する所が深く、學習内容の選擇やその排列には兒童の要求をたしかめることが必要であり、また目標や學習内容が決定してもこれがカリキュラムに構成されるには地理的氣候的條件、設備用具等運營上えいきようの多い諸條件が明にされる必要がある。實態調査の項目は實に數多く考えられるが、その中には中央計畫や地方計畫で特に必要なものもあれば各學校で是非必要なものもある。要はよい指導計畫を立案し、且つ運營して行くためのものであるから要求の高いものから可能な範圍で實施されることが望ましい。

現在各學校で色々な實態調査が行われているが、それぞれの見地で行われているので一地方や全國的に一つの基準を作るための資料にならないものもあるから、できれば各地の研究團體などが協力して要項を決めて行えば結果もいいものが得られると思う。今後は要するに多くの人々の協力がなければ進展しない面が多い。

一　社會的要求に關する實態調査

社會的要求に關するものとしては地域の健康度や病氣狀況、各種職業に必要な體力の標準、職業による固癖、體育に對する社會人の關心、レクリエーション活動の實情や施設などが考えられるが實態調査としては困難な部類に屬する。

次表は宮崎縣廳矢野久英氏に依賴して宮崎縣西臼杵郡について腰曲りと職業、性別等の關係について行つた豫備調査の結果の一部であるが、なお檢討の餘地はあるにしても農村體育の在り方について一つの示唆を與えるものと思う。

第 18 表　腰曲りの調査′（宮崎縣西臼杵郡8ケ町村）　昭和22年1月　（矢野久英氏調査）

事項 町村名	実数	職業別% 農	工	商	官	無	性別 男	女	自作農	小作農
高千穂村	69	84 %	3 %	0 %	0.9	11.1	33.3 %	66.7 %	91.3 %	8.7 %
上野村	37	94.6	0	2.5	0	5.4	27	73	86.5	13.5
岩戸村	40	82.5	5	0	5	5	27.5	72.5	90	10
七折村	48	91.3	0	0	0	8.7	35.5	64.5	89.5	10.5
岩井川村	27	100.0	0	10	0	0	48.1	51.9	85.1	14.9

註　西臼杵郡の人口は約四萬五千人

鞍岡村	10	80	0	10	0	40	40	20	80	20
三ケ所村	15	100	0	0	0	20	86	14	86	14
田原村	8	37.5	12.5	12.5	12.5	0	37.5	62.5	37.5	62.5
合計	239	84.0	2.5	3.0	2.0	8.5	33.6	66.4	80.7	19.3

次の調査は香川師範小倉胤雄教授が社會人のレクリエーション活動について調査したものであるが學校體育が社會生活との連關を強く考えるようになつた今日參考になると思うのでその結果の一部を引用することにした。

(イ)　目的　社會人のレクリエーション活動の實情調査

(ロ)　時期　昭和二十三年二月―三月

(ハ)　對象　香川縣内官公署銀行會社關係四〇五名（男二八七名 女一一八名）

(ニ)　調査結果

(1)　年令と實施種目との關係（第十九表）

第19表

年令（数へ歳）	男 野球	男 卓球	男 陸上	男 排球	男 テニス	男 体操	男 蹴球	男 角力	男 柔道	男 計	女 卓球	女 排球	女 テニス	女 籠球	女 水泳	女 計
17											6	2				8
18		4								4	4					4
19	6	4	2							12	6	12	2			20
20	14	6								20	8	20	2	2		32
21	8	6								14	6	4	2	2		4
22	8	12						2	1	23	4	4			1	0
23	16	6	4	6			1	2		35	12	4		1		17
24	8	4								12	2					2
25	8	10		2	8					28	4					4
26	4	4		2	2	1				13	0	2				2
27	12	12		2						26		2				2
28	10	8								18						
29	6	2			2					10		4				4
30	6	8	4		4					22						
31	4	2								6						
32	2	2								4						
33	2	0							I	3						
34	2	0	2		2					6						
35	4	0								4						
36	4	2								6						
37	4	2			2					8						
38	6	0								6						
39	2	0								2						
40	2	0	1							3						
41	2	0								2						
計	140	94	13	12	20	1	1	4	2	287	52	54	6	5	1	118

（2）余暇をスポーツに活用する者の割合

第20表

		性	男	女
官公署	%		67	33
	実数		(182)	(90)
銀行会社	%		78	22
	実数		(99)	(28)

（3）スポーツ種目と参加者の割合

第21表

種目＼性別	男(%)	女(%)
野球	49.0	～
卓球	33.0	44.0
排球	4.2	46.0
陸上	4.0	～
テニス	7.0	5.0
体操	0.4	～
サッカー	0.4	～
すもう	1.3	～
柔道	0.7	～
バスケットボール	～	4.0
水泳	～	1.0

（4）レクリエーションとしてスポーツをえらんだ理由（第二十二表）

第　22　表

理由＼種目＼性		男 野球	男 卓球	男 テニス	男 排球	男 陸上	女 卓球	女 排球
1	健康保しの上から　%	43.0	56.0	50.0	44.0	17.0	30.0	40.0
2	学生時代からやつているから　%	38.5	35.0	40.0	33.0	50.0	50.0	52.0
3	友人にすすめられたから　%	8.5	3.0	0	0	17.0	20.0	8.0
4	スポーツの眞價を知つているから%	10.0	6.0	10.0	23.0	16.0	0	0

第　23　表

スポーツ愛好の程度

	程度＼種目＼性	男 野球	男 卓球	男 テニス	男 排球	男 陸上	女 卓球	女 排球
1	非常にすき　%	48.5	35.5	30.0	33.0	33.0	23.5	11.0
2	好き　%	38.5	44.0	50.0	44.0	34.0	42.0	67.0
3	普通　%	13.0	17.5	20.0	11.5	33.0	30.5	22.0
4	大してすきではない　%	0	3.0	0	11.5	0	4.0	0

右は比較的小人數であり、且つ季節の影響も考えられるが或地方のレクリエーションと學校體育との連關を考えるための資料としては得る所が多い。

二　兒童生徒の要求に關する實態調査

シーケンスを決定するには兒童生徒の要求が明らかにされなければならない。體育の對象は全體としての兒童生徒であるからかかる實態調査も多くの項目が考えられる。その中で特に必要なものは兒童生徒の能力（特に身體的）の發達、體育活動に對する與味や經驗の年令による變化、社會意識の發達等であろう。これは結局具體化された目標についての能力表を作るためである。我が國でもこれらについて多くの調査が行われているが未だ能力表や成就尺度を作る段階に迄達していないことは御承知の通りである。これは社會的要求に比して割合實施し易いし信頼できる結果も期待できるので我々の當面の努力は先づこの面に向けらるべきであろう。

項目としては年令別性別による形態的發達、運動能力の發達、運動素質の調査、熟練度の發達、生活時間や遊びの調査、社會性の發達等であるが實施方法を詳細に檢討して決定しないと結果が信頼できないものになる。例えば好きな遊びは時々に變り、又季節によつて變化があり、敎師の指導等のえいきようによつても變るから愼重に行わねばならない。運動能力の調査も條件を細かく規定する必要がある。

次の第二十四表は東京第一師範學校附屬小學校で不良なる姿勢についての實態調査の結果であるがS字型彎曲と逆S字型彎曲の增加は今日の學習形態と考え合せ特に注意を要する事實である。

第二十五表も同校が昭和二十三年十月末に行つた家庭で行われる秋の遊びの調査結果である。

第 24 表

	一年		三年		五年		計
	男(21)	女(18)	男(19	女(23)	男(19)	女(21)	
円背	2	1	0	1	2	1	7
後彎	0	0	0	2	0	0	2
平背	0	0	1	0	0	0	1
S字側彎	2	1	1	1	2	1	8
逆S字側彎	1	1	0	3	0	0	5

第 25 表　秋の遊び

体育的遊び	1.2学	3.4年	5.6年	5.6年	計 %
陸 鬼あそび.拳あそび	32.2	34.3	29.0 41.3	17.8 40.8	30.8 55.1
上 リレーその他	25.9	24.2	12.3	33.0	24.3
ボール	11.5	19.6	45.8	17.8	20.0
器械	12.1	5.9	7.7	4.3	8.3
リズム	6.8	9.1		25.0	9.0
模倣物語	4.7	4.9	1.3	0.7	3.8
水	0.7				～
雪					
その他	6.1	2.0	39	1.4	3.7
計 %	100.	100.	100	100	100

学年	1.2年	3.4年	5.6男	5.6女	計 %
人員 男	88	68	69		220
人員 女	79	83		82	244
体育的遊び	65.0	71.3	61.0	65.7	65.8
模倣的遊び	15.6	15.7		12.2	12.6
構成的遊び	5.7	0.7	1.2	0.9	2.6
感覚的遊び	8.9	7.4	11.4	12.7	9.8
蒐集的遊び	1.3	0.2	3.6		1.6
勝負事	3.5	4.7	22.8	8.5	7.6
計 %	100	100	100	100	100

次の資料（第二十六表）は安全教育に關するものであるが、水泳は一般に日本では夏の運動とされているが安全教育の立場からすれば學年始めから指導の必要のあることを物語つている。

第26表　不慮の死と溺死者の統計

月	不慮の死	その中溺死者	%
一月	九六	八	8
二月	八九	一二	13
三月	一二二	三〇	24
四月	一〇四	二四	22
五月	八〇	二四	80
六月	七三	二六	35
七月	一四四	七三	50
八月	一五一	八七	57
九月	一〇四	五三	52
十月	七一	一三	18
十一月	九四	一八	19
十二月	二〇三	七七	37
計	一三三一	四四五	33

上表は昭和二十二年度警視廳管下の不慮の死と溺死者の統計である

不慮の死は溺死．火傷死．壓死．轢死．中毒死等を意味する

第二十七表は前表の中溺死者の年令別統計である。

第 27 表　溺死者の年令別調べ（昭和22年度）

月	一	二	三	四	五	六	七	八	九	一〇	一一	一二	計	%
一歳～二〇歳		一	八	四	一八	一七	五六	三七	二六	四	一三	三二	二一六	四九%
二〇歳～三〇歳	二		六	二	三	五	九	二八	五	三	一	一四	七八	一七%
三〇歳～四〇歳	一	五	二	四	三		三	八	七	二	二	九	四八	一〇%
四〇歳～五〇歳	二	四	九	四		一	四	五	六	二	一	六	四四	九%
五〇歳～六〇歳	一	一	四	八		一	一	五	二	一		八	三三	七%
六〇歳～七〇歳	一	一	一	一		一		三	六			六	二〇	四%
七〇歳以上	一			一		一		一				二	六	一%
計	八	一二	三〇	二四	二四	二六	七三	八七	五三	一三	一八	七七	四四五	

三　管理上の實態に關する調査

管理上の實態に關する調査は中央計畫や地方計畫では特に重要であり、各學校のカリキュラムは各學校の設備用具その他管理上の實情に即さなければならないことは既に述べた通りである。

項目としては運動可能な日數、施設用具の現狀、校内試合や對外試合の實情、指導者、事故等に關するものであろう。

第二十八表は前記小倉氏が香川縣下二百校の小學校中その約五分の一を選び昭和二十二年度における運動場で運動可能な日數を調査されたもので縣下體育カリキュラム構成上貴重な資料である。

第 28 表　香川縣における昭和 22 年度月別運動場で運動可能な日数の調査

表中（A＝運動可能な日数　B＝やや可能な日数　C＝雨天のため不可能な日数）

月		I	II	III	IV	V	VI	VII	VIII	IX	X	XI	XII	計
月当日数		31	28	31	30	31	30	31	31	30	31	30	31	365
山間部 12ケ町村の平均を示す （山間部町村の約 1/2 を調査す）	A日数	27	24	23	25	23	23	26	28	23	25	26	25	29[illegible]
	Aの%	87	85	74	83	74	76	84	90	76	80	87	80	
	B日数	2	2	3	3	2	3	2	1	3	2	2	2	27
	C日数	2	2	5	2	6	4	3	2	4	4	2	4	40
農村部 18ケ町村の平均を示す （農村部町村の約 1/6 を調査す）	A日数	18	23	22	23	18	19	24	29	20	20	25	23	204
	Aの%	58	82	70	76	58	63	77	93	66	64	3	74	
	B日数	6	2	5	4	5	6	3	1	4	4	3	5	48
	C日数	7	3	4	3	8	5	4	1	6	7	2	3	53
海岸部 15ケ町村の平均を示す （海岸部町村の約 1/5 を調査す）	A日數	21	24	25	24	22	24	26	28	25	23	28	25	295
	Aの%	68	85	80	80	70	80	84	90	83	74	93	80	
	B日数	6	2	4	3	4	2	2	1	3	4	1	3	35
	C日数	4	2	2	3	5	4	3	2	2	4	1	3	35

文部省體育課では學校體育のカリキュラム構成に必要な資料を得るために昭和二十四年度中に必要な項目について實態調査を實施する豫定であるが現在の所決定した項目は左のものである。これは學習指導要領の作製と關連して行われるものであるが今後更に加える豫定であり、敎材や指導計畫の評價についても組織的研究を進める豫定である。差し當り運動能力の發達に關する全國的尺度を作ることと管理上の實態に關する調査に重點をおきその他の調査は豫備調査の意味で行い逐次範圍を擴げて行くことになると思うが今年度は取り敢えず十四府縣について左調査を行う豫定である。何等かの參考になるかと思うので調査項目と若干項目の調査要領の要點を引用することにする。

A　調査の目的

學校體育の適正な指導（學習指導要領作製）のために全國的立場から必要な資料を得るため。

B　調査項目

(1) 運動能力の發達に關する調査
(2) 生活環境の調査
(3) 遊戲の調査（週日及び休日）　（三季）
(4) 生活時間の調査　（三季）
(5) 興味の調査　（三季）
(6) 姿勢の調査
(7) 職業による固癖及び事故の調査

(8) 職業別體力の調査
(9) 社會人の體育に對する關心の調査
(10) 體育指導者の負擔に關する調査
(11) 一般教育者の體育に對する關心の調査
(12) 對外試合及び校內試合に關する調査
(13) 校內事故に關する調査
(14) 體育施設、用具に關する調査

C 調査府縣（豫定）

北海道、山形、石川、埼玉、千葉、東京、靜岡、岐阜、京都、島根、香川、高知、福岡、鹿兒島

D 調査方法

主として質問紙法により、運動能力、職業別體力（實施上更に研究の要あり、或は本年度は中止）についてはテストを行い、姿勢についてはスピメーターによる測定或は專門家の診定による

E 調査對象

なるべく小學校、中學校、高等學校、の各學校種別、男女に亘り、社會的要求に關しては各年令、各職業に亘る（本年度は一部）ようにする。被調査校及び被調査者の選定は無作爲抽出法（サンプリングメソッド）により決定する。

例えば運動能力については十三府縣（前記府縣より千葉を除く）の各年令、性別兒童生徒數の凡そ百分の一、全國兒童生徒の凡そ三百分の一になるよう抽出する。具體的には過去の資料及び豫備調査の結果により決定するが都市と郡部の比率は凡そ七對三の比率とする。

F　組　織

本省に調査部會（指導要領作成協議會の調査部會に統計專門家を加える）において原案の作製、全國的集計、その他運營上の事務を擔當し、各府縣に體育及び統計關係者より成る委員會を構成し企畫と運營に當り、更に學校その他關係者の協力を求める。

G　調査票と實施要領

調査に當つては各項目別に調査目的、對象、實施期日、實施要領（記入上の注意）集計要領等が必要であるがここでは紙數の關係上その一部を摘記する

運動能力の發達についての調査

一、目　的

一般運動能力の檢査種目として考えられる走、跳、投、懸垂の各基本運動能力について檢査し、各々の能力及びバッテリーとしての一般運動能力の年令による發達變化、性による差異、都市、米作農村、農漁村、山村等の地域別の兒童、生徒の運動能力の差異、全國及び夫々の地域別の運動能力標準の設定の資料とする。なおこれと同時に一般運動の素質をも調査するため垂

直跳（サージエントジャムプ）敏捷性のテスト（バーピーテスト）
運動の学習能のテスト（メスニイ改訂ジョンソンテスト）をも檢査する。

二、對　象　小学校三年生より高等学校生徒まで

三、實施要領

五月—六月の中で天候が良く地面、風速など條件の良い日に午前九時—十一時、午後一時—三時までの時間に運動服裝、女子はブルマ又はパンツ、輕い準備運動の後に各項目次の要領で行う。

1、五十米疾走

直線コース五十米を二乃至三名ずつ走らせ計時する（競走の形式で行う）。

○準　備　(1) 二乃至三の五十米直線コース
(2) 走者と同数の正確なストップウォッチ（必ず檢査前に點檢して置くこと）及び訓練された計時員（学校職員のこと）
(3) 出発合圖員一名（合圖用旗及び連絡用笛）記錄員一名

○方　法　(1) 計時員は、決勝點の所に立ち定められた走者のタイムを正確に計時する。
(2) 出発合圖員は走者の後方約二米に立ち、計時員と連絡の後合圖用旗を上にあげながら「用意」と聲をかけ靜止の狀態になつた時「ドン」と呼んで旗を同時に下ろす。
(3) 一回毎に信頼すべきストップウォッチ及び計時員の数により二乃至三名ずつ走らせる。

（4）記録は別表記録用紙五十米疾走成績の欄に十五秒、十五秒一、十五秒二、十五秒三という風に記入する。

2、立幅跳

直立の姿勢から腕の振動及び膝の屈伸を利用してできる丈遠くえ跳ばさせ距離を計測する。

○準　備（1）踏切り線と同じ平面上の砂場（柔くした土でも可）

（2）砂場から五十糎離れた所に踏切り線をひく。

（3）巻尺一カ

（4）計測員及び補助員各一名　記録員一名

○方　法（1）踏切り線より足先を前に出さないようにする。

（2）腕の振動及び膝の屈伸を用いる際二重踏み切りをしないように注意する。

（3）跳躍の距離は被験者の身体が砂場に印した踏切り線に最も近い點から踏切り線又はその延長線までを之に直角に計測したものとする。

（4）補助員が巻尺の端を着地點に置き計測員が踏切り線の所で距離を讀む。

（5）二回試技し良い方をとる。

（6）記録は別表記録用紙立幅跳成績欄に第一回二百十糎、第二回二百十三糎という風に記入し良い方を圍んで置く

3、スポンジボール投

輕い助走の後定められた線から出ないようにしてボールをできる丈遠くえ投げさせその距離を計測する。

○準　備　（1）スポンジボール（軟式野球の正式ボール）九ケ

（2）左圖のような投げる方向を相對して行わせるに必要な投擲線及び計測のための各線（距離五米單位）

大

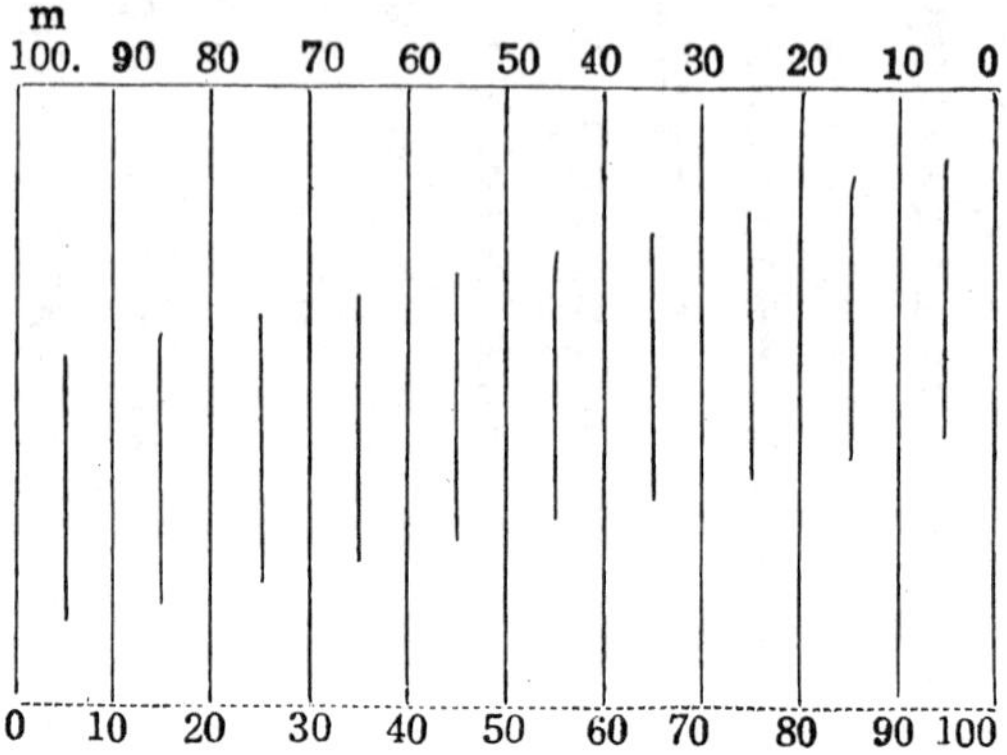

小

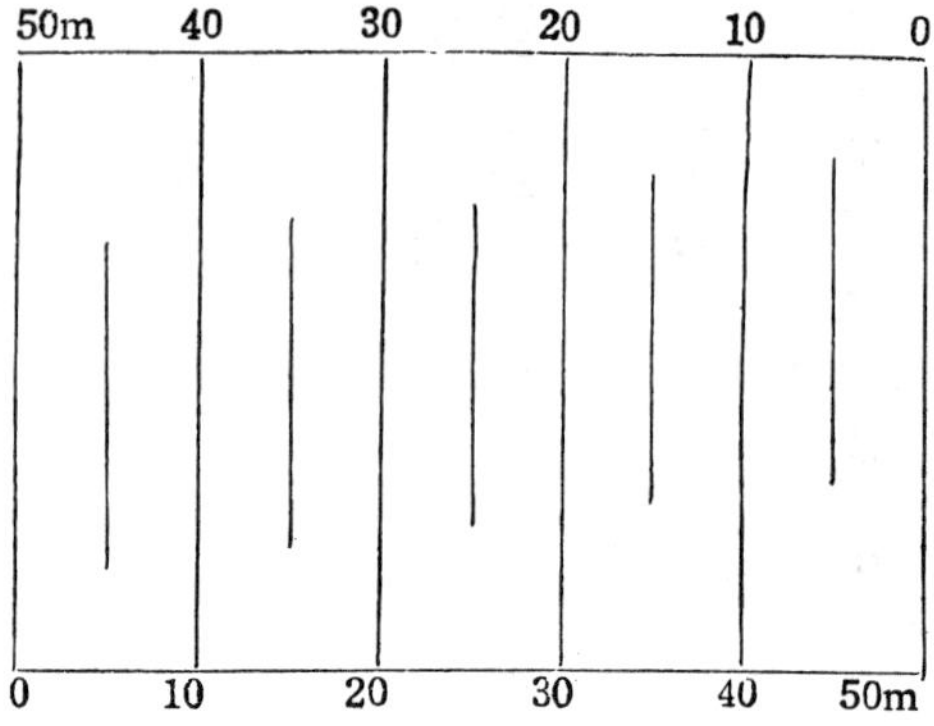

（3）計測員二名　補助員二名　記錄員二名

○方　法　（1）一方の側の先頭のもの及び二番目のものにボール各三ケ及び他の側の先頭のものに同じく三ケのボールを與える。ボール六ケの先頭のものから連續して三ケの側の投球をさせ計測員はこれを豫め準備された距離を示す各線に依つて目測でその距離を計り米單位に記錄員に知らせる。

（2）補助員は各側に一名ずつ配し反対側より投げられるボールをできる丈早く集めてその側の次の被驗者に渡す

（3）被驗者は投げる前に記錄員にその姓名を通告する。

（4）記錄は別表記錄用紙ボール投の成績欄に第一回何米、第二回何米、第三回何米という風に三回の成績を記入し最も良いものを圓で圍む。

4、懸垂力

鐵棒又は横木により男子は懸垂屈腕回数（但し屈腕が一回もできないものは女子に同じ）女子は屈腕懸垂時間を計測する。

○準　備　（1）鐵棒又は横木

（2）女子の場合はストツプウオツチ

（3）計時員一名、計測員四名・記錄員一名

○方　法　（1）懸垂屈腕は鐵棒一間に二名ずつ二間に計四名ずつ行わせる。

（イ）計測員の「用意」の聲で被驗者は定められた個所に懸垂する。落ついた時計測者は「はじめ」と呼び屈腕させる被驗者毎に計測者一名をあて計測者は正しく屈腕された時一回二回と呼ぶ。被驗者は計測者が回数を呼んだ後腕をのばし次の動作に移る。完全にできたら一回と呼び、腕が直角にまで曲げられたがあごが鐵棒の上まで至らない場合は〇・五回と数える。

（ロ）屈腕された回数を記錄する。

（2）屈腕懸垂の計時は同様に四名ずつ行う。

計時者の「用意」で被験者はあごが鐵棒よりも上にあるように屈腕懸垂する準備をする（鐵棒又は横木の低い時は地面より、高い時は腰掛その他の補助物を用いる）計測者の「はじめ」で地面又は補助物から足をはなして正しい屈腕懸垂の姿勢をできる丈長く保持する。計時者は「はじめ」と呼ぶと同時にストップウオッチを押し直ちに時計を見ながら「一秒、二秒、三秒……十秒、十一、十二……」と秒の経過を知らせる。計測員は受持ちの被験者についてその腕が伸びることによりあごが鐵棒の線より低くなるのを見てその時の計測員の秒経過通知に最も近い数を記録員に報告する。（握り方は順手）

（3）記録は別表記録用紙懸垂の成績欄に、男子では四回、四・五回、五回という風に記入し、女子では五秒、六秒という風に記入する。

5、垂直跳（サーヂエントジャンプ）

被験者の指先に着色したチョークの粉をつけて壁に面し（或は横向き）强く三回跳んで印をつける。次に右の三回の中の最高點の眞下に同じ腕を伸ばして指先で印し、その距離を計る。距離は糎單位で計算し、記入する。

○準備（1）測定用紙（タテに垂直線を一〇cm間隔に四本引く）

（2）赤又は靑のチョーク若しくは墨

（3）棒尺

（4）計測員一名、補助員一名、記録員一名

○方　法　(1)　前記の要領で一名宛三回試技させ最も良いものをとる。

(2)　豫め要領を数回別の場所にて練習させる

(3)　記錄は別表記錄用紙に三回中最も良いものの成績のみを記入する。

6、バーピーテスト　(敏捷性テスト)

直立姿勢から腕立伏臥の姿勢をとり又直立姿勢にかえる運動を十秒間に何回行えるかを検査する。

○準　備　(1)　ストップウオッチ

(2)　計時員一名、計測員五名、記錄員一名

○方　法　(1)　五名宛行う、豫め直立より手を床につけ、両足を後に投げ出して腕立伏臥の姿勢になり、また両足を前にもどして立ち直立姿勢(必ずしも床に垂直にならずともよいが、体が一直線になることを要する)にもどる動作を数回練習させる。

(2)　大体の要領が了解できた時に計時員は「用意」と呼び、次いで「はじめ」と開始の合圖を與えると共にストップウオッチを押す、十秒に至つた時「止め」と呼び第一回目の試技を終わらせる。各計測員に夫々の受持の被驗者の成績を記錄員に報告記入させた後同様に第二回の試技を行う。

(3)　計測員は十秒に被驗者の成功した回数を数える。「止め」の合圖の時被驗者が直立の時はそれまでの回数、直立より手をついた姿勢ならばそれまでの回数に1/4を加える。同様に腕立伏臥の姿勢ならば1/2腕立伏臥の姿勢から両足を戻した姿勢ならば3/4を加える。

（4）記録は、別表記録用紙敏捷性テストの成績欄に第一回＝七回、第二回＝七回1/4という風に記入し良い方を
囲む。

7、運動学習能のテスト

ジョソンテスト中次の種目（男子は（イ）（ロ）（ハ）（ニ）の四種目、女子（イ）（ロ）（ハ）の三種目を実施し、定められた採點法により検査する。

（イ）幅一・二米、縦二・二米の地域を二つつづけて作り、各々の地域で前轉を夫々一回ずつ行う。（第一の前轉は前の地域中で、第二の前轉は次の地域の中で）

（ロ）（イ）と同じ場所で同様に後轉を二回行う。

（ハ）九〇糎置きに縦横一〇糎、三〇糎の的を六ケ印し第一の的に両足を揃えて立ち半回轉して第二の的に跳びおりる。次には前と反対の方向え半回轉しながら第三の的に跳びおりる。同様の回轉を方向を交互に變えながら第六の的まで跳ぶ。

（ニ）五〇糎の正方形を印し、その正方形の中に両足を揃えて立ち、両足を揃えて一回轉しながら跳びおりる（左でも右でもどちらに回轉しても良い）同じ方向に跳轉しながら五回跳ぶ。

〇準備　（1）マット又は芝生の上に（イ）（ロ）に必要な地域を印する。

（2）地面又は床の上に（ハ）（ニ）に必要な的及び正方形を印する、

（3）計測記録員一名、（イ）及び（ロ）に一名、（ハ）及び（ニ）に各一名ずつ、補助員三名

(ロ)方法　(1)各種目の実際方法を計測記録員又は補助員で示した後各種目一名ずつ行わせる。

(2)採點は計測記録員が被驗者の動作を觀て次のような方法で行う。

(イ)二つの前轉が各地域内で完全に行われた時は、各々に五點を與える。各々の前轉の際左又は右の線に体の一部が觸れた時は二點を減ずる(兩側共にかかつた時は四點)各回轉で行き過ぎた時は一點を減ずる。回轉できなければ零點。なお被驗者が最初の前轉に失敗した時は位置をとり直して第二の前轉を試みさせる。手を使つてもよいがともかく立つことを要する。

(ロ)(イ)と同樣に採點する。

(ハ)被驗者が兩足で的の上に着地しない時は各ジャンプ毎に二點を減ずる。又間違つた方向に廻つた時も二點を減ずる。回轉が一八〇度より甚だしく大き過ぎた時や小さ過ぎた時は他の點で欠點がなければ一點を減ずる。全部完全にできた時は十點になる。

(ニ)(ハ)と同樣に採點するが、着地は正方形の中に兩足が落ちなくてはならない。

(3)記錄は別表記錄用紙、運動の学習能のテスト成績欄には男子では(イ)(ロ)(ハ)(ニ)、女子では(イ)(ロ)(ハ)に夫々得點を記入し計の欄にその合計を記入する。

四、集計はすべて本部にて行う

調査第一號

運動能力検査記録用紙

測定月日　　月　　日

層別	学校　学年				
◎	氏名　　男　女				
の職業	昭和　年　月　日生				
年令	年　月	換算級	◎	級	◎
身長	cm	別指	◎	別指数	
体重	kg	数點	◎		

項目	成績									換算點
(1) 50米疾走	秒									◎
(2) 立幅跳	1	cm	2	cm						◎
(3) ボール投げ	1	m	2	m	3	m				◎
(4) 懸垂（男）	回									◎
(5) 〃（女）	秒									◎
(5) 垂直跳	cm									◎
(6) 敏捷性テスト	1	回	2	回						◎
(7) 運動の学習能のテスト	イ	點	ロ	點	ハ	點	ニ	點	計　點	◎
一般運動能力	合計點（(1)+(2)+(3)+(4)）									◎
一般運動素質	合計點（(5)+(6)+(7)）+級別指数									◎

備考　(1) 身長．体重は検査前後一カ月以内のものを用いること

(2) ◎の欄は記入しないこと

環 境 調 査 票

調査第二號

男	女	調査月日	年　月　日		都 山手/下町	町	農	漁	山

氏　名		生年月日	昭和　年　月　日	年令	年　月
学　校	學校　年　組	住　所	都 府 縣　區 市 郡　町 村	家の職業	
＊学校の成績	上 中 下　＊氣質　内向性 中間 外向性	職　災	全 半 無　＊生活程度		上　中　下
所屬運動部	部	選手　選手でない		室数	室

家族	男	女	
	父　有　無	母　有　無	次のもので自分の家にあるものに○印をつけなさい
	兄　人	姉　人	椅子　たくさんの本
	弟　人	妹　人	勉强室　風呂
	祖父　人	祖母　人	子供部屋　時計
	その他　人	その他　計	ラジオ　ピアノ
			ちくおんき
	計　人	計　人	通学時間と方法
	總計　人		徒歩　分／自轉車　分／自動車　分／電車又は汽車　分／その他　分　計　分

生徒に対する注意　1. ＊印の欄は記入しないで下さい。　2. 裏面の記入上の注意をよく讀んで正確にありのままを書いて下さい。　3. 不明のところがあつたらよく先生に聞いて書いて下さい。

調査第四號

生活時間調査票

男	女		期日	昭和　年　月　日　曜	天候		第　日目	都山手	都下町	町	農	漁	山

氏名		年令	年　月	学校学年	学校　学年　組

0時	10	20	30	40	50	60
1時						
2時						
3時						
4時						
5時						
6時	10	20	30	40	50	60
7時	10	20	30	40	50	60
8時	10	20	30	40	50	60
9時	10	20	30	40	50	60
10時	10	20	30	40	50	60
11時	10	20	30	40	50	60
午後0時	10	20	30	40	50	60

1時	10	20	30	40	50	60
2時	10	20	30	40	50	60
3時	10	20	30	40	50	60
4時	10	20	30	40	50	60
5時	10	20	30	40	50	60
6時	10	20	30	40	50	60
7時	10	20	30	40	50	60
8時	10	20	30	40	50	60
9時						
10時						
11時						

調査の日	昭和 年 月 日(曜)				状況	めしている ぬかるんでいる

次のいろいろの問にありのままを答えて下さい	答（答がいくつかかいてあるところではその中で自分に当っているのに○印をつける何にもかいてないところやかっこの中には適当な答をかき入れる

昨日朝起きた時刻	午前 時 分	昨日便通があったか	あった(回 なかった
昨日氣分はどうであったか	よかった 普通 わるかった	昨ばん床についた時刻	午後 時
昨日体のどこかにぐあいのわるいところはなかったかあったらそれはどこか	なかった あった(頭。おなか……)	床にはいるとすぐねられたか	すぐねむれた　少ししてねむれた　なかなかねむれなかった
		一ばん中ぐっすりねむれたか	ぐっすりねむれた　時々目がさめた　ほとんどねむれなかった
昨日ごはんはおいしかったか	おいしかった 普通 まずかった	夢をみたか	みなかった　少しみた　夢ばかりみていた

(1) 昨日学校に出かける前に何か遊びや運動をしたか	した( ) しない	(10) 昨日した遊びや運動の中で何が一番おもしろかったか一つだけあげなさい	
(2) 昨日おひるまでの休み時間に何か遊びや運動をしたか	した( ) しない	(11) それをいつしたか	1 2 3 4 7 9
(3) 昨日おひる休みに何か遊びや運動をしたか	した( ) しない	(12) それをどこでしたか	教室の中　その他校舎の中 学校の運動場　自分の家 自分の家の庭　友達の家 友達の家の庭　公園 道路 その他
(4) 昨日放課後学校で何か遊びや運動をしたか	した しない	(13) それには道具を使ったか	使った　使わなかった

(5) 放課後どんな遊びや運動を何分間ぐらいしたか	した遊びや運動の名前	した時間	(14) どんな道具をいくつ使ったか	使った道具の名前	使った道具の数
	(1)	分		(1)	
	(2)	分		(2)	
	(3)	分		(3)	
	(4)	分		(4)	

(6) 昨日家にかえったのは何時であったか	午前 午後 時 分	(15) その道具は誰のものであったか	学校のもの 仲間でかったもの 自分のもの 自分のうちの人のもの 友達のもの その他( )
(7) 昨日家にかえってから夕食までに遊びや運動をしたか	した しない	(16) 一番おもしろかった遊びや運動は一人でしたか誰かと一緒にしたか	一人でした 一緒にした

(8) 家にかえってから夕食までにどんな遊びや運動を何分くらいしたか	した遊びや運動の名前	した時間
	(1)	分
	(2)	分
	(3)	分
	(4)	分
(9) 昨日夕食後ねるまでに何か遊びや運動をしたか	した( ) しない	

(17) 一緒にしたのはどんな人か　男が何人で女が何人か

	男	女	計
うちの大人の人			
よその大人の人			
兄弟姉妹			
上の組の友達			
同じ組の友達			
下の組の友達			
その他			
計			

注意　1 正確にありのまゝを書いて下さい(裏面の注意をよく讀んで下さい)
2 * 印のところは先生の指導で記入する
3 分らないことは先生にお聞きなさい

ロジャースの言にある如く形式的な體操中心の時代に次ぐものは競技中心であつた。これは形式主義に對する自然主義的傾向えのいわば反動であり、身體の教育から全人を對象とする體育えの第一段階であつた。身體の均齊な發達の代りに性格の育成が强調され、先ず對校試合が中心になつた。この傾向ははげしい訓練により若者達の運動意欲を滿足させると共に性格の育成に資する所はあつたが、弱點は少數主義であり陶治が一面に偏し時に健康の面が犧牲にされることであつた。

新しい教育が兒童中心の基調に立ち活動主義の學習理論が支配的となり學校體育の餘暇活動に對する役割が强調されるに至つて民主的教育はこの少數主義に對して批判的となつた。しかし青少年の競技活動は教育の有効な機會であることは否定されないのでその後の學校體育はこの試合を合理的に運營しその本質を教育的見地から活用しようとする方向に向つた。これは校内競技の重視となりすべての生徒はその能力に應じて適當な形で試合の經驗を得させるような計畫の立案を必要とするようになつた。對外試合もすぐれた面をもつているが教育的見地その他經濟上の見地からしても或る制限の必要が考えられる。對外試合が合理的に計畫の中に取り入れられるためにはその運營に對して教育者の主體性が確立されなければならない。アメリカでは既に早くから學校體育の指導計畫とその運營に教育者の主導性が常識として受け入れられているようである。發育段階に應ずる試合の在り方と共に男女の差がやはり試合において考えられねばならない。

試合は校内で行われるものと校外で行われるものとに分れるが何れも體育カリキュラム構成に大きな關係がある。何となれば體育における行事の大部分をこれが占め、體育における教科外活動は多くこれに關連するからである。

（イ）校　內　試　合

校內試合は小學校五年頃から適當とされる。正課と連絡をとり季節に應じ體力に應じて色々な運動種目の經驗を深め且つ試合に參加の機會をもたせることが主眼となる。なるべく全部の兒童生徒を參加させることが望ましい。校內試合については既によく研究されているのでここでは對外試合について二三の資料を提供したい。

（ロ）對　外　試　合

對外試合は男子と女子によつて運營の方法が異り、又一般的に色々な考慮が必要とされる。試合の形式はふつう、プレーデー（play day）スポーツデー（sports day）と正規の對校競技とに分れる。

プレー・デー

プレーデーは主として女子のためのもので校內競技の補充的な意味で用いられているようである。次のスポーツデーと混用されている場合もあるようであるが共に女子の對外試合の形式であり、勝敗を爭うことよりはそれに參加することに重點がおかれる。スポーツデーとの相異は一方が種目を必ずしも競技的なものに限定しないに對して、後者が競技的なものを主とする點にあるようである。校內試合の延長でありいわゆる對校試合の代用をなすものであるが他校生徒との親善やレクリエーション活動としての價値が高く評價されている。

ニューヨーク州體育指導要領（女子中等學校）に示されたプレーデーのプログラムの參考案は次の如くである。

（A）プレーデープログラムの参考（戸外）

人員、一六〇名　一チーム一〇名十六チーム

午前一〇時　受付

〃　一〇時三〇分　挨拶と諸注意

〃　一〇時四〇分　混合チームの編成

〃　十一時ー十一時四〇分　簡單なゲーム

1　メッセージ　リレー

2　ポテト　リレー

3　ホップスコッチ

4　チャイニーズタッグ（鬼遊び）

5　スイートケース　リレー

十一時四〇分ー十二時　フォークダンス

十二時　晝食・合唱

午後一時三〇分ー二時、選擇種目

1　テニス

2　水泳

3　弓

4　ホースシューズ

〃　二時ー四時　組織的なゲーム

1　ベースボール　四チーム二試合

2　バレーボール　四チーム二試合

3　バスケツトボール　四チーム二試合

4　運動場で行われる他の種目　四チーム二試合

（各種目に三十分、A、Bの二つのグループに分け、Aに属するチームは1ー2ー3ー4の順に、Bは4ー3ー2ー1の順に別な種目にかわつて行く）

午後四時ー四時三〇分　シヤワー

〃　四時三〇分ー五時　各學校のレクリエーション活動のデモンストレーション

（B）バレーボールのスポーツデーの參考

參加者、五つの學校から各二十名宛、各組は一〇名宛A、Bの二チームを編成する。

競技時間　二〇分間、そして交替する。

競技順序　Aチームは1ー2ー3……、Bチームは5ー4ー3……の順に

競技種目

第一のグループ　ニューコンブ(Newcomb)
第二のグループ　バウンドバレーボール(Bound volley ball)
第三のグループ　グランドボール(Ground ball)
第四のグループ　フイストボール(Fist ball)
第五のグループ　バレーボール

正規の對校競技は參加地域、年令、主催者、練習、試合時期、經費等に關して意見が色々に分れるが、男子の對校競技についてカリフォルニヤ州の視學より成る委員會が立てた競技運動の基準は次の如きものである。

1　あらゆる對校選手權試合はできるだけ地域的なものに制限しなければならない。
2　學校の大きさを考え、試合數を少くするため參加校の數を制限するよう地方體育連盟の組織を修正しなければならない。
3　サンデイゴその他少數の地域を除いて宿泊を要する選手の長途の旅行は禁じなければならない。
4　アメリカンフツトボールは第十學年以下では行うべきでない。
5　圓盤投や槍投は州の中等學校の競技種目から除かれねばならない。
6　春及び夏にフツトボールを實施することはすべての學校から除かれるべきである。
7　「メエジヤー」スポーツと「マイナー」スポーツの用語を使用することは止めるべきであり、參加生徒に對するその教育的價値に應じてすべてのスポーツに正當な價値がみとめらるべきである。

8 バレーボール、ハンドボール、ゴルフ、テニス、水泳等學校を卒業した後引續いて行われる種目が一層重視されなければならない。

9 物質的價値を伴う競技の賞品は禁ずべきであり、賞狀が精神的社會的身體的優秀さの最低限の要求にかなうすべての生徒に與えられることがよい。

10 學校內で賣られる競技會の入場券は最低限度に限定されねばならない。

11 對校競技よりは校內試合が重視されねばならない。

12 如何なる競技會でもそれに參加を許可される前に正規の醫師による身體檢査によつて認められることが要求される。

13 フットボール、バスケットボール、ベースボールのリーグ戰を除くすべての競技における一般人及生徒の役員は無報酬で之に當ることを原則とすべきである。生徒以外の試合役員は校長が任命すべきであり、なるべく生徒によつて運營さるべきである。役員に對する報酬額は地域の連盟が基準を作るべきである。

14 州の視學や郡市の體育視學は中等學校の校長と共に對外試合に關する事項の決定に明確な責任を持つべきである。

15 州の中等學校の校長は郡市の體育視學と協力して地域連盟の發展及び統轄團體の職員を增加するためにカルフオルニア州對校競技連盟の基本金を使用すべきである。

16　カリフォルニア州保健體育課長はすべての對校競技に關する事項を決定する所の続轄團體の役員に加わるべきである。

なお州內の保健體育擔當官協會はすべての全國的及び二つ以上の州に亘る地域の選手權試合や少年オリンピックを禁止すべきことを勸告し、すべての競技が學校關係者によつてのみコーチされ運營されることを要請している。

アメリカの女子の競技については校內試合が原則として考えられたかだかプレーデーやスポーツデーの形式の對外試合を適當と考えているようである。しかし現在なお或る程度の對校競技が行われていることは最近のミズリー州その他の指導要領を見ても判る。しかし全般的には女子の對校競技を（正規のを）否定しようとする空氣が支配的であると言えよう。かかる見地から女子競技のコーチや運營が女子によつてなされることを要求しているのは當然である。各州で女子競技に關する決定基準として用いられている「女子競技規範」の概要は次の如くである。

（一）基　準

1　女子の競技運動は適當な資格ある女子によつて指導され、運營されなければならない。

2　計畫は身體に異常のないすべての生徒に參加の機會を與えるように立てられなければならない。

3　組織立つたすべての競技計畫は健康の增進、社會的性格の育成や技能の發達に關して望ましい結果を招來することを原則として立てられねばならない。

4　對校競技は正課や校內試合計畫の遂行を妨げない場合にのみ許される。

（二）指　導　者

教師及びコーチは次の點に特に努力する。

1 競技するものが出來るだけ上手に行うように指導する。

2 「いかなる犠牲を拂つても勝つ」ことより「正しく勝つ」ことの重要性を强調する。

3 敗北は恥ずべきでないという態度を堅持する。

4 勝つても負けても相手チームに禮儀を以て對することの必要を理解實践させる。

(三) 健康

1 毎學年はじめに醫師の健康診斷を受ける。

2 特に注意を要する病氣の後には參加しても差支えないことを證明した醫師の診斷書を要求する。

3 月經時、負傷、過勞その他運動に參加すること差し控えるべき狀態の生徒に對しては個別に指導して參加させないようにする。

4 熱狂するような試合では情緒的興奮を輕減することにつとめ、試合中や休憩時間に適宜緊張をゆるめるよう指導する。

(四) スポーツの季節と練習時間

1 一週間二回以上練習し、しかも一回の時間は一時間をこえないこと

2 いろいろな種目が經驗できるように各種目のシーズンをきめる。

3 中等學校女子の練習や試合は晝間に行う。

(五) 試合の形式

1 校内試合及グループ内の試合。
2 學級、ホームルーム、クラブ、寄宿舍、職業婦人、既婚婦人等が一つの單位をなす。
3 プレーデー（特に小學校、中等學校女子に適す）
3 スポーツデー（大學、勤勞者等の團體に適す）
4 對校、クラブ對抗等の試合。

(六) 試合の方針

1 能力や成熟度の接近したチームと試合するように選手をえらぶ。
2 同一スポーツシーズンに同一生徒が二つ以上の團體（學校その他）から選手として出ることを禁ずる。
3 チームにとつても個人にとつても負擔の重い試合は週一回にとどめる。
4 男生徒と女生徒の試合を續けて行うことはさける。
5 試合に參加する際は父兄の承認を得る。
6 試合前に兩方のチームがお互に交歡する機會を與え、出來れば試合後に社交的な會合を設ける。
7 宿泊や課業を休み、過勞を招くような試合をさける。
8 試合で旅行する際には適當な婦人の附添をつける。
9 長途の旅行、はでな服裝、高價な賞品に金をかけるよりは適當な醫學的管理、設備用具の充實改善、よき女子職員を得ることなどのために金を使うべきである。
10 地區や州の教育法規で認められた試合や環境、健康、指導者等に關してここに述べられた基準にかなう試合にのみ參加させる。
(七) 告　示
1 一つの種目より全體のプログラムを重んじ、各種目のシーズンにはその種目に興味を持つような告示をする。
2 個人よりは集團の上達を強調する。
3 試合に勝つことよりは試合のレクリエーションとしての價値を認識させる。
(八) 觀衆の敎育
1 シーズンはじめに模範試合を行う、反則、規則の變つた點やチームワークについて説明する、
2 計畫に興味をもち理解を深めるために適當な色々な告示をなす。
3 試合前や休憩時間を利用して競技の要點を説明するに適當な人をえらぶ。
4 お互に相手方の美技を賞賛するように奬勵する。

第十一節　設備、用具その他

社會的要求や兒童の要求を充たすためのカリキュラム構成はまた管理上の諸條件によつて變更を豫儀なくされる。これらの條件には地理的氣候的條件、敎官組織、校友會の組織等色々あるが設備用具は重要な事項の一つである。設

備用具の充實は極めて望ましいことではあるが今日急速な充實は困難であろう。しかし子供達の一生を通じての幸福を考えればきわめて重要な意味をもつている。それ故カリキュラムを設備用具の實狀に應じて構成すると同時に望ましいカリキュラムのために設備用具を充實することも當然考慮されなければならない。

これまで我が國では運動場の廣さでも一人平均幾坪というような算出基準によつて來たが今後は學校種別に應じ望ましいカリキュラムを考えそれに應ずる施設が考えられるべきである。設備の面については小さな子供達の安全な遊び場、雨天や季節的惡條件に應ずる施設、適當な廣さの芝生等正課のみならず自由時間の健全な體育活動のためにも役立つ施設の考慮が望ましい。又施設や用具が休憩時間等短い時間に活用できるよう常に整備されていることは何よりも望ましいことである。

本書においてはこれら管理上の諸問題を取り上げることが少かつたし、又身體的缺陷矯正のための運動や體育活動で制限を必要とする兒童生徒の體育にふれる豫裕がなかつたがこれらについては他日の機會に扱うことにした。

参考文献

Williams: The Organization and Administration of Physical Education 1925

Sharman; Introducation to Physical Educatiou. 1934

Physical Education Syllabus (The State of New York)

Book I. Elementary Schools. 1934

Book II. Secondary Schools. Boys 1934

Book III. Secondary Schools. Girls 1934

WM. Ralph Laporte; The Physical Education Curriculum 1938

Williams-Brownell; The Administration of Health and Physical Education. 1937.

Irwin; The Curriculum in Health and Physical Education 1944

Branchard and Collins: A modern physical education program for boys and girls 1946

Missouri at work on the Public School Curriculum. Secondary School Series. Health, Physical Education, and Recreation. 1941

Los-angeles County, California. Course of Study for Elemenuary School. 1944

Tentative Materials of Instruction. suggested for the fourth year of The Core Curriculum of Seconbary School (Virginia) 1941

Course of Study for Virginia Elementary Schools. 1943

Cleveland public schools Physical Education Course of Study. (Primary Division) 1943

倉澤 剛氏 近代カリキュラム

吉田章信氏 體力測定

東京第一師範女子部附屬小學校 體育研究要錄

濱松市立上島小學校 體育研究錄

第三章　ロスアンゼルス郡學習指導要領における體育

（一——八學年）

まえがき

第二章では體育のカリキュラム構成に關する一般的事項を主に中央計畫に關する資料に基ずいて扱つた。第三章以下はアメリカにおける地方的計畫で特色あるものの中から、小學校、中等學校の具體的ものの紹介を試みたいと思う。アメリカの指導要領やカリキュラムは殆んど地方的なものであるが凡そ二つの型があるようである。一つは體育など各領域（教科）だけを縱に各學年を通じて扱うものと他の一つは教育内容全體を總括して各學年別に扱うものとの二つである。前者は縱に發展系列がはつきりしている長所があるが横の連關をはつきりさせにくい短所がある。後者はその逆の關係になつて全體としての綜合には便利であるがいきおい各領域の内容が簡單になる。もつともアメリカでは參考文献を豊富に使うようになつているのでこれでも差し支えない譯であるが實際上の便から言えば學年別に示され縱と横の連絡が一冊で取り得るものの方がよい。本書で引用したものの中クリーブランド市、ニューヨーク州、ミズリー州のものは前者に屬し、ロスアンゼルス郡やバージニア州のものは後者の型に屬する。

前に述べたように今日教科カリキユラムやコア・カリキユラムと體育の問題は看過できないものがあるので、紹介に當つてはこれらを考えて選んだ。結局小學校はロスアンゼルス郡とバージニア州、中等學校はミズリー州とバージニア州のものを主にしてその概要を紹介し、必要な範圍で他のものを引用することにした。その理由はロスアンゼルス案はコア・カリキュラムをすすめているが相關カリキュラムの形態を多分に殘していると思うし、ミズリー案はカリキュラムに重點をおき、健康と體育を一冊で扱いしかも單元や年間（學期）計畫に參考となる點が多いので之をとつた。バージニア案は我が國で特に問題となつており、小學校では特定の部分以外ではコア・カリキュラムという言葉は使つていないようであるが敎科を外していわゆるコアをもつたカリキュラムの形態をとつているのでこれをえらんだ。そのいずれも一九四〇年以降のものであるので最近のアメリカ學校體育の實情を知る何等かの參考になるだろうということもその理由の一つである。

既に他の書で紹介された部分もあるし、又正確にその要點を傳え得ない點が多々あることをおそれるものであるが前述の理由により敢えて紹介する次第である。

第一節　概　觀

ロスアンゼルス案はいわゆるカリフォルニア案の系統に屬するものであるがカリフォルニア州が統一的カリキュラムを示唆することよりは各郡市の地方計畫を奬勵していることはよく知られている所である。

一九四四年に出された同郡の小學校學習指導要領は學習分野を大體十一乃至十二に區分している。即ち、社會科理科、實用的技術、數學、言語、綴と習字、讀み、美術、音樂、文學、體育、健康と安全敎育であるが地理、歴史、公民、理科、修身などは社會科理科に吸收され、民主的社會生活で日常心得べき具體的面の指導を實用技術が扱つている。内容が學年別に扱われていることは前に述べた通りであるが、各領域共學年の主要目標が示され學習活動が之に結合して示されている。

學習分野は前述の如くかなり多いが、カリキュラムの形態としては適當な教師の得られる限り社會科理科を中心とする統合をすすめ、その際地理、歴史、公民、美術、文學、音樂等はできるだけこれに關係づけ、又基礎的技能や知識もこの中心學習に動機づけられて學習させるよう示唆しているが、もし統合カリキュラムでなく教科カリキュラムを取る場合はつとめて内容の連關を重んじなければならないとしているので、コア・カリキュラムを基本的方向と考えながら教科カリキュラムの形態を取り得るように内容が構成されている。

技能的學習、美術、音樂、文學等はできるだけ社會科理科の學習に關連させるがよいとしているけれども體育と中心學習との關係については何等ふれる所がない。ただ體育の學習活動の面で表現活動ではつとめて社會科理科の學習經驗を表現させるようにと示唆している。

健康及安全教育の内容は健康生活の訓練、アルコール及び痲藥の人間に對するえいきよう、火災豫防、安全と事故防止などであるがこれはいわゆる教科的に系統的教授によることよりは生活の具體的事柄とむすびつけて指導するように述べている。したがつて各學年の健康及安全教育に關する部分はその觀點を示すにとどまり内容を示していない。學習指導要領の附錄に健康及安全教育に關するチェックリスト（照合表）があるが結局これがその内容を示すものである。（第十節參照）

体育については各學年の目標を示しこれに應ずる學習活動を配しているが、共學活動を男女關係の健全な發達のためにすすめ、又教材分類に特徴がある。徒手體操が全然なく代りにスタンツが入つているのも變つた點であろう。

體育及健康教育については前と重複する點が多いので説明は省略し、同要領に示された內容の要點のみを紹介することにする。

第二節　第一學年の体育と健康及び安全教育

一　體　育

體育の計畫は凡ての生徒に對する次のことを考えて立てなければならない。

I　よい運動をたのしむ

A　運動の器具器械を使う

ブランコにのつたり、滑り臺で滑つたり、よじのぼつたり、ぶらさがつたりするに必要な技能や筋調整を繼續的に發達させる

そのため次の器具器械を使用する。

よじのぼつたり滑つたりするための滑り臺

ブランコ
よじのぼるためのジャングルジム
砂遊びのための砂場
シーソー
よじのぼつたりぶら下つたりする平行棒や鐵棒

B　ボール遊びをする

バレーボールやサッカーのボールを扱つたり、扱うに必要な技能を或程度發達させてから次のようなボール遊びをさせる。

バウンスボール、コールボール、センターキャッチボール、トスボールなど。

C　鬼遊びをする

さわる（捉える）、追いかける、走る、とぶ、さがすなどの運動を含んだ傳統的な色々な鬼遊びをする。

鳥追い、ハンカチ落し、きつねとひよこなど。

D　唱歌遊戯をする

歌やピアノの伴奏で唱歌遊戯をする。

青い鳥、小鴨、ルービールーなど。

E　リズムや身振りで経験を表現する

伴奏を使つて歩、走、スライディング、ギャロップ、スキップなどに必要なリズムや筋調整を發達させる。
音樂的な伴奏に合せ、理科などの學習での觀察の結果を活用して日常の出來事を簡單に表現する力を伸ばす。

II　**器械や器具を安全に使つたり世話したりする。**

用具の取扱に責任をもたせる。
安全な場所で遊ぶことによつて安全の規則に從い、又他人の安全に心を配る。
器具を正しく安全に教えられた通りに使用する。

III　**個人の能力を評價したり改善したりしはじめる。**

A　**遊戯について話し合う**

何が遊戯をたのしくしたか、何が遊戯をだめにしたか、どうしたらもつとたのしくにあそべるか、誰がやつて誰がやらなかつたか、誰が上手に器具を扱つたか、順番を待つていたのは誰か、誰か危い遊びをしなかつたか…。

B　**器具器械を使つて運動する技能を發達させる**

誰か新しいスタンツを試みたか。

C　**ボールを扱う技能を発達させる**

バレーボールを使つて——兩手で投げ兩手で捕える、片手で投げ兩手で捕える。
サツカーのボールを使つて——ける。

D　**リズム運動の基礎的歩法の技能を発達させる**

示された参考資料

參考書、一（ニルソンとバンハーゲン、小學校の體育教材）

器具器械、滑り臺、ブランコ、ジャングルジム、シーソー、砂場、肋木

ボール、バレーボール、サッカーのボール、ピアノ、蓄音機、打樂器

二　健康と安全教育

健康教育の初歩や健康習慣の基礎は家庭でつくられる。家庭や學校は子供達が身の廻りのことが自分でできるように條件をととのえる責任がある。卽ち手を洗う時間、休息する場所、榮養價の高い食物、色々な身體活動を刺戟する器具器械、同年輩の子供達と學習したり遊んだりする等の機會を與える必要がある。

この時代の子供達に對しては健康や安全の習慣を身につけるために大人がよく世話しなければならない。清潔なたべ物、休息、遊びなど必要な事柄の實行を强制することは始終ではいけないがやらせる時にはしつかりやらせる。健康生活の必要に關した知識は具體的な事柄と關連してさずける。

第三節　第二學年の体育と健康及び安全教育

體育の計畫はすべての兒童に次の機會を與えるようにする。

Ⅰ　**よい運動や遊戯をたのしむ。**

A　**運動の器具器械を使用する**

滑り臺、シーソー、ブランコ、肋木、ジャングルジム、などを使つて筋力や調整力を發達させる。

B　**ボール遊びをする**

一學年で學んだ遊びをする、センターベース、サークルボール、サークルパスボールなどの新しい遊びでバレーボールやサツカーのボールを扱う。

C　**鬼遊びをする**

さわる、追いかける、走る、とぶ、さがすなどの要素を具えた色々な鬼遊びをする。（一學年の教材と新教材）

D　**唱歌遊戯をする**（一年生の教材と新教材）

E　**簡單なフオークダンスをたのしむ**

F　**リズムや身振りで経驗を表現する**

一學年の基礎的技能やテクニツクをつづけて發達させる。生活環境、社會科理科で觀察したものなど（農場の動物、バター作り、汽車など）を表現する。

II　**器械器具を安全に使つたり世話したりする**

用具の取扱に責任をもたせる

器具器械を正しく安全に使用する

安全の規則に從う

安全な場所で、他人の安全に氣をつけてあそぶ

III　**個人の能力を評價したり改善したりしはじめる**

忠告や建設的な批評を與えたり受けたりする

用具の使用、ボールの扱い　リズムなど一學年で示された基礎的技能を更に高める

順番を待つ、フェアプレイ、安全にあそぶなどのよいスポーツマンシップを實行する

示された參考資料

第一學年に同じ

健康と安全教育

第一學年に同じ

第四節　第三學年の体育と健康及び安全教育

一　體　育

體育の計畫はすべての兒童に次の機會を與えるようにする。

I　**よい運動をたのしむ**

A　**器具器械を使用する**

滑り臺、ブランコ、シーソー、肋木などを使つて調整力や筋力を發達させる。

B　**ボール遊びをする**

二學年で學んだボール遊びをする。ドッヂボール、キックボールなどの新しい遊びでバレーボールやサッカーボールを使用する。

C　**色々な鬼遊びをする**

既に習つたものや新しい鬼遊びをする

D　**簡單なリレーをする**

チームワークや協力などリレーの簡單な要素を理解しその技能を發達させる。

走つて物にさわり折返して次の走者に引つぐ、さわられるまで出發線の後で待つ、豆の袋やボールを受渡しする

E　**スタンツ（巧技）を行う**

力以上のことをしないように注意して簡單なスタンツで調整力を發達させる。

あひる歩き、ころころまわり、かにの横這い、うさぎとびなど。

F　**簡單なフオークダンスをたのしむ**

G　**リズムや身振りで經驗を表現する**

生活環境や社會科や理科の學習と關連して。

II　**器具器械を安全に使用したり世話したりする**

用具の取扱いに責任をもたせる
器具器械を正しく安全に使用する
安全の規則に従う
安全な場所で、他人の安全に氣をつけてあそぶ

III　個人の能力を評價したり改善したりする

忠告やためになる批評を受けたり與えたりする。
自分の體力や素質を行う運動と關係づけて知る。
インドアベースボールを投げたり捕えたりする。
ゲームの規則がわかりこれを使用する。
順番を待つ、不正をしないなどのよいスポーツマンシップを實行する。
協力の仕方を理解する。

示された参考資料

参考書（前に同じ）

運動の器具器械、　バレーボール、サツカーのボール、インドアベースボール、
豆の袋やリレーの受渡棒
マツト

ピアノ、蓄音器、打樂器

二　健康と安全教育

健康生活の基礎的な習慣は八〜九歳頃に一應きまつて來るが大人の注意はまだ必要である。前学年であげられた事柄を引續き注意する。この年齢の子供達は食物の好き嫌いがはつきりしてくるから色々な食物の榮養價について教えなければならない。

參考資料

健康と理科の教科書（州の）、郡當局のすすめる健康と理科の參考書。

第五節　第四學年の体育と健康及び安全教育

一　體　育

體育の計畫はすべての兒童に次の機會を與えるようにする

I　よい運動をたのしむ

A　運動の器具器械を使用する

吊環や平行棒を使つて筋力、調整力、技能（スキル）を發達させる。

B　**ボール遊びをする**

バレーボール、インドアベースボール、テーザーボールを使つて既習のゲームの外に新しいゲームをする。簡單なチームワークを要するゲーム。

バツトボール、ドツヂボール、ピンサツカー、など。

C　**集團遊戲**(group games)

ボール投越リレー、サツカーリレー、スタンツリレー、ウオーキングリレー、など。

E　**スタンツを行う**

F　**フオークダンスをたのしむ**

他民族のフオークダンスをその歴史や意味についても指導する。

G　**リズムや身振りで経驗を表現する**

直接の見聞の個性的表現を重んずる。

II　**器具器械を世話したり安全に使用したりする**

用具の取扱に責任をもたせる。

用具の破損を先生に報告する。

ボールなどの簡單な修理をする。

安全の規則に従う

適當な場所で他人の安全に氣をつけて遊ぶ。

III 自分の能力を評價したり改善したりする。

A 自己のスポーツマンシツプを評價する

順番を待つこと、フェアプレイ、安全な遊びなどのよいスポーツマンシツプを評價する。

忠告やためになる批評を受けたり與えたりする。

B 用具を扱う技能を基準によつてしらべる

C 運動の技能を基準によつてしらべる

自己の體力や素質を評價する。

以前の出來ばえと現在のそれを比較する。

ボールの扱い、スタンツや器具使用の技能を發達させる。

バスケツトボールの投捕の技能をのばしはじめる。

規則の記憶の程度をしらべる。

示された參考資料

參考書、　前に同じ。

器具器械、　移動式吊環。

用　具、　（第三学年に同じ）

健康及安全教育

第三学年に同じ。

第六節　第五學年の体育と健康及び安全教育

一　體育

體育の計畫はすべての兒童に次の機會を與える。

I　**よい運動をたのしむ。**

A　**色々な運動の器具器械を使用する**

B　**色々なボール運動をたのしむ**

新教材としては

男兒及女兒のチームゲームとして

バツトボール、バウンドボール、ドツヂボールなぞ

男兒及女兒の個人的なゲーム

ホースシユーズ、パドルテニス、テニス　など

男兒のチームゲーム

インドアベースボール、バレーボール　など

女児のチームゲーム

キャプテンボール、エンドボール、インドアベースボール　など

C　**鬼遊びをする**

鬼遊びには餘り興味を示さなくなる、種目を減ずる。

D　**個人競技の技能や興味を発達させる**

チームゲームや走跳運動の基本となる個人的技能を發達させ、又自分の力を試す運動を行わせる。

男児の教材

ベースボールの正確打、飛球をとらえる、捕球と投球、壘走、五〇ヤード疾走、垂懸、押上げ、サッカーのドリブル、ゴールに向つてける、バレーボールのサーブ　など

女児の教材

ベースボールの部分男児に同じ、四〇ヤード疾走、一人一脚競走、ジャンプアンドリーチ、ポテトレース、ステップホップジャンプ、バレーボールのサーブ　など

E　**色々なリレーを行う**

F　**色々なスタンツを行う**

G　**フオークダンスをたのしむ**

アメリカ初期のダンス（6）アメリカインヂアンのダンス（5）これらのダンスについて讀んだり聞いたりする

H　**リズムや身振りで經驗を表現する**

直接經驗の外間接經驗をも表現させる、一定の型や物語形式の表現に進める。

II　**器具器械を世話し安全に使用する。**

用具の扱いに責任をもたせる。

用具の破損について教師に報告する。

ボールなどの簡單な修理をする。

安全の規則に從う。

適當な場所で、他人の安全に氣をつけて遊ぶ。

III　**個人の能力を評價したり改善したりする。**

A　**自己のスポーツマンシツプを評價する**

B　**器具器械を安全に使用したり世話する能力を基準によつてしらべる**

C　**運動の技能を基準によつてしらべる**

ボールの扱ひ、スタンツや器具使用の技能を發達させる。

テニスのボールやラケツトを扱う技能を發達させはじめる。

以前の記録と比較して個人の進歩をしらべる。

規則をおぼえているかどうかをしらべる。

自分の體力や素質を評價する。

示された參考資料

ニルソンとカゼンス著「小学校及中学校男女生徒の體育の成就尺度」

ニルソンとバンハーゲン著「小学校體育要覽」

器械器具、前学年に同じ。

ボールその他

サツカー、バレー、バスケツト、テザー、インドアベースボール用ボール。

バツト、ホースシユーズ、インデアンクラブ。

テニスラケツト、バレーボール及テニスのネツト。

マツト、ストツプウオツチ。

ピアノ、蓄音器、打樂器。

二　健康と安全敎育

正しい指導や適當な條件が與えられれば個人衛生や安全の習慣は確實なものになる。兒童は光線や通風に對する處置、一人或は共同で学習したり運動したりするための計畫、屋內や屋外での生活の時間配分や活動の計畫などが大人にたよらずに出來るようにならなければならない。

十一〜十二歳になると子供達の活動範圍が擴がつてくるから傳染病の兆候や豫防について正確な知識をもたせる必要がある。この時代の兒童は醫師や齒科醫の注意が守れるし、学校のヘルスサービスに協力させる。

参考資料

前學年と同じ

第七節　第六學年の体育と健康及び安全教育

一　體育

體育の計畫はすべての兒童に次の機會を與えるようにする。

I　よい運動をたのしむ。

A　色々な運動の器具器械を使用する

B　色々なボール運動をたのしむ

チームワークや技巧や技能の習得に役立つ相當組織立つたボール運動を行う。

男兒及女兒のための運動

バツトボール、ドツヂボール、バレーボール。

ハンドボール、ホースシューズ、テニス　など。

男兒のチームゲームス

インドアベースボール、サツカーボール、バレーボール　など。

女兒のチームゲームス

バツトボール、エンドボール、フイルドボール、インドアベースボール、バレーボール。

C　鬼遊びをする

D　個人競技の技能や興味を発達させる

男兒の種目

ベースボールの正確投、飛球を捕える、投捕球、距離投、壘走、走つて捕える。

六十ヤード疾走、立巾跳。

サツカードリブル、ゴールに向つて蹴る。

バレーボールのサーブ。

女兒の種目

ベースボールは大體男兒に同じ。

五十ヤード疾走、ジヤンプアンドリーチ、ポテトレース、ステツプホツプジヤンプ。

バレーボールサーブ。

E　色々な種類のリレーを行う

F　色々なスタンツを行う

男女は別々に行う。

G　フオークダンス・タツプダンス・クロツグダンス・キヤラクターダンスをおどる

たのしみのために他の國々のフオークダンスをする（五）他のダンス（五）

H　リズムや身振りで経験を表現する

II　器具器械を安全に世話したり使用したりする。

（五学年に同じ）

III1　自分の能力を評價したり改善したりする。

A　自己のスポーツマンシプを評價する

B　器具器械の世話やそれを使用する能力を基準によつてしらべる

C　運動の技能を基準によつてしらべる

ボールの扱い、スタンツ、器具使用の技能をのばす、フツトボール（男）やバスケツトボール（女）の技巧や技能をのばしはじめる。

自分の筋力や素質を評價する。

過去の記録と比較して進歩をたしかめる。

班やチームの指導者としての力を評價する。
規則をどの程度身につけたかをしらべる。
示された參考資料
大體五學年に同じ
健康と安全教育　五学年に同じ。

第八節　第七學年の体育と健康及び安全教育

一　體　育

體育の計畫はすべての生徒に次の機會を與えるようにする。

I　**よい運動をたのしむ。**

A　**色々な運動の器具器械を使用する**

B　**色々なボール運動を行う**

男兒及女兒の運動

バレーボール、バドミントン、デッキテニス、ホースシューズ、パドルテニス、ピンポン、テニス。

男子のチームゲームス

バスケツトボール、インドアベースボール、サツカー、スピードボール、タツチフツトボール、バレーボール

女子のチームゲームス

インドアベースボール、九コートバスケツトボール、バレーボール。

C　鬼遊びをする

D　個人競技の技能や興味を発達させる

この時代の生徒の健康をそこなわないような走跳運動やチームゲームの要素をなしている種目の個人的技能を發達させる。

男　子　の　種　目

バドミントンのサーブ、ベースボールの打、走、投、捕球、バスケツトボール投、シユート、フツトボールの蹴る、パス、走巾跳、走高跳、七五ヤード疾走、サツカーのドリブル、ゴールに向つて蹴る、立巾跳、テニスサーブ、バレーボールのサーブ。

女　子　の　種　目

バスケツトボールシユートまでは男子に同じ、ジヤンプアンドリーチ、ポテトレース、六十ヤード疾走、ステツプホツプジヤンプ、テニスとバレーボールのサーブ。

E　リレーをする

ポテトリレーなど簡單なもの六種。

F　スタンツを行う

G　フオークダンス・クロツグダンス・キヤラクターダンスをおどる

H　リズムや身振りで経験を表現する

専ら社會科の学習から題材をとり、また抽象的な題材をとることもある、男女共に行う。

II　器具器械を安全に世話したり使つたりする。

（第六学年に同じ）

III　個人の能力を評價したり改善したりする。

A　自己のスポーツマンシツプを評價する

B　器具器械を世話したり使つたりする能力を基準によつてしらべる

C　運動の技能を基準によつてしらべる

示された参考資料

殆んど六学年に同じ。

二　健康と安全教育

生理學的過程について教える、各自の身體的變化を理解させ同性間や異性間の相違を認めさせる。

この時期の健康教育では健康にえいきようする諸條件及これらの條件が村や町でどのような状態にあるかを知らせ

る。又衛生施設の原則、食科品や食科品の處理に關する法規、安全に關する法規、市民の健康や福祉に責任を有する機關について教える。

第九節　第八學年の体育と健康及び安全教育

一　體　育

次の機會をすべての生徒に與えるように計畫する。

I　よい運動をたのしむ。

A　色々な器具器械を使用する、（器械運動）

B　ボール運動をたのしむ

チームワークや技能や技巧を要する組織立つた運動。

男子及女子の運動

バツトボール、バレーボール、バドミントン、デツキテニス、ハンドボール、ホースシユーズ、パドルテニス

ピンポン、テニス

女子のチームゲームス

バスケツトボール、インドアベースボール、サツカー、スピードボール、タツチフツトボール、バレーボール

インドアベースボール、九コートバスケツトボール、バレーボール。

C　色々な遊戯をする

既習教材の中からえらび、男女別に或は男女混合で行う。

D　個人競技の技能や興味を発達させる

バドミントン、ベースボール、バスケツトボール、バレーボール、サツカー、テニスなどの個人技術、走跳運動などで男女別に教材があげられてあるが男女教材の相異は走跳運動で男子は走巾跳、走高跳、立巾跳、七五ヤードド疾走があり、女子にはジヤンプアンドリーチ、ポテトレース、六十ヤード疾走、ステツプホツプジヤンプがあげられている。

E　リレーを行う

（簡單なリレー五種）

F　スタンツを行う

G　フオークダンス・クロツグダンス・キヤラクターダンス・社交ダンスをおどる

英國やアメリカの民踊をたのしみこれらを比較する、現代の社交ダンスに參加し、ダンスの作法を學ぶ。

H　リズムや身振りで経驗を表現する

必要な技能や技巧などこれまでに習得されている筈である。題材は主として社會科の學習と關連のあるものをえらび時には抽象的な題材をえらぶ。

VI 器具器械を世話したり安全に使用したりする。

（前學年に同じ）

III 個人の能力を評價したり改善したりする。

A 自己のスポーツマンシップを評價する

B 器具器械の世話や使用の技能を基準によつてしらべる

C 運動の技能を基準によつてしらべる

（前學年に同じ）

示された參考資料

前學年に同じ。

健康と安全教育（前學年に同じ）

第十節　健康と安全教育のチェックリスト（照合表）

健康と安全教育については指導要領は各學年共半頁程度しかふれていないで學年の主要目標をあげこれに應ずる學習活動をも示していない。これは先に述べたように健康教育が具體的生活指導に結合して扱われるべきで特別の時間に系統的教授を重んじない同要領の趣旨によるものである。健康教授に關するものは社會科理科等に含まれるので各學年の內容には特に健康教育の指導內容を示していないが、同書の附錄に次の如き健康及安全教育のチェックリストがあるのでこれが結局健康及び安全教育の具體的內容習慣と考えることができる。

健康と安全教育

小学校児童に必要な基礎的習慣

学校にも責任がある健康習慣(実践)についての次の分析は健康と安全を指導する際に使用されなければならない。

○印は正しい健康習慣の実踐に学校や家庭の大人達が主たる責任を取らなければならない年令を示し．×印は児童が健康習慣(実踐)に対する責任を自ら取る年令を示す。

第　２９　表

個　人　衛　生	学				年			
	1	2	3	4	6	6	7	8
身体の衛生的注意 **個人衛生とそれに関係ある社会的責任** 清潔な身体や着物で登校する	○	○	×	×	×	×	×	×
食前．用便の後．動物と遊んだ後に手を洗う	○	×	×	×	×	×	×	×
活潑な運動の後顔や手を洗い．使つた容器をきれいにする。	○	○	×	×	×	×	×	×
清潔なタオルを使い．手や顔の水氣をよくふき取る。	○	×	×	×	×	×	×	×

タオルを所定の場所におく。	×	×	×	×	×	×	×	×
髪の手入をよくしていつも清潔に保ち，自分のくしを使う。	○	○	○	×	×	×	×	×
爪をいつも清潔に，そしてかまない。	○	○	×	×	×	×	×	×
部屋の温度や通風を正しく調節する。	○	○	○	×	×	×	×	×
正しく坐り，立つて仕事をするようにつとめる。	○	○	×	×	×	×	×	×
身体諸器官やその機能について話す場合正しい言葉を使用する。	○	○	○	×	×	×	×	×
歯の注意 規則的に正しい仕方で歯をみがく。	×	×	×	×	×	×	×	×
固いものをかまないように気をつける。	×	×	×	×	×	×	×	×
定期的に歯医者の診察をうける。	○	○	○	×	×	×	×	×
目の注意　目をこすらないように気をつける。	×	×	×	×	×	×	×	×
目に何か入つたり，目に異常を感じたら先生や看護婦に相談する	×	×	×	×	×	×	×	×
黒板の字や他の物がよく見えなかつたら先生に相談する。	×	×	×	×	×	×	×	×
明るい所で正しい姿勢で讀んだり書いたりする。	○	×	×	×	×	×	×	×
耳の注意　耳あかをよくとる	×	×	×	×	×	×	×	×
耳に故障を感じたら先生に知らせる。	×	×	×	×	×	×	×	×

鼻.喉.口の注意 口の中をいつもきれいにしておく	×	×	×	×	×	×	×	×
鼻は片方づつしずかにかむ	○	○	×	×	×	×	×	×
咳したりくさめする時は鼻や口をおう。	×	×	×	×	×	×	×	×
清潔なハンカチを使用する。	×	×	×	×	×	×	×	×
風邪をひいた人の近くによらないように氣をつける。	○	○	○	×	×	×	×	×
口の中をいつもきれいにしておく。	×	×	×	×	×	×	×	×
のどがいたんだり．異常な刺戟を感じたら先生に知らせる。	×	×	×	×	×	×	×	×
皮ふの注意 皮ふの発疹や傳染病があったら先生や看護婦に知らせる。	×	×	×	×	×	×	×	×
皮ふを太陽に不注意に露出しない	○	○	○	×	×	×	×	×
排泄の習慣 きまつた時間に用便する。	○	×	×	×	×	×	×	×
便意をもよおしたらすぐに行く。	○	×	×	×	×	×	×	×
用便の後にはよく水を流す。	×	×	×	×	×	×	×	×
用便の後には手を洗う。	×	×	×	×	×	×	×	×
正しい食物の選擇とよい食習慣 **食物のせんたく** 身体に必要な食物をえらぶ。	○	○	○	×	×	×	×	×

榮養のあるおやつやおひるをたべる。	○	○	○	○	○	×	×	×
食事の時にはおいしい物よりは果物やいためすぎない野菜をとる	○	○	×	×	×	×	×	×
食事の直後だけ甘いものをたべる。	○	○	○	○	○	×	×	×
毎日適量の牛乳を飲む。	○	×	×	×	×	×	×	×
なるべくお茶やコーヒーをのまない。	×	×	×	×	×	×	×	×
アルコール、煙草、催眠剤をさける。	×	×	×	×	×	×	×	×
食物の取扱い 野菜や果物はたべる前によく洗う。	○	×	×	×	×	×	×	×
びんやコップは正しく扱う。	○	○	○	×	×	×	×	×
たべかけの食物を他人と分け合わない。	×	×	×	×	×	×	×	×
よごれた水を飲まない。	×	×	×	×	×	×	×	×
飲用噴水はいつも清潔に保つ。	○	×	×	×	×	×	×	×
よい食習慣 樂な姿勢でたべる。	○	○	○	×	×	×	×	×
静かにたべ、音をさせないでかむ。	○	○	○	×	×	×	×	×
ナイフやフォークを正しく使う。	○	○	×	×	×	×	×	×
適当な衣服 **氣温の變化に應じて着衣する** 外出時や屋内で適当に着衣を變化させるように特に氣をつける。	○	○	×	×	×	×	×	×

雨の日は乾燥したものを身につけるように特に氣をつける。	○	○	×	×	×	×	×	×
はげしい運動の後は下着をかえる。	○	○	×	×	×	×	×	×
運動に適した靴や靴下をはく。							×	×
調和のとれた生活時間の配分								
勉强．運動．休養．睡眠の調和つとれたプログラムをたてる	○	○	○	○	○	○	×	×
豫定された一定時間の睡眠をとる。	○	○	○	○	×	×	×	×
調和のとれた戸外運動と屋内活動の計畫。	○	○	○	○	×	×	×	×
個人活動と友達との活動の間の調和を保つ。	○	○	○	○	○	×	×	×
自分の仲間のそれと同じく年下や年上の人達の要求や興味を考える。	○	○	○	×	×	×	×	×
異性に対して健全な態度をとる。	×	×	×	×	×	×	×	×
社　會　衞　生	1	2	3	4	5	6	7	8
傳染病の豫防や處置について学校や社会と協力する。								
病氣の時外出しない。	○	○	×	×	×	×	×	×
病人に近ずかないようにする。	○	○	○	○	×	×	×	×
身体の具合が悪い時先生に知らせる。	×	×	×	×	×	×	×	×
住宅區域．公共の建物や街路を常に清潔に保つよう手助けする。	○	○	○	○	×	×	×	×

蠅その他の害虫を家や学校やその他の建物に入れないように手助けする。	○	○	○	○	×	×	×	×
保健関係の施設や仕事内容について知る。						×	×	×
屑や汚水など健康上の有害物をその方面の係に知らせる。						×	×	×
種痘や豫防接種の勵行に協力する。	○	○	○	○	×	×	×	×
防疫法規に從う。	○	○	○	○	○	○	×	×
看護婦や醫師などの忠告を理解し、それに從う。	○	○	○	○	○	○	○	○
事故や火災の防止について学校や社会に協力する。								
運動施設や用具を注意深く危險のないように使用する。	○	○	×	×	×	×	×	×
家庭や学校で他人に怪我させるような物を取り去る。	○	○	○	×	×	×	×	×
定つた運動の場所で安全の規則を守つて運動する。	○	○	○	×	×	×	×	×
階段の昇降や家庭・学校・公共建物の廊下を歩く時注意する。	○	○	×	×	×	×	×	×
交通規則や交通上の信號や標示などに從う。	×	×	×	×	×	×	×	×
歩道や歩行に定つた道の側を歩く。	×	×	×	×	×	×	×	×
自轉車使用に関する規則を知り且つ守る。				×	×	×	×	×
電氣器具の使用に当つてはよく注意する。	×	×	×	×	×	×	×	×
道具や機械で事故を起す條件を知り熟練を以て扱う。	○	○	○	○	○	○	×	×

火災の原因になることをわきまえ責任を以て注意する。	○	○	×	×	×	×	×	×
遠足などの時山火事防止の規則をわきまえそれに従う。	○	○	○	○	○	×	×	×

Los Angeles County, California. Course of Study for Elementary School. 1944. appendix 9a−12a. (Health and Safety Education, Fundamental Practices for children in the Elementary Schools)

参考文献

1, Los-angeles County, California: Course of Study for Elementary School. 1944

第四章　ミズリー州體育カリキュラム（中等學校）の概要

第一節　構成の組織と体育の目標

アメリカにおいても體育のカリキュラムには健康と體育を分離したものと兩者を包含するものとの二種がある。教科カリキュラムの形態をとり、しかも健康と體育を包含した中等學校のカリキュラムとしてミズリー案はいくつかの特色をもつている。現在我が國では體育と健康は指導要領を別個に出しているが、しかも教科としては一本であり、實際問題として體育の指導者が健康の指導に當る場合が大部分であると思われるので具體的取扱の參考として同案の内容を檢討し、紹介することにした。

一　同案の特色

同案の特色は次の諸點に要約出來よう。

1　中等學校教育の領域を七つに分つ相關乃至は廣域カリキュラムで體育と健康を合せて一つの領域とすること
2　體育と健康のいずれも單元による指導を示唆すること
3　共學活動を具體的にしかも大きく扱つていること

4　地域の特性と卒業後の餘暇活動を強く考慮していること
5　體育と健康に對する時間配當の基準を明確に示していること
6　内容を教師の立場から具體的に展開してゐること

二　委員會の構成

州教育局にカリキュラムの改訂を主管する課があり、州教育長やカリキュラム改訂課長、大學教授等四人よりなる施策本部の下に全般的企畫委員會（一〇名）がある。更に各部門別に中央委員會（二一名）があり、企畫委員會とは人的に連絡をもつている。

體育に關しては「健康、體育、レクリエーションの中央委員會」があり、それが更に健康部會と體育部會に別れ、運營上體育部會は更にいくつかの分科會に分れている。この中央委員會委員が又部會或は分科會を構成している。

一九四一年版によれば前記カリキュラム構成中央委員二十一名の内譯はミズリー大學四名、州立師範大學六名、中等學校關係四名、カリキュラムや健康體育課關係者及視學七名となつている。なお健康教育委員會は右二十一名の中の七名から構成せられ、體育部會は十七名から成り、中三名は健康部會委員を兼ねている。

三　カリキュラム構成の基本方針

委員會は構成を進める際の基本方針として次の十三ヵ條の原則をはじめに決定している。

1　全生徒に對する健康檢査と對外試合參加全員に季節的檢診を實施する

2　すべての學校に運動場と體育館を用意する
3　適當な敎育を受けた有資格の敎師を配置する
4　學年別に科學的なカリキュラムを用意する
5　競技のコーチは健康及體育指導の有資格者たること
6　健康と體育に他學科と同様の單位を要すること
7　望ましい健康習慣が全生徒に實行されること
8　毎日健康と體育の時間があること
9　體育の校内指導計畫（In ramural program）を立てる
10　標準化された體育成就テストの實施
11　體育指導の重要な一環として生徒の福祉を第一とする健全な對校競技の計畫
12　適當な設備と管理者をもつ夏季體育施設をもつこと
13　健全な成人後の餘暇活動に備える

體育指導が効果をあげる上にこれらの原則が確立されることはきわめて必要であるから、委員會が先ずこれを取り上げたことは適切な措置と言うべきである。

四　體育の目的目標

今日體育の目的が一般教育の目的と一致することは常識であつて、したがつて體育の目的を特にあげないのがふつうである。したがつてミズリー案も體育の目的の項では、クリーブランド案における如く體育が身體の教育でなく身體的活動を通しての教育の分野であることを強調し、十全な言葉の使用における「健全なる精神を健全なる身體に」が教育の究極的目的であるがこれは決して身體と精神を二元的に考えたものでなく人間は本來統一ある全體であるとし、身體活動による態度や性格育成の價値を强調している。

（イ）體育の目標

1 現代生活の要求に應ずる筋力を發達させる
2 運動の技能やよい姿勢及び優美な動作を發達させる
3 現代生活の要求に應ずる情緒の安定を發達させる
4 いくつかの共學（男女の）活動を含む廣いレクリエーションプログラムに參加させる
5 個人的並に團體的校內試合の數種目に直接參加の經驗を得さる
6 卒業後も繼續して行えるスポーツの技能と興味を發達させる
7 協力、正直、フェアプレイ、指導力、服從、自制、自信、姿勢、持久力、勇氣等の個人的社會的德性の價値の認識を高める

（ロ）健康教育の目標

1 清潔、採光、飲料水、便所、安全な運動場の施設、適度の高さの腰掛その他健康上必要な學校の施設を整える

こと

2　教授衞生の立場から學科の學習、作業、課外活動等が調和を保つよう教育計畫を立てる
3　個人や社會生活に必要な健康上の基本的事項について指導する
4　凡ゆる方法によつて精神的健康を促進する
5　定期的醫學的檢査を實施し且つ缺陥の矯正に必要な手段を講ずる
6　傳染病の豫防に必要な措置を講ずる
7　輕度の事故に對する救急處置に應ずる
8　身體的に惠まれない生徒に體育の機會を均等に與えるようにする

五　運營上の注意

ミズリー案は體育の目的目標、運營上の諸問題にふれることがきわめて簡單であり、これらのためには合計數頁を割いているに過ぎない。指導計畫運營に關して述べられたものの中二、三を摘記する

1　効果的體育指導のためには一人の教師に指導される生徒數は四十人が限度である
2　健康及體育に對する時間配當は全學年共一週間體育に四時間健康に一時間が望ましい
3　右の時間配當が不可能なれば一週二時間の體育、一時間の健康が最低限である。しかしこれは正規の指導者の居る學校の場合である

第二節　健康教育のカリキュラム

健康は教育の主要目標であるがそれは餘りにも健康を一つの學科と考え、單なる知識の注入を主としていたことの誤りを指摘し健康教育の把持すべき三つの側面として

1　ヘルスサービス（Health service）―身體檢査、身體的缺陷の矯正、傳染病の豫防、救急處置等

2　健康によい學校生活（Healthful school living）―安全にして衞生的環境の整備、疲勞や學習能率を考えての日案の編成等

3　健康の教授（Health instruction）―望ましい健康習慣の形成とこれら習慣に關連した科學的知識、個人及び社會衞生に關する理解と態度

等をあげている。

健康の教授に關連する問題として保健主事（Health Co-ordinator）及び教官より成る保健委員會、健康教育の指導者、單元の問題にふれている。健康教育は凡ての教師の問題であるが、とかく凡ての教師がしなければならない事というものは誰の仕事でもないということになり勝であるから健康上の諸問題を處理するためには保健主事を置き又保健委員會を構成して之に當るがよいとし、保健委員會の構成員は校長、學校醫、看護婦、齒科醫、體育擔當の教師理科や家庭科の教師等であることが適當であり、保健主事は保健上の問題を處理し、健康カリキュラムの作製に協力

し得る人でなければならないから適當な訓練を受けた人を選ぶべきであるとしている。次に健康教育擔當の教師については特に資格についてはふれる所がないが教師自身が健康であり、生徒の健康指導者にふさわしい身心共に健康で圓滿な人格者たることの必要を强調している。

一　健康教育の單元

教科カリキュラムの形態を取る限り單元は一種の教材單元の性格をもつことになろう。ミズリー案に於てもこの傾向を有しバージニア案に比して單元の關係する範圍が限定されるのはやむを得ない。ミズリー案は健康教育の單元として六つを參考としてあげているが、これらは個人衞生、安全と救急處置、生理學及び社會衞生の觀點からえらばれている。この六つの單元は四學期（一年二學期）間每週一時間の健康教育のための單元であるから教師は殘餘四學期（ミズリー州は八ー四制）分を適宜補充しなければならないわけである。

六つの單元は次の如きものである。

單元一　健康のすぐれていることが就職上大切であるのはなぜであるか（男生徒用）

單元一　健康はようぼうに如何にえいきようするか（女生徒用）

豫定時間　一六ー二〇時間

單元二　我々はなぜ安全について研究しなければならないか（三時間）

單元三　安全——事故はいつどこで起こるか（七時間）

単元四　事故の起きた際の心得（六時間）
単元五　生活で我々の身體は如何にはたらくか（一六時間）
単元六　我々の村や町にはどんな健康上の問題があるか（一六時間）

二　單元の展開例

単元　**我々の村や町にはどんな健康上の問題があるか**　（豫定時間十六時間）

（イ）單元の意味（目的）

地域社會の一員であり、やがて家庭を建設することになる生徒達はすべて公衆衞生に關心をもち、地域社會の保健上の問題を理解し公衆衞生の問題に積極的に協力することが必要である。この單元は凡ての村や町に共通にある保健問題について生徒が理解し、この問題解決えの方法を指導することを目指すものである。

（ロ）單元の目標

1　自分達の村や町の保健問題を知らせる
2　個人衞生と社會衞生の關係を知らせる
3　健康によい村や町を維持するために生徒の果すべき任務を强調する
4　村や町、州、連邦の公衆衞生施設及びその機能に親しませる
5　村や町の傳染病豫防のためなすべきことを知らせる

（ハ）教師えの示唆

土地の保健問題について話をきくために市町村長を招待したり、面會に代表をやる。學習活動を活潑にするための示唆を與え、州當局の統計を利用し、單元の終りに結果を當局に送つてやる。

（二）豫想される問題と學習活動

問題の一　良質な水を供給することはなぜ社会衛生上重要であるか

（1）問題になる事項

a　觀察だけで水の良否が決められないのは何故であるか
b　どんな病氣が汚れた水によつて媒介されるか
c　水の汚れる原因は何であるか
d　淨水の方法としてはどんなものがあり、その土地ではどんな方法が用いられているか
e　給水施設のない土地では飲料水の適否をどうしてたしかめたらよいか
f　安全な飲料水確保のためにはどんな法律や規定が必要か、州や町ではどんな法律や規定があるか
g　キャンプやハイキングなどで飲料水について注意すべき事柄は何であるか
h　學校は安全な飲料水供給にどんな責任があるか
（1）水源（2）各自の水呑使用（3）手洗施設
i　よい井戸の條件は何であるか

j　農場や田舎の學校で井戸を掘る際の注意事項

k　プールの水を安全に保つにはどんな注意が必要か

（2）**豫想される学習活動**

a　市の給水施設を訪問する、土地になければ近くの町の施設を見學する

（1）水源（2）淨水方法の觀察（3）一人平均年間の水の消費量をしらべる

b　生徒の一人に單元の學習結果を當局に報告させる

c　生徒の委員會は水による傳染病の統計的調査を行いクラスに報告する

d　學校の飲料水や給水等については調べた結果を學校當局や敎育局に報告する

問題の二　**あなたがたの村や町は食料や牛乳をどうしたら安全に供給出來るか**

（學習事項及學習活動略）

問題の三　**下水の適当な處理はなぜ重要であるか**

（學習事項及學習活動略）

問題の四　**傳染病の豫防はなぜ社会問題となるか**

問題の五　**聯邦、州、市町村の公衆衞生機関は國民のためにどのようにつとめているか**

（ホ）參考書

飲料水、食料品、牛乳、下水問題關係の參考書九種、パンフレット六種、傳染病及びその豫防に關する參考書パンフレット十七種及び、連邦、州、市町村の公衆衛生機關に關する參考書五種があげられている。

とにかく參考文献が豊富に示され、且つ州當局が無料或はそれに近い價格で多くの參考冊子を提供していることは各州共通に見られる所である。

(ヘ) 評　價

(1) 教師の評價

a　この單元の學習は生徒にその土地の健康に關して規定している諸法規について一般的知識を與えたかどうか

b　土地の健康問題に關する責任を生徒達は認識したかどうか

c　凡ての生徒は傳染病に對して免疫にされたか

d　傳染病の明らかな徴候をもつた生徒が登校したことはないかどうか

e　生徒達は公私の各種公衆衛生施設について適切な知識をもち、その價値を認識するようになつたか

(2) 生徒の評價

a　生徒は自分の健康をどうしたら改善できるかを知つているか、自分の健康は家庭の健康にどうえいきようするか、又學校や社會の健康にどうえいきようするかを知つているか

b　保健に關する法規を知つているか

c　飲食の場所をえらぶことに進歩したか

d　家庭の健康條件改善に役立つたか
e　豫防可能な傳染病の豫防接種を行つたか
f　學校を清潔に衞生的に保つことに協力したか
g　自分の家庭の給水源やミルクの補給源を知つているか
h　州や市町村の公衆衞生施設の正しい利用の仕方を知つているか

要するに具體的生活能力の育成が强調されていることは單元目標や問題の選定、學習活動及び評價を通じてうかがわれる。

第三節　体育のカリキュラム

健康教育について言えばヘルスサービスと健康生活に必要な環境的條件を整備することは主として學校のなすべきことであるがしかしこれらは學校生活の間に健康生活についての理解を深め態度を育成して、健康生活確立の契機となる重要な事柄である。健康教育カリキュラムはこれらとも關連する健康生活上必要な事柄がいくつかの單元にまとめられ、この單元が發達に應じて排列され、單元の主題をめぐつて有効な學習活動が展開されることによつて解決されるであろう。

しからばかかる意味の單元學習は體育においてはどうであろうか、教材單元による學習は既に多く試みられているがそれは生活單元の形を取り得るであろうか。これは今日に於てもなお問題である。その理由としては體育がその性格上限定された時間に於ては特に身體活動を主としなければならないこと、したがつて調査や討議に餘り多くの時間をかけられないこと、教材の多くが既に一定の運動形式をもつてゐること、又古い教科カリキュラムの傳統が今なお強く支配してまとまつた學習經驗を得させることよりはとにかく運動させることを主として一時間の中にいくつかの運動を一定の形式的段階を通して學習させなければならないと考えているためではなかろうか。生理學的原則だけから言つても一時間の授業が一定の順序をもつことは當然であるがしかしまとまりのある一連の學習活動によつて理解、態度、技能の發達に關するまとまりのある學習經驗の得られるようにすることが必要である。この意味で教科カリキュラムにおける體育でも單元學習の形態が取り得るであろう。中學校から高等學校に進むにつれこれが容易になるのではなかろうか。ミズリー案はこの點について示唆する所が多い。

一　概　観

ミズリー案はいわゆる學習指導要領の形を取らないでその標題が示すように學習活動或は教材と長期の指導計畫や單元計畫及び指導案等に重點を置いている。

第一部少年及少女に適當な運動、第二部女生徒の運動、第三部男生徒の連動　とその內容區分が示すように卒業後の生活を強く考慮した教育的指導が强調されている。

二　男子にも女子にも適當な運動

従來中等學校においては男子に適當した種目と女子に適した種目を峻別する傾向にあつたが卒業すると實際には男女が一緒に運動する場合が少くない。男女が相互に理解するためにも社會生活を健全にたのしく過す上からも體育における共學活動は重要な問題であるし、又男女共に一緒にたのしめるような運動を理解し、その經驗を得させることは必要である。これらの觀點に立つて適當な運動種目、單元の計畫、指導案例があげられているが、指導計畫や指導案、各運動の指導法など共通な點が少くないのでこれらは重複をさけて三部に適當に配されている。

A　**男女混合して行うに適當な運動**

1　各種の釣

2　冬のスポーツ（雪上遊ぎ、雪合戰、橇、スケート等）

3　アメリカの民踊

4　フォークダンス

男女混合して行う運動としては右の四種目があげられているが州の地理的特性、卒業後の社會生活との關連が強く考えられている。スキーは費用の點と降雪期間の短いことなどの理由で冬季スポーツからは一應除外されている。

B　**男女別に行われる運動**

1　基本運動—歩、走、ホップ、スライディング、ギャロップ　など

2　アスレチックダンス及タップダンス

3　エーリアル　ダート（バドミントン類似の種目）

4　水泳（泳ぎと飛込）
5　弓
6　バドミントン
7　ゴール　ハイ
8　ゴ　ル　フ
9　ハイキング
10　ドッヂボール
11　乗　馬
12　ソフトボール
13　スタンツとタンブリング
14　テーブル　テニス
15　テ　ニ　ス
16　バレーボール

三　女子に適した運動

ハイスクールの女子に適した運動

A　水泳及水上運動（Aquatics）

1　泳ぎと飛込

2　操　艇

3　水上スポーツ

B　角力的スポーツ（Combative sports）

1　フエンシング

2　スタンツ

C　輕い氣晴らしのためのゲーム（Recreational games）

1　エーリアル　ダード

2　クロケツト

3　デツキテニス

4　ハンドテニス

5　クオイト

6　シヤツフルボード

7　パドル　テニス

8　ホースシユーズ

D　體　操 (Formalizing activities)

1　徒手體操
2　行　進
3　タンブリング
4　スタンツ
5　ピラミツド
6　模倣運動

E　一人或は二人で行われるスポーツ (Individual and dual sports)

1　弓
2　球ころがし
3　バドミントン
4　ゴ　ル　フ
5　ピストル
6　乗　馬
7　小銃射撃
8　テーブルテニス

9 スクアツシユ

10 テニス

11 走跳投運動（簡易な）

F 遊戯・競争及リレー（Games. contests. and relays）

1 鬼遊び

2 リレー

3 競争

4 各種遊戯

5 簡易なチームゲームス

G リズム運動（Rhythmical actvities）

1 アスレチツクダンス、キヤラクターダンス、クロツグダンス、タツプダンス

2 モダーン ダンス

3 社交ダンス

4 フオークダンス

H チーム スポーツ（Team sports）

1 バスケツトボール

2　フィールドボール
3　ホッケー
4　サッカー
5　スピードボール
6　バレーボール
7　ソフトボール

I　**遠足及び冬季スポーツ**（Outings and winter sports）
1　戸外活動
2　スケート・スキー
3　ハイキング
4　自轉車
5　季節や天候に應ずる特殊な運動

J　**虚弱者異常者のための運動**（modified activities）
1　普通に運動出來ない女生徒のための制限された運動
2　矯正運動
3　全然運動出來ない生徒のための休養

四　男子の運動

1　ハンドボール
2　ホースシューズ
3　リレーと遊戯（簡單なゲーム）
4　タッチ　フットボール
5　陸上競技
6　徒手體操
7　レスリング
8　ボクシングの基本
9　バスケットボール

性別に見た發達上の特質と將來のレクリエーション活動を考えて運動的教材は（1）男女に適當な運動（2）女子に適當な運動（3）男子に適した運動の三つに類別されているがこれは或程度便宜的な區分である。尚教材と關連して年間計畫例、單元計畫例、指導案例、教材選擇の基準、指導法などについて述べられているが、各教材についてはその歴史、教材の解說、技術、規則、リードアップゲーム、參考文献等が必要に應じて適宜示されている。

五　年間及び學期の計畫

學習指導は計畫的になされねばならない。指導計畫の中で各學年の年間計畫が先ず必要である。ここでは目標と發達を考えて年間の學習指導の大綱が設計されるからである。年間計畫に必要な諸問題を取り上げ次に年間計畫例を示すことにしたい。

A　教材選擇の基準

1　必　要――要　求

(イ)　発達上の要求

(ロ)　情緒的要求

(ハ)　社会的要求

(ニ)　矯正或は運動制限の要求

2　興　味

3　季節―季節配當

4　生徒數―學級の生徒數

5　設備と用具

6　豫　算

7　體育に配當された時間數

8　教師の能力

この基準は年間計畫に取り入れる教材選擇の基準である。

B　計画立案上の原則

1　教師は體育の一般目標を研究し、そして且つ目標達成に役立つと共に生徒の必要、興味、能力に應じ、設備用具の面からも實施できる教材をえらぶ

2　計畫に取り入れられた教材はスポーツやゲームやリズム運動など各類型を含み釣合のとれること、しかも四年間を通じて技能や知識等に關して發展的に配當されること

3　計畫には技能が滿足する程度に得られるよう各運動に必要な時間を配當すること

4　計畫は共學活動の機會を用意すること

5　計畫は學年別に立てること、必要に應じて適宜修正すること、凡ての生徒が參加出來るように計畫し虛弱者や異常者のためにはそれぞれに適當な教材を配すること

6　體育の時間は技能や態度や知識の發達を目指す指導に主眼がおかれ自由に遊ばせる時間であつてはならないこと

C　簡單な年間計画の一例

次に參考として揭げるものは女子のための計畫の一例であるが、これは一年の課業日を三十六週として、更にこれ

を四期に分け（一期各九週間）一種の單元配當を示しており、次の注意が加えられている。
（イ）戸外と屋内の各二期計四期に分けてあるが各期の長さは氣候條件によつて變る
（ロ）教材は季節單元をとり、時間、設備、用具に應じて異る
（ハ）生徒は最少限、チームスポーツ、個人或はレクリエーション的なゲーム、リズム運動、姿勢の四程目の成就テストに合格することが要求される
（ニ）戸外季節には雨天時の計畫を用意する、それにはスポーツ技術、リードアップゲーム、レクリエーション的ゲーム等がよく、男女によるレクリエーション的な運動も雨天時に行うがよろしい。
（ホ）共學運動や校内試合を正課の指導から發展させる、そのため一定時間を男女混合して行う運動のために用意する。
（ヘ）醫師の勸告にもとずいて正常な計畫に參加出來ない生徒のために種目を用意する。
（ト）同じ種目が二年以上續けられる時には後の年は技術やその他を發展した形で行う。又一年でフイルドボール二年でサツカー、三四年でスピードボールというような方法もよい。
（チ）一年のどの季にも行える種目があるが次の點を考える。

1　プールで男女が一緒にならないようにする
2　簡單なゲームは準備運動、リードアップゲームなどにつかう
3　姿勢教育は計畫の一環と考える

第 30 表　女子中等學校の體育計畫

四カ年間の学年別　季別計畫　直接っ及び卒業後の價値を重視

第 一 學 期

学年	戸外季節	直接の價値	卒業後における價値	屋内季節	直接の價値	卒業後における價値
9	フイルドボール．ホツケー又ハサツカー テニス．弓又ハゴルフ 戸外レクリエーションゲーム （ハイキング．ホースシューズ）等	○ ○ ○	○ ○	バレーボール フオークダンス 初歩ノリズム スタンツ レクリエーションゲーム （テーブルテニス．バドミントン等）	○ ○ ○ ○ ○	○ ○
10	フイルドボール．ホツケー又ハサツカー テニス．弓．又ハゴルフ 戸外レクリエーションゲーム （程度ヲ高メ．デキレバ 9学年ニナカツタ種目ヲ加エル）	○ ○ ○	○ ○	バレーボール フオークダンス 初歩ノリズム スタンツ レクリエーションゲーム （シヤツフルボード．バドミントン）	○ ○ ○ ○ ○	○ ○
11	フイルドボール．ホツケー．又ハサツカー テニス．弓又ハゴルフ 戸外レクリエーションゲーム	○ ○ ○	○ ○	モダンダンス バレーボール フオークダンス 初歩ノダンス スタンツ レクリエーションゲーム	○ ○ ○ ○ ○	○ ○
12	フイルドボール．ホツケー又ハサツカー テニス．弓又ハゴルフ 戸外レクリエーションゲーム	○ ○ ○	○ ○	（同　上）	同上	同上

第二學期

学年	屋内季節	直後の價値	卒業後に対する價値	戸外季節	直接の價値	卒業後に対する價値
9	キヤプテンボール.9コートバスケットボール	○				
	又ハバスケツトボール			ソフトボール	○	○
	アスレチツク.クロツグ又ハフオークダンス	○	○	テニス.弓又ハゴルフ	○	○
	リズム	○		簡單な走跳運動	○	
	レクリエーシヨンゲーム	○	○	リ　ズ　ム	○	
	スタンツ	○		レクリエーシヨンゲーム(戸外及屋内)	○	○
	冬のスポーツ又ハ遊戯	○	○			
10	ラインバスケツトボール又ハバスケツトボール	○		(同　上)	同上	同上
	社交ダンス	○				
	キヤプテンボール.9コートバスケツトボール	○				
	アスレチツク.クロツグ.性格又フオークダンス	○	○			
	リ　ズ　ム	○				
	レクリエーシヨンゲーム	○	○			
	スタンツ	○				
	冬のスポーツ又ハ遊戯	○	○			
11	タツプダンス	○		(同　上)	同上	同上
	モダン　ダンス	○				
	キヤプテンボール.バスケツトボール	○				
	アスレチツク.クロツグ性格.フオークダンス	○	○			
	リ　ズ　ム	○				
	レクリエーシヨンゲーム	○	○			
	スタンツ	○				
	冬のスポーツ又ハ遊戯	○	○			
12	(同　上)	同上	同上	(同　上)	同上	同上

Missouri at work on the public School Curriculum Secondary School series Health, physical education and Recreation. (Physical Education Program for High School Girls 1941·p178—179)

第 31 表

季節的單元配當の參考案

戸外季節第一学年の例

1. 單元 レクリエーションゲーム(R.G). テニス. 弓又はゴルフ(T). ホッケー又はフイルドボール(H—FB)
2. 豫定期間 9週間. 1週3—5時間.
3. 設備用具の関係で一種目に学級全員が参加出來ない時には二種目をとる. その場合はじめに一般的技能や遊戯などを行つた後生徒は一つの種目から他の種目え移る. その例は下表第四—五週に示されている。

週 5 時 間 の 場 合

週	月	火	水	木	金×
1	T	R G	T	R G	T
2	T	R G	T	R G	T
3	T	R G	T	R G	T
4	T~RG	T~RG	T~RG	T~RG	T~RG
5	T~RG	T~RG	T~RG	T~RG	T~RG
6	H又ハFB	H又ハFB	H又ハFB	H又ハFB	H又ハFB
7	H又ハFB	H又ハFB	H又ハFB	H又ハFB	H又ハFB
8	H又ハFB	H又ハFB	H又ハFB	H又ハFB	H又ハFB
9	H又ハFB	H又ハFB	H又ハFB	H又ハFB	H又ハFB

週 3 時 間 の 場 合

週	月	水	金×
1	T	T	T
2	T	T	T
3	T	T	R G
4	T~RG	T~RG	T~RG
5	T~RG	T~RG	T~RG
6	H又ハFB	H又ハFB	H又ハFB
7	H又ハFB	H又ハFB	H又ハFB
8	H又ハFB	H又ハFB	H又ハFB
9	H又ハFB	H又ハFB	H又ハFB

×金(又は他の一日)は共学活動に当て適當な種目をえらぶ

第 32 表

季節的單元配當の參考案

屋内季節第二学年第二学期の例

1. 單元. バスケットボール(B). 性格及クロッグダンス(C). 社交ダンス(SD). 及びスタンツ(S)
2. 期間凡そ9週間. 1週3乃至5時間.
3. 男子と女子は社交ダンスで一緒に指導する. 社交ダンスは男女混合で行うレクリエーションゲームと組合せる.
4. 週3時間の場合は女子は月. 水に体育館を使用し. 金曜日には共用する.
5. C/S は時間の半分をクロッグ及び性格ダンスを行い半分はスタンツを行うことを意味する.

週	月	火	水	木	金
1	B	C	B	C	B
2	B	C	B	C	B
3	B	C	B	C	B
4	B	C	B	C	B
5	B	C	B	C	B
6	S	B	S	B	S
7	S	B	S	B	S
8	SD	B	SD	B	SD
9	SD	B	SD	B	SD

(週五時間の場合)

週	月	火	水	木	金
1	B		B		SD
2	B		B		SD
3	B		B		SD
4	B		B		SD
5	B		B		SD
6	C/S		C/S		SD
7	C/S		C/S		SD
8	C/S		C/S		SD
9	C/S		C/S		SD

(週三時間の場合)

(Suggested Plan for Dividing Seasonal Units P180－181)

D　計画（プログラム）の評價

教材の評價が必要であるように計畫の評價も必要である。指導計畫の評價は生徒の立場からしても又立案者である教師の側からも考えなければならないがミズリー案は計畫の評價に當つての注意を次の如く述べている。

1　全體的に見て生徒は姿勢が改善されたか

2　身體檢査は組分けなどに役立つたか

3　體育館、シャワー、更衣室は常に衞生的であつたか

4　生徒は清潔の習慣が改善されたか

5　安全教育や運動の類型に應ずる注意がなされたか

（a）事故はどれだけあつたか

（b）どんな事故が多かつたか

（c）事故の原因は何であつたか

（d）事故に關する記録は保存されているか

6　選ばれた教材は年齢、必要、技能に應じたものであつたか

7　生徒は色々な運動に興味を示したか

（a）どの運動に最も興味を示したか、それは何故であるか

（b）新しい教材は興味をもつようにうまく指導されたか

8　次のような事柄を考えて指導順序が決められたか
（a）指導前の細心な準備
（b）點呼などに無駄な時間は費されなかつたか
（c）社會的性格の育成が考えられたか
9　校内試合を通して正課で指導された運動に自發的に參加できるよう計畫されたか
10　成就テストや理論のテストは行われたか

六　單元——單元の計畫と指導案

別表の年間計畫や季間計畫の例が示すようにミズリー案は單元による指導を考えている。今日單元の考え方はいわゆる生活單元の形態が多く考えられているが教科カリキュラムの場合には單元が教材單元の形を取ることはやむを得ないことである。具體的には「アメリカの民踊」「水泳」「バスケツトボール」などが一つの單元になつている。これは色々な型の民踊を一つの單元が含むことになつたり、各種のリードアツプ（lead-up）ゲームを含めて一つの單元を取つており教材單元として一種の大單元法を考えている。教材單元がとかく小單元を考え、特に體育では古い傳統から脫却出來ずにバラバラな學習經驗を與えるような考え方が今なお強いように思われるのでこのような單元指導の形態をとつて生徒が體育に於てもまとまつた學習經驗を得るように工夫することは非常に大切なことであろう。このような意味で次に單元計畫の立て方や簡單な單元計畫の例をあげることにする。

なおミズリー案について一言するならば週五時間の場合は二つの單元が同時に並行して行われ、共學活動を入れれ

ば三本建てになつているがこの形態はかなり検討を要するのではなかろうか

A　単元計画立案の順序と項目

単元計畫の立案單元計畫の內容としては次の示唆がなされている。

1　教材配當表

各教材に配當された時間數、各教材に割當てられた週日、各教材に必要を用具

2　單元の目標

（イ）教師の目標（ロ）生徒の目標

3　技術發展の系別

4　週別計畫

（イ）第一週

第一時、導入又は復習、指導する技能、技能の練習、リードアップゲーム、教材の發展

第二時、（前時に準ず）

（ロ）第二週

大體前時に準ずるがなるべく早くゲームの形式に進める。

5　參考事項

（イ）練習――簡單な說明、生徒や用具の配置

（ロ）リードアップゲーム
（ハ）参考書との關係
（ニ）使用する参考書

B　單元計画の一例

單元計畫は色々な型の参考案が示されているがここでは二つをえらびその内容の概要をあげることにする。

1　アメリカの民踊（男女混合の場合）

（a）教師の目標（七項目）生徒の目標（六項目）
（b）導入——歴史的背景（どこで行われたか、衣裳は？、どんな人達が行つたかを話し合いや生徒の報告で）
（c）ユニツトに使用されるダンス（六週間週一時間宛）
サークルダンス（circle dances）四種
ラウンドダンス（round dances）六種
ライン又はコントランダンス（line or contra dances）四種
カドリール（quadrille）三種
スケアダンス（square dances）六種
（d）ステツプ
（e）教師や生徒に使われる用語

(f) スケアダンスの指導案

(g) 参考文献

2 タツチフツトボール

ここに示すものは週別計畫だけを示したもので單元計畫としては單元目標、評價、参考文献等の項目が加わらなければならない。

第一週

(a) 競技の歴史、方法、規則、安全上の注意を知らせる。

(b) 停止や走りながらの前方パス(說明と實習)、センターパス、(幾組かに分れて練習)。

第二週

前方パス、後方パス、センターパスの說明と實習、更に競技に必要な技術の練習。

第三週

復習とプレイスキツク、ドロツプキツク、パント、競技の運び方の練習。

第四週

試合の練習に重きをおき、時間のはじめの部分は技術指導を行い、後には試合をする。

第五週以後

リーグやトーナメントの形で試合實習、規則や審判の仕方を理解し、この競技に關する全體的理解を得させる。

C　指　導　案（一般的形式）

指導案は單元計畫の一部分をなすものであり、單元計畫の中の或一時限の指導計畫である。一般的な形式は次の如く示唆されている。

學年又は學級　　時限
學校　　月日　　指導者

1　教　材

チレムゲームやダンスなど一種目の場合もあれば、簡易なゲーム、行進、タンブリング、徒手體操などの組合せの場合もある。

2　目　標

目標は個々の教材、技能、理解、態度等に關して具體的に示す

教師の目標――教師の活動。

生徒の目標――生徒の活動。

3　用具――場所、數、配置、取扱い

4　教材と指導の順序（凡その時間配當）

（a）出席點呼などの形式的な手續

（b）學　習　活　動

5 参考文献

6 反省

七 女子の教材と競技

女子の教材は男女で行う運動と特に女子の觀點からえらばれたものとの二つの系統に分つことができる。一般的に言つて青年期の女子の特性に應ずると共に卒業後のレクリエーションが強く考慮されているので比較的輕い個人的な種目が多いと言える。女子の競技についてはニューヨーク州の如く指導要綱で女子の對校競技をはつきり否定する表現をとつている州もあるがカリキュラム構成で問題になる事柄であるからミズリー案が女子の競技特に對校競技に對して如何なる態度を取つているかを簡單に考察して見たい。

A 基本的立場

中等學校女子の試合はあくまで參加する生徒の幸福を基本に考えるべきで勝たせたいという社會人や校友の要求に左右されてはならない。

B 試合の形式

女子の試合は所謂正規の競技種目に限るべきでもなく又對校試合に限定すべきでもなく、競技者の社會的、情緒的にも又健康の上からも望ましい發達を目指して行わるべきであるが、試合の形式としては次の如きものをあげている。

1　校内試合

（イ）學級内の試合

（ロ）學級對抗及學年對抗試合

（ハ）クラブ對抗の如きグループ間の試合

2　校外試合

（イ）プレーデー（play days）

或學校が招待校（主催）になつていくつかの學校を招待して各校の生徒が混合してチームを編成して試合を行う。

（ロ）スポーツデー（sport days）

前者に殆んど同じであるが學校別にチームが編成される點が異る。中等學校よりもカレツヂに適している。數種目の試合を行い參加者は午前の出場種目と午後のそれとをかえることができる。

（ハ）對校試合

中等學校の對校試合は大部分の進歩的學校でその地位を校内競技にゆずつた。この傾向はアメリカ共通の傾向と見られる。しかしミズリー州ではなお女子の對校試合が行われていることを肯定し、かつその弊害として、女子のチームを男子がコーチすること、女子のための最近の規則や基準に暗い男子の役員によつて運營されること、入場料を拂つて來る狂氣じみた觀衆、男子の試合と一緒に行われること、旅行に要する多額の經費、練習や試合の期間の長いことなどをあげ結局教育的に望ましくない結果に導くから、競技會そのものを改善する前に女子の競技に對する教育的原則を打ち建てなければならないとし、この問題は單に體育指導者やコーチの問題ではないと述べている。

そして次の各項が女子競技に對する基本方針として示唆されている。

1　すべての競技は教育計畫の一環として考えられなければならない。

2　女子の競技は女子の特性によつて決定される。したがつて女生徒の競技計畫は男生徒の計畫の一部分として立てられてはならない。

3　生徒（女）達の福祉を第一義的なものとして計畫を立てる。

4　競技の効果は競技のなされる仕方、競技者の行動によつて判定されるもので得點や記録によつて判定されるものではない。

5　女子の競技活動は資格ある女子によつて指導され、運營されなければならない。

6　對校試合は正課や校内試合で凡ての生徒が得られる利益を減ずるような仕方で行われてはならない。

次に女子の對外試合に對する學校側の責任としては

1　參加者はあらかじめ醫師の診斷をうけさせる

2　體育指導者として訓練されたかそうでなければ經驗その他必要な條件を備えた女子の教師を指導に當らせる

3　競技者の能力に應じた女子の規則を用いる（女子の規則は國民教育協會に屬するアメリカ健康體育レクリエーション協會の女子競技部の規則及編輯委員會から發行されている）

4　適當な女子の役員に運營させる。

5　競技のため旅行する際には父兄の許可を要し引率者の下に節度ある旅行をさせる。

6　一つのスポーツのシーズンを短かくし、一年を通していくつかの種目に参加する機會を得させる。

なおこの問題に關して一九三八年四月にはミズリー州教育者連盟の加盟團體であるミズリー州體育保健協會は郡、地區、州選手權大會を含む如何なる種類の女子の競技會にも反對する決議を行い、一九四〇年四月にはアメリカ健康體育レクリエーション協會の立法會議は「少年少女の凡ゆる州選手權大會の廢止を促進し、且つこの目標達成のために州中等學校競技連盟全國連合の協力を要請する旨」の決議をなしている。

參考文獻

1. Missouri at work on the Public School Curriculum.
Secondary School Series. Health, Physical Education and Recreation.　1941
2. Irwin; The Curriculum in Health and Physical Education.　1944
3. Physical Education Syllabus (State of New York)
(Book II. Secondary School. Boys) (Book III Secondary School. Girls)　1934.

第五章　バージニア州學習指導要領における體育

まえがき

バージニア州の學習指導要領はバージニア案の名をもつて我が國に詳細に紹介せられている。そこで本書ではバージニア案の全體計畫で體育がどのように取扱われているかについて述べようとするものである。

バージニアの指導要領は小學校では教科の枠が外され社會科を中心とする學習と之に關連する直接技術及び心情の教育、體育等の學習領域から構成されている。即ち小學校についても學習は大きく必修と個人的問題解決にわかれ、學習內容の統合できるものは統合し、これと關連しながら統合學習で不充分なものは別個に系統的學習が用意されている。

そこで問題なのは體育を周邊學習とするならば中心學習との關係はどうなるかの點であろう。これについては既に述べたし、又以下の所述でふれるのであるが要約的に言えば體育はコアに入つている。このコアは必修を意味するものと解してよかろう。又社會科を中心とする學習でも扱われている。しかしこれだけでは不充分であるので體育の系統的學習の時間が取つてある。發達上の要求から體育は每日必要であること、又身體活動の面は運動や體育館など特定の場所で行われることが多く、學習上他との連關がむずかしい點があるので特別に扱われている。健康教育については特別に時間を取ることなく教授の面はいわゆる中心學習に吸収されていると見なければならない。又いわゆる自由時間のレクリエーション活動と教師の指導による體育活動とは明確に區別されている。

以下本書では特に體育に關係の深い部分だけをつとめて私見をさしはさまずに紹介するつもりであるがバージニア案のようなカリキュラムの形態においては體育の部分だけを抜き出すことは困難であるから關連を理解するために必要と思われる部分も併せ紹介することになろう。

中等學校（九―十二學年）は學習內容が必修（コア）と選擇に分れているが全體としての考え方は小學校と共通している。ただ第四學年（十二學年）の資料にだけ接することができたので紹介をちゅうちょしたがこれによつて他の學年をも推定することができると思うので簡單に紹介することにした。

第一部　小學校の部

第一節　改訂案（一九四三年）の內容項目

改訂「バージニア小學校の學習指導要領―一―七學年」は次の六章から成つている。

第一章　序　論　(Introduction)…(11――20頁)

第二章　學年資料　(Grade Materials)…(21――230頁)

第三章　教材資料　(Subject-matter Materials)…（231――45頁）

第四章　一般教授法　(General Teaching Procedures)…(453――496頁)

第五章　指導要領の基礎　(Basis of The Course of Study)…(497――531頁)

頁數が示すように第二章及び第三章が量的に大部分を占め具體的問題が扱われている。體育は本質的に全章と關係するものであるが具體的に問題となるのは第二章及び第三章であるので本書ではこの兩章と第六章の關係ある部分にだけふれることにした。

なお、第一章　序論には指導要領の目的、內容、使用法、小學校の運營等について述べられ、第四章　一般教授法では各學年、各學習分野の一般的指導法を扱い、第五章では指導要領の基本的見地、バージニア諸學校の教育目的の分析、バージニア小、中等學校の學習の範圍と排列が表示されている。

第二節　學年資料と體育

第二章の學年資料は第一學年から第七學年に至る各學年の學習資料を教師に示し、各學年の問題と豫想される學習活動があげられている。即ち一―二年、三―四年、五―六年、七學年と分けて、各々について

一、興味の中心の考察

二、兒童についての一般的考察

三、兒童の特性

四、望ましい生徒の行動とその發展の證跡

の四項目について概說し、次に各學年別に

一、問　題
二、概　括
三、少年少女の個人的發達の指導
四、問題と活動
五、遊　戯（games）
六、参考文献

の各項目について述べられている。

この第二章の學年資料では教育目標が各學年の教育目標に具體化され「望ましい生徒の行動」の形で各側面に分けて具體的に示されているので第三章の教材資料に示された能力表と共に興味深いものがある。發達段階は一應一―二年、三―四年の如く二學年宛を一段階に扱つている。

一　範　圍　と　排　列

カリキュラム構成に於ては一般に（1）どのような範圍から學習の内容をえらぶか――範圍(Scope)（2）これらの内容を如何なる順序に學習させるか――排列（Sequence）を決定することが重要な手順である。

バージニア案は知られているように範圍の軸線を社會生活の主なる機能に求め、改訂案では（1）人格の發達、（2）生命、財産及び天然資源の保全、（3）物や施設の生産、分配及び消費、（4）物や人の通信や輸送、（5）娯樂（6）美的、宗教的欲求の表現　の六つの領域に分ち、次に排列の軸線としては、兒童生活の發展、經驗領域の擴大を「興味の中心」――中等學校では「强調の領域」なる表現を用い、(1)家庭、學校、地域社會の生活(一・二學年)、(2)自然環境えの適應と物的開拓の進展えの適應(三・四學年)、(3)發明及び發見及び機械生産の人間生活に及ぼす影響、(五・六學年)(4)共同生活のための社會施設(七學年)(5)人間の基本的欲求に及ぼす發明發見の影響、(八學年)(6)農業主義と工業主義の人間生活に及ぼす影響、(九學年)(7)民主主義の人間生活に及ぼす影響、(十・十一學年)の七段階に分けられ、この範圍と排列の軸線に應じて各學年の問題が導き出されている。

二　發達上の一般的特性

學年資料に示されている發達上の特性については格別變つたものは見出されないが後に述べる所と關係があるので一應體育と關係深いと思われる項目だけを摘記する、

第一・二学年

きわめて活動的である

感覺的である

活動は個人的であつて殆んど組織的でない

小筋の支配は大筋に比しておくれているから、小筋(手指筋)を使用する作業は困難である

有意注意の持續は短い、容易に他の物に注意がむけられる

身近かな目標を好む

想像的である

情緒の安定のために母の愛と教師の親切が必要である
他の子供との關係は自然的である
社會の要求を理解しはじめる
責任感が芽生えてくる
大人の権威に従う

（第一・二學年七項目略）

第三・四学年

精力的、活動的である
體格や補助筋が發達する
運動能力が發達する
有意注意の持續は長くなる
ながく遊びつづける
短時間抽象的なものに注意を向ける
誇張する
闘争的となる
道具を使うようになる
男女は反撥するが、同性間の友情は深まる

身なりを氣にしない
指導力が發達する
興味は急速に擴大する
家庭外のせつしよくが廣くなる
社會的責任についての理解がすすむ
組織的なゲームに加わりはじめる
現實と非現實を區別しはじめる
事實についての話に興味をもつ
英雄を崇拜する
自主的となる
他人が自己に注意することを欲する
他人の愛情に敏感であるが容易にうけ入れない

第五・六学年

肩、股關節並に身長、體重のけんちよな發達
急速且つ不平均な發達のために不器用である

（第三・四學年　三項目省略）

身體の發達を切望する
食欲が進む
自己や自然界に興味をもつ
自分の事について頗る具體的に考える
自分の考を簡單に表現することを好む
簡單な因果關係を理解し、かなり正確な結論を得る
蒐集したものを系統ずけることを好む
新しい經驗を欲求する
容易にしよげたり、興奮したりする
理想にめざめて來る
友人を求める
仲間の意見にえいきようされる
ユーモアを解しはじめる
大人の支配に反抗を示す
組織立つた競技やスポーツに興味をもつ

（三項目省略）

第七・八学年

大筋が發達し力強くなる
急速な體重の增加——女子に著し
聲變りがする—女子より男子に著し
新しい經驗を欲する
更に組織立つたゲームやスポーツに興味を示す
チームワークに興味をもち、團體に强い忠誠を示す
計畫の能力が高まる
自然界や自己に好奇心をもつ
抽象的な言葉を理解する
國際關係を理解しはじめる
大人の娯樂に强い興味を示す
環境に對して批判的であるが無關心をよそおう
情緒的に不安定であり、容易に興奮する
道德意識が發達する
仲間にみとめられることを欲する

戀愛感情が發達する
家庭・學校及びプレイにおける自分の地位に關心をもつ
大人に對して獨立的である
家庭外の生活が豊富になる
機智を弄するようになる
價値意識が發達する

三　學年目標——望ましい行動とその發達の證跡

學年資料では發達上の一般的特性の次に「望ましい行動とその發達の證跡」があげられている。これは學年目標とも言うべきであろう。即ち各學年の目標が望ましい行動の形に具體化されているので、教師には指導目標の行動に示された尺度となり、望ましい行動の喚起に役立て得ると共に評價の基準を提供する價値をもつている。

次に各學年別にあげられた項目を摘記することにするが體育に關係深い二、三の項目についてはその内容までもあげることとする。

第一―二學年

簡單なさしずに從う

禮　儀

他人の權利や所有物を尊重する

よくせんたくする
自分の持物や学校の物を所定の場所におく
他人と仲よくする
必要な時に静かにする
他人の貢献を理解しはじめる
清潔に保つ
　教室や運動場の紙屑を拾う、食事の前に手を洗う、歯をみがく、部屋を清潔に保つ
責任感を発達させ、責任を果す
積極的に自分から仕事をする
家庭の各員の役割と価値をにんしきする
リズム運動、音楽、遊戯、美術等で創造的表現を発達させる
　うた・詩・ダンス・ゲームなどをつくる・絵をかく・リズム遊びをたのしむ
筋調整を発達させる
　リズミカルに自己を表現する、物を落さないで扱う態度を発達させる
自主性やフエアプレイの態度を発達させる
　一人で登校する、他人が仲間に入ることをかんげいする
学校や近所になじむ

仲間のためにつくす
美術・音楽・リズム・自然などの鑑賞力を発達させる
正しい食物をえらび、とる
用便のよい習慣をつける
　用便の後に手を洗う、下校前に用便する、用便後水を流す
経験を豊かにするために色々な言葉を使用する
時間や距離について理解しはじめる
確実なことと不確かなこととを區別する
学校を一そう家庭的にすることをまなぶ
探求心の発達
金錢の上手な使用
もてなしたりもてなされたりすることを学ぶ

第三—四學年

よい習慣を発達させる
仲間との生活に一そう適應する
規則を守ることをつとめる

親切にする

よい指導者であり、協力者となる

運動でリーダーと協力する、よろこんでゲームに参加する、計畫や話し合いに加わる、他人の示唆をうけ入れる

自信をます

他人や公共のものを大切にする

正直で公平である

態度(應待の)をよくする

責任をもつて行動する

仲間の誠実な一員となる

他人の貢献を理解する

もてなし方ともてなされ方

文字や言葉で他人と交通する

よい讀書の習慣をつくる

小さな筋肉を使う技能を発達させる

研究的態度を発達させる

ユーモアを発達させる

勝負に対する態度

やり直しをよろこんでやる、勝者をみとめる、負けたことをみとめる、言い譯をしない

清潔に保つ

着衣に注意する、しばしば入浴する、さつぱりした着物を着る、物を秩序正しく保つ

音樂・リズム・文学・自然等の美の鑑賞

時空観念を発達させる

思考力を発達させる

休養と運動の必要であることの理解

運動の後には休息か讀書する、さつさと寝床に入る、運動を愛好する、休息時間には休む

團体運動に參加する

リーダーをえらぶのに協力する、ゲームに必要な道具を運ぶ、他の子供達をプレイに招待する

心情の教育

よい用便の習慣をつける

便所を正しく使う、用便に休憩時間を利用する、用便の後手を洗う、定つた時間に用便する

安全や健康に必要な規則に氣をつける

金錢を上手に使う

第五―六學年

集團の誠実な一員となる
選擇の能力
信頼感・責任感・正直の発達
喜んで批判を受け入れる
ユーモアの発達
親　切
学習のよい習慣の発達
寛大にして批判的態度の発達
人々の相互依存の理解
社会的視野を擴げる
もてなしやもてなされ方
權威に從う
家庭の價値の理解
劇・美術・音樂・フォークダンス・詩の鑑賞
健全な男女関係の発達
　ゲームのパートナーをえらぶ、学校のパーテイーをたのしむ、男女で遊んだり作業したりすることを喜ぶ、
問題解決に助力する

安全や健康上の用心をする
　咳する時口をおおう・食前や用便の後に手を洗う、左側通行
身体の発達に注意する
　色々な食物をたべる、運動する、睡眠と休養を充分にとる
時空関係の理解
音楽の鑑賞力を発達させる
レクリエーションに対する興味を発達させる
　グループゲームをたのしむ、運動場で遊ぶ……
身だしなみの習慣を発達させる
金錢の上手な使用
宗教的態度

第七學年

國際関係に対する関心と理解
個性の伸張
道徳的規準をたてる
自制力を発達させる

獨立心と自主性を育てる

自然環境の事物に対する鑑賞眼を育てる

上手に選擇する

喜んで批判を受け入れる

意見の紛糾している時自分の意見をもつ

ユウモアを発達させる

權威を尊敬する

レクリエーション活動やたのしい催しに参加する

自分の利益をグループの利益のために抑える

集　中

よき指導者であり、よき協力者である

寛　容

望ましい健康習慣をもつ

　釣合のとれた食事、充分な睡眠、体育活動で協力、傳染病の流行する時家庭にとどまる

家庭で責任を果す

よきレクリエーションをえらぶ

音樂の鑑賞

健全な男女関係を発達させる
よき應待の態度
科学的資料に基いて結論をみちびく
社会奉仕について知る
讀物の選擇能力
藏書をふやす
集会の處理の仕方を学ぶ
音樂・美術・文学等による自己表現
宗教の日常生活に表現されていることを理解する

以上は各學年に示された望ましい行動の具體例についての殆んど項目だけをあげたに過ぎないが、これはもとより一般的基準であつて個人差が考慮されることは勿論であり、又同じ項目についても學年に應じて内容の發展がある。各兒童が共通に發達させるべき行動の一般的基準としてきわめて廣範圍の内容に亙つているが特に體育だけの目標というものはきわめて少く、色々な學習活動の綜合によつて達成すべきもので、體育もその多くに關係がある。

四・學年の問題と學習活動の例

學年資料では各學年で學習する問題が學年別に示され、更に各問題についての學習活動の例が示唆されている。問題は「バージニア公立學校のコア・カリキュラムにおける學習の範圍」に示されたものと大體一致しているのでここでは一々あげない。ただここでは體育に關係深い問題がどれだけ取り上げられており、その學習活動が如何に立案されているかを簡單に扱うにとどめたい。

第一學年に配當された問題は五つあるが第四の「私達はいつしよに樂しく過すにはどうしたらよいか」、第五の「私達はどうしたらいつでも丈夫でいられるか」などは特に體育と關係が深い問題である。

第二學年には六つの問題が配されているが、第五の「私たちはどうしたら村や町で樂しくすごせるか」第六の「私達はけんこうで安全にすごすにはどうしたらよいか」等の問題があり、

第三學年には七つの問題、第四學年には同じく七つの問題がある。

第五學年には問題が七つ、六學年には五つ、第七學年には八つ示唆されているが、第五學年の問題としては「どうしたら私たちはたのしくすごすための最もよい方法をえらぶことができるか」「私たちはどうすれば正しい食事がえられるか」の外「安全・醫療施設・保健施設」を扱つた問題があるし、第六學年には「私達はどうすれば安全に過せるか」第七學年には健全な餘暇活動に關する問題、社會における健康や安全の促進を扱つた問題がある。

今ここでは中心學習における特に體育に關係深い問題だけをあげたのであるがその他の問題も當然體育にふれる問題が少くない。これらの問題の學習活動の全體を通じて體育に關する學習經驗の或る部分は一通り得られる。しかしこれだけでは勿論不充分であるから學年資料の章においても先に述べたように学習活動例の次に項をあらためて各學年共通に遊戯（ゲーム）を取り出している。體育は決して遊戯だけではないがここに體育の一つの特殊性が見られる。

なお各學年に示された遊戯はその內容を示すことなく各學年の適當な遊戯は後に述べる體育の敎材表（敎材資料の

中の）を参考とするようにとの注意書がついている。

五　學習活動の立案

體育がいわゆるコアで學習されると共に学習の性格上身體活動が特殊に取り出されるとすれば一應中心学習の学習活動が如何に立案され、各問題の学習活動の内容が如何なるものであるかを見る必要がある。全部の問題にふれることはできないがその二、三の例を参考のために取り上げる。

第一学年

問題「私達はいつしよに楽しくすごすにはどうしたらよいか」の内容としては　音樂をたのしむ、お遊戯をする、パーティーをもよおす、戸外でたのしい遊びをする、本やおもちやを使う　等の学習活動が立案されているから當然體育活動にまでの展開が豫想される。

問題「私たちはどうしたらいつも丈夫でいられるか」

（イ）子供達はすでに身體檢査を經驗し、身長や體重等に關して發達に興味をもつている。これらと關連して毎日の食事と體重や身近な健康の問題——健康習慣などに注意をむける。

この問題の学習においては食事・衣服・健康生活習慣の形成を强調し、どうすればよい習慣が得られるかの外、又家庭での實踐についての指導も扱つている。

（ロ）教師は問題の学習指導に當つて次の諸點をしらべる。

視力の保護、歯ー清潔・食物・歯科醫による定期的診査・運動と休養・通風・傳染病・姿勢・用便・食事時間・

釣合のとれた食事・清潔・衣服と健康

（ハ）これらの點について子供達の實際生活について検討する

（ニ）学習活動の例

1　適當な食物をえらぶ、子供達のけいけんの話し合い、表を作つたりしらべたりする、體重をはかる

2　食物の取扱いや準備する際の清潔

配ぜんしたり、洗つたりする、給食設備の見學をする、搾乳場を見學する、手を洗う

3　天候に合つた着衣をえらび、着用する

觀察したり討議したりする、天氣圖を作る、着衣の色

4　よい健康生活習慣を實踐する

實踐について報告する、用便の習慣について話し合い、それを守る、用便の後に手を洗う、學校醫や看護婦をたずね健康習慣について話し合いする、咳する時のハンケチの使い方、醫療日記をつける、歯をみがく、歯科醫を訪問し質問や話し合いをする、毎日の健康習慣を縮にかき、休息やすいみん時間を記錄する、學校の健康プログラムを父兄を招待して説明する、水道の使い方、水を飲む時自分のコップを用いる、歩行や着座の時よい姿勢をとる、ストーブ使用の際部屋の濕度を適當に保つ、大筋を使う運動をする。

第五学年

問題「私達はどうしたらもつともたのしくすごす方法をえらぶことが出來るか」

学習活動の例

ぺんきよう・運動・休養・家族と共同の時間が釣合のとれるように時間を豫定する。

餘暇活動をしらべ、五年生の週間の豫定をたてる、餘暇活動を工夫する、社會の兒童のためのレクリエーション施設をしらべる、家庭、學校、村や町の餘暇活動を計畫し、且つ實施する、子供に適當なゲームの表を作る、新しいゲームを學習する、簡單な遊び道具を作る、小さい子供にお話をしてやる、お客のもてなし方についてまなぶ

健全な團體的或は個人的レクリエーション活動をする

色々なレクリエーション活動の健康上から見た評價をする、人によつてレクリエーションの仕方の異ることについて話し合う、レクリエーションとしての園藝の價値について話し合う、研究や調査のためハイキングクラブをつくる。

劇・映畫・ラヂオ・讀物・詩

レクリエーシンがどう變化したか、社會の進展とレクリエーション、昔と現代のレクリエーションについて比較する、餘暇の作り方を研究する。

第三節　教材資料と體育

第三節で教材資料は学習さるべきさまざまな能力や技能が教科別の立場から示されている。こゝで特に取り上げられるものとして能力表と學年資料で示されなかつたゲームの内容が示されていることである。

一　能力表

體育の目標達成の過程でさまざまな技能が必要であるがこれをどれだけの範圍でどこまで伸ばしたらよいか、又いつ伸ばすことが適當であるかを決定することは學習指導上きわめて大切なことである。バージニア案は、藝術、健康と體育、家庭、數學、理科、社會科と國語の六部門に分けてこれらを圖表にして示しているが、これは先の學年目標と共に学習の範圍、學習さるべき技能の範圍について具體的に示したものである。技能の發達には個人差があるから一概には言えないがこの種の資料に缺けているわが國では大いに參考になると考えるので左にかかげる。表に示されるように健康と體育に必要な能力としては次の三つに大別されている。

（イ）健康を保つ能力

（ロ）神經筋の技能を必要とする事態に應ずる能力

（ハ）運動用具を世話したり修理したりする能力

二　健康と體育の能力表

線のはじまりは子供達に技能を使いはじめさせる学年を意味する。

一―三年に亘つているような細い黒い線はこれらの期間を通じてこれらの技能を使うさまざまの具体的経験を持たせることの必要を意味する。線の厚みがふえるのはその時期に熟練のために教師によつて强調さるべき時期を示す。厚みが減つて細い線にかえつた部分は一度練られた技能を保持するために練習を續けさせる期間を示す。

線の厚みが急に加わつているのはその時期に子供達が最も経済的に習得できる時期を示す。個人によつて遲速のあることに注意する。

健康と体育の能力表

能力	指導の要点 学年 1	2	3	4	5	6	7
健康を保つ能力							
さまざまな食事をおいしくいただく							
家庭や学校で釣合のとれた食事をえらぶ							
静かに、快活に、上品にする							
体をきれいにさっぱりとしている習慣をつくる							
目、耳、足など体の各部を注意する							
規則的に用便する							
健康的な環境で適当な大筋運動をする							
自分の力でできる運動をえらぶ							
もっともよくはたらける姿勢をとる							
情緒の安定を保つ							
異性に対して望ましい関係を保つ							
薬品、アルコール、煙草、コーヒーなどを用いない							
適当な睡眠と休息をとる							
適当な身なりをする							
余暇によい運動をする							
計画された村や町のレクリエーションに参加する							
子供の世話を手傳う							
健康施設を上手に利用する							

能力	指導の要点 学年 1	2	3	4	5	6	7
万一の場合の救急処置を練習する							
神経筋の技能を必要とする事態に應ずる能力							
体や品物を最も経済的に移動する							
色々な個人的団体的巧技をする							
綱を傳って降りたり火災避難の用具を傳って降りる							
身をかわして物や人をさける							
自分の運動の早さを正確に知る							
運動の正しい基本を身につける							
ゲームなどで合図や指揮に敏速正確に應ずる							
新しい遊びを創造する							
簡單なリズム運動やその型を自分で作り出す							
身体運動を通して劇化する							
音楽に合せて動作し表現する							
なだらかにおどる							
上手に運動用具を使う							
運動用具を世話したり修繕したりする能力							
おもちゃやボールを正しい場所におく							
おもちゃやボールやローラースケートなどを修繕する							

Health and Physical Education Ability Charts. (Elementary)P248－250　第33表

三　健康と體育の內容

體育の內容については教材資料の中の「體育と健康」の部にまとめられている。これによつて一應我々は教科的に見た健康と體育の具體的內容を捉えることができるようである。しかし體育では學年別に指導內容が示されているが健康教育ではその觀點を示すに止つて具體的內容の學年配當は示されていない。コア・カリキュラムにおける健康教育の扱い方を示唆するものと言えよう。

(イ)　一般的立場

子供達は有機的全體としての兒童であるから學校は子供達の健康と情緒の安定を發達させ且つ保持させる責任を怠つてはならない。

健康教育は身體諸器官の健全な發達をはかり、榮養・精神衞生・事故防止・病氣の豫防につとめると共に個人や環境の健康上の缺陷を防止する。

學校や社會の責任としては健康診査、治療的處置、身體的缺陷の矯正、傳染病豫防のための月々の檢査、豫防接種學校環境の健康的整備、安全施設とその指導等によつて子供達の健康上の必要にこたえることが大切である。

子供達はその性質上走、跳、投、はん登などの大筋使用を豊富にふくんだ活動を刺戟する環境で一そう効果的にその機能を發揮するものである。活潑な運動やリズム運動は發達の基礎であるからこれらについてゆたかな經驗を得させなければならない。これらの體育活動は個人や社會の要求に深くむすびついている。

體育の効果は子供達に發達した筋力や持久力、フェアプレイの態度、身體活動に對する興味や規則についての知識や實行によつて評價される。

（ロ）教師に對する示唆

健康や體育の指導に關する教師えの示唆として次の五項目が示され、次に各項についてかなり詳しい解明がなされている。

1　釣合いのとれた食事をとる、
2　性に對して望ましい態度をとる、
3　生活に對して正しい態度をとる、
4　もつともよくはたらける姿勢をとる、
5　餘暇活動の技能を發達させる、

（1）釣合いのとれた食事をとる

發達上の重要な要素として榮養の問題を扱つたもので食物のえらび方や料理の仕方の大切なことを强調している。食物の選擇について指導するためには次のことをしらべる。

1　年間の色々な時期に子供達の食習慣をしらべる、
2　その地方の農園の生産品や食料品店の食品を調べる、

3　學校の食堂で使用される食料品を調べる、

これらによつて利用できる食品の範圍や家計の範圍內でえらび得る食品の範圍について知り、且つ食習慣を改善する。この場合の學習活動としては討議、經驗の話し合い、食事についての報告、市場や農場見學の報告等である。食事についての報告や討議は食生活改善のためのものであつて個人のあらさがしに終らないこと、單に報告させるだけでなく實際に兒童の辨當や食堂でえらぶ食事について觀察する、上級生は學習活動の範圍を擴げる、これらの學習の成果はつとめて每日の生活に生かされることが何よりも必要である。

次にバージニアの五－八學年の兒童について調査の結果、ミルクの不充分な補給、ミカン類、綠や黃色の野菜の不足を指摘し、それを適切な知識の缺如、買い方のまずいこと、調和のとれた食事のための年間生產の不足に歸している。そして每日の食事の分析、調和のとれた食事の表、榮養索引、消費者の手引、健康教科書などの參考資料の必要と活用が强調されている。

食習慣改善の他の方法としては次の諸項をあげている、

1　調和のとれた食事に必要な食物について討議したり讀んだりする、

2　調和のとれた食事の表を作る、

3　家庭その他で使う獻立表を作る、

4　家庭で野菜を育て且つ保存する、

5　家庭で保存した野菜の種類や量をふやす、

6　家庭や學校で食事の準備をする、

次に家庭科の教師の活動と關連して食物の料理やせんたく等の深い經驗を得させることの必要を示唆している。又都會と田舍とでは自ら指導の重點や學習活動に異るものがあるが次の二つの注意事項は大切であると述べている。

1　食物の榮養價値について正確な新しい知識を活用する、

2　學習指導を土地の事情や個人の必要に適應させる、

（2）性に對して望ましい態度をとる

この問題は割合簡略に述べられている。

性徴は正常なものであり、子供達が性衝動を現わし、性衝動に從うのは自然なことである。性の問題は個人の問題であるばかりでなく多くの社會的意味をもつ問題である、一般に性教育の大部分は家庭の責任であるとされ、又たしかにそうでもあるが、家庭だけでは十分にうまく行えない。少年少女達の性問題は學校での時間内に起ることが多くしかも學校はいろいろな活動に於て男女間の正しい關係を促進する最もよい機會を提供する場所であるから男女の正しい關係を促進する機會をつくるように計畫することが必要である。

このために教師は次の事柄に注意する必要がある。

1　少年少女達が話しかけて來る時思いやりのある態度を示せ、

2　つまらない事でも兒童達の問題に興味を示せ、

3　動植物、個人問題や性の問題を討議する時客観的であれ、
4　學年が進んだら讀んだり、家庭え持つて行つて親達と話し合うための適當な讀物を用意する、
5　目的があり常にいきいきとはたらくような活動を生徒と共に計畫する、
6　健全でしかも自然な仕方で男女生徒が交際するようなパーティー、ゲーム、遠足などを計畫する
7　個々の兒童の性問題の原因を研究し問題解決のために親達と相談する、
8　家庭で教えてなければ身體諸器官の名前を教える、
9　悪い性習慣から注意をそらすように性的興奮を輕減するような健全な活動を計畫する、

性の問題について兩親達の協力を得るために教師は次のような手順を用いる。

1　話を子供の問題にだけ限定されないようにうちとけた關係を打たてる、
2　父兄達の研究會に參加する、
3　なるべく子供の難點を矯正するための自然な方法や可能性について話し合い犯した罪を罰する態度に出ない、
4　親達に子供のひどくかあいがる物を與えるようにすすめる、
5　親達が子供に小さな子供の世話をする機會を與えるようにすすめる、
6　子供達に新しく生れる赤ん坊のための準備を手傳わせる、
7　性問題を扱つた子供や兩親向けの本のリストを兩親にあたえる、

（3）　生活に對して正しい態度をとる

これは主として精神衛生の問題を扱つている、子供達を社會的條件にすなおに正しく適應させ圓滿な人格に導くとの必要と之に對する教師の責任を强調している。子供達に柔軟性のある社會的調整力を發達させるために教師自身の態度が大きくえいきようするから、教師は精神衛生について研究し、又適當な休息と餘暇活動によつて教師自身の精神衛生の必要を强調している。

子供達のそれぞれにもつている問題をよく理解し、行動を兆候として見その原因を探求し適切な指導をなす譯であるが、子供達を正しく導くためには教師はその理解に基づき子供達の精力に方向を與え情緒の不要な緊張を解いてやるために適當なレクリエーション活動や創造的表現の機會を與え、社會的調整に必要な豊かな經驗をさせるがよいとしている。

（4） もつともよくはたらける姿勢をとる

バージニアに限らずアメリカでは一般に姿勢についてやかましい、けだし不良な姿勢は發育を阻害し、作業能率を低下させると共に疲勞を早め、且つ容姿に關する問題であり、又姿勢が一般に内的狀態の表現とされるからである。貧弱な姿勢の最大の原因として榮養不良とそれに伴う疲勞があり、失意、煩悶などの精神的情緒的狀態並びに机や腰掛の大きさ高さ及び着座の仕方もえいきようがある。着衣がきつ過ぎると呼吸や循環をさまたげ發育の阻害と共に不良な姿勢の原因となる。又運動時の靴もそうである。

歩行時特定の片手に常に重い物をもつこともよくない。

教師はこれらの點を理解し個々の生徒の充分な發達を促進する健康教育計畫を立案實施しなければならない。

我が國では姿勢の問題は非常に閑却されているようで小範圍の調査ではあるがS字型と逆S字型の彎曲が增加している。

(5) 余暇活動の技能を発達させる

色々なプレイやレクリエーション活動は生長發達特に性格形成に大きな意味をもつている。子供達はゲームに參加することによつて創造力、社會的適應、積極性、指導力や協力の態度を發達させ餘暇活動の基礎をつくる。計畫は個人差を考えなければならないが體育の時間は子供達にとつてたのしい時間であること、凡ての兒童を活動に參加させること、必要なさまざまの技能を發達させるよう工夫する。ことなどが注意されなければならない。

小學校の兒童は形式的 (formal) な運動より形式に捉われない (informal) 運動を好む、そして自己を改善するために活動し、勝敗よりはゲームのたのしさのために自己の能力の最善をつくすように奬勵することが望ましい。時間割は大筋使用の技能を發達させるために休憩や晝食時間を除いて少くも毎日三十分の體育の時間を含まなければならない。休憩時間や晝休みの時間の遊戯は體育の時間に發達した技能を必要とするが體育の時間の代用として考えてはならない。

計畫はあらかじめ立案し、各時間の前に教室で生徒と話し合う。これらのプランは次の如きものを含む、

1 體育時間に行う運動を計畫する、

2 ゲームの方法や規則を説明する、

3 運動場で必要な用具をきめる、

4　用具の準備や事故の原因になるものがないかをしらべその係をきめる、
5　記錄係をきめる、
6　チームやキャプテンをきめる、
7　運動場や體育館えの往復の仕方をきめる、
8　時間の後でゲーム中に起つた問題について話し合いその解決法を見出す、

體育の指導計畫には右の外姿勢や扁平足の矯正のため矯正體操を加える、これは醫師と連絡して個別に指導する。運動と連關して食事、不適當な衣服や靴など發達を妨害する要素の除去につとめる、技能の發達についてよく家庭と連絡して示唆を與える。

用具は金のかからないものがよいが堅牢で子供達に適當なものが望ましく、指導に必要なものは學校で備えるべきである。しかし子供達は學校で使うために自分のものを喜んで持參するものである。

計畫に含むべき運動としては次のものがある。

（イ）リズム運動　（Rhythmical Activities）

創造的表現を刺戟し、表現や劇化の手段として役立つ、協力、バランス、姿勢、運動の優美さをもたらす所のリズム感覺を發達させるので小學校期を通じて缺くべからざるものである。又これは共學活動として適當であり、ランニング、ホップ、スキップなどの基本をおぼえたらリズムは色々なフォークダンスと共にゲームやダンスに表現される。

（ロ）物語遊び（Story Play）

一、二學年では物語遊びは徒手體操の代りになる、この運動で子供達は經驗した事物を模倣し擬人化するがそこに走跳投などの運動がふくまれるので、調和のとれた運動を與えることになり、劇化の能力を發達させる。

（ハ）狩猟遊び（Hunting game）

特に小學校の子供達が好んで行うこの遊戯は追いかける、にげる、かくれるなどの運動を含み、單純で學習し易いから組織立つたゲームよりは多くの種類を教えることが必要である。

（ニ）個人的競爭遊戯（Individual athletic activities）

他の者に依存せず一人でやれる運動であり、上達がはつきり記錄し測定される、教師は個々の兒童の進歩を見るために記錄を保存する。

（ホ）リレー（Relay）

走跳の基本的技能が或程度熟練したら色々なリレーを行う。待つている時間が長くならないように一組の人員は四―六人にとどめる。細心、敏捷、身體支配の發達によい。

（ヘ）徒手体操（Calithenics）

上級生では數分間徒手體操を行わせねばならない。これは準備運動として役立つばかりでなく更に廣い意味をもつている、はじめの正しい姿勢や各動作の完全さが要求される。

（ト）團体遊戯（Athletic games）

共通の目標に向つて行動する協力を要求し、チームプレイの重要性を强調する、走、跳、投、打等の自然運動で大筋群を活動させる、前靑年期や靑年前期には持久走やバスケツトボールなどの强い運動はさける、もし行わせるならば細心の注意をする。

（チ）スタンツ（Stunts）

個人的であるから管理上細心な注意が必要である。

正確に行わせることにつとめ、事故防止や過度の緊張を防止するために段階的に指導する。ほう助を用い危險防止につとめる、神經筋支配に役立つから各學年に配され、天氣の惡い時使う種目として價値がある。

（リ）參考書

適當な種目は各學年別にあげてあるがその具體的取扱についてはあげて參考書にゆだねられている、參考文献としては次の四種があげられ、各教材例はどの參考書から取られたかが一々明示されている、

1 Neilson,N.P and Van Hagen: Physical Education for Elementary School.
2 Bancroft. Jessie, H, Games for the Playground. Home, School, and Gymnasium.
3 Salt, E, B, and others: Teaching Physical Education in the Elementary School.
4 Victor Record Catalogue.

第四節　示唆された體育の教材例

第一学年

リズム運動

基本リズム、シーソー　など　十七種

鬼　遊　び（狩獵遊戯）

花と風、汽車ぽつぽ、猫とねずみ　など　八種

物語遊び

おもちややさん、ひこうき、クリスマスのお支度、動物達の冬支度、消防夫、雪遊び、クリスマスツリー、ワシントンの櫻の木、お家造り、はまべ、風、水泳、おせんたく、風車、自轉車　など　二三種

第二学年

リズム運動

基本リズム、おきげんいかが、ロンドン橋、靴やのダンス　など　十三種

鬼　遊　び

リス、自動車、リレー、花と風　など　十四種

物　語　遊　び

水泳、巡禮、ジョージ・ワシントン、インディアン、農場のお仕事、楓糖、新聞賣子、石炭堀り、サンタクロースのおじさん、雪遊び、凧、お庭作り、お巡りさん　など　十九種

第三学年

リズム運動

前學年に引つづき基本リズムの外、英、佛、和、伊、ロシア、スエーデンなどの民踊　など　合計十九種

リレー　三種

鬼遊び　十五種

競争的ゲーム（團體遊戯）

バウンダリーボール、キツクボール　二種

第四学年

リズム運動

バージニアリール　など　十七種

リレー　五種

鬼遊び　八種

競争的ゲーム（團體遊戯）

バツトボール、ドツヂボール、エンドボール　など　九種

スタンツ　八種

第五学年

リズム運動

ミニユエット　など　十九種

スタンツ　九種

個人競技

四十ヤード走、巾跳、高跳、ジャンプアンドリーチ、ポテトレース、バスケツトボール投、ベースボール投及

捕　など　十八種

鬼遊び　十四種

競争的ゲーム（團體遊戯）

キャプテンボール、ハンドボール　など　二三種

リレー　七種

第六学年

リズム運動　十三種

スタンツ　四種

個人競技　十種

競争的ゲーム（團體的）
キャプテンボール、タッチフットボール　など　十三種
リレー　ジグザクリレー

第七学年

リズム運動　十三種
スタンツ　四種
個人競技　十四種
競争的ゲーム　十二種

第五節　補助資料

一　補助資料

第六章では補助資料について述べられているが

1　教科別の基本的材料と設備
2　教科別の材料の供給源
3　州教育局の刊行物にして一般に利用し得るもの
4　出版者人名錄

の四項に分けられている、その中體育關係（安全、健康、體育）の基本的材料及備品として次のものがあげられている。

檢溫計、繃帶、絆創膏、蒼鉛、石炭酸、歯痛止め、アルコール、アムモニア、硼酸軟膏、脱脂綿、沃度チンキ、重炭酸ソーダ、ハサミ

二　州教育局の刊行物

體育關係の刊行物は次のものがあげられているので全體として指導要領の外にこれらが體育の指導に關して補助的役割を果しているものと考えられる。

1　低學年の體育―バージニア小學校コア・カリキユラムの基礎資料　一九四二年
2　四―七學年の體育　一九四二年
3　校内競技の參考
4　安全教育　一九四〇年
5　力試めしの運動教材
6　健康指導のための教師えの參考

右は安全、健康、身體活動を含む廣義の體育をコア・カリキユラムに卽して指導する際の教師の參考のために出されたものであるがその外體育指導のために必要な出版物の供給源が參考のためにあげられている。

第六節　日　　案

教育内容を全體として如何に組織するかという問題は勿論大切であるが、子供達におちのない調和のとれた經驗を得させるために毎日の學習活動を時間的に如何に計畫するか、卽ち日案或は時間割の問題も非常に重要である。體育は特に毎日與えなければならないものであるからこの點を時に强調しなければならない、

具體的な日課表は學校によつて自ら異つてくる筈であるが一般的に次のものを含まなければならないとしている。

1　開始の時間（毎日繰返される活動の時間）

2　社會問題について學習の時間（中心學習）

3　創造的及教養的活動の時間（心情の時間）

4　體　育（Physical Education）

5　技能の練習

6　個人問題解決の時間

體育については先にも述べたように自由時間の外に毎日少くも三十分の時間が必要とされることが示されている。現實の問題としてこれを學年別にどの時間に持つて來るかは特に設備用具の貧弱な我が國の現状ではむつかしい問題である。理想としては午前中の中心學習の後か午後の適當な時間ということになろう。先ず毎日少くも三十分の指導者による體育の時間を設けることを原則とし、これを設備用具の状況を考えて混亂なく學習活動が營めるよう工夫す

る外はない。設備、用具、生徒數などの條件を無視して學習心理や教授衞生の立場からのみ計畫するごとは無理である、

第二部 中等學校の部

第一節 體育に關する一般的立場

體育に關する一般的立場は體育の章の序文に示されている。それによると健康や安全や體育に關するものの大部分は中心學習に包含されているが、しかし必要な事柄が落ちていないかどうかを見るために體育の立場から檢討し、必要あれば補充しなければならない。

體育（身體活動）は運動場や體育館など特別な場所でなされるのでふつう特別に時間割が組まれる。しかしこのことは體育が中心學習と無關係になされることを意味しない。連關の可能性を阻止するものでもないし、中心學習との連關はきわめて望ましいことである。興味、能力、必要などについて個人差を考えることの必要は他の教育分野と同樣必要である。

國防的觀點から體育及健康教育の缺陷が指摘されているが體育はこれら緊急の事態と共に平時の要求に應ずるように計畫されなければならない。

これらの要求に應ずるためには體育の時間がすべての生徒に每日計畫されることが望ましいとされ、且つそれが强

力に推進されている。全體としての個人が教育されなければならないから、社會的、審美的、情緒的面の發達と並んで身體的面の發達が考えられなければならないし、體育や健康教育やレクリエーションは個人的要求と共に社會的要求に關係する所が大きいからしんちように計畫する必要があるとしている。

大筋活動は各生徒に本質的に必要なものであるから普通に身體活動に參加出來ない生徒のためには制限されたプログラムを用意しなければならない。各學校は少くも週三時間の體育の時間を全生徒に用意すべきである。

第二節　學習指導に關する敎師えの示唆

これは體育のプログラムを作る際の敎師えの手引であると共に學習內容が示唆されている。

一　創造的活動（Creative Activities）

大筋運動における調整力と個人的感情の表現力を發達させるためのもので、音樂を使用する際には先ず動きを考えてから次にそれに適した音樂をえらび、表現に於てはアイデアをえらんでから適當な動きを考える。

ダンス——社交ダンス、フォークダンス、性格ダンス、クロッグ

○　**学習効果を判定する基準**

すべての生徒は參加したか

題材をえらぶのに生徒は協力したか

リズムを感得するために伴奏に聞き入つたか

よろこびが示されたか
生徒達の動きはリズム感覺を表現したか
技術を習得したいという欲求をかりたてたか
生徒達はダンスの起源や傳統を理解したか
社交ダンスの基礎が習得されたか
生徒達は熱中し且つ鑑賞したか
姿勢はよくなつたか

二　スタンツとタンブリング

一人で行うスタンツ、二人で行うスタンツ、集團で行うスタンツ、角力的スタンツ（Combative）

○　**効果判定の基準**

生徒は運動でよろこびを示したか
生徒には積極的活動の機會があつたか
活動は常に安全の範圍内にあつたか
運動は個々の生徒の體力に應じたものであつたか
生徒達は種々なスタンツに興味をまし技能が上達したか
生徒達は神經筋支配の價値を認識したか

三　ゲーム

(イ)　秋　季　種　目

籠球（男子）籠球（女子）籠球（九コート）、ゴルフ、ホツケー、ホースシユーズ、サツカー、スピードボール

タツチフツトボール、排球、力試し運動、國民體力テスト

(ロ)　冬　季　種　目

弓、バドミントン、籠球（男子）籠球（女子）、デツキテニス、シヤツフルボード、水泳、救助法、テーブルテニ

ス、排球、力試し運動、國民體力テスト

(ハ)　春　季　種　目

弓、野球、クロケツト、ゴルフ、ハンドボール、ハンドテニス、ホースシユーズ、パドルテニス、ソフトボール

力試し運動、國民體力テスト

○　**効果判定の基準**

生徒達はシーズン前に醫學的檢査で保護されたか

技術的進歩が示されたか

生徒達は社會に出てから行うによい種目を習得したか

社會的性格が育成されたか

種目は季節、設備用具、生徒数に應じたものであつたか

役員や他人に對する尊敬を發達させる機會が與えられたか
生徒達は活動で喜びを示したか
指導力や協力の態度を發達させる機會が與えられたか

四　陸上競技　（男子のみ）

五〇ヤード、七〇ヤード、一〇〇ヤード疾走、走高跳、走幅跳
三段跳、棒高跳、二二〇ヤードリレー（四人）四四〇ヤードリレー（四人）

○　**効果判定の基準**

生徒達は活動で喜びを示したか
生徒達は忍耐について進歩したか
活動はスポーツマンシツプの發達に貢献したか
走、跳、投の技術が進歩したか
準備運動がなされたか
活動は生徒の筋力や持久力の限界内のものであつたか
生徒達はよいフォームを習得したか

以上は指導上の注意を除いた概要であるが指導要領では教材群と教材例をあげることによつて學習活動の範圍を示し、各教材群についての性格、指導上の注意、効果判定についての一般的基準を示すに止め、各教材の具體的取扱に

ついてはあげて參考書に委ねている。したがつて參考書が豊富にあげられているのが特色である。

五　安　全　教　育

安全教育はコアの各問題の學習活動の中に含まれているが體育と關連してその基礎資料が一括して示されている。安全についての知識や熟練の發達が目指される項目が九つあげてある。

1　大道の安全
2　自轉車及び馬車
3　歩　行　者
4　自　動　車
5　學校における安全
6　家庭や農場における安全
7　水に對する安全
8　體育や健康教育における安全
　　傳染病、身體的缺陷の矯正、齒、眼、耳、榮養、健康習慣、運動技能の發達
9　救　急　處　置

第34表　中等学校コアカリキュラムの時間配当の参考

第四学年	←コア→ 社会 国語	体育	課外	←選択→
第三学年	←コア→ 社会 国語	体育	課外	←選択→
第二学年	←コア→ 社会・国語・理科	体育	課外	←選択→
第一学年	←コア→ 社会・国語 理科・数学	体育	課外	←選択→

←一日五時間授業→

←一日六時間授業→

註　第一学年の数学は社会問題の学習だけで十分でないと思はれる時はその中の一部は切り離して学習させるがよい。

第三節　コアの問題展開に含まれた體育と健康

第三四學年を通じての强調の領域として「民主主義の人間關係に及ぼした影響」が示され、これが更に五つの主要な問題に分かれているがその中の「家庭と家族關係」なる問題の學習活動として健康や體育に關するものが少くないここではその中の二、三を取り上げて見たい。

問題　**「家庭と家族關係」**

問題と關連した社會過程として「家庭の建設」と「家庭の幸福を維持する」の二つがあげられているが豫想される生徒の經驗の中から拾つて見ると

「家庭の建設」に於ては結婚と健康、結婚と遺傳、性教育等についての學習活動。

「家庭の幸福を維持する」に於ては個人的要素として健康が問題となり、その他子供の健康と教育、精神衞生、餘暇活動、醫療施設等多くの問題が豫想せられている。

参考文献

1 Course of Study for Virginia Elementary Schools. Grades　I－VII　1943

2 Tentative Materials of Instruction, suggested for the fourth year of the Core Curriculum of Secondary Schools　1941

3 倉澤　剛氏　近代カリキュラム

附　我が國の年間計画例

現在我が國でも多くの學校が體育カリキュラムの研究を進めている。しかも非常な努力が拂われていることは當事者の方々に心からの敬意を表したい。見聞の狹い筆者の知つている範圍でも高知師範附屬小學校、徳島師範女子部、同附屬小學校、愛媛縣宇和島市和靈小學校、鳥取縣日進小學校、岡山縣永見小學校、大分縣大道小學校、大阪市北鶴橋小學校、京都市光德小學校、奈良女高師附屬小學校、濱松市上島小學校、横濱市平沼小學校、東京一師女子部附屬小學校、靜岡縣泉中學校などはすぐれたものと思うが、全國的に見ればこれらの外に多くのすぐれた學校のあることが豫想される。

次にこれらの學校から二、三をえらびそこで立てられた年間計畫を參考のために引用することにしたい。各學校共目下研究の過程にあり、且つこれを計畫されるためになされた研究調査の結果をここに引用する餘裕がないので甚だ御迷惑なことと思うが各學校の資料には非常に貴重なものが多い。ただ非常な努力を拂つてなされた研究調査がそれぞれの見地からなされているので結果を活用しにくいうらみがある。勿論各學校でそれぞれの立場から研究調査されることは望ましいことであるが、地域や各地の學校間でもつと連絡のある研究がなされたら一層望ましい結果が期待されよう。

ここに引用された年間計畫は敢えて批評を許していただくならば、次のようなことが言えるだろう。

1　カリキュラム構成のために多くの研究調査が行われているがその結果と年間計畫との連關が明確でない。

2　いずれも第一次の試案と考えられ、實驗の結果の修正が行われていない。卽ち教材が多すぎる。思い切つて教材を減らし、同時に單元をもつと明確に出すべきではないか、一〇五時間を一杯に使う計畫には無理があるのではないか、ここでは單元要素の分析から來る時間配當の研究、氣候的條件等の分析が更に必要に思われる。

3　一般的に年間計畫としては詳細に過ぎるきらいがある。年間計畫と學期の計畫とは區別する方がよい。

平沼小學校の計畫には特色があり昨年筆者が一部に發表したスコープの取り方を採用されているようであるがこの問題は更に檢討を要すると思われるので前述の如くスコープに對する考え方を變えたのである。この考へ方は誤ではないが構成の手續としては甚だ面倒になるのと全體計畫との關係から變更したのであるが筆者も更に研究したいと思う。體育の目標やラポーテのカリキュラム研究に示された教材評價の觀點（基準）を地域社會の要求に結びつけて考えれば同じ結果になると考えるのもその理由の一つである。

甚だ失禮な批評で關係學校には御迷惑と思うが感ずる所を卒直に述べ讀者の批正を仰ぐためであることを諒とせられたい。なおここでは主として教科カリキュラムにおける計畫例をあげた。コア・カリキュラムの場合は多くの參考例があり、第三章、第五章でもふれるので省略した。

第35表　第二學年　體育年間計畫（東京一師女子部附小）

季節	季節のねらい	月	行事	教：鬼遊び・けん遊び	教：リレー・その他	教：ボール遊び
春	一、仲よく元氣に遊ぶ態度を養う 二、春の運動会を中心として遊びえの関心をたかめる	4	身体検査	ねことねずみ1	かけっこ2 置きかえリレー	紅白球入れ1
		5	小運動会 春の遠足	片手鬼2 一人鬼	折返し2 リレー わくぐりリレー	紅白球入れ1
夏	一、梅雨期の衛生と連関して指導に努める 二、暑さに負けない弱い子供を育成する 三、水遊びに関心をもたせる	6	入梅 校内球技大会 野球型 （ドッジボール） プール開き	めかくし1 鬼	サークル2 リレー	球なげっこ2
		7	校内水泳大会	じゃんけん1 とび	川とび競1 争	球あて1
		8	夏期水泳指導 登山 海水浴			
秋	一、秋の運動会を中心にして遊びを一段と発展させ体力の増強をはかると共に協同的な態度を養う	9	プールじまい	手つなぎ2 鬼	かけっこ2 受け渡しリレー	手渡し球2 送り
		10	大運動会 秋の遠足	場所とり2 鬼	受渡しリ2 レー かけっこ	ボールな1 げっこ
		11	体育研究会発表 校内球技大会 （籠球型 野球型）	足ふみ鬼2 しゃがみ鬼	置きかえ2 リレー	自由ドッ2 ヂボール
冬	一、季節に適合する遊びを工夫させ寒さに耐える元氣な子供を育成する	12		かげふみ鬼2 手つぎ鬼	旗とり競2 争	自由ドッ1 ヂボール
		1		子とり鬼1	紅白球ならべ2 押し出し遊び	球ころが1 し
		2	校内球技大会 （排球型）	からかい鬼2 まね鬼	川とび競争2 押し出し遊び	球けり1
春		3		巴鬼1	ハンカチ1 取り	ボール送1 り
		時間		18	19	14
		%		17	18	13

他教科との連関	課外	時間	材				
			雪遊び	水遊び	模倣物語遊び	リズム遊び	器械遊び
音樂（小鳥）		8			花さかじいさん 小鳥	くぐりっこ 風船 2	鐵棒あそび 1
社会（遠足）		19			大そうじ 遠足 1	夕やけこやけ ボートレース 3	棒のぼり 1
		10			象 野球 2	お友だち ぶらんこ 2	棒のぼり 1
		7			かにさん 2	水遊び 1	一本橋 1
社会（お店ごっこ） 音樂（とけいのうた）		12			お店ごっこ 2	電車ごっこ とけいのうた 3	はしごのぼり 1
音樂（ふかしそうだん）		12			そうだん 2	かかし みなさん 今日は 3	とび箱遊び 2
社会（交通）		12			交通巡査 2	往來じやんけん遊び 2	綜合器械遊び 2
國語（クリスマス）		9			サンタクロース 2	風車 2	
		8	雪だるま作り ラツセル車遊び		うさぎとかめ 1	たこあげ 2	野こえ山こえ 1
音樂（雪）		10	雪なげ スキー遊び		船頭さん 1	自轉車のり 2	ころころまわり とび箱遊び 2
音樂（水車）		7			水車 1	ぴよんぴよんとんで 2	ころころまわり 1
		105			17	24	13
					16	23	13

第36表

第四學年體育年間計畫

（東京一師女子部附小）

季節	季節のねらい	月	行事	教：鬼遊び 拳遊び	教：リレーその他
春	一、春の喜びを十分な戸外運動によつて満足させる 一、好ましい学習態度の育成	4	身体検査	0.5	廻旋リレー 兎とびリレー 2
		5	小運動会 春の遠足	組鬼 1	障がいリレー 二人三脚 2
夏	一、暑さに負けない強い体と強い心の育成 一、水にしたしみ水泳の基礎能力を養う 一、夏の衛生に留意しよい習慣を身につけさせる	6	入梅 校内球技大会（野球型 ドッジボール） プール開き	日月遊び 1	幅とび競争 圓形リレー 1
		7	校内水泳大会	リレー鬼 0.5	高とび競争 1.5
		8	夏季水泳指導 登山 海水浴		
秋	一、体力の増進 一、運動会を中心として運動に対する意慾を高める	9	プールじまい		圓形リレー 1
		10	大運動会 秋の遠足		ボール投げ（男） 越リレー 馬のり 帽子とり 徒競走 4
		11	体育研究発表会 校内球技大会（籠球型 野球型）	重なり鬼 1	幅とび競争 1
冬	一、寒さに負けない強い体と強い心の育成 一、冬の衛生に留意しよい習慣を身につけさせる 一、運動量を多くあたえる	12		ボール鬼 1	高とび競争、縄とびリレー 押し出し遊び 2
		1		ひようたん鬼 日月遊び 1	押し出し遊び 縄とび 1
		2	校内球技大会（排球型）	ボール鬼 1	押し出し遊び 縄とび 2
春		3		手取り鬼 組鬼 日月遊び 1	馬とび遊び じやんけん馬とび 1
		時間		8	18.5
		%		7.5	17.5

材

雪遊び	水遊び	模倣物語遊び	リズム遊び	器械遊び	ボール遊び
		春 1	まりつき 1	逆上り 棒のぼり 0.5	対列フットボール 圓形フットボール 3
		かいこ 1	茶つみ ブレツキング 3	逆上り 腕立まわり 旅行輪 2	フットベースボール、方形ドッヂボール テイチャーボール 3
	（水泳の注意） 水かけっこ 沈み方 浮き方 立ち方 2	ふみきり 1	貝ひろい 2	前まわり とび上り下り とびこし 1	フットベースボール 方形ドッヂボール 2
	呼吸のし方 ばたあし モーターボート 犬かき 3	びっくりばこ 1	竹早昔頭 1		
	平泳ぎ 速泳ぎ 飛びこみ 競泳（自由な形）				
		おまつり 1	ひようたん しようじよう寺のたぬきばやし 2	腕立まわり 脚かけまわり 梯子わたり 2	エンドボール コーナーボール 2
		秋の森 オリンピツク 2	マウテン マーチ 2	棒わたり 梯子わたり、腕立てとびこし、とび上り下り（スプリング） 2	ポートボール 方形ドッヂボール 2
		シーソー 2	野菊 2	棒わたり 旅輪とび 上り下り（スプリング） 前まわり 4	ボードボール ボールパス競争 2
		消防夫 2	押しくら 1	前まわり 横まわり 腕立てとびこし 2	方形ドッヂボール 2
雪玉わり 雪なげ 雪だるま作り		なわとび 1	らかんさん 1	前まわり （跳箱） 横まわり 1	圓形ドッヂボール ネットボール 3
同上		きかい 2	子とり 1	（同上） 1	圓形ドッヂボール ネットボール 3
		ガリバー物語 1.5	ザ、サークル 0.5	引きおとし 月めぐり 横あるき ねこあるき 1	ネットボール 順送球 1
	7	15.5	16.5	16.5	23
	7	15.5	15.5	15.5	22

第37表　第五學年　體育年間計畫（東京一師女子部附小）

季節	季節のねらい	月	行事／教材群	時間	課外	他教科との関連
春	一、正しい姿勢をつくる　二、規律的な生活態度を養う	4	身体検査	8	鬼遊び　綜合器械遊び	
		5	春の遠足	12	フットベースボール	理科　生きものをそだてかわいがろう
夏	一、暑さに負けない強い体にきたえる　二、水に親しみ水泳を好む態度を養う	6	入梅　校内球技大会　プール開き	10	水遊び　ドッヂボール	社会科　東京の交通と昔の旅
		7	校内水泳大会	1	ドッヂボール　水遊び	
		8	夏季水泳指導　登山　海水浴		水遊び	
秋	一、体力の増強に積極的につとめる　二、運動をたのしむ習慣を養う	9	プールじまい	10	水遊び　綜合機械運動	音樂　しようしようじ寺のたぬきはやし
		10	秋の遠足	12	ポートボール　ドッヂボール	
		11	体育研究発表会　校内球技大会（籠球野球型）	12	ポートボール　ドッヂボール	音樂　野菊
冬	一、寒さに負けない抵抗力を養う　二、室内運動を主とする	12		10	縄とび　ドッヂボール	社会科　火と生活
		1		8	ボール鬼　縄とび	
		2	校内球技大会（排球型）	10	ネットボール　縄とび	音樂きかい
春		3		6	ネットボール　平均台遊び	
		時間		10.5		
		%				

教材						
雪遊び	水泳	リズム運動	徒手体操	器械運動	陸上運動	ボール運動
		かげぼうし 花つみ (1)	(選定二人組、三人組を加味して行う)	棒のぼり 跳び立横と 2(2)	△綱引 障碍リレー 2(1)	ソフトボール ドッヂボール 3(3)
		サークルダンス 舟のり (2)		跳び上り下り 腕立て横とび 2(2)	幅とび 高とび △棒たおし △すもう 4(2)	フットボール ドッヂボール フットベースボール 6(6)
	平泳ぎ 速泳ぎ (2)	つばめ 雨だれ 2		棒のぼり 逆上り 脚かけ上り 2	幅とび 高とび 圓形リレー 3(3)	ドッヂボール フットベースボール 3(3)
	平泳ぎ 速泳ぎ とびこみ 潜水 4(4)	牧場の朝 (1)		腕立まわり 脚かけ上り 逆上り 1(1)		フットベースボール 1(1)
	平泳ぎ 速泳ぎ 飛込潜水 リレー 2(2)					
	平泳ぎ 速泳ぎ リレー 2(2)	海 赤とんぼ (2)		腕立まわり △け上り 2(1)	徒競争 圓形リレー 2(2)	スリーコートボール ポートボール 4(3)
		青い鳥 ぶらんこ (4)			徒競走 圓形リレー △馬のりあそび △折返しリレー 6(4)	ツーコートボール ポートボール バスケットボール 6(4)
		秋 稲刈り 2		△け上り 2	圓形リレー リレー鬼 球とり鬼 4 4	ポートボール バスケットボール 6(6)
		クラップダンス (1)		跳び上り下り 腕立てとびこし 3(3)	組鬼 マラソン 2(3)	バスケットボール ネットボール 4(4)
(雪なげ)		こまつた小人 (2)		腕立とびこし 前まわり 後まわり 2(1)	なわとび フットボール鬼 3(3	△フットボール ネットボール 4(3)
(雪なげ)		仲よし 鬼ごつこ (2)		後まわり 前まわり △倒立 3(1)	なわとび フットボール鬼 棒おし 3(3)	バレーボール △フットボール 4(4)
(雪なげ)		ラクテイタフテイ (2)		△け上り △倒立 2	球とり鬼 2(2)	バレーボール 2(2)
	8(8)	(21)		21(11)	32(26)	44(39)
	8(8)	(20)		20(10)	30(25)	42(37)

他教科の関連	課外	時間
理科 動物や植物はどんな生き方をしているか	△野球 ○ドッヂボール	7
	△野球 ○ドッヂボール ○フットボール	12
音楽 雨だれ	△野球 ○フットベースボール	10
音楽 牧場の朝	水泳	7
	水泳	
音楽 海 赤とんぼ	△野球 ○籠球型ボール 水泳	10
	籠球型ボール	12
音楽 秋の山 図工 秋の自然	籠球型ボール	12
	排球型ボール	10
	排球型ボール ◇フットボール	9
	バレーボール ピンポン △フットボール	10
	バレーボール ピンポン	6
		105

備考 （　）内数字は女子、△は男子教材○は女子教材、簡單なリズム運動は男子も適宜之を行う。

第38表

第一學年　體育科カリキュラム

京都市光徳小學校

月		四	五
社会学校行事		全國美化運動 入学式・始業式 サンマーダイム 花祭 少年保護デー 結核豫防デー 天皇誕生日 遠足 區内衛生掃除	憲法記念日 子供の日 母の日 家庭訪問 葵祭
体育行事		身体検査 食糧事情調査 寄生虫検査 体育環境調査 講演「結核の話」 口腔検査	体重測定 食糧事情調査 体力テスト 活動能テスト マントー氏反應 驅虫剤服用 野球型校内大会
学習單元		たのしい学校 今日からうれしい一年生 私の学校 みんないい子 身体検査	みんな元氣に A　こいのぼり B　えんそく C　ままごと遊び
運動の実際	リズム模倣物語遊び	学校えくるまで みなさんこんにちは 先生のまね リズム遊び みんないい子 身体検査	A　風 こいのぼり B　えんそく 汽車ぽっぽ 野こえ山こえ ちようちよう C　ままごと遊び お客さま
	其の他の遊び	(器)すべり台 (器)シーソー (器)ブランコ (器)鐵棒遊び (リ)ならび競争 (鬼)一人鬼 (ボ)球ならべ	(鬼)子殖し鬼 (リ)ふけつこ (リ)球ひろい (マ)ころころまわり (器)肋木遊び (器)棒登り (器)一本橋 (ボ)球あて
衛生の実際		所持品検査 服をきちんと着る 手を洗いハンカチでふく 便所の使い方	顔を洗う 鼻をかむ こしの掛け方 よく遊ぶ 足を洗う
指導上の要點		○樂しく遊ばせ学校をすきにならせる ○多くの運動を見せ興味を喚起する ○躾など餘り要求しない ○戸外運動を出來るだけ豊富にさせる ○持物．服装などを検査し自分で注意するように導く ○給食になれさせる	○漸次團体的な行動になれさせる ○運動シーズンの雰圍氣に浸らせる ○遊びの程度を上げ音樂に合せた遊びを豊富にする ○器具器械に次第になれさせる ○家庭との連絡を密にする

八	七	六
体操の夕 盆踊り 盂蘭盆 大文字 地蔵盆	プール開き 七夕祭(小学藝会) 小暑 短縮授業 祇園祭 土用の入 大暑 終業式　夏季休暇	更衣 動物愛護デー ムシ歯豫防デー 小運動会 時の記念日 入梅 夏至
水泳指導 木津川水泳場行	体重測定 食糧事情調査 驅虫剤服用 講演「傳染病の話」 水泳指導	体重測定 食糧事情調査 寄生虫検査 小運動会 講演「ムシ歯の話」 体育指数検査
水遊び	A七夕まつり Bよい遊び C水遊び （なつ）	A　むし歯 B　よい子のくらし C　かけっこ D　田植
水遊び	A　夕やけこやけ　七夕さま　お星さま B　よい遊び　おてつだい C　水遊び	A　むし歯　歯いしやさん　歯みがき B　時計のまね　時計屋さん C　小運動会　むすんで開いて D田植おたまじやくし
波よけ 石ひろい もぐり 伏面競争	(鬼)かくれんぼ (リ)まりつこ (ボ)球うけ (器)棒登り (水遊び) 水かけつこ 水中あるき 鬼ごつこ	(鬼)ねことねずみ (鬼)場所とり (リ)かけつこ (リ)折返リレー (マ)舟こぎ (器)跳箱遊び (器)鐵棒遊び (ボ)球投げ
よくねむる よい目 よい耳	なま水 よくねむる よい目 よい耳	いただきます ごちそうさま 歯のけんさ 歯をみがこう 梅雨の衛生 汗をふく
○夜遊びをつつしみ体がつかれないように指導する ○なるべく田舎へ行き体を丈夫にするよう導く	○戸外での運動は木蔭などを選ぶよう導く ○水に馴れさせ水を恐れないようにさせる ○寝冷や食物に注意し病氣にならないようにする ○サンマータイムの爲睡眠不足にならぬよう注意する	○雨の日が多くなるから教室で暴れないように導く ○特に飲み物に注意させる ○始めて小運動会に参加させ学校の樂しさを味わせる ○歯を磨く習慣をつけるよう努力する ○次第に表現遊びを豊富にする

十一	十	九
全國民保健衛生强調週間 文化の日 南支部運動会 遠足 世界平和記念日 七五三の祝 勤勞感謝の日	大運動会 防火週間 市民文化祭 區内運動会 時代祭 國民体育大会 國民助け合い運動	始業式 二百十日 標準時間に變更 夏休作品展 司法保護デー 秋分の日 中秋明月
体重測定 食糧事情調査 寄生虫検査 体力テスト 健康優良児選出	大運動会 体重測定 食糧事情調査 驅虫剤服用 体操競技会	身長胸圍体重測定 食糧事情調査 マントー氏反應 B、C G接種 寄生虫検査
秋の野山 A動物園 B八百屋ごつこ C落葉集め	お月さま A運動会 Bお月見 C乗物ごつこ	虫とり A二百十日 Bおへやかざり C虫とり D磁石遊び
A 動物園まで 動物のまね はとぽつぽ B 八百屋さん お店ごつこ C 落葉ひろい スキツプ遊び	A かけつこ たまいれ B お月見 お月さま うさぎのまね C 自轉車ごつこ 電車ごつこ 汽車ごつこ 交通巡査	A 風けむり B おへやかざり お花のまね C くつがなる 虫とり 虫かご D 磁石遊び
(鬼)からかい鬼 (鬼)子殖し鬼 (リ)旗取り競争 (リ)川跳び (器)鐵棒遊び (器)跳越し (ボ)ころがしドッヂ	(鬼)かくれんぼ (リ)置換リレー (リ)折返しリレー (マ)ころころまわり (器)棒登り (器)跳越 (ボ)球送り	(鬼)かげふね (リ)かけっこ (リ)球ひろい (器)とびこし(腰掛け) (器)鐵棒遊び (ボ)紅白球入れ
うがいをする 廊下を走らぬ 手足をきれいにする	手や足をこする よい空氣の中で運動する 机の中や本箱の整頓	つめを切る 食前に必ず手を洗う ポケツトやカバンの中の整頓
○遠足を行い秋の自然の美しさを味わせ樂しませる ○氣候の變化に注意させ風邪を引かぬよう注意させる ○厚着をしないように指導する	○運動会の樂しさを十分味わせる ○器具の出入れについての躾をする ○絶好の運動シーズンに十分身体を丈夫にさせる ○摩擦をはじめ次第に皮膚を强くするよう導く	○休暇明けの補導に注意する ○規律的な生活に早く歸るように導く ○運動を正しくするように導く ◎運動会の練習を次第に行う

	二	一	十二
	壬生寺節分会 節分 立春 学童美術展	元日 小寒 始業式 冬休作品展 成人の日 大寒	健康優良兒表彰 防火週間 冬至 終業式 冬期休暇 クリスマス 大晦日
	体重測定 食糧事情調査 寄生虫剤服用 冬季球技大会球送り ドッヂボール ポートボール バスケットボール	身長胸囲体重測定 食糧事情調査 寄生虫検査 マントー氏反應 耐寒マラソン	体重測定 食糧事情調査 驅虫剤服用 活動能テスト
	冬ごもり A 豆まき B 私のゆめ C 春を迎えに	お正月 A たのしかつたお正月 B かげえ遊び C 雪なげ	冬のしたく A 冬のしたく B 絵日記 C 早くこいお正月
	A 豆まき ゆのまね B 私のゆめ ゆめめ國 C 春が來たら	A お正月 かるた取り はねつき B かげえ遊び C 雪こんこ 雪だるま 雪なげ	A 冬の朝 元氣なからだ B 絵日記遊び 思い出 C お正月のしたく おもちつき
	(ボ)球あて (器)跳越 (リ)押合い (リ)回旋競争 (鬼)からかい鬼 (鬼)子殖し鬼	(ボ)ドッヂころがし (器)跳越 (リ)かけっこ (リ)すもう (鬼)手つなぎ鬼 (鬼)一人鬼	(ボ)球あて (器)跳越し(跳箱) (リ)受渡しリレー (鬼)手つなぎ鬼
	元氣に外で運動する 紙くずを落さぬよう ひろつたらくづ箱え	ごちそうを食べすぎない よい空氣 まつすぐ前を見て歩く	くびまきは風邪のもと 冬の着物
	○寒氣が最も强く室內で遊ぶ時間が多いから塵埃の立たぬように注意する ○マスクの使用について指導する ○なるべく厚着をしないよう導く	○御馳走を食べすぎないよう注意する ○風の子になるよう採暖的な運動をさせる ○「ひび」や「あかぎれ」が出來ないようにしてやる ○室內での運動は換氣清潔に注意する	○寒さにまけないようにする ○活潑な運動をさせて暖をとらせる ○いつも姿勢正しくなるよう注意してやる

第39表

第三學年　體育カリキュラム

京都市光徳小學校

月	四
学校行事 社会行事	全國美化運動 入学式・始業式 サンマータイム 花祭 少年保護デー 結核豫防デー 天皇誕生日 遠足 區内衛生掃除
体育行事	身体検査 食糧事情調査 寄生虫検査 体育環境調査 講演「結核の話」 口腔検査
シーズン	ボール遊び リレー マット遊び　器械遊び 鬼遊び 棒登り
運動の実際	(リ)春の小川 (リ)春が來た (走)かけっこ (走)置換リレー (ボ)ロングベースボール (鬼)場所かえ鬼 (器)鐵棒遊び
衛生の実際	1 机腰掛と姿勢 2 教室の掃除 3 衣服と携帯品の調査(毎週一回) 4 種痘
指導上の要點	1 身体の発育から見て動的積極的となる爲自主的能動的な運動を取入れる 2 樂しく運動を行わせ活潑に動作するよう導く 3 机腰掛の適正度を敎え正しい姿勢に導く 4 本学年より清掃作業を課するから特に指導に注意して取扱う

三	
ひな祭 春分の日 終了式 卒業式 春季休暇	
体育智識検査 体重測定 食糧事情調査 ピンポン大会	
Aひなまつり	もうすぐ二年生
B 春の芽さがし もう二年生	
A ひなまつり おひなさま	
B 春が來た	
(鬼)手つなぎ鬼 (リ)川跳び競争 (器)野こえ山こえ (ボ)球けり山越え	
風呂でよく洗う	

七	六	五
プール開き 七夕祭（小学藝会） 短縮授業 祇園祭 土用の入 大暑 終業式 夏季休暇	更衣 動物愛護デー ムシ歯豫防デー 小運動会 時の記念日 入梅 夏至	憲法記念日 子供の日 母の日 家庭訪問日 葵祭
体重測定 食糧事情調査 驅虫剤服用 講演「傳染病の話」 水泳指導	体重測定 食糧事情調査 寄生虫検査 小運動会 講演「ムシ歯の話」 体育指数検査	体重測定 食糧事情調査 体力テスト 活動能力テスト マントー氏反應 驅虫剤服用 野球型校内大会
―――― ――水遊び――	――ボール ――リレー ――マット遊び ――鬼 ――棒	遊び―― ―――― 器械遊び―― 遊び―― 登り――
（器）棒登り （リ）七夕さま （水遊び） 沈み方立ち方 呼吸のしかた 石ひろい 犬かき鬼ごっこ	（鬼）ひようたん鬼 （器）跳び上り下り （走）ダルマ運び （マ）横まわり （リ）ヘヤロップ遊び （物）野球のまね	（鬼）日月遊び （器）棒登り （器）跳び越し （走）鬼跳びリレー （ボ）キャッチボール （ボ）頭送球 （物）汽車のたび （リ）たんすながもち （マ）前まわり
1 休養と睡眠時間 2 入浴 3 夏休み中の勉強と運動	1 むし歯 2 衣服と身体の清潔 3 梅雨の衛生	1 身体検査の結果整理と認識 2 寄生虫 3 偏食
1 水泳に関する諸注意を考えさせプールの使用についてよく知らせる 2 休養睡眠をよく取り過労にならぬよう指導する 3 夏の衛生を指導し度々入浴して身体と衣服を清潔にするよう導く 4 夏休みの諸注意を十分に徹底させる	1 小運動会を樂しく行わせる 2 むし歯についてよく指導しその豫防と治療を自覚実行させる 3 梅雨期の為室内の静かな遊びを考えさせる 4 梅雨期の衛生に注意させ衣服の清潔食物についても理解を與え病氣にかからなよう指導する	1 春のスポーツシーズンであり野球型校内大会に備えスポーツの樂しさを味わはす 2 各種類の運動を廣く経験させる 3 寄生虫の害を知らせ之の驅除を実施する 4 体力の消耗に備え偏食には特に注意する

一〇	九	八
大運動会 防火週間 市民文化祭 區內運動会 時代祭 國民体育大会 國民助け合い運動	始業式 二百十日 サンマータイム變更 夏休作品展 司法保護デー 秋分の日 中秋明月	体操の夕 盆踊り 宇蘭盆 大文字 地藏盆
大運動会 体重測定 食糧事情調査 驅虫剤服用 体操競技会	身長胸圍体重測定 食糧事情調査 マントー氏反應 BCG接種 寄生虫検査 体育智能検査	水泳指導 木津川水泳場行
ポール遊び リレー マット遊び器械遊び 水遊び 棒登り	水遊び	ポール遊び 水遊び
（鬼）手つき鬼 （ス）村まつり （模）消防夫 （ポ）対列フットボール （リ）廻旋リレー （リ）二人三脚 （物）運動会 （器）跳び越し	（ズ）お母さまのまね （ズ）音樂遊び （器）跳び上り下り （器）綱引き （リ）リレー （リ）かけっこ	（水遊び）
○運動と傷害 ○運動と休養	○乾布摩擦	
1 樂しい運動会となるよう協力させる 2 絶好の運動シーズンであるから思う存分に運動させる尙運動の後は十分に休養するよう指導する 3 急にはげしい運動をすると体が自由に動かず傷害を起すことがあるから十分準備運動を行つて後運動を行うよう指導する	1 暑氣が尙一層强いから十分注意して過勞にならぬよう取扱う 2 夏休み中における心身の弛緩を去り除々に運動量を增して行く 3 時間變更に対する處置をとる 4 運動会の教材を練習させる	1 休養中の遊びについて種類．場所．時間等の指導をする 2 夜遊び(特に盆踊り)の指導が大切である

一	十二	十一
元日 小寒 始業式 冬休作品展 成人の日 大寒	健康優良児表彰 防火週間 冬至 終業式 冬季休暇 クリスマス 大晦日	全國保険衛生强調週間 文化の日 南支部運動会 遠足 世界平和記念日 七五三の祝 勤労感謝の日
身長胸圍体重測定 食糧事情調査 寄生虫検査 マントー氏反應 耐寒マラソン	体重測定 食糧事情調査 驅虫剤服用 活動能テスト	体重測定 食糧事情調査 寄生虫検査 体力テスト 健康優良児選定
——棒登り—— ——鬼遊び—— — 縄跳び押出し遊び —	— 縄跳び押出し遊び — ——鬼遊び—— ——棒登り——	——ボール遊び—— ——リレー—— —マット遊び器械遊び— — 縄跳び押出し遊び — ——鬼遊び—— ——棒登り——
(ズ)はねつき (ズ)まりつき (模)機械 (リ)押出し遊び (ボ)対列フットボール (鬼)ボール鬼	(ズ)縄跳び遊び (リ)縄跳び (リ)引合い遊び (鬼)手つなぎ鬼	(模)遠足 (走)リレー (リ)かけっこ (ズ)木の葉遊び (リ)押出し遊び (リ)幅跳び競争 (ボ)円形ドッヂボール (鬼)拳鬼
〇風邪の豫防 〇冬の衛生	〇換氣	〇近視 〇採光と姿勢
1 寒氣が強いから採暖運動を重視して取扱う 2. 衛生に於ては寒さに耐えるよう防寒し尚風邪にかかつた時の注意を指導する 3 室内で運動を行う時は採氣や飛塵に特に注意する	1 寒さが強くなるが兒童が不活潑にならぬよう戸外の運動を奨勵する 2 活動的な全的運動をとり縄跳び．フツトボール等の教材を取扱う 4 寒さのためややもすると換氣を怠ることがあるがこれを機会に換氣の重要性を敎える	1 秋の自然の観察を兼ねて遠足を行い楽しませる 2 寒さが徐々に加わるが運動は充分に行わせる 3 氣候の變化に注意させ風邪をひかぬようにする 4 採光と姿勢の関係及び近視についてよく注意させる

備考	三	二
社会行事は学校生活と関係深きものを．又季節の變化を示す重なもの．及び学校行事はその大部分を列擧した	ひな祭 春分の日 終了式 卒業式 春季休暇	壬生寺節分会 節分 立春 学童美術展
体育に関係ある調査測定検査を擧げ又校内競技会を各月毎に列擧した	体育智識検査 体重測定 食糧事情調査 ピンポン大会	体重測定 食糧事情調査 驅虫剤服用 冬季球技大会 球送りドッヂボール ポートボール バスケットボール
各教材群についてシーズンを示したが教材によつては教材群で統一出來ないものがありこれは別の線で示した	——ボール遊び——	——ボール遊び—— ——棒登り—— ——鬼遊び—— 一縄跳び押出し遊び一
各教材群はシーズンによつて採り上げた教材の上の○印は教材群を示す 鬼遊びリレー30% ボール遊で25% リズム遊び20% 器械遊び15% 物語遊び模倣遊び10%	(ズ)ミツキさん (ボ)ドッヂボール (鬼)横切り鬼	(ズ)鬼ごっこ (ボ)ドッヂボール (リ)縄跳び (鬼)子殖し鬼 (リ)つき出し遊び (鬼)手つなぎ鬼
なるべく季節に即して教材を採つたが季節に関係なく行い得るものは適宜に配当した		注意 ○寒さに対ずる
指導上の要點について極く大要を記した	一年間の反省を行い來学年の覚悟を新たにさせる	1 寒氣が最も強いから養護に留意しながら積極的に運動するよう指導する 2 雪でも降れば雪投げなどさせる 3 ドッヂボール大会に参加出來るよう正しい試合の方法を指導する 4 寒さに対する衣服．住居．暖房等について知らせ又積極的に運動をしてこれを征服するよう指導する

第40表

第六學年 體育カリキュラム

京都市光徳小學校

月	四	五
学校行事 社会行事	全國美化運動 入学式・始業式 サンマータイム 花祭 少年保護デー 結核豫防デー 天皇誕生日 遠足 區內衛生掃除	憲法記念日 子供の日 母の日 家庭訪問 葵祭
体育行事	身体検査 食糧事情調査 寄生虫調査 体育環境調査 講演「結核の話」 口腔検査	体重測定 食糧事情調査 体力テスト 活動能テスト マントー氏反應 驅虫剤服用 野球型校內大会
シーズン	―――――――― マット運動 器械運動 ――――――――	――ボール運動―― ――――陸上運動 マット運動 器械運動 ――棒登り――
運動の実際	(ズ)朝日は昇りぬ (ズ)花蝶々の表現 (器)振り跳び (器)跳び上り下り (器)脚かけ上り (陸)三回とび (陸)リレー (陸)幅跳び高跳び (ボ)バレーボール (ボ)ネットボール	(ズ)牧場の朝 (ズ)おぼろ月夜 (マ)前まわり (器)倒立 (器)脚かけまわり (陸)すもう (陸)障碍走 (陸)百米走 (ボ)ソフトボール (ボ)ワンアウトボール
衛生の実際	1 胸圍の測定 2 発育統計 3 結核	1 住居の衛生的條件 2 溝の清潔
指導上の要點	1 一学期の計畫を樹立させる 2 最高学年として指導力の養成に重點を置く 3 自主的に体育が行える様に導く 4 胸圍測定の方法発育統計の記錄及び之を利用して社会全般の健康狀態に関心をもつよう導く 5 結核に対しては早期診断を受ける様指導すると共に保菌者について理解させる	1 野球型校內大会を中心として課外体育を自主的に行わせ競技会の企畫運營の能力養成に指導の重點を置く 2 体力テストの練習を行わせ記錄の向上をはからせる 3 住居の衛生溝の清潔は公衆衛生と関連して指導する

八	七	六
体操の夕 盆踊り 宇蘭盆 大文字 地藏盆	プール開き 七夕祭（小学藝会） 小暑 短縮授業 祇園祭 土用の入 大暑 終業式夏季休暇	更衣 動物愛護デー ムシ歯豫防デー 小運動会 時の記念日 入梅 夏至
水泳指導 木津川水泳場行	体重測定 食糧事情調査 驅虫剤服用 講演「傳染病の話」 水泳指導	体重測定 食糧事情調査 寄生虫検査 小運動会 講演「ムシ歯の話」 体育指数検査
	——水泳ぎ——	——棒登り——
（水泳ぎ） 水中野球水球 リレー背泳ぎ 飛こみ立泳ぎ クロール潜水 平泳ぎ横泳ぎ	（外）軟式野球 （陸）カンガルーリレー （ズ）泳ぎの表現 （ボ）バレーボール （ボ）ワンアウトボール	（ズ）サーカスの表現 （ズ）麥かり （マ）横まわり後まわり （器）腕立跳越（斜） （器）逆上り （陸）リレー （陸）馬とび （陸）帽子とり
水泳の注意	○急性傳染病 1 疫痢 2 日本腦炎 3 チフス	1 衣服の清潔と消毒 2 健康と食物の消化吸収 3 睡眠不足と病氣
1 水泳上の注意 2 盆踊り夜遊びについての指導	1 病氣に対しよく注意し興味に乗りすぎて過勞にならぬ樣自己の体力について自覺をもつ樣指導する 2 傳染病に対し指導しこれにかからぬ樣注意させると共に公衆衞生に発展させる 3 夏休みを自主的に有意義に送る能力と校外生活に於ける指導力の養成に重點を置く	1 小運動会を中心として陸上競技の練習法審判法に熟練させる 2 梅雨期を利用して衞生に対する関心を深め特に自己の身体の健康に留意する樣指導する 3 理科私の身体と連絡を保ち衞生の指導を十分行う

一一	一〇	九
全國保健 衛生強調 週間 文化の日 南支部運動会 遠足 世界平和記念日 七五三の祝 勤労感謝の日	大運動会 防火週間 市民文化祭 區内運國会 時代祭 國民体育大会 國民助け合い運動	始業式 二百十日 標準時間に變更 夏休作品展 司法保護デー 秋分の日 中秋明月
体重測定 食糧事情調査 寄生虫検査 体力テスト 健康優良兒選出	大運動会 体重測定 食糧事情調査 驅虫劑服用 体操競技会	身長胸圍体重測定 食糧事情調査 マントー氏反應 BCG接種 寄生虫検査 体育智能検査
ボール運動 縄とび・鬼遊び	ボール運動 陸上運動 棒登り 器械運動	
(ズ)機械 (陸)圓陣鬼 (器)脚かけまわり (器)腕立跳越(側) (ボ)バスケットボール (ボ)ゴールハイ (マ)前まわり後まわり	(ズ)赤とんぼ (ズ)叱られて (ズ)風 (器)腕立廻り (器)腕立横跳越 (ボ)バレーボール (ボ)ネットボール (陸)耐久走 (陸)片足跳び	(ズ)ふるさと (ズ)山登り (陸)すもう (陸)馬乗り (器)棒登り (器)蹴上り (陸)障碍競争 (陸)百米走りレー
○救急處置	1 電氣器と傷害 2 毒藥物と傷害	1 学習と睡眠 2 皮膚と病氣
1 若干寒くなつてくるが運動量を大にして球技により果敢敏速の行動に習熟させ運動を工夫して行わせる 2 体力テストの練習を自主的に行わせ記錄の向上を圖らせる 3 身体各部の機構の概略について指導する 4 訓練に必要な資材器具を用意する 5 救急用資材のない場合を豫想し其處置を訓練する	1 スポーツシーズンに当り各種運動の規則に充分習熟させスポーツを樂しむ心を養う 2 好シーズンを有効に樂しくすごす企畫力を涵養する様指導し自主性と團結心を養成する 3 本月の衞生は理科と関連を保って指導することが大切である	1 本学期の計畫樹立 2 学校生活に於ける自主性と指導力を早く回復しスポーツシーズンを充分利用出來るよう指導する 3 大運動会の計畫と運營を考えさせ兒童の力で遂行出來るように導く 4 睡眠不足による体力の低下と学習の関係を知らせ実践に導く 3 皮膚の清潔と種々の病氣について指導する

一二	一	二
健康優良児表彰 防火週間 冬至 終業式 冬季休暇 クリスマス 大晦日	元日 小寒 始業式 冬休作品展 成人の日 大寒	壬生寺節分会 節分 立春 学童美術展
体重測定 食糧事情調査 駆虫剤服用 活動能テスト	身長胸囲体重測定 食糧事情調査 寄生虫検査 ツベルクリン反応 耐寒マラソン	体重測定 食糧事情調査 駆虫剤服用 冬野球技大会 球返りドッヂボール ポートボール バスケットボール
縄とび・鬼遊び	ボール運動 鬼遊び 棒登り 押合い 縄とび	ボール運動 鬼遊び 棒登り
(ズ)スケーティング (ズ)思い出 (陸)縄とび(短) (ボ)コーナーボール (ボ)ポートボール	(ズ)はねつきの表現 (陸)子ふやし鬼 (陸)長距離走 (陸)縄とび(長) (ボ)ゴールハイ (ボ)バスケットボール	(ズ)希望 (鬼)片手鬼 (陸)縄とび(複合) (ボ)ドッヂボール (ボ)バスケットボール (ボ)フットボール
○消毒法	○看護法	○公衆衛生
1 短時間に運動量を多くとる様に指導する 2 スポーツシーズンの整理的な指導をなす 3 消毒法は迅速且つ完全に行い得るよう應急の場合を豫想して指導する	1 小学校に於ける最後の学期を有効に過すよう三学期の計畫を立てさせる 2 皮膚の鍛錬と運動により寒さを防ぐことを自覚的に行わせる 3 極寒の季節に当りバスケットボールを中心に活動性を充分に発揮させる 4 看護法については親切丁寧迅速に出來るよう指導する	1 酷寒期の衛生に注意させる 2 運動場を使用出來ぬ場合を利用して衛生の取扱いをする 3 個人衛生家庭衛生も適宜公衆衛生にまで発展して取扱う

備考	三
社会行事は学校生活と関係深きものを．又季節の變化を示す重なもの．及び学校行事はその大部分を列擧した	ひな祭 春分の日 終了式 卒業式 春季休暇
体育に関係ある調査測定檢査を擧げ又校內競技会を月毎に列擧した	体育知識檢査 体育測定 食糧事情調査 ピンポン大会
各教材群についてシーズンを示したが教材によつては教材群で統一出來ないものがありこれは別の線で示した	
各教材はシーズンによつて採り上げた教材の上の○印は教材群を示す (ズ)はリズム運動を表す	(外)ピンポン (ズ)喜び (陸)押合い引合い (ボ)ゴールハロ (ボ)ドッヂボール (ボ)バスケットボール (ボ)フットボール
なるべく季節に即して教材を採つたが季節に関係なく行いうるものは適宜に配当した	( )職業と姿勢
○指導上の要點について極く大要を記した ○運動及び衞生の教材は例を擧げたのであるから指導される教官が適宜．そのシーズンと兒童の能力を考えた上．他の教材を以て之に当ててもよい	1 小学校生活の最後を意義あらしめるよう特に樂しく團体的に行う運動を中心に行う 2 六カ年の各自の体力体位の增强を反省させる 3 六カ年の反省を行わせ中学に進んだ後の体育を考えさせる

體育のカリキュラム　竹之下休蔵　誠文堂新光社　昭和二四年　二七六頁＋（表）

本書は、㈠カリキュラムの動向と体育、㈡体育のカリキュラム構成、㈢ロスアンゼルス郡学習指導要領における体育、㈣ミズリー州体育カリキュラム（中等学校）の概要、㈤バージニア州学習指導要領における体育、㈥我が国の年間計画例で構成されている。㈥は章ではなく、附となっている。㈠と㈡が全頁の約半分を占めている。

体育を身体を通しての全人の教育であると記した竹之下の本書の関心は、学校教育内での体育の位置づけと体育カリキュラムの編成であった。

当時、コア・カリキュラムも提案されていく。そこでは、生活経験による学習が中核課程とされ、それと関連づけた基礎学習あるいは周辺学習と呼ばれる関係課程からカリキュラムが構成されることになる。しかし、そこでは体育に対する誤解が見られたという。そのため竹之下は、コア・カリキュラムが教科主義を否定するものではないこと、そして、この立場は体育にとっても同じであることを明言している。

竹之下は児童中心主義にたち、学習者の興味関心を踏まえた教材選択が求められるようになることを一方では尊重しつつ、他方では慎重な対応を求めている。一般に、体操的教材が指導的地位を失い、スポーツ的教材が全面に押し出されるようになることや体操的教材においてもスタンツ的なものが重視されるようになるにしても、教材の評価や教材のバランスを維持することを明確に求めている。

他方で、コア・カリキュラム内での体育の位置づけに関しては、問題解決的学習が中心になる教室での学習にはなじまないことや不十分な扱いになることから、中心学習以外での体育の系統的学習が必要になるとの認識を示している。また、健康教育は教科として独自に指導されるべき内容を備えている一方で、教科指導の範囲に収まるもではないとの認識も示している。

体育のカリキュラム構成の課題として、学習内容の配列並びに各学校における指導計画の作成をあげた竹之下であるが、この課題への対応は、単に学習指導要領のような全国共通の計画を作成すれば事足りると考えていたわけではない。知識の実態に応じた、そして、それらを踏まえた学校ベースのカリキュラムが必要になるし、それを長期的な展望のもとで継続的な修正を加え、改善していくことが必要であるとの認識を示している。同時に、この課題に対応していくには日本の研究の蓄積が乏しく、さしあたり可能な資料を基に試案を作成し、改訂していく必要があることも認めている。しかし、実際にカリキュラム上に個々の活動を配置することは容易ではない。この点に関わり竹之下は、一定の基準で教材評価を行うことを求めている。具体的には目標と管理上の条件がその基準として示されている。同時に、その根拠となる資料が乏しく、研究蓄積の必要性を指摘すると同時に、参考資料も紹介している。アメリカ大学体育連盟カリキュラム研究委員会の業績と関連づけられているラポーテの業績は、その例である。そこでは、身体的発達、社会的発達、心理学的発達、安全並びにレクリエーション活動に対する教材の貢献度が十点満点で評価され、その総合点が示されていることを紹介している。

評価はすでに、教育目標―指導計画―実施―評価―修正―発展の過程の中に位置づけられている。また、それが客観的になされるべきこと、評価の対象が理解、態度、技能の三つであることも指摘されている。

（筑波大学）

戦後体育学習指導資料集
第1巻　師範体育、体育のカリキュラム
2015年8月25日　発行
編　者　岡　出　美　則
発行者　椛　沢　英　二
発行所　株式会社 クレス出版
東京都中央区日本橋小伝馬町 14-5-704
☎ 03-3808-1821　FAX03-3808-1822
印刷所　株式会社 平河工業社
製本所　東和製本 株式会社
落丁・乱丁本はお取り替えいたします。
ISBN978-4-87733-896-1 C3337 ¥16000E

解説

岡出美則

師範体育　師範学校体育連盟　体育日本社　昭和二三年　三一八頁

本書は、体育指導要綱に基づき、教員養成機関並びに教員の参考として編集されている。特に、師範学校（教員養成系大学）の授業時数の限られた時間的制約を踏まえ、その不備を補足し、教職に就いた際の参考になることが意図されている。そのため、構成は、総論、教材論、指導論の三部構成となっている。しかし、配当ページ数でみれば、教材論が全体の三分の二を占める。

教材論で紹介される運動の教材は、運動と衛生に分けて示されている。運動に関する教材は体操、陸上競技、球技、水泳、ダンスであり、武道は位置づけられていない。また、体操は徒手体操と器械体操で構成されており、球技は野球型、ろう球型、しゅう球型、庭球型で構成されている。なお、陸上競技の中ではすもうが紹介されている。また、女子の器械運動は中学校以降では示されておらず、水泳が女子に適切な運動とされているように、性により教材の価値が異なることも明記されている。

衛生に関する教材は、総説、学徒の衛生、国民栄養、風土の衛生、職業の衛生、国民優生、性教育、人口問題、衛生統計、精神衛生、医療制度と国民保険、公衆衛生の施設で構成されている。

指導論は、㈠指導の本質、㈡指導の方法、㈢指導の計画、㈣指導上の注意、㈤体育管理、㈥考査と測定で構成されている。指導論においては、障害を抱える児童生徒への配慮が明記されている。過去、彼らに対してあまりに無関心、あるいは軽視してきたとの指摘がなされている。

学習指導に関しては、学習に即して指導が行われるべきこと、学習には指導が必要であることが強調されている。教師は児童が運動意欲をもてるようにするためにあらゆる努力を払うべきこと、児童に適した目標設定を行うことがそこでは求められている。また、指導方法としては、物語方式、誘導式、課題式、討議式、班別指導、一斉指導がその長短を含めて紹介されている。また、代表的な授業の進め方として準備運動、主運動、整理運動の三段階が、また、一つの教材を指導する際には、目的指示、説明、示範、練習、矯正、批評という流れが紹介されている。これらの実施に際しての配慮事項も細やかに紹介されている。例えば、説明時に説明のわかりやすさや順序の検討、示範時の正確な動作と生徒の注意を集めること、観察の観点を示すこと、示範の位置関係である。

指導の実際に関してもシーズン制への配慮、シーズン中のチームの固定化、現実的な対応等が紹介されている。

当時の評価に関しては、合理性や客観性が欠如していたことが明記されている。この状況を変えていくために㈠規準の設定、㈡単純化、㈢量化があげられている。しかし、ここで言われる量化は数量化をすれば事足りるという意味ではない。量を手がかりとした多角的な考察が求められている。また、実際のテスト法としては正答の選択、感想の記述、図解、研究物の提出、統計整理等、知識のテスト法が複数紹介されている。